BULLETIN

DES ACTES OFFICIELS

CONCERNANT L'ORGANISATION,

LE SERVICE, LE PERSONNEL ET L'ADMINISTRATION

DE LA

GARDE NATIONALE MOBILE

RECUEILLIS ET CLASSÉS

PAR M. HECTOR ROUILLARD

Ier VOLUME.

(1er février 1868. — 30 avril 1869.)

PARIS

LIBRAIRIE MILITAIRE DE J. DUMAINE

LIBRAIRE-ÉDITEUR

Rue et Passage Dauphine, 30

1869

BULLETIN

DES ACTES OFFICIELS

DE LA

GARDE NATIONALE MOBILE

F

BULLETIN

DES ACTES OFFICIELS

CONCERNANT L'ORGANISATION,

LE SERVICE, LE PERSONNEL ET L'ADMINISTRATION

DE LA

GARDE NATIONALE MOBILE

RECUEILLIS ET CLASSÉS

PAR M. HECTOR ROUILLARD

Iᵉʳ VOLUME.

(1ᵉʳ février 1868. — 30 avril 1869.)

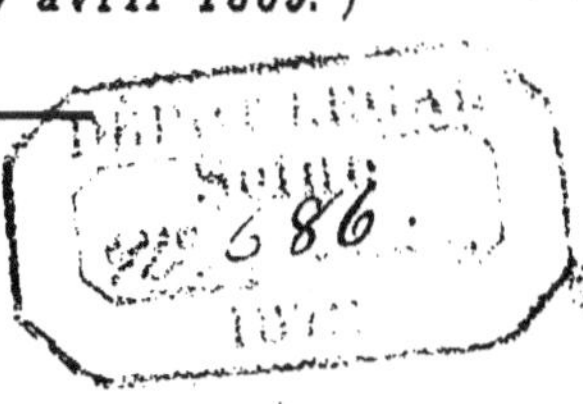

PARIS

LIBRAIRIE MILITAIRE DE J. DUMAINE

LIBRAIRE-ÉDITEUR

Rue et Passage Dauphine, 30

—

1869

1872

AVERTISSEMENT.

La Garde nationale mobile, instituée par la loi du 1er février 1868, n'a pas d'organe spécial pour lui faire connaître les dispositions réglementaires qui lui sont applicables.

Les Capitaines-majors, en résidence aux chefs-lieux des départements, reçoivent seuls le *Journal militaire officiel*. Il est donc difficile, pour ne pas dire impossible, pour les officiers des divers bataillons, de consulter ce recueil qui, d'ailleurs, ne contient que les principaux actes concernant la Garde nationale mobile.

Nous avons voulu combler cette lacune en publiant un *Bulletin spécial* destiné, à l'instar du *Journal militaire officiel*, à reproduire les *lois, décrets, règlements, circulaires* et toutes autres décisions qui régissent particulièrement la Garde nationale mobile.

Ces divers documents officiels, annotés et classés chronologiquement, sont accompagnés de circulaires explicatives, ou solutions ministérielles, du texte complet des articles cités de dispositions antérieures, etc., etc., et constitueront par la suite

la législation et la jurisprudence complètes de la Garde nationale mobile.

Tels sont, nous l'espérons, les avantages et l'utilité réelle
résultant, pour les officiers, sous-officiers et même, pour les
simples soldats de la Garde mobile, de la possession d'un
ouvrage complet, particulier à leur institution, et réunissant,
sur un format commode, tous les documents spéciaux à consulter et qu'il faudrait rechercher péniblement dans les publi-
cations officielles des divers départements ministériels.

Les nombreuses adhésions qui nous sont déjà parvenues
nous prouvent que nous avons atteint notre but.

BULLETIN
DES ACTES OFFICIELS

CONCERNANT L'ORGANISATION,

LE SERVICE, LE PERSONNEL ET L'ADMINISTRATION

DE LA

GARDE NATIONALE MOBILE

PARTIE RÉGLEMENTAIRE

N° 1. CONSTITUTION DE LA GARDE NATIONALE MOBILE.

Extrait de la loi sur le recrutement de l'armée et L'ORGANISATION
DE LA GARDE NATIONALE MOBILE.

1ᵉʳ février 1868.

TITRE Iᵉʳ. — DU RECRUTEMENT DE L'ARMÉE.

. . . .

TITRE II. — DE LA GARDE NATIONALE MOBILE.

SECTION PREMIÈRE.

DE SA COMPOSITION. — DE SON OBJET. — DE LA DURÉE DU SERVICE.

Art. 3.

Une garde nationale mobile sera constituée à l'effet de concourir, comme auxiliaire de l'armée active, à la défense des places

*

fortes, des côtes et frontières de l'Empire, et au maintien de l'ordre dans l'intérieur.

Elle ne peut être appelée à l'activité que par une loi spéciale.

Toutefois, les bataillons qui la composent peuvent être réunis au chef-lieu ou sur un point quelconque de leur département, par un décret de l'Empereur, dans les vingt jours précédant la présentation de la loi de mise en activité.

Dans ce cas, le Ministre de la guerre pourvoit au logement et à la nourriture des officiers, sous-officiers, caporaux et soldats.

Art. 4.

La garde nationale mobile se compose :

1° Des jeunes gens des classes des années 1867 et suivantes qui n'ont pas été compris dans le contingent, en raison de leur numéro du tirage ;

2° De ceux des mêmes classes auxquels il a été fait application des cas d'exemption prévus par les numéros 3, 4, 5, 6 et 7 (1) de l'article 13 de la loi du 21 mars 1832 ;

3° De ceux des mêmes classes qui se seront fait remplacer dans l'armée.

Peuvent également être admis dans la garde nationale mobile ceux qui, libérés du service militaire ou de la garde nationale mobile, demandent à en faire partie.

Les substitutions sont autorisées dans la famille jusqu'au sixième degré inclusivement (2) ; le substitué doit être âgé de moins de quarante ans et remplir les conditions prévues par la loi de 1832 (3).

Les conseils de révision exemptent du service de la garde nationale mobile les jeunes gens compris sous les paragraphes 1er et 2 de l'art. 13 de la loi de 1832 (4).

---

(1) Les catégories ci-dessus comprennent :

« 3. L'aîné d'orphelins de père et de mère ;

« 4. Le fils unique ou l'aîné des fils, ou, à défaut de fils ou de gendre, le petit-fils « unique ou l'aîné des petits-fils d'une femme actuellement veuve, ou d'un père aveugle « ou entré dans sa soixante et dixième année ;

« Dans les cas prévus par les paragraphes ci-dessus notés 3° et 4°, le frère puîné jouira « de l'exemption, si le frère aîné est aveugle ou atteint de toute autre infirmité qui le rende « impotent ;

« 5. Le plus âgé des deux frères appelés à faire partie du même tirage, et désignés « tous deux par le sort, si le plus jeune est reconnu propre au service ;

« 6. Celui dont un frère sera sous les drapeaux à tout autre titre que pour remplacement ;

« 7. Celui dont un frère sera mort en activité de service, ou aura été réformé ou admis « à la retraite pour blessures reçues dans un service commandé, ou infirmités contractées « dans les armées de terre et de mer. » (Extrait de l'article 13 de la loi (modifiée) du 21 mars 1832.)

(2) C'est-à-dire entre frères, beaux-frères, oncles et neveux, cousins germains, cousins au cinquième degré, cousins issus de germains.

(3) Voir les articles 19, 20 et 21 de la loi du 21 mars 1832, page 5 (renvoi 1).

(4) Cette exemption s'applique :

1° A ceux qui n'auront pas la taille d'un mètre 55 centimètres ;

2° A ceux que leurs infirmités rendront impropres au service.

Les conseils de révision dispensent du service dans la garde nationale mobile :

1° Ceux auxquels leurs fonctions confèrent le droit de requérir la force publique ;

2° Les ouvriers des établissements de la marine impériale et ceux des arsenaux et manufactures d'armes de l'État dont les services ouvrent des droits à la pension de retraite ;

3° Les préposés du service actif des douanes et des contributions indirectes ;

4° Les facteurs de la poste aux lettres ;

5° Les mécaniciens de locomotive sur les chemins de fer.

Les conseils de révision dispensent également les jeunes gens se trouvant dans l'un des cas de dispenses prévues par l'article 14 de la loi de 1832 (1), par l'article 79 de la loi du 15 mars

---

(1) Article 14 de la loi du 21 mars 1832 : « Seront considérés comme ayant satisfait à l'appel et comptés numériquement en déduction du contingent à former, les jeunes gens désignés par leur numéro pour faire partie dudit contingent qui se trouveront dans l'un des cas suivants :

« 1° Ceux qui seraient déjà liés au service, dans les armées de terre ou de mer, en vertu d'un engagement volontaire, d'un brevet ou d'une commission, sous la condition qu'ils seront, dans tous les cas, tenus d'accomplir le temps de service prescrit par la présente loi :

« 2° Les jeunes marins portés sur les registres matricules de l'inscription maritime, conformément aux règles prescrites par les articles 1er, 2, 3, 4 et 5 de la loi du 25 octobre 1795 (3 brumaire an IV), et les charpentiers de navire, perceurs, voiliers et calfats immatriculés, conformément à l'article 44 de ladite loi ;

« 3° Les élèves de l'Ecole polytechnique, à condition qu'ils passeront, soit dans ladite école, soit dans les services publics, un temps égal à celui fixé par la présente loi pour le service militaire ;

« 4° Ceux qui, étant membres de l'instruction publique, auraient contracté, avant l'époque déterminée pour le tirage au sort, et devant le conseil de l'Université, l'engagement de se vouer à la carrière de l'enseignement.

« La même disposition est applicable aux élèves de l'Ecole normale centrale de Paris, à ceux de l'Ecole dite de jeunes de langue, et aux professeurs des institutions royales des sourds-muets ;

« 5° Les élèves des grands séminaires, régulièrement autorisés à continuer leurs études ecclésiastiques, les jeunes gens autorisés à continuer leurs études pour se vouer au ministère dans les autres cultes salariés par l'Etat, sous la condition, pour les premiers, que, s'ils ne sont pas entrés dans les ordres majeurs à vingt-cinq ans accomplis, et pour les seconds, que s'ils n'ont pas reçu la consécration dans l'année qui suivra celle où ils auraient pu la recevoir, ils seront tenus d'accomplir le temps de service prescrit par la présente loi ;

« 6° Les jeunes gens qui auront remporté les grands prix de l'Institut ou de l'Université.

« Les jeunes gens désignés par leur numéro pour faire partie du contingent cantonal, et qui en auront été déduits conditionnellement en exécution des nos 1er, 3, 4 et 5 du présent article, lorsqu'ils cesseront de suivre la carrière en vue de laquelle ils auront été comptés en déduction du contingent, seront tenus d'en faire la déclaration au maire de leur commune dans l'année où ils auront cessé leurs services, fonctions ou études, et de retirer expédition de leur déclaration.

« Faute par eux de faire cette déclaration, et de la soumettre au visa du préfet du département dans le délai d'un mois, ils seront passibles des peines prononcées par le premier paragraphe de l'article 38 de la présente loi (*) ;

« Ils seront rétablis dans le contingent de leurs classes, sans déduction du temps écoulé depuis la cessation desdits services, fonctions ou études, jusqu'au moment de la déclaration. »

(*) Emprisonnement d'un mois à un an.

1850 (1) et par l'article 18 de la loi du 10 avril 1867 (2), les jeunes gens qui auront contracté, avant le tirage, au sort l'engagement de rester dix ans dans l'enseignement primaire, et qui seront attachés, soit en qualité d'instituteur ou en qualité d'instituteur adjoint, à une école libre existant depuis au moins deux ans, ayant au moins trente élèves.

La dispense ne peut s'appliquer aux instituteurs et aux instituteurs adjoints d'une même école que dans la proportion d'une par chaque fraction de trente élèves.

Les conseils de révision dispenseront également, à titre de soutiens de famille et jusqu'à concurrence de dix pour cent, ceux qui auront le plus de titres à la dispense.

Sont exclus de la garde nationale mobile les individus désignés aux numéros 1er et 2 de l'art. 2 de la loi du 21 mars 1832 (3).

Art. 5.

La durée du service dans la garde nationale mobile est de cinq ans.

Elle compte du 1er juillet de l'année du tirage au sort.

Art. 6.

Les jeunes gens de la garde nationale mobile continuent à jouir de tous les droits du citoyen ; ils peuvent contracter mariage sans autorisation, à quelque période que ce soit de leur service ; ils peu-

---

(1) *Article 79 de la loi du 15 mars 1850 sur l'enseignement.*—Les instituteurs adjoints des écoles publiques, les jeunes gens qui se préparent à l'enseignement primaire public dans les écoles désignées à cet effet, les membres ou novices des associations religieuses vouées à l'enseignement et autorisées par la loi, ou reconnues comme établissements d'utilité publique, les élèves de l'École normale supérieure, les maîtres d'étude, régents et professeurs des collèges et lycées, sont dispensés du service militaire, s'ils ont, avant l'époque fixée pour le tirage, contracté, devant le recteur, l'engagement de se vouer, pendant dix ans, à l'enseignement public, et s'ils réalisent cet engagement.

(2) *Article 18 de la loi du 10 avril 1867 sur l'enseignement.* — L'engagement de se vouer pendant dix ans à l'enseignement public, prévu par l'article 79 de la loi du 15 mars 1850, peut être réalisé tant par les instituteurs que par leurs adjoints, dans celles des écoles mentionnées à l'article précédent (*) qui sont désignées à cet effet par le ministre de l'instruction publique, après avis du conseil départemental.

L'engagement décennal peut être contracté, avant le tirage, par les instituteurs adjoints des écoles désignées ainsi qu'il vient d'être dit.

Sont applicables à ces mêmes écoles les dispositions de l'art. 34 de la loi de 1850 concernant la fixation du nombre des adjoints, ainsi que le mode de leur nomination et de leur révocation.

(3) Ces deux paragraphes comprennent :

1° Les individus qui ont été condamnés à une peine afflictive ou infamante ;

2° Ceux condamnés à une peine correctionnelle de deux ans d'emprisonnement et au-dessus, et qui, en outre, ont été placés, par le jugement de condamnation, sous la surveillance de la haute police et interdits des droits civiques, civils et de famille.

(*) Ainsi conçu : Sont soumises à l'inspection, comme les écoles publiques, les écoles libres qui tiennent lieu d'écoles publiques, aux termes du quatrième paragraphe de l'art. 36 de la loi de 1850, ou qui reçoivent une subvention de la commune, du département ou de l'État. »

vent librement changer de domicile ou de résidence; ils peuvent voyager en France ou à l'étranger, sans que le manquement aux exercices ou aux réunions résultant de cette absence puisse devenir contre eux le motif d'une poursuite.

Tout garde national mobile peut être admis comme remplaçant, dans l'armée active ou dans la réserve, s'il remplit les conditions des art. 19, 20 et 21 de la loi du 21 mars 1832 (1); dans ce cas, le remplacé est tenu de s'habiller et de s'équiper à ses frais comme garde national mobile.

Art. 7.

En cas d'appel à l'activité ou de réunion des bataillons de la garde nationale mobile, conformément à l'art. 3 de la présente loi, le conseil de révision, réuni au chef-lieu de département ou d'arrondissement, dispensera du service d'activité, à titre de soutiens de famille et jusqu'à concurrence de 4 pour 100, ceux qui auront le plus de titres à cette dispense.

Pourront se faire remplacer par un Français âgé de moins de 40 ans et remplissant les autres conditions exigées par les art. 19, 20 et 21 de la loi du 21 mars 1832 (1), ceux qui se trouvent dans

---

(1) Art. 19, 20 et 21 de la loi du 21 mars 1832 :

Art. 19. « Les jeunes gens compris définitivement dans le contingent cantonal pourront se faire remplacer.

« Le remplacement ne pourra avoir lieu qu'aux conditions suivantes :

« Le remplaçant devra :

« 1° Etre libre de tout service et obligations imposées soit par la présente loi, soit par celle du 25 octobre 1795, sur l'inscription maritime;

« 2° Etre âgé de vingt à trente ans au plus, ou de vingt à trente-cinq, s'il a été militaire, ou de dix-huit à trente, s'il est frère du remplacé ;

« 3° N'être ni marié, ni veuf avec enfants :

« 4° Avoir au moins la taille d'un mètre cinquante-cinq centimètres (*), s'il n'a pas déjà servi dans l'armée, et réunir les autres qualités requises pour faire un bon service;

« 5° N'avoir pas été réformé du service militaire;

« 6° Suivant sa position, être porteur des certificats spécifiés dans les art. 20 et 21 ci-après.

Art. 20. « Le remplaçant produira un certificat délivré par le maire de la commune de son dernier domicile. Si le remplaçant ne compte pas au moins une année de séjour dans cette commune, il sera tenu d'en produire également un autre du maire de la commune ou des maires des communes où il aura été domicilié pendant le cours de cette année.

« Les certificats devront contenir le signalement du remplaçant, et attester :

« 1° La durée du temps pendant lequel il a été domicilié dans la commune ;

« 2° Qu'il jouit de ses droits civils ;

« 3° Qu'il n'a jamais été condamné à une peine correctionnelle, pour vol, escroquerie, abus de confiance, ou attentat aux mœurs.

« Dans le cas où le maire de la commune ne connaîtrait pas l'individu qui ferait la demande de ce certificat, il devra en constater légalement l'identité, et recueillir les preuves et témoignages qu'il jugera convenables pour arriver à la connaissance de la vérité. »

Art. 21. « Si le remplaçant a été militaire, outre le certificat du maire, il devra produire un certificat de bonne conduite du corps dans lequel il aura servi. »

(*) Minimum de taille fixé par les lois des 1er février et 21 mars 1868, pour les jeunes gens appelés à faire partie du contingent, les engagés volontaires et les remplaçants.

l'un des cas d'exemption prévus par les numéros 3, 4, 5, 6 et 7 de l'article 13 de ladite loi (1).

Le conseil de révision statuera sur les demandes de remplacement et sur l'admission des remplaçants.

SECTION II.

DE L'ORGANISATION DE LA GARDE NATIONALE MOBILE. — DE SON INSTRUCTION. —
DES PEINES DISCIPLINAIRES (2).

Art. 8.

La garde nationale mobile est organisée par départements, en bataillons, compagnies et batteries.

Les officiers sont nommés par l'Empereur, et les sous-officiers et caporaux par l'autorité militaire.

Ils ne reçoivent de traitement que si la garde nationale mobile est appelée à l'activité.

Sont seuls exceptés de cette disposition, l'officier chargé spécialement de l'administration et les officiers et sous-officiers instructeurs.

Art. 9 (2).

Les jeunes gens de la garde nationale mobile sont soumis, à moins d'absence légitime :

1° A des exercices qui ont lieu dans le canton de la résidence ou du domicile;

2° A des réunions par compagnie ou par bataillon, qui ont lieu dans la circonscription de la compagnie ou du bataillon.

Chaque exercice ou réunion ne peut donner lieu, pour les jeunes gens qui y sont appelés, à un déplacement de plus d'une journée.

Ces exercices ou réunions ne peuvent se répéter plus de quinze fois par année.

Toute absence dont les causes ne sont pas reconnues légitimes sera constatée par l'officier ou le sous-officier de la compagnie, qui devra faire viser son rapport par le maire de la commune, lequel donnera son avis.

Après trois constatations faites dans l'espace d'un an, le garde national mobile peut être poursuivi, conformément à l'art. 83 de la loi du 13 juin 1851 (3), devant le tribunal correctionnel, lequel, après vérification des causes d'absences, le condamne, s'il y a lieu, aux peines édictées par ledit article.

Sont exemptés des exercices ceux qui justifient d'une connaissance suffisante du maniement des armes et de l'école du soldat.

---

(1) Voir le texte de ces paragraphes pages 2 (renvoi 1).

(2) Voir ci-après, page 9 (renvoi), les observations sur l'application de certaines peines à la garde nationale mobile (Loi du 13 juin 1851).

(3) Voir le texte de cet article page 7 (renvoi 3).

Art. 10 (1).

Pendant la durée des exercices et des réunions, la garde nationale mobile est soumise à la discipline réglée par les art. 113, 114 et 116 (2) de la section II du titre IV de la loi du 13 juin 1851 sur la garde nationale, ainsi que les articles 81, 83 (3) et 5 (4) de ladite loi.

Les peines énoncées à l'article 113 (5) sont applicables, selon la

---

(1) Voir ci-après page 9 (renvoi) les observations sur l'application de certaines peines à la garde nationale mobile.

(2) EXTRAIT DE LA LOI DU 13 JUIN 1851 SUR LA GARDE NATIONALE MOBILE.

ARTICLES SPÉCIFIANT LES PEINES DISCIPLINAIRES APPLICABLES
A LA GARDE NATIONALE MOBILE.

Art. 113. Lorsque la garde nationale doit fournir des détachements en service ordinaire, sur la réquisition du sous-préfet, du préfet, ou en vertu d'un décret, les peines de discipline sont fixées ainsi qu'il suit :

Pour les officiers, 1° les arrêts simples pour dix jours au plus ; 2° la réprimande avec mise à l'ordre ; 3° les arrêts de rigueur pour six jours au plus ; 4° la prison pour six jours au plus.

Pour les sous-officiers, caporaux et soldats : 1° la consigne pour dix jours au plus ; 2° la réprimande avec mise à l'ordre ; 3° la salle de discipline pour six jours au plus ; 4° la prison pour six jours au plus.

Art. 114. Les arrêts de rigueur, la prison et la réprimande avec mise à l'ordre, ne peuvent être infligés que par le chef de corps ; les autres peines peuvent l'être par tout supérieur à son inférieur, à la charge d'en rendre compte dans les vingt-quatre heures, en observant la hiérarchie des grades.

Art. 116. Tout garde national qui, désigné pour faire partie d'un détachement, refuse d'obtempérer à la réquisition ou quitte le détachement sans autorisation, est traduit en police correctionnelle, et puni d'un emprisonnement qui ne peut être inférieur à dix jours, ni excéder trois mois ; s'il est officier, sous-officier ou caporal, il est, en outre, privé de son grade.

(3) Art. 81. Le garde national qui vend, détourne ou détruit volontairement les armes de guerre, les munitions ou les effets d'équipement qui lui ont été confiés, est traduit devant le tribunal de police correctionnelle et puni de la peine portée en l'art. 408 du Code pénal, sauf l'application de l'art. 463 du même Code.

Le jugement de condamnation prononce la restitution, au profit de la commune, du prix des armes, munitions ou effets.

Art. 83. Après deux condamnations pour refus de service, le garde national est, en cas de troisième refus de service dans l'année, traduit devant le tribunal de police correctionnelle, et condamné à un emprisonnement qui ne peut être moindre de six jours ni excéder dix jours.

En cas de récidive dans l'année, à partir du jugement correctionnel, le garde national est traduit de nouveau devant le tribunal de police correctionnelle, et puni d'un emprisonnement qui ne peut être moindre de dix jours, ni excéder vingt jours.

Il est, en outre, condamné aux frais et à une amende qui ne peut être moindre de seize francs, ni excéder trente francs dans le premier cas, et, dans le deuxième, être moindre de trente francs ni excéder cent francs.

(4) ARTICLES SPÉCIFIANT LES FAUTES AUXQUELLES SONT APPLICABLES LES PEINES DISCIPLINAIRES ÉNUMÉRÉES A L'ART. 113.

Art. 5. Les citoyens ne peuvent ni prendre les armes, ni se rassembler comme gardes nationaux, avec ou sans uniforme, sans l'ordre des chefs immédiats, et ceux-ci ne peuvent donner cet ordre sans une réquisition de l'autorité civile.

(5) Voir le renvoi 2 ci-dessus.

gravité des cas, aux fautes énumérées aux articles 73, 74 76 (1) de la section Ire du titre IV.

La privation du grade est encourue dans les cas prévus aux articles 75 et 79 (2); elle est prononcée :

---

(1) Art. 73. Est puni, selon la gravité des cas, *de l'une des peines énoncées sous les numéros 1, 2, 3 et 4 de l'article précédent* (*), tout officier qui, étant en service ou en uniforme, tient une conduite qui compromet son caractère ou porte atteinte à l'honneur de la garde nationale.

Est puni de l'une des mêmes peines, selon la gravité des cas, tout officier ou chef de poste qui commet une infraction aux règles du service, à la discipline ou à l'honneur de la garde nationale, et, notamment, qui contrevient à l'art. 5 de la présente loi.

Art. 74. Est puni de la prison tout officier ou sous-officier, chef de poste ou de détachement, qui, étant de service, s'est rendu coupable :

D'inexécution d'ordres reçus ou d'infraction à l'art. 6 de la présente loi (**);

De manquement à un service commandé ou d'absence du poste non autorisée ;

D'inexactitude à signaler, dans les formes requises, les fautes commises par ses subordonnés ;

De désobéissance ;

D'insubordination ;

De manque de respect, de propos offensants ou d'insultes envers les officiers d'un grade supérieur ;

De propos outrageants envers un subordonné ou d'abus d'autorité.

Art. 76. Peut être puni, selon la gravité des cas, *de la réprimande, de la réprimande avec mise à l'ordre ou de la prison pour deux jours au plus et trois en cas de récidive* (***) :

1° Tout sous-officier, caporal ou garde national coupable d'inexécution des ordres reçus, de désobéissance, d'insubordination ou de refus d'un service commandé.

Sont considérés comme services commandés, non-seulement les services commandés dans la forme ordinaire, mais encore les prises d'armes par voie de rappel ou de convocation verbale ;

2° Tout sous-officier, caporal ou garde national de service qui, étant en état d'ivresse, profère des propos offensants contre l'autorité ou tient une conduite qui porte atteinte à la discipline ou à l'ordre ;

3° Tout sous-officier, caporal ou garde national de service qui abandonne ses armes, sa faction ou son poste avant d'être relevé ;

L'arrivée tardive au lieu de rassemblement, l'absence du poste sans autorisation, et l'absence prolongée au delà du terme fixé par l'autorisation, peuvent être considérées comme abandon du poste ;

4° Tout sous-officier, caporal ou garde national qui enfreint l'art. 5 de la présente loi ;

5° Tout sous-officier, caporal ou garde national dont l'armement est mal entretenu, ou qui ne fait pas son service en uniforme, dans les communes où l'uniforme est obligatoire.

(2) ARTICLES SPÉCIFIANT LES FAUTES QUI ENTRAÎNENT POUR LES OFFICIERS, SOUS-OFFICIERS, CAPORAUX OU BRIGADIERS, LA PRIVATION DU GRADE.

Art. 75. Dans le cas où l'ordre public est menacé, tout garde national qui, sans excuse légitime, ne se rend pas à l'appel, est puni d'un emprisonnement qui ne pourra excéder trois jours.

Tout officier, sous-officier ou caporal est en outre privé de son grade.

Le jugement est mis à l'ordre.

(*) Les peines énoncées se rapportent à la garde nationale sédentaire ; elles comprennent : 1° la réprimande ; — 2° la réprimande avec mise à l'ordre des motifs du jugement ; — 3° la prison pour six heures au moins et trois jours au plus, avec ou sans mise à l'ordre ; — 4° la privation du grade, avec mise à l'ordre.

S'il n'existe dans la commune ni prison spéciale pour l'exécution des jugements du conseil de discipline, ni local en tenant lieu, la peine de la prison est remplacée par une amende de un franc à quinze francs au profit de la commune du contrevenant.

(**) Art. 6 de la loi du 13 juin 1851. Aucun chef de poste ne peut faire distribuer de cartouches aux gardes nationaux placés sous son commandement, si ce n'est en vertu d'ordres précis ou en cas d'attaque de vive force.

(***) Ces peines se rapportent à la garde nationale sédentaire.

Pour les officiers, par l'Empereur, sur un rapport du Ministre de la guerre;

Pour les sous-officiers, caporaux ou brigadiers, par l'autorité militaire.

Les officiers, sous-officiers, caporaux ou brigadiers employés à l'administration ou à l'instruction sont soumis à la discipline militaire pendant la durée de leurs fonctions.

Le conseil de discipline peut, de plus, prononcer contre les condamnés la radiation des contrôles du service ordinaire pour un temps qui n'excédera pas cinq années, et ordonner l'affiche du jugement à leurs frais.

Tout garde national rayé des contrôles du service ordinaire est immédiatement désarmé.

Art. 79. Est privé de son grade par le jugement de condamnation tout officier, sous-officier, ou caporal qui, après une première condamnation, est, dans les douze mois, puni de la prison, pour une seconde infraction, par le conseil de discipline.

OBSERVATIONS SUR L'APPLICATION DES ARTICLES 5, 73, 74, 75, 76, 79, 81, 83, 143 et 144 DE LA LOI DU 13 JUIN 1851 À LA GARDE NATIONALE MOBILE, CONFORMÉMENT AUX ARTICLES 9 ET 10 DE LA LOI DU 1er FÉVRIER 1868.

1° *Énumération des peines disciplinaires applicables à la garde nationale mobile.*

Ces peines sont :

Pour les officiers, les arrêts simples pour dix jours au plus, la réprimande avec mise à l'ordre, les arrêts de rigueur pour six jours au plus, la prison pour six jours au plus, la privation du grade.

Pour les sous-officiers, caporaux ou brigadiers et soldats, la consigne pour dix jours au plus, la réprimande avec mise à l'ordre, la salle de discipline pour six jours au plus, la prison pour six jours au plus, la privation du grade pour les sous-officiers caporaux ou brigadiers (art. 143, 75 et 79).

2° *Énumération des fautes qui entraînent l'application des peines disciplinaires ci-dessus.*

Les fautes auxquelles ces peines s'appliquent, sont :

Pour les officiers :

Les rassemblements ou prises d'armes sans ordre (art. 5).

Toute infraction commise par un officier de service ou en uniforme, aux règles du service, à la discipline ou à l'honneur de la garde nationale mobile (art. 73).

L'inexécution d'ordres reçus, le manquement à un service commandé, l'inexactitude à signaler les fautes commises par les subordonnés, la désobéissance, l'insubordination, le manque de respect et les propos offensants ou insultes envers les officiers d'un grade supérieur, les propos outrageants envers un subordonné ou un abus d'autorité (art. 74).

Pour les sous-officiers, caporaux ou brigadiers et soldats :

Les rassemblements ou prises d'armes sans ordre (art. 5);

L'inexécution d'ordres reçus, la désobéissance, l'insubordination ou le refus d'un service commandé, les propos offensants proférés contre l'autorité, ou une conduite contraire à la discipline et à l'ordre, tenue par un garde national mobile en état d'ivresse, l'abandon des armes ou du poste assigné, l'arrivée tardive au lieu de rassemblement, l'absence du poste ou de la réunion sans autorisation, ou l'absence prolongée au delà du terme fixé par l'autorisation, le mauvais entretien de l'armement et des effets, la comparution sans uniforme aux exercices et réunions, au cas où un uniforme a été délivré (art. 76).

La privation du grade est encourue ;

En cas de refus de se rendre à un service commandé (art. 75);

En cas de récidive, dans les douze mois, d'une faute entraînant une punition de prison (art. 79).

3° *Par qui ces peines sont prononcées.*

Ces peines sont prononcées :

Pour les officiers :

Les arrêts simples par tout supérieur à son inférieur, à charge d'en rendre compte

SECTION III.

DE LA MISE EN ACTIVITÉ.

Art. 11.

A dater de la promulgation de la loi de mise en activité de la garde nationale mobile, les officiers, sous-officiers, caporaux et gardes nationaux qui la composent, sont soumis à la discipline et aux lois militaires. Ils supportent les charges et jouissent des avantages attachés à la situation des soldats, caporaux, sous-officiers et officiers de l'armée.

Art. 12.

Sont abrogées toutes les dispositions contraires à la présente loi et spécialement le titre VI de la loi du 22 mars 1831 (1).

. . . .

---

dans les vingt-quatre heures, en observant la hiérarchie des grades, la réprimande avec mise à l'ordre, les arrêts de rigueur et la prison par le chef de corps (art. 114).

La privation du grade est prononcée pour les officiers par l'Empereur sur un rapport du Ministre de la guerre (art. 10 de la loi du 1er février 1868).

Pour les sous-officiers, caporaux ou brigadiers et soldats :

La consigne, la salle de discipline par tout supérieur à son inférieur, à charge d'en rendre compte dans les vingt-quatre heures, en observant la hiérarchie des grades ; la réprimande avec mise à l'ordre et la prison, par le chef de corps (art. 114).

La privation du grade est prononcée pour les sous-officiers, caporaux ou brigadiers par l'autorité militaire (art. 10 de la loi du 1er février 1868).

4° Pénalité spéciale à la vente, au détournement ou à la destruction des effets militaires confiés aux gardes nationaux mobiles.

La vente, le détournement ou la destruction volontaire des armes, munitions, effets d'habillement et d'équipement confiés aux gardes nationaux mobiles, entraînent la traduction du délinquant devant le tribunal de police correctionnelle, lequel prononce une condamnation à deux mois de prison au moins, et deux ans au plus, conformément à l'art. 408 du Code pénal, sauf l'application des circonstances atténuantes, conformément à l'art. 463 du même Code.

Le garde national mobile est condamné en outre à restituer à l'Etat le prix des effets militaires vendus, détournés ou détruits (art. 81).

5° Manquement sans cause légitime aux exercices et réunions.

Tout manquement sans cause légitime à un exercice ou à une réunion, est constaté par l'officier ou le sous-officier qui commande l'exercice ou la réunion, lequel fait viser son rapport par le maire de la commune qui y appose son avis.

Au troisième manquement dans le courant de la même année, le garde national mobile peut être traduit devant le tribunal de police correctionnelle, et condamné à un emprisonnement de six à dix jours, à une amende de 16 à 30 francs, et aux frais du procès.

En cas de récidive dans l'année, à partir du jugement correctionnel, le garde national mobile est traduit de nouveau devant le tribunal de police correctionnelle, et puni d'un emprisonnement de dix à vingt jours, à une amende de 30 à 100 francs et aux frais du procès (articles 83 de la loi du 13 juin 1851 et 9 de la loi du 1er février 1868).

6° Dispositions spéciales aux officiers, sous-officiers, caporaux ou brigadiers employés à l'administration ou à l'instruction.

Les officiers, sous-officiers, caporaux ou brigadiers qui sont employés à l'administration ou à l'instruction et occupent des emplois soldés, sont soumis à la discipline militaire pendant la durée de leurs fonctions (art. 10 de la loi du 1er février 1868).

(1) Le titre VI de la loi du 22 mars 1831 était applicable aux corps détachés de la garde nationale pour le service de guerre.

Art. 14.

Font partie de la garde nationale mobile, à partir de la promulgation de la présente loi, sauf les exceptions prévues par l'art. 4 de la présente loi, les hommes célibataires ou veufs sans enfants des classes de 1866, 1865, 1864 qui ont été libérés par les conseils de révision.

Ceux de la classe de 1866 y serviront 4 ans.

—   —   1865 3

—   —   1864 2

L'engagement de rester dix ans dans l'enseignement, prévu par les lois de 1832 (1), 1850 (2), et 1867 (3) pourra être pris au moment où il sera procédé à la formation de la garde nationale mobile, en vertu des dispositions transitoires ci-dessus.

Art. 15.

Le maire, assisté des quatre conseillers municipaux les premiers inscrits sur le tableau, dresse l'état de recensement des jeunes gens de sa commune qui doivent faire partie de la garde nationale mobile conformément à l'article précédent.

A Paris et à Lyon, cet état est dressé par le préfet ou son délégué, assisté de trois membres du conseil municipal et du maire de chaque arrondissement, pour le recensement de cet arrondissement.

Art. 16.

Un conseil de révision par arrondissement juge, en séance publique, les causes d'exemption, qui ne peuvent être que celles prévues par les numéros 1 et 2 de l'art. 13 de la loi de 1832 (4) et les cas de dispense prévus par l'art. 14 de la même loi (1), et par les art. 79 de la loi du 15 mars 1850 (2) et 18 de la loi du 10 avril 1867 (3).

Toutefois, ce conseil de révision peut exempter, comme soutiens de famille, jusqu'à concurrence de 10 pour 100, ceux qui auront le plus de titres à l'exemption.

Ce conseil est présidé :

Au chef-lieu du département,

Par le préfet ou par le secrétaire général ou le conseiller de préfecture délégué par le préfet ;

Au chef-lieu des autres arrondissements,

Par le sous-préfet.

---

(1) Voir l'art. 14 de la loi du 21 mars 1832, page 3 (renvoi 4).

(2) Voir l'art. 79 de la loi du 15 mars 1850, sur l'enseignement, page 4 (renvoi 4).

(3) Voir l'art. 18 de la loi du 10 avril 1867, sur l'enseignement, page 4 (renvoi 2).

(4) Voir page 2 (renvoi 4).

Il comprend en outre :

Un membre du conseil général ;

Un membre du conseil d'arrondissement ;

Un officier désigné par le général commandant le département.

En cas de partage, la voix du président est prépondérante.

Un médecin militaire est attaché au conseil de révision.

Ce conseil se transporte successivement dans les différents chefs-lieux de canton de l'arrondissement.

Toutefois, selon les localités, le président peut réunir, pour les opérations du conseil, les jeunes gens appartenant à plusieurs cantons.

Art. 17.

La réunion des listes arrêtées par les conseils de révision des arrondissements forme la liste du contingent départemental.

Les jeunes gens faisant partie de ce contingent sont inscrits sur les registres matricules de la garde nationale mobile du département et répartis en compagnies et en bataillons d'infanterie et en batteries d'artillerie.

Fait au palais des Tuileries, le 1ᵉʳ février 1868.

Signé : NAPOLÉON.

Nº 2. *Circulaire du Ministre de la guerre (aux préfets des départements) relative à la formation des états de recensement des hommes appelés à faire partie de la garde nationale mobile, en exécution des dispositions transitoires de la loi du 1ᵉʳ février 1868 (1). (Bureau du Recrutement.)*

4 février 1868.

Messieurs, aux termes de l'article 14 de la loi du 1ᵉʳ février 1868, les hommes, célibataires ou veufs, sans enfant, des classes de 1866, 1865 et 1864, qui ont été libérés par les conseils de révision, font partie de la garde nationale mobile.

Ceux de la classe de 1866, pour 4 ans,
— 1865, pour 3 ans,
— 1864, pour 2 ans.

Sous cette dénomination générale de *libérés*, il faut comprendre non-seulement les hommes que le conseil de révision a déclarés dégagés de l'obligation du service militaire en raison de l'élévation

---

(1) Voir la circulaire du 19 février 1868, page 31.

de leurs numéros de tirage, mais encore ceux qui ont été exemptés par application des paragraphes 3, 4, 5, 6 et 7 (1) de l'article 13 de la loi du 21 mars 1832.

Les exonérés de ces trois classes ne font pas partie de la garde nationale mobile.

Le service de cette garde comptant du jour de la promulgation de la loi, il convient de procéder immédiatement à la formation dans chaque commune de l'état de recensement des jeunes gens appelés à la composer.

Cet état sera établi par le Maire assisté des quatre conseillers municipaux, les premiers inscrits sur le tableau.

A Paris et à Lyon, il sera dressé par le Préfet ou son délégué, assisté de trois membres du conseil municipal et du Maire de chaque arrondissement, pour le recensement de cet arrondissement (art. 14).

Ces fonctionnaires se serviront à cet effet des listes de tirage des classes de 1866, 1865 et 1864, sur lesquelles ils relèveront les noms des jeunes gens qui ont été, soit exemptés en vertu des numéros 3, 4, 5, 6 et 7 (1) de l'article 13 de la loi du 21 mars 1832, soit libérés par leurs numéros de tirage.

Ils s'assureront : 1° Que ces jeunes gens ont encore leur domicile dans la commune ;

2° Qu'au jour de la promulgation de la loi, ils n'étaient ni mariés, ni veufs avec enfant.

Ils auront soin de signaler à leurs collègues, ainsi que cela se pratique du reste annuellement pour la formation des tableaux de recensement des classes, les jeunes gens qui auront changé de domicile.

L'état de recensement ainsi établi sera publié dans les formes prescrites par les articles 63 et 64 du Code Napoléon, les dimanches 16 et 23 février courant.

Pendant ce laps de temps, et jusqu'à la réunion du conseil de révision, devant lequel ils seront prochainement convoqués, conformément à l'article 16 de la loi, les intéressés seront reçus à présenter, à la mairie de leur commune, toutes les réclamations qu'ils pourraient avoir à formuler.

Je vous invite à porter ces dispositions à la connaissance de MM. les Maires de votre département, en les priant d'apporter le plus grand soin et la plus grande célérité dans l'établissement des états de recensement.

Vous aurez soin, d'ailleurs, d'expliquer aux populations que ces opérations n'ont pour but que de procéder à l'inscription des jeunes gens sur les tableaux de la garde nationale mobile, sans qu'il y ait lieu de faire actuellement aucune convocation.

Vous recevrez sous peu de jours les instructions relatives aux

---

(1) Voir le texte de ces paragraphes, page 2 (renvoi 1).

opérations des conseils de révision pour la formation de la garde nationale mobile des classes précitées de 1866, 1865 et 1864.

Recevez, etc.

Le Maréchal de France, Ministre de la guerre,
Niel.

N° 3. *Circulaire du Ministre de la guerre (aux diverses autorités et aux Préfets et Sous-Préfets) relative aux opérations des conseils de révision d'arrondissement pour la formation de la garde nationale mobile des classes de 1866, 1865 et 1864.* (Bureau du Recrutement.)

12 février 1868.

Messieurs, la garde nationale mobile, constituée par les articles 14 et suivants de la loi du 1er février 1868 (dispositions transitoires), devant être formée dès la promulgation de la loi, j'ai déjà invité MM. les Préfets (circulaire du 4 février) (1) à faire établir immédiatement, dans chaque commune, l'état de recensement des hommes des classes de 1866, 1865 et 1864 appelés à la composer.

Conformément à la décision impériale du 12 février courant, la tournée des conseils de révision d'arrondissement qui, d'après l'article 16 de la loi, doivent statuer sur toutes les questions relatives à la formation du contingent de ces trois classes destiné à faire partie de la garde nationale mobile, s'effectuera *du 9 au 21 mars* prochain inclus.

Vous aurez à vous conformer pour ces opérations aux instructions que vous trouverez ci-après.

Éléments qui entrent dans la composition de la garde nationale mobile.

Sous la dénomination de *libérés par les conseils de révision,* la loi a compris (art. 14) à la fois les hommes dégagés de l'obligation du service militaire en raison de l'élévation de leurs numéros de tirage, ceux qui ont été exemptés par application des §§ 3°, 4°, 5°, 6° et 7° (2) de l'article 13 de la loi du 21 mars 1832, ainsi que ceux qui ont été dispensés en vertu de la loi du 4 juin 1864 (3).

---

(1) Voir ci-dessus, page 12.

(2) Voir le texte de ces paragraphes, page 2 (renvoi 1).

(3) Abrogée par l'article 2 de la loi du 1er février 1868.. Elle concernait les dispenses à accorder aux frères des militaires servant à titre de rengagés ou d'engagés volontaires après libération.

En conséquence, sauf les *exonérés et les exemptés pour défaut de taille ou pour infirmités*, tous les inscrits des classes de 1866, 1865 et 1864, dont l'existence aura été constatée, devront se retrouver sur les états de recensement soumis au conseil de révision d'arrondissement, à moins qu'avant la date de la promulgation de la loi dans leurs départements ils ne fussent mariés ou veufs avec enfants.

Convocation des jeunes gens devant le conseil de révision.

Ces jeunes gens seront convoqués en vertu d'ordres individuels conformes au modèle n° 1 annexé à la présente circulaire.

Tournée des conseils de révision.

MM. les préfets régleront, pour chaque arrondissement, l'itinéraire du conseil de révision, après s'être entendus avec le général de brigade commandant le département et le sous-préfet. Autant que possible, ils feront en sorte que le conseil de révision se transporte au chef-lieu de canton.

Ils n'useront de la faculté qui leur est laissée par l'article 16 de la loi de réunir plusieurs cantons en un seul, qu'autant que le délai fixé pour la tournée ne permettrait pas au conseil de se transporter dans tous les cantons successivement, soit en raison de leur nombre, soit à cause des distances à parcourir.

Dès que cet itinéraire aura été arrêté, il devra être publié et affiché dans toutes les communes.

L'article 16 de la loi établit un conseil de révision *par arrondissement.*

Composition du conseil de révision.

Au chef-lieu du département, le conseil est présidé par le préfet ou par le secrétaire général, ou le conseiller de préfecture délégué par le préfet;

Dans les autres arrondissements par le sous-préfet.

Il comprend en outre :

Un membre du conseil général ;

Un membre du conseil d'arrondissement ;

Un officier désigné par le général commandant le département.

En cas de partage, la voix du président est prépondérante.

Un médecin militaire est attaché au conseil de révision.

Ce conseil de révision tout spécial diffère, quant à sa composition, du conseil de révision institué pour la formation du contingent de l'armée active.

Il n'est pas assisté par un membre de l'intendance militaire.

Le commandant du dépôt de recrutement accompagnera avec un sous-officier le conseil de révision de l'arrondissement du chef-lieu. Pour le conseil de révision des autres arrondissements, la même mission sera remplie par un officier et un sous-officier pris dans les corps le plus à proximité.

Les maires assisteront à la séance tenue pour le canton dont leurs communes font partie.

L'officier commandant la gendarmerie de l'arrondissement devra accompagner le conseil pendant toute la durée de la tournée.

Le conseiller général et le conseiller d'arrondissement faisant partie du conseil de révision seront désignés par le préfet. Il est convenable qu'ils soient appelés à siéger dans les localités autres que celles où ils ont leur résidence.

Je prie MM. les commandants des corps d'armée de donner immédiatement les ordres nécessaires, en ce qui concerne la désignation des officiers et des médecins militaires appelés à faire partie des conseils de révision ou à les assister pendant la tournée.

Les officiers désignés pour prendre part aux opérations du conseil de révision, soit comme membres, soit pour remplacer le commandant du dépôt de recrutement, ne devront pas être d'un grade inférieur à celui de *capitaine*.

A défaut de médecins-majors, il conviendra de choisir autant que possible des aides-majors de 1re classe et, parmi eux, les plus anciens d'âge et de service.

Les diverses autorités militaires se concerteront avec les préfets pour que les officiers et les médecins arrivent à temps auprès des conseils de révision et ne soient pas retenus sans nécessité.

Il est expressément interdit aux médecins d'examiner les jeunes gens hors de la présence des conseils de révision.

Il importe que, pour cette première application de la loi, les préfets ne se fassent remplacer qu'autant que des nécessités impérieuses de service l'exigeraient.

Séances des conseils de révision.

Le commandant du dépôt de recrutement ou l'officier chargé de le suppléer au conseil de révision d'arrondissement préside à l'opération du toisage des jeunes gens, prend leur signalement et recueille en même temps sur leur aptitude physique tous les renseignements nécessaires pour qu'ils puissent être affectés, après la clôture des listes, à l'arme de l'infanterie ou à celle de l'artillerie, conformément à l'article 17 de la loi.

Les renseignements particuliers recueillis par l'officier faisant fonctions de commandant de dépôt de recrutement seront adressés, aussitôt après la tournée de révision, au commandant du dépôt.

Les maires auront soin de se munir d'un double de l'état de recensement qu'ils auront établi en exécution de la circulaire du 4 février (1).

Ils se mettront en mesure non-seulement de renseigner le conseil sur l'identité des hommes appelés à se présenter, mais encore

---

(1) Voir ci-dessus, page 12.

de l'éclairer sur les cas d'exemption ou de dispense allégués par les jeunes gens.

La gendarmerie ne doit être employée près du conseil de révision que pour assurer le bon ordre et prêter main-forte au besoin. Toutefois, sur la demande du président du conseil, un gendarme pourra toujours être chargé de faire l'appel des jeunes gens.

Il sera tenu procès-verbal des séances du conseil de révision d'arrondissement. Le procès-verbal indiquera nominativement les membres présents à la séance, ainsi que les délibérations qui auront été prises.

Examen des états de recensement.

Les états de recensement, publiés et affichés en exécution de l'article 15 de la loi, seront adressés au chef-lieu d'arrondissement par les maires (*).

Cet envoi sera accompagné des pièces fournies par les hommes à l'appui des réclamations qu'ils auront à faire devant les conseils de révision.

Les états et les pièces dont il s'agit seront préalablement examinés dans les bureaux de la sous-préfecture.

A l'ouverture de la séance, en présence de tous les jeunes gens assemblés, le président du conseil de révision, assisté des maires, donne lecture, en suivant l'ordre alphabétique des communes, des noms inscrits sur les états de recensement.

Il demande aux personnes présentes si elles ont quelques observations à faire, tant au sujet des inscriptions opérées que sur les omissions qui pourraient avoir été commises.

Les observations qui se produiraient seront consignées sur les états de recensement, et le conseil, après avoir pris l'avis des maires, appréciera la suite à y donner.

Il rayera immédiatement les hommes qui, par suite de condamnations judiciaires, se trouveraient dans un cas d'exclusion des rangs de l'armée prévus par l'article 2 de la loi du 21 mars 1832, savoir :

« 1° Les individus condamnés à une peine afflictive ou infamante ;

« 2° Ceux condamnés à une peine correctionnelle de deux ans d'emprisonnement et au-dessus, et qui, en outre, ont été placés sous la surveillance de la haute police et interdits des droits civiques, civils et de famille. »

Visite des jeunes gens.

Le conseil de révision procédera ensuite à huis clos à la constatation de l'aptitude physique des jeunes gens, suivant les règles

---

(*) Il est bien entendu, d'ailleurs, que ces états pourront être modifiés et complétés jusqu'au jour de la réunion du conseil de révision d'arrondissement.

tracées par les n°ˢ 18, 19 et 20 de l'instruction du 18 mai 1840 (1).

Il ne devra visiter que ceux qui, alléguant une infirmité, en feront expressément la demande.

Décisions des conseils de révision.

Le conseil de révision statuera séance tenante sur les réclamations qui lui seront soumises.

Toutefois, pour les jeunes gens qui se prétendraient étrangers, il suspendra sa décision *lorsqu'il aura des doutes sur leur nationalité*, et saisira au besoin les tribunaux de la question.

Ceux qui ne se présenteraient pas ou ne se feraient pas représenter seront inscrits d'office sur les listes de la garde nationale mobile.

Les décisions sont portées en regard du nom de chaque inscrit sur les états de recensement qui sont entre les mains du conseil de révision.

A l'issue de chaque séance, ces états sont clos et signés par tous les membres présents.

Exemptions.

Les seules exemptions admises pour la garde nationale mobile sont les exemptions pour défaut de taille et pour infirmités.

L'exemption au titre du défaut de taille ne devra être accordée qu'aux hommes ayant moins de 1ᵐ 55, la loi ayant abaissé d'un centimètre le minimum de la taille.

L'instruction du 2 avril 1862 insérée au *Journal militaire* (1ᵉʳ semestre de 1862, n° 12, page 169) servira de guide aux médecins militaires pour l'appréciation des exemptions pour infirmités.

Dispenses.

Les jeunes gens qui se trouveront dans les cas de dispense pré-

---

(1)   *Extraits de l'instruction du 18 mai 1840.*

Art. 18. Les jeunes gens ne seront visités qu'à *huis clos*, afin qu'ils soient tenus à l'abri d'une curiosité indiscrète. Toutefois un ou plusieurs membres du conseil de révision pourront toujours assister à cette visite, et le président du conseil pourra même permettre l'entrée du lieu réservé pour cette opération *au maire de la commune ainsi qu'au père ou tuteur du jeune homme examiné;* mais cette faculté ne saurait être réclamée par d'autres personnes, attendu que, si les séances des conseils de révision sont publiques, il ne faut pas confondre la salle où se tiennent ces séances, avec le lieu où, lorsque la décence l'exige, les conseils font visiter à *huis clos* les jeunes gens.

Art. 19. D'après la loi il appartient au conseil de révision de déterminer, suivant les circonstances, le mode de visite des jeunes gens qui sont convoqués devant lui; ainsi, ce conseil, en vertu de son pouvoir discrétionnaire, peut appliquer l'exemption à un individu absent dont l'inaptitude lui paraît suffisamment établie, tant par les pièces produites pour cet individu, que par les renseignements que, de son côté, l'administration locale a pu prendre d'office. Cependant, afin d'éviter l'abus et la fraude, le conseil ne doit user de cette faculté qu'avec beaucoup de réserve, et dans des cas qui sont de notoriété publique, ou sur lesquels les justifications ne laissent aucune incertitude.

Art. 20. Afin de constater, d'une manière exacte, la taille des jeunes gens, il importe que les mesures destinées à vérifier cette taille soient toutes étalonnées conformément aux ois.

vus par l'article 14 de la loi du 21 mars 1832 (1) produiront, pour la justification de ces droits, les pièces dont la nomenclature est indiquée par le bordereau n° 5 annexé à l'instruction du 26 novembre 1845.

La loi du 1er février 1868 dispense, en outre, de la garde nationale mobile :

1° Ceux auxquels leurs fonctions confèrent le droit de requérir la force publique ;

2° Les ouvriers des établissements de la marine impériale et ceux des arsenaux et manufactures d'armes de l'Etat, dont les services ouvrent des droits à la pension de retraite ;

3° Les préposés du service actif des douanes et des contributions indirectes ;

4° Les facteurs de la poste aux lettres ;

5° Les mécaniciens de locomotives sur les chemins de fer.

Pour les hommes des classes de 1866, 1865 et 1864 que concerneraient ces cas de dispense, en raison du peu de temps qui doit s'écouler d'ici au jour de la révision, il suffira qu'ils produisent les pièces suivantes :

1° Ceux auxquels leurs fonctions confèrent le droit de requérir la force publique, une déclaration signée soit par le premier président de la Cour impériale dans le ressort de laquelle ils se trouvent, ou par le procureur général près cette Cour, s'ils appartiennent à l'ordre judiciaire, soit par le préfet du département, s'ils appartiennent à l'ordre administratif;

2° Les ouvriers des établissements de la marine impériale et ceux des arsenaux et manufactures d'armes de l'Etat, dont les services ouvrent des droits à la pension de retraite, un certificat de présence délivré par le directeur de l'établissement auquel ils sont attachés (*);

3° Les préposés du service actif des douanes et des contributions indirectes, un certificat du directeur dont ils relèvent;

4° Les facteurs de la poste aux lettres, un certificat du directeur des postes du département;

5° Les mécaniciens de locomotives sur les chemins de fer, une attestation visée par l'ingénieur en chef, chargé du service de contrôle et de surveillance de la ligne.

Il pourra d'ailleurs être justifié postérieurement aux opérations du conseil de révision des cas de dispense prévus par les n°s 1°, 2°, 3°, 4° et 5° de l'article 4 de la loi du 1er février 1868 (2).

Quant aux instituteurs et instituteurs adjoints qui, au lieu d'être employés dans un établissement public d'instruction, ainsi que l'exige l'article 79 de la loi du 15 mars 1850, seraient attachés à une école libre existant depuis plus de deux ans et comptant au

---

(1) Voir le texte de cet article, page 3 (renvoi 1).
(2) Voir page 3.
(*) Le certificat devra spécifier le droit à la pension de retraite.

moins 30 élèves, ils peuvent aussi être dispensés de la garde nationale mobile.

A cet effet, ils auront à produire, outre l'acte d'acceptation par le
recteur de leur engagement décennal dans l'instruction primaire,
un certificat délivré par le maire de la commune où ils exercent et
visé par le sous-préfet, indiquant :

1° L'époque de la création de l'école.

2° Le nombre des élèves.

Vous trouverez ci-après les modèles de ces actes et certificats
(modèles n° 2 et n° 3).

Hommes servant dans l'armée comme remplaçants.

La loi n'a pas expressément désigné comme devant être dispensés de la garde nationale mobile les hommes des classes de
1866, 1865 et 1864 qui, après avoir été libérés par leurs numéros
de tirage, ont contracté des remplacements. Mais il est évident que
tout homme servant dans les rangs de l'armée, à quelque titre que
ce soit, se trouve de fait dégagé du service de la garde nationale
mobile. Les hommes dont il s'agit devront, en conséquence, être
annotés sur les listes de la garde nationale, comme étant sous les
drapeaux à titre de remplaçants.

Remplacements entre parents jusqu'au sixième degré.

Aux termes de l'article 4 de la loi du 1er février 1868, les jeunes
gens sont autorisés à faire admettre en leurs lieu et place, dans la
garde nationale mobile, des parents jusqu'au sixième degré, pourvu
que ces parents aient moins de quarante ans et remplissent les
autres conditions prévues par la loi du 21 mars 1832 (1).

On se reportera, pour ces remplacements, aux dispositions générales de cette dernière loi, et pour les justifications à produire, aux
prescriptions de la circulaire du 30 avril 1860 (2).

Les conseils de révision pourront statuer sur les remplacements,
soit pendant la tournée, aux chefs-lieux de canton, soit lorsque la
tournée sera terminée, au chef-lieu d'arrondissement.

---

(1) Voir les art. 19, 20 et 21 de la loi du 21 mars 1832, page 5 (renvoi 1).

(2) *Pièces à produire selon que le remplacement ou la substitution de numéros a
lieu entre frères, beaux-frères ou parents jusqu'au sixième degré.* (Modèle n° 4
annexé à la circulaire du 30 avril 1860.)

1° Frères : l'acte de naissance de chacun d'eux.

2° Beaux-frères : l'acte de naissance de chacun des deux beaux-frères, l'acte de mariage
et l'acte de naissance de la sœur mariée.

3° Oncle et neveu : l'acte de naissance du neveu, l'acte de naissance de son père ou de
sa mère, l'acte de naissance de l'oncle.

4° Cousins germains : l'acte de naissance de chacun des cousins germains ; l'acte de
naissance du père ou de la mère de chacun d'eux ; l'acte de mariage de l'auteur commun
(sauf le cas de parenté naturelle).

Soutiens de famille.

La loi du 1er février 1868 autorise le conseil de révision à prononcer l'exemption comme soutiens de famille, à raison de 10 p. 100 du chiffre du contingent, des hommes qui lui paraîtront avoir le plus de titre à cette faveur.

Les jeunes gens qui voudraient jouir du bénéfice de cette disposition devront en faire la demande, au plus tard, la veille du jour fixé pour la révision dans le canton auquel ils appartiennent.

Ces demandes devront être soumises au conseil de révision réuni au chef-lieu de canton, afin de lui permettre de prendre, sur les lieux mêmes, tous les renseignements de nature à l'éclairer sur la situation des réclamants.

Il est procédé à la formation de la liste des soutiens de famille au chef-lieu d'arrondissement, immédiatement après la clôture de la tournée de révision dans les cantons.

La proportion de 10 p. 100 fixée par la loi doit être établie, pour chaque classe, sur le chiffre des jeunes gens disponibles, c'est-à-dire déduction faite des exemptés et des dispensés.

Réunion des listes.

Toutes les opérations du conseil de révision d'arrondissement étant terminées, il sera dressé par le président, pour chaque classe, quatre listes distinctes des jeunes gens portés sur les états de recensement. Ces listes comprendront :

La première, les jeunes gens qui auront été définitivement inscrits comme disponibles sur la liste de la garde nationale mobile ou leurs remplaçants (modèle n° 4) ;

La deuxième, les exemptés ;

La troisième, les dispensés ;

La quatrième, les soutiens de famille.

Ces listes seront envoyées au préfet.

A l'aide de la première, il établira la liste du contingent départemental.

Les trois autres formeront les listes générales des exemptés, des dispensés et des soutiens de famille. Elles feront connaître seulement les noms et prénoms des jeunes gens, les cantons auxquels

---

5° Cousins au cinquième degré : l'acte de naissance des deux cousins ; l'acte de naissance de leurs ascendants jusqu'à l'auteur commun ; l'acte de mariage de l'auteur commun (sauf le cas de parenté naturelle).

6° Cousins issus de germains (sixième degré) : l'acte de naissance des deux cousins ; l'acte de naissance de leurs ascendants jusqu'à l'auteur commun ; l'acte de mariage de l'auteur commun (sauf le cas de parenté naturelle).

Avec les pièces indiquées ci-dessus pour chaque catégorie, il devra être produit un certificat de trois pères de famille domiciliés dans le canton, et pères de jeunes gens soumis à l'appel ou ayant été appelés, lequel fera connaître le degré de parenté existant entre le remplaçant et le remplacé, le substituant et le substitué.

ils appartiennent et les motifs pour lesquels ils ont été exemptés, dispensés ou désignés comme soutiens de famille. Ces listes resteront dans les archives de la préfecture pour être consultées au besoin.

Lorsque des jeunes gens cesseront de se trouver dans les conditions de la dispense ou d'être les soutiens de leur famille, ils seront signalés par les soins du préfet à l'autorité militaire, afin qu'il soit procédé à leur immatriculation sur les listes de la garde nationale mobile.

Des copies de la liste générale du contingent seront adressées par le préfet au sous-intendant militaire ainsi qu'au commandant du dépôt de recrutement.

Un extrait de la liste du contingent départemental sera ensuite publié et affiché dans chaque commune.

Frais de recrutement.

Les indemnités à allouer aux préfets et aux sous-préfets seront ultérieurement fixées.

Quant à celles qu'il convient d'attribuer aux membres des conseils de révision, aux médecins militaires, aux commandants des dépôts de recrutement ou aux officiers chargés de les suppléer, elles seront les mêmes que celles qui sont fixées pour la tournée annuelle de révision.

Les préfets se reporteront, à cet égard, aux règles tracées par l'instruction du 30 avril 1860.

Comptes à rendre.

Dès que la liste du contingent départemental leur aura été envoyée, les commandants de dépôts de recrutement me feront connaître, pour chacun des arrondissements du département, le chiffre, par classe, des jeunes gens inscrits sur ladite liste.

Ils auront, du reste, à m'adresser ultérieurement un compte rendu détaillé dont le modèle sera donné.

Les préfets me feront parvenir, de leur côté, du 1er au 5 avril (bureau du recrutement), un rapport contenant les observations qui auront été recueillies, tant par eux que par les sous-préfets, pendant la tournée de révision.

Je vous ferai, d'ailleurs, Messieurs, remarquer en finissant, que *les prescriptions de la présente circulaire ont trait uniquement à l'exécution des dispositions transitoires de la loi du 1er février 1868, et qu'elles ne sauraient servir de base pour la formation du contingent de la garde nationale mobile de la classe de 1867, au* sujet de laquelle des instructions spéciales vous seront adressées.

Recevez, etc.

Le Maréchal de France,
Ministre Secrétaire d'État de la guerre,
NIEL.

DÉPARTEMENT

d

ARRONDISSEMENT

d

CANTON

d

COMMUNE

d

(1) Nom et prénoms.
(2) Lieu fixé pour la réunion du conseil.

MODÈLE Nº 1.

ORDRE DE CONVOCATION.

Le sieur (1)

né le   , à   , canton
d   département d   , est
invité à se présenter le   , à   heures du
        devant le conseil de révision d'arrondis-
sement qui se réunira à (2)   pour
procéder à la formation de la garde nationale mobile
créée par les articles 14 et suivants (dispositions
transitoires) de la loi du 1er février 1868.

Le sieur (1)   est prévenu que,
s'il ne se présente pas ou ne se fait pas représenter,
il sera inscrit d'office sur les listes de la garde nationale mobile.

A   , le   186   .

Le Maire,

Modèle n° 2.

[N° 1.]

MODÈLE

D'engagement décennal pour la dispense du service de la garde nationale mobile.

Je soussigné   , né le   ,
à   département d   ,
atteint par la loi du 1er février 1868 pour le service de la garde nationale
mobile et exerçant les fonctions   dans
l'école libre dirigée à   , département
d   par   , laquelle
école existe depuis le   ainsi qu'il résulte
du certificat ci-joint, déclare contracter devant M. le recteur de l'académie
d   , conformément à l'article 4 de la loi
du 1er février 1868, l'engagement de me vouer, pendant dix ans, à l'instruction primaire dans une école libre ouverte suivant les conditions déterminées par ledit article.

Fait à   , le   186 .

[Nº 2.]

MODÈLE

D'acceptation d'engagement décennal pour la dispense du service de la garde nationale mobile.

Le recteur de l'académie d

Vu l'engagement contracté entre ses mains le   ,
par M.   , né le   ,
à   , département d   ,
exerçant les fonctions d
dans l'école libre dirigée à   , département
d   , par   , atteint par la
loi du 1er février 1868 pour le service de la garde nationale mobile ;

Vu le certificat attestant que l'école d
existe depuis le   , qu'elle n'a cessé, depuis
cette époque, de réunir annuellement 30 élèves au moins et que le nombre
des maîtres adjoints n'y dépasse pas les limites fixées par l'article 4 de la loi
du 1er février 1868,

ARRÊTE ce qui suit :

Est accepté l'engagement de se vouer pour dix ans au service de l'instruction primaire libre contracté le   , par
M.   , en vertu de l'article 4 de la loi du 1er février
1868 sur le recrutement de l'armée et le service de la garde nationale
mobile.

Fait à   , le   186   .

Le Recteur,

DÉPARTEMENT

d

————

ARRONDISSEMENT

d

————

CANTON

d

————

COMMUNE

d

(1) Au point de vue des adjoints, il conviendra d'indiquer si l'école, au lieu de 30 élèves, a réuni au moins 60, 90, 120 élèves ou plus, en procédant par fraction de 30.

MODÈLE

*Du Certificat du Maire attestant l'époque
à laquelle l'école libre a été fondée.*

————

Nous, Maire soussigné de la commune d   ,
département d   , certifions que
l'école libre dirigée par M.
à   , a été ouverte le   ,
en vertu de la déclaration faite à la mairie le
       , conformément à l'article 27 de la
loi du 15 mars 1850 ; qu'il n'a été fait aucune opposition à l'ouverture de cette école et qu'elle n'a
cessé de réunir annuellement (1)
élèves au moins.

Fait à   , le   186 .

DÉPARTEMENT

d

MODÈLE N° 4.

CLASSE DE

LISTE

PAR ARRONDISSEMENT [1]

DU

CONTINGENT DE LA GARDE NATIONALE MOBILE

(Défalcation faite des dispensés à divers titres et des soutiens de famille.)

[1] La liste départementale sera établie d'après le même modèle.

NUMÉROS D'ORDRE.	CANTONS auxquels les hommes appartiennent.	1° NOM DE FAMILLE. / PRÉNOMS. / 2° SURNOMS. / 3° SIGNALEMENT.	PROFESSION.	TAILLE.	DEGRÉ d'instruction. (A)
1	2	3	4	5	6
		1° (1) 2° (2) 3° Fils de et de domicilié à , rue , n° canton d , département d né le , à canton d , département d résidant à , rue , n° canton d , département d cheveux , sourcils yeux , front nez , bouche menton , visage teint , marques particulières, marié le à demoiselle alors domiciliée à			

DATES et indications des décisions prises par le conseil de révision.	ARME à laquelle est affecté le garde national mobile.	MUTATIONS.	OBSERVATIONS.
7	8	9	10
		»	(A) On indiquera par le chiffre 1 si le garde national mobile sait lire seulement; par les chiffres 1 et 2, s'il sait lire et écrire; par la lettre D (abréviation du mot douteux), s'il est absent et si on n'a pu vérifier son instruction. (1) Écrire en bâtarde le nom de famille. (2) Écrire en ronde ou en anglaise les prénoms. (a) En cas de remplacement devant le conseil de révision, le remplaçant sera immatriculé à la suite de cette liste, et on aura soin d'indiquer en regard du nom du remplacé, dans la colonne *Mutations*, le nom du remplaçant et son numéro d'immatriculation.

Arrêté de la liste (Voir page suivante.)

ARRÊTÉ DE LA LISTE D'ARRONDISSEMENT.

Les listes cantonales ci-jointes au nombre de   , contenant les noms des jeunes gens appelés à faire partie de la garde nationale mobile de la classe de 186   , ont été réunies le   1868 par le conseil de révision de l'arrondissement d   pour former la présente liste du contingent d'arrondissement, laquelle sera immédiatement adressée à M. le Préfet du département d

Fait à   , le   1868.

Les Membres du Conseil de révision,

ARRÊTÉ DE LA LISTE DU CONTINGENT DÉPARTEMENTAL.

Vu et certifié conforme aux listes d'arrondissement ci-jointes au nombre de

A   , le   1868.

Le Préfet du département d

N° 4. *Circulaire du Ministre de la guerre (aux Préfets des départements) au sujet de l'inscription des jeunes gens des classes de 1866, 1865 et 1864, appelés à faire partie de la garde nationale mobile.* (Bureau du Recrutement.)

19 février 1868.

Messieurs, des doutes se sont élevés dans quelques départements au sujet de l'inscription des jeunes gens des classes de 1866, 1865 et 1864, appelés à faire partie de la garde nationale mobile qui ont changé de domicile.

Ces jeunes gens doivent, aux termes de la circulaire du 4 février courant, être portés sur les tableaux de recensement au lieu même où ils ont concouru au tirage,

Les avis à donner en cas de changement de domicile, conformément à la même circulaire, avaient uniquement pour but d'éviter les doubles inscriptions.

Recevez, etc.,

Le Maréchal de France, Ministre de la guerre,

NIEL.

N° 5. *Extrait d'une circulaire du Ministre de la guerre (aux diverses autorités militaires et aux Préfets) au sujet du remplacement devant les conseils de révision et dans les corps. — Garde nationale mobile.* (Bureau du Recrutement.)

22 février 1868.

Messieurs. . . . .
La loi du 1er février 1868 autorise les hommes de la garde nationale mobile à contracter des remplacements dans l'armée active et dans la réserve (art. 6). Par conséquent, les jeunes gens des classes de 1866, 1865 et 1864, qui sont appelés à faire partie de la garde nationale mobile, peuvent, dès à présent, sous les conditions exigées, se faire admettre comme remplaçants devant les conseils de révision et dans les corps. L'article 6 précité dispose, en outre, que le remplacé prendra la place du remplaçant sur les listes de la garde nationale mobile; mais cette disposition n'est pas applicable aux hommes des classes actuellement sous les drapeaux qui se feront remplacer par des jeunes gens de la garde nationale mobile.

Vous voudrez bien, chacun en ce qui vous concerne, donner les ordres et avis nécessaires pour l'exécution des dispositions de la présente circulaire.

Recevez, etc.

Le Maréchal de France, Ministre de la guerre,
NIEL.

N° 6. *Circulaire du Ministre de la guerre (aux Généraux commandant les divisions territoriales et aux Intendants militaires) autorisant les corps à faire l'avance d'une partie de l'indemnité de déplacement allouée aux officiers, médecins militaires et sous-officiers appelés à prendre part aux opérations des conseils de revision.* (Bureau du Recrutement.)

29 février 1868.

Messieurs, j'ai décidé qu'une indemnité de 15 francs par jour serait allouée sur les crédits du service du recrutement aux officiers et aux médecins militaires appelés à prendre part à la tournée de révision pour la formation de la garde nationale mobile des classes de 1866, 1865 et 1864. L'indemnité aux sous-officiers sera de 6 francs par journée de déplacement.

J'autorise les corps à faire l'avance d'une partie de cette indemnité à ceux de ces officiers et sous-officiers qui le demanderont.

L'indemnité dont il s'agit sera calculée d'après le nombre de jours que devra durer la tournée de révision, et qui sont compris dans l'itinéraire arrêté de concert par le préfet et par le général commandant le département.

Cette avance sera remboursée par les officiers et sous-officiers sur le montant de leur indemnité.

Recevez, etc.,

Le Maréchal de France, Ministre de la guerre,
NIEL.

N° 7. *Extrait d'une circulaire du Ministre de la guerre (aux diverses autorités militaires et aux Préfets et Sous-Préfets) relative aux opérations préliminaires de l'appel de la classe de 1867. — Garde nationale mobile. — Jeunes gens dispensés.* (Bureau du Recrutement.)

26 mars 1868.

Messieurs. . . . .
La loi du 1er février 1868 sur le recrutement de l'armée et l'organisation de la garde nationale mobile est applicable

à la classe de 1867. Elle n'a apporté aucune modification à la loi du 21 mars 1832, en ce qui concerne le tirage au sort ; cependant elle contient (article 4) une disposition sur laquelle il est nécessaire d'appeler, avant le tirage, l'attention des préfets. Cette disposition, relative à la dispense de la garde nationale mobile, est ainsi conçue :

« Les conseils de révision dispensent également les jeunes gens
« se trouvant dans l'un des cas de dispenses prévus par l'article 14
« de la loi de 1832 (1) par l'article 79 de la loi du 15 mars 1850 (2)
« et par l'article 18 de la loi du 10 avril 1867 (3), les jeunes gens
« qui auront contracté, avant le tirage au sort, l'engagement de
« rester dix ans dans l'enseignement primaire et qui seront atta-
« chés, soit en qualité d'instituteurs ou en qualité d'instituteurs
« adjoints à une école libre existant depuis au moins deux ans,
« ayant au moins trente élèves.

« La dispense ne peut s'appliquer aux instituteurs et aux insti-
« tuteurs adjoints d'une même école que dans la proportion d'une
« par chaque fraction de trente élèves. »

Il résulte de cet article que les maîtres qui auront contracté avant le tirage l'engagement de se vouer, pendant dix ans, à l'enseignement primaire dans un établissement public d'instruction, suivant les conditions déterminées par l'article 79 de la loi du 15 mars 1850 et de l'article 18 de la loi du 10 avril 1867, seront admis au bénéfice de la dispense du service de la garde nationale mobile. C'est l'application du droit commun ; mais l'article 4 a étendu cette faveur aux instituteurs et instituteurs adjoints d'écoles primaires libres, pourvu que ces écoles existent au moins depuis deux ans et comptent au moins trente élèves. Le même article ajoute que, dans une même école, il ne pourra être accordé qu'une seule dispense par fraction de trente élèves.

En conséquence, les maîtres exerçant dans des écoles libres, qui voudront obtenir la dispense pour le cas où leurs numéros les appelleraient à faire partie de la garde nationale mobile, devront souscrire avant le tirage au sort l'engagement de se vouer, pendant dix ans, à l'enseignement primaire dans lesdites écoles.

Vous trouverez annexés à la présente circulaire le modèle de l'engagement décennal et des pièces à produire en cette circonstance.

Recevez, etc.,

Le Maréchal de France, **Ministre de la guerre,**
NIEL.

---

(1) Voir page 3 (renvoi 1).
(2) Voir page 4 (renvoi 1).
(3) Voir page 4 (renvoi 2).

MODÈLE

De l'engagement décennal que doivent souscrire les instituteurs libres pour être dispensés du service de la garde nationale mobile.

———

(1) Nom et prénoms.

Je soussigné (1)   , né
le   , à   département d   , appelé à satisfaire à
la loi sur le recrutement, exerçant les fonctions
d   dans l'école libre dirigée
à   , département d   ,
par   , laquelle école existe depuis le   , ainsi qu'il résulte du
certificat ci-joint, déclare contracter devant M. le
Recteur de l'académie d   , conformément à l'art. 4 de la loi du 1er février 1868 sur
le recrutement de l'armée, l'engagement de me vouer,
pendant dix ans, à l'instruction primaire dans une
école libre ouverte suivant les conditions déterminées par ledit article.

———

(1) Nom et prénoms.

Je soussigné (1)   , demeurant
à   , département d   ,
autorise, par ces présentes, M.   ,
mon   , à contracter, devant M. le
Recteur de l'académie d
conformément à la loi du 1er février 1868, l'engagement de se vouer, pendant dix ans, à l'instruction
primaire, dans les conditions déterminées par ladite
loi pour la dispense du service de la garde nationale
mobile.

Fait à   , le   18   .

Vu pour légalisation des signatures ci-dessus :

DÉPARTEMENT
d

ARRONDISSEMENT
d

CANTON
d

COMMUNE
d

MODÈLE N° 2.

MODÈLE

Du certificat du Maire attestant l'époque à laquelle l'école libre a été fondée.

(1) Au point de vue des adjoints, il conviendra d'indiquer si l'école, au lieu de 30 élèves, a réuni au moins 60, 90, 120 élèves ou plus, en procédant par fraction de 30.

Nous, Maire soussigné de la commune d
département d   certifions que
l'école libre dirigée par M.   , à   ,
a été ouverte le   , en vertu de la
déclaration faite à la mairie le   ,
conformément à l'article 27 de la loi du 15 mars
1850 ; qu'il n'a été fait aucune opposition à l'ouverture de cette école, et qu'elle n'a cessé de réunir annuellement, depuis cette époque (1),   élèves au moins.

Fait à   , le   18   .

MODÈLE

D'acceptation de l'engagement décennal souscrit par les instituteurs libres, titulaires ou adjoints, pour la dispense du service de la garde nationale mobile.

———

Nous, Recteur de l'académie d

Vu l'engagement contracté devant nous le
par M.   , né le   ,
à   , département d   ,
exerçant les fonctions d
dans l'école libre dirigée à   département
d   , par M.   appelé à satisfaire
à la loi sur le recrutement;

Vu l'autorisation à lui donnée par M.
son   , en date du

Vu également le certificat attestant que l'école d
existe depuis le   , et qu'elle n'a cessé, depuis
cette époque, de réunir annuellement 30 élèves au moins, et que le nombre
des maîtres adjoints n'y dépasse pas les limites fixées par l'article 4 de la loi
du 1er février 1868,

ARRÊTONS ce qui suit :

Est accepté l'engagement de se vouer pendant dix ans au service de l'instruction primaire libre contracté le   , par
M.   , en vertu de l'article 4 de la loi du 1er février
1868 sur le recrutement de l'armée et de la garde nationale mobile.

Fait à   , le   18   .

Le Recteur de l'Académie d

    Par le Recteur :
Le Secrétaire de l'Académie,

N° 8. *Rapport à l'Empereur sur l'organisation de la garde nationale mobile.*

Paris, le 28 mars 1868.

SIRE,

J'ai l'honneur de soumettre à la haute approbation de Votre Majesté le projet ci-joint d'organisation de la garde nationale mobile, établi en exécution des prescriptions contenues dans le titre II de la loi du 1er février 1868 sur le recrutement de l'armée et de la garde nationale mobile.

Je crois devoir y ajouter l'exposé du plan que j'ai suivi ainsi que des motifs des principales dispositions que je propose.

Le projet se divise en huit chapitres ainsi qu'il suit :

Chapitre Ier. — Bases de l'organisation. — Détermination des circonscriptions de recrutement des bataillons, compagnies et batteries. — Fixation des centres d'exercice et de réunion. — Composition et choix des cadres.

Chapitre II. — Commandement supérieur de la garde nationale mobile.

Chapitre III. Instruction ; exemptions d'exercice.

Chapitre IV. — Habillement.

Chapitre V. — Administration.

Chapitre VI. — Discipline.

Chapitre VII. — Rapports de la garde nationale mobile avec l'armée.

Chapitre VIII. — Volontaires de la garde nationale mobile. — Engagements volontaires et rengagements.

CHAPITRE Ier.

BASES DE L'ORGANISATION. — DÉTERMINATION DES CIRCONSCRIPTIONS DE RECRUTEMENT DES BATAILLONS, COMPAGNIES ET BATTERIES. — FIXATION DES CENTRES D'EXERCICE ET DE RÉUNION. — COMPOSITION ET CHOIX DES CADRES.

Bases de l'organisation.

Bien que la garde nationale mobile ne puisse atteindre que dans cinq ans son effectif normal, il était nécessaire de poser dès à présent les bases de son organisation définitive et de déterminer le nombre des bataillons, compagnies et batteries de chaque département, afin de pouvoir tracer leurs circonscriptions de recrutement.

L'effectif probable de la garde nationale mobile sera d'environ 550,000 hommes ; le rapport de ce chiffre avec la population servira de base approximative pour en déduire le nombre probable des gardes nationaux mobiles de chaque département.

« Pour répartir ce nombre en bataillons, compagnies et batteries, il fallait d'abord fixer l'effectif maximum que les bataillons devaient, autant que possible, ne point dépasser.

Cet effectif maximum m'a paru devoir être fixé à un chiffre assez élevé :

1° Pour éviter d'avoir un trop grand nombre de bataillons et d'augmenter outre mesure les dépenses ;

2° Pour que les bataillons et compagnies puissent conserver, en temps de guerre, une force convenable après les diminutions d'effectifs que produiront les non-valeurs au moment de la mise en activité ;

3° Enfin, parce que les éléments de chaque bataillon ne pouvant que très-exceptionnellement être réunis sur le même point, il n'y avait aucun inconvénient à dépasser, même sensiblement, l'effectif adopté pour les bataillons de l'armée, pourvu que celui des compagnies restât dans des limites convenables.

Ces considérations m'ont amené à proposer à Votre Majesté de fixer à 2,000 hommes environ l'effectif maximum de chaque bataillon, le nombre des compagnies des bataillons à 8 et, par suite, l'effectif maximum de chaque compagnie à 250 hommes.

Le nombre des bataillons de chaque département se déduit tout naturellement de cet effectif maximum, et il ne reste plus qu'à déterminer les circonscriptions de recrutement.

Circonscriptions de recrutement des bataillons et compagnies.

Le personnel des bataillons et compagnies se compose d'hommes répandus, en général, par petits groupes dans un certain nombre de communes. Si donc on voulait conserver une égalité complète entre les effectifs des bataillons et des compagnies, on se trouverait dans l'obligation de diviser le territoire de chaque département en parties comprenant le même nombre de gardes nationaux mobiles et correspondant aux bataillons et compagnies, travail long et difficile, qu'il faudrait, d'ailleurs, recommencer chaque année, puisque le contingent de chaque commune peut varier tous les ans, et qui aurait, en outre, le grave inconvénient de changer les habitudes des populations. Il m'a paru préférable de proposer pour les circonscriptions des bataillons et compagnies l'adoption des divisions et des subdivisions administratives du territoire, bien qu'il doive en résulter des différences parfois sensibles entre les effectifs des bataillons du même département et ceux des compagnies du même bataillon.

Ainsi, un ou plusieurs arrondissements correspondront à un bataillon, un ou plusieurs cantons à une compagnie.

Dans les départements où la population est très-dense, un arrondissement pourra fournir plusieurs bataillons, et un canton, plusieurs compagnies.

Centres de réunion des bataillons et compagnies.

Chaque exercice et réunion ne pouvant donner lieu, pour les jeunes gens qui y sont appelés, à un déplacement de plus d'une journée (art. 9 de la loi), j'ai dû fixer la limite maximum de ce déplacement.

Il m'a paru qu'on ne pouvait imposer à ces jeunes gens une marche de plus de 24 kilomètres pour l'aller et le retour, et, en même temps, plusieurs heures d'exercice.

Chacun des centres d'exercice et de réunion a donc été choisi de manière que toutes les communes de chaque canton fussent comprises dans un rayon de 12 kilomètres autour de ce centre.

Lorsque la configuration d'un canton n'a pas permis de trouver un centre qui satisfît à ces conditions, il en a été choisi un pour chaque section de la compagnie ; mais, en général, les chefs-lieux de canton sont les centres d'exercice et de réunion des compagnies.

C'est d'après ces principes qu'ont été établis les tableaux de circonscription joints au projet d'organisation.

Il résulte de cette limite si restreinte de déplacement que ce ne sera que sur un très-petit nombre de points que l'on pourra réunir toutes les compagnies d'un bataillon. Il y a là sans doute un inconvénient, mais cet inconvénient n'est pas aussi grave qu'il le paraît tout d'abord, parce que l'instruction de la garde nationale mobile est moins une instruction d'ensemble qu'une instruction de détail que les hommes pourront toujours recevoir dans la compagnie.

Artillerie.

Les batteries d'artillerie ne pourront être organisées que dans les départements où se trouve le matériel nécessaire à leur instruction, c'est-à-dire où il existe des places fortes ou des garnisons d'artillerie.

Elles devront, en outre, comme les compagnies d'infanterie, se recruter dans des cantons compris dans un rayon de 12 kilomètres autour de ces places qui sont leurs centres d'exercice. Si à ces restrictions apportées par les dispositions de la loi au recrutement des batteries d'artillerie on ajoutait encore les conditions de taille exigées pour l'artillerie de l'armée, il deviendrait impossible d'organiser un nombre suffisant de batteries. Il m'a donc paru nécessaire d'abaisser la taille, et je propose à Votre Majesté d'en fixer le minimum à 1^{m}62, limite qui donne encore des hommes très-vigoureux et laisse en même temps des ressources suffisantes au recrutement.

Composition des cadres.

Les cadres des bataillons, compagnies et batteries de la garde nationale mobile doivent en principe être composés comme ceux des bataillons, compagnies et batteries de l'armée. Toutefois, les éléments de chaque bataillon ne pouvant, ainsi qu'il a été dit plus haut, être réunis que très-exceptionnellement sur le même point, et d'ailleurs les bataillons n'étant pas destinés à faire des manœuvres d'ensemble, il paraît inutile d'y introduire en temps de paix les grades de capitaine adjudant-major et d'adjudant sous-officier. D'un autre côté, l'instruction se donnant dans chaque compagnie, le capitaine instructeur de tir ne serait d'aucune utilité. Enfin, la simplicité de l'administration des compagnies permet à un seul sous-officier comptable par compagnie de satisfaire à toutes les exigences du service. Il est donc possible de réduire l'effectif des cadres sans porter atteinte à leur valeur, et je propose d'en fixer la composition ainsi qu'il suit :

Par bataillon d'infanterie. . . 1 chef de bataillon.

Par compagnie d'infanterie.
- 1 capitaine,
- 1 lieutenant,
- 1 sous-lieutenant,
- 1 sergent-major,
- 4 sergents, dont 1 instructeur,
- 8 caporaux,
- 1 tambour.

Par département fournissant au moins 2 batteries d'artillerie. . . . . 1 officier supérieur.

Par batterie. . . . .
- 1 capitaine,
- 1 lieutenant en premier,
- 1 lieutenant en second,
- 1 maréchal des logis chef,
- 4 maréchaux des logis, dont 1 instructeur,
- 8 brigadiers,
- 1 trompette.

Il y aura en outre par département un capitaine qui prendra le nom de capitaine-major de la garde nationale mobile. Il résidera au chef-lieu du département et centralisera l'administration de tous les bataillons d'infanterie et de toutes les batteries d'artillerie du département. Il aura sous ses ordres un sous-officier secrétaire garde-magasin.

Choix des cadres

Les cadres de la garde nationale mobile doivent satisfaire à des conditions particulières qui tiennent à la nature de cette institution et des règlements qui la régissent. En effet, la garde nationale mobile ne pouvant être soumise à une discipline aussi fortement constituée que celle de l'armée, il me paraît indispensable que ses chefs, à tous les degrés de la hiérarchie, jouissent d'une considération personnelle qui leur donne l'autorité morale nécessaire à l'exercice de leur commandement. Il convient donc que les grades ne soient confiés qu'aux citoyens qui auront une situation honorable dans la circonscription de la troupe dont ils solliciteront le commandement.

Les officiers de tous grades, les sous-officiers, caporaux et brigadiers seront choisis :

1° Parmi les officiers retraités ou démissionnaires ;

2° Parmi les officiers de l'armée ayant trente ans de services ;

3° Parmi les militaires libérés et les sous-officiers de l'armée ayant vingt-cinq ans de services ;

4° Enfin, parmi les appelés et les volontaires de la garde nationale mobile.

Cette composition des cadres permettra de doter la garde nationale mobile d'officiers et sous-officiers expérimentés et de faire une part équitable aux jeunes gardes nationaux mobiles et aux citoyens qui, par patriotisme, tiendront à honneur de faire partie d'une institution aussi éminemment nationale.

Limites d'âge.

Le service de la garde nationale moblie ne pouvant imposer de grandes fatigues, même en temps de guerre, je ne vois aucun inconvénient à porter les limites d'âge au delà du chiffre fixé pour l'armée, et je demande que les officiers, sous-officiers, caporaux, brigadiers, tambours et trompettes soient autorisés à servir dans la garde nationale mobile jusqu'aux limites d'âge ci-après, savoir :

Officiers supérieurs, soixante-deux ans.

Capitaines, lieutenants et sous-lieutenants, soixante ans.

Sous-officiers, caporaux, brigadiers, tambours et trompettes, cinquante-cinq ans.

Je propose, en outre, l'adoption du principe que les officiers devront pouvoir servir au moins cinq ans dans la garde nationale mobile. Comme conséquence, les candidats au grade d'officier supérieur devront avoir moins de cinquante-sept ans, et les candidats aux grades de capitaine, lieutenant et sous-lieutenant, moins de cinquante-cinq ans.

Indemnités de service attribuées aux officiers et sous-officiers chargés de l'instruction et de l'administration.

« Les officiers, sous-officiers, caporaux et brigadiers ne reçoivent de traitement que si la garde nationale mobile est appelée à l'activité.

« Sont seuls exceptés de cette disposition : l'officier chargé spécialement de l'administration et les officiers et sous-officiers instructeurs. » (Article 8 de la loi.)

En exécution de cette disposition, je propose à Votre Majesté de décider que les officiers et sous-officiers employés d'une manière permanente à l'instruction et à l'administration, ainsi que les tam-

bours et trompettes, recevront une indemnité de service fixée ainsi
qu'il suit, savoir :

Capitaine-major.	Indemnité.	1,600
	Frais de bureau et d'écritures.	800
	et dans les départements comptant plus de 24 compagnies ou batteries , 15 fr. en plus pour chaque compagnie ou batterie excédant ce nombre.	

Sous-officier secrétaire garde-magasin. 500

Infanterie. . . .	Chef de bataillon.		1,800
	Capitaine. .	Indemnité.	1,000
		Frais de bureau.	120
	Sergent-major.		600
	Sergent instructeur.		450
	Tambour.		300

Artillerie	Officier supérieur.		2,000
	Capitaine. .	Indemnité.	1,200
		Frais de bureau.	120
	Maréchal des logis chef.		650
	Maréchal des logis instructeur		500
	Trompette.		320

Les grades auxquels sont attribuées les indemnités ci-dessus seront, en général, confiés à d'anciens militaires en état de donner
et de diriger l'instruction des gardes nationaux mobiles et d'assurer la bonne administration des compagnies et batteries.

Les militaires retraités pourvus d'un emploi soldé cumuleront
l'indemnité attribuée à cet emploi avec leur pension de retraite.

Avancement.

La loi du 1er février 1868 ne détermine aucune règle d'avancement dans la garde nationale mobile; elle dit seulement (art. 8)
que les officiers seront nommés par l'Empereur, et les sous-officiers et caporaux par l'autorité militaire.

Il résulte de ce texte que toutes les vacances qui se produiront
pourront être données à des citoyens qui n'auront jamais servi,
même dans la garde nationale mobile, pourvu qu'ils satisfassent
aux conditions d'honorabilité et d'aptitude exposées ci-dessus.

Tout en réservant expressément ce droit, je crois cependant
utile, dans l'intérêt même du recrutement des cadres et du développement de l'esprit militaire dans la garde nationale mobile, de
poser en principe que l'avancement pourra avoir lieu hiérarchi-
quement, afin que les gardes nationaux mobiles soient bien con-
vaincus qu'en s'acquittant avec zèle des devoirs du grade dont ils
sont pourvus, ils se créeront des titres à l'avancement au grade
immédiatement supérieur.

Je propose, en conséquence, que les emplois devenus vacants
par suite de libération, démission, décès ou révocation, puissent

être donnés aux gardes nationaux mobiles, caporaux, **sous-offi-ciers**, sous-lieutenants, lieutenants et capitaines qui se seront **dis-tingués** par leur zèle et leur instruction militaire.

CHAPITRE II.

COMMANDEMENT SUPÉRIEUR DE LA GARDE NATIONALE MOBILE.

La garde nationale mobile ne fait point partie de l'armée; mais, selon les termes mêmes de l'art. 3 de la loi du 1er février 1868, elle en est l'auxiliaire. A ce titre, elle doit être placée exclusivement sous les ordres de l'autorité militaire, qui peut, seule, donner une bonne direction à l'instruction et à l'administration, et assurer le maintien de la discipline.

Ainsi, le commandement de la garde nationale mobile de chaque département appartiendra au général commandant la subdivision, et celui de la garde nationale mobile des départements de chaque division, au général commandant la division.

Les généraux de division rendront compte au Ministre de la guerre de tout ce qui pourra intéresser l'instruction, l'administra-tion et la discipline de la garde nationale mobile. Ils transmettront les ordres et instructions aux généraux de brigade, qui en assure-ront et surveilleront l'exécution.

CHAPITRE III.

INSTRUCTION.

L'instruction de la garde nationale mobile devra avoir principa-lement pour but de mettre les gardes nationaux mobiles en état de se servir utilement de leurs armes.

A cet effet, elle comprendra :

Dans l'infanterie, — 1° le maniement des armes et l'école du soldat; 2° les principes et la pratique du tir; 3° l'école de peloton.

Dans l'artillerie, — le service des bouches à feu de places, de côtes et de campagne.

Les officiers, sous-officiers, caporaux et brigadiers devront pos-séder toutes les connaissances nécessaires à l'exercice de leurs fonctions.

Les exercices auront lieu aux jours fixés par le général com-mandant la subdivision; on choisira de préférence les dimanches, pour gêner le moins possible les travaux de l'agriculture et de l'in-dustrie.

Exemptions d'exercice.

Sont exemptés des exercices les jeunes gens qui justifient d'une connaissance suffisante du maniement d'armes et de l'école du soldat (art. 9 de la loi).

Il m'a paru nécessaire de soumettre l'exécution de cette disposition de la loi à un contrôle qui ne permit à aucun abus de se produire.

Ainsi, les exemptions d'exercice ne pourront être accordées que par le chef de bataillon sur la proposition du capitaine.

Les exemptés assisteront aux réunions par compagnies et par bataillon.

Le chef de bataillon profitera de ces réunions pour s'assurer que les exemptés possèdent bien réellement les connaissances exigées. Dans le cas où il ne les trouverait pas suffisamment instruits, il pourrait ordonner leur rappel aux séances d'exercice.

Il sera rendu compte, tous les trois mois, au général de division et au Ministre de la guerre, des exemptions d'exercice qui auront été accordées.

CHAPITRE IV.

HABILLEMENT.

L'Etat doit, en principe, l'habillement à tous les sous-officiers, caporaux, brigadiers, tambours, trompettes et gardes nationaux mobiles, à l'exception de ceux qui, s'étant fait remplacer dans l'armée par un garde national mobile, sont tenus de s'habiller et de s'équiper à leurs frais.

CHAPITRE V.

ADMINISTRATION.

L'administration des compagnies et batteries de la garde nationale mobile doit naturellement être soumise aux principes et règlements qui régissent l'administration des corps de l'armée.

Toutefois, la garde nationale mobile ne recevant aucune prestation en deniers et d'autres prestations en nature que les effets d'habillement et d'équipement qui sont donnés pour toute la durée du service, l'application de ces règlements administratifs ne peut donner lieu qu'à une comptabilité simple, claire et facile dont les principes sont parfaitement définis.

Chaque compagnie et batterie est administrée par le capitaine qui la commande, sous la surveillance de l'officier supérieur d'infanterie ou d'artillerie.

Le capitaine-major centralise l'administration de toutes les compagnies et batteries du département, et remplit, en outre, des fonctions analogues à celles des commandants de dépôts de recrutement.

Les indemnités allouées aux emplois soldés seront touchées par mois et à terme échu, sur un état de solde unique, établi par département, certifié par le capitaine-major et ordonnancé par le sous-intendant militaire.

L'envoi des sommes revenant aux parties intéressées sera fait dans les formes adoptées pour la gendarmerie.

L'administration de la garde nationale mobile est placée, dans chaque département, sous la surveillance et le contrôle de l'intendance militaire.

En cas de mise en activité, l'administration de la garde nationale mobile sera régie par les règlements administratifs de l'armée. Il sera pourvu alors aux emplois d'officiers et de sous-officiers comptables nécessaires pour assurer le service.

CHAPITRE VI.

DISCIPLINE.

Pendant la durée des exercices et réunions, la garde nationale mobile est soumise à la discipline réglée par la loi du 13 juin 1851 sur la garde nationale (art. 10 de la loi du 1er février 1868).

La loi du 13 juin 1851 contient toutefois des dispositions qui ne peuvent s'appliquer à la garde nationale mobile, telles que les punitions pour refus d'obéissance aux réquisitions des préfets et sous-préfets, le remboursement au profit des communes des effets vendus ou détériorés et la juridiction des conseils de discipline.

Il m'a donc paru nécessaire, pour éviter toutes fausses interprétations de la loi, de faire un résumé de toutes les dispositions de la loi du 13 juin 1851, en ce qu'elles ont d'applicable à la garde nationale mobile.

Ce résumé, ainsi inséré au *Journal militaire* à la suite de la loi du 1er février 1868(1), sous le titre : *Observations sur l'application des articles de la loi du 13 juin 1851 à la garde nationale mobile,* est le commentaire nécessaire des art. 9 et 10 de la loi du 1er février 1868, et constitue le véritable code de la discipline de la garde nationale mobile.

Gardes nationaux mobiles traduits devant le tribunal de police correctionnelle.

La loi du 13 juin 1851 et les art. 4 et 5 des observations précitées, qui énumèrent les délits et les fautes qui peuvent entraîner la traduction des délinquants devant les tribunaux de police correctionnelle, ne font pas connaître par quelle autorité et comment les tribunaux de police correctionnelle seront saisis.

Il est donc nécessaire de rappeler les principes qui doivent servir de règles à cet égard.

L'autorité militaire n'aura pas à intervenir dans la poursuite des délits de droit commun, qui appartiennent uniquement à la juridiction des tribunaux civils.

Les délits et les fautes définies par la loi du 13 juin 1851, tels que la vente, le détournement ou la destruction volontaire des

____

(1) Voir page 9 (renvoi).

armes, munitions, effets d'habillement et d'équipement confiés aux gardes nationaux mobiles et les manquements réitérés, sans cause légitime, aux exercices et réunions, pourront seuls être l'objet de poursuites exercées au nom de l'autorité militaire.

Les plaintes ou procès-verbaux seront adressés au général de division qui, en sa qualité de commandant supérieur de la garde nationale mobile de la division, sera le chef de l'action publique et aura seul le droit de saisir le tribunal de police correctionnelle.

Il transmettra ces plaintes ou procès-verbaux au procureur impérial qui, en vertu du droit qui lui est conféré par la loi, statuera définitivement sur la suite à leur donner.

Enfin, en raison de la situation particulière des gardes nationaux mobiles et de la difficulté d'établir les preuves des délits qui pourront leur être imputés, il sera nécessaire de donner également au général de division le droit qu'il exerce à l'égard de l'armée, d'apprécier les plaintes qui lui seront adressées, et s'il y a lieu de les transmettre au procureur impérial ; cette faculté d'appréciation donnée au général de division sera donc tout à la fois dans l'intérêt des gardes nationaux mobiles et de la bonne administration de la justice.

En conséquence, je propose à Votre Majesté de décider que lorsqu'un garde national mobile se sera mis dans le cas d'être poursuivi pour une des fautes ou un des délits prévus par les art. 9 et 10 de la loi du 1er février 1868, la plainte ou le procès-verbal établi par qui de droit sera adressé par la voie hiérarchique, avec toutes les pièces de nature à éclairer le tribunal, au général de division qui saisira, s'il y a lieu, le tribunal de police correctionnelle.

Dans le cas où cet officier général ne croirait pas devoir donner suite à la plainte, il en rendrait compte au Ministre de la guerre en motivant sa décision.

Démission des officiers.

Les officiers de la garde nationale mobile pourront offrir leur démission comme les officiers de l'armée, et ils ne cesseront leurs fonctions que lorsque l'acceptation de leur démission leur aura été notifiée.

CHAPITRE VII.

RAPPORTS DE LA GARDE NATIONALE MOBILE AVEC L'ARMÉE.

La garde nationale mobile devant concourir avec l'armée active à la défense des places fortes, des côtes et frontières de l'Empire, et au maintien de l'ordre dans l'intérieur, il était nécessaire de régler le rang de ces troupes entre elles ainsi que les droits au commandement.

La garde nationale sédentaire prend la droite dans toutes les circonstances où elle est réunie avec des troupes de l'armée.

La garde nationale mobile, qui est composée de citoyens plus jeunes et qui est l'auxiliaire de l'armée, prendra naturellement la gauche des troupes de l'armée.

Quant au droit au commandement, les officiers de la garde nationale mobile étant, en général, d'anciens militaires qui offriront toutes les garanties désirables d'instruction et d'expérience militaires, il paraît équitable de leur conférer le commandement des troupes quand ils auront la supériorité du grade.

Je propose, en conséquence, à Votre Majesté de régler ainsi qu'il suit les rapports de la garde nationale mobile avec l'armée.

Dans toutes les circonstances où la garde nationale mobile sera réunie avec des troupes de l'armée, la droite appartiendra à l'armée, et le commandement général sera déféré à l'officier le plus élevé en grade de l'armée ou de la garde nationale mobile, et à égalité de grade, à l'officier de l'armée, quelle que soit son ancienneté.

Les prescriptions du service des places, en ce qui concerne les honneurs à rendre par les postes aux troupes en armes et par les factionnaires, seront applicables à la garde nationale mobile.

Les gardes nationaux mobiles de tous grades devront le salut à leurs supérieurs de l'armée; de même, les officiers, sous-officiers et soldats de l'armée devront le salut aux gardes nationaux mobiles qui porteront les insignes d'un grade supérieur au leur.

CHAPITRE VIII.

VOLONTAIRES DE LA GARDE NATIONALE MOBILE. — ENGAGEMENTS VOLONTAIRES. — RENGAGEMENTS.

Engagements volontaires.

L'article 4 de la loi du 1er février 1868 autorise l'admission, dans la garde nationale mobile, « des citoyens qui, libérés du service militaire ou de la garde nationale mobile, demandent à en faire partie, » mais il n'indique pas à quelle condition cette admission peut être prononcée.

Il est de principe qu'aucun citoyen ne peut être admis à faire partie d'une société ou d'un corps organisé quelconque, s'il ne s'engage à se soumettre au règlement qui définit les obligations et la discipline imposées à tous les membres de la société ou du corps.

Si cet engagement préalable est nécessaire pour une société privée, à plus forte raison doit-il être obligatoire pour l'admission dans la garde nationale mobile, qui constitue une partie de la force publique, car sans cet engagement, le volontaire pourrait échapper à l'action disciplinaire, porter le trouble dans les compagnies ou batteries, et au lieu d'être un accroissement de force pour la garde nationale mobile, devenir, au contraire, pour elle un grave danger, comme ne l'a que trop prouvé l'organisation des bataillons de volontaires de 1791.

Les citoyens qui demanderont à être admis dans la garde nationale mobile devront donc souscrire un engagement, et cet engagement, pour être valable, devra être contracté dans les formes prescrites par le Code civil, c'est-à-dire dans les formes mêmes des engagements volontaires pour l'armée.

La loi du 1er février 1868 ne fait également aucune mention des limites de l'âge auquel les volontaires pourront être reçus dans la garde nationale mobile.

Le décret de la République, en date du 10 juillet 1848, non abrogé, fixe à 17 ans la limite inférieure des engagements volontaires dans l'armée. Cette limite me paraît devoir être adoptée pour la garde nationale mobile, et comme il est de toute justice que le temps de service accompli par un engagé volontaire de moins de 20 ans soit compté en déduction des cinq années de service dans la garde nationale mobile auxquelles il pourrait être astreint par la loi du recrutement, il résulterait de l'adoption de cette limite, que les jeunes gens qui s'engageraient à l'âge où les études classiques sont généralement terminées, pourraient se trouver à 22 ou 23 ans complétement libérés de toute obligation de service. Cette mesure libérale aurait donc pour effet de diminuer encore, pour un grand nombre de jeunes gens, le fardeau déjà si léger du service de la garde nationale mobile.

Quant à la limite supérieure, il importe de la reculer autant que possible pour donner à un plus grand nombre de citoyens et d'anciens militaires le droit d'apporter à la garde nationale mobile le concours précieux de leur patriotisme et de leur expérience.

Le projet d'organisation ci-joint permet de conserver jusqu'à 55 ans les sous-officiers, brigadiers, tambours et trompettes faisant partie des cadres de la garde nationale mobile.

Mais en ce qui concerne l'admission des simples citoyens, à titre de volontaires, il me paraît suffisant de fixer à 40 ans la limite supérieure de l'âge auquel on peut s'engager dans la garde nationale mobile.

Combinée avec la faculté de contracter des engagements d'une durée maximum de cinq ans, cette limite n'a rien d'excessif et répond à tous les besoins.

En conséquence, je propose de fixer de dix-sept à quarante ans les limites de l'âge auquel les engagements volontaires pourront être reçus dans la garde nationale mobile.

Conditions auxquelles doivent satisfaire les engagés volontaires.

Les conditions auxquelles doit satisfaire l'engagé volontaire de l'armée peuvent être simplifiées pour celui de la garde nationale mobile et réduites aux obligations suivantes :

1° Etre âgé de dix-sept ans au moins et de quarante ans au plus ;

2° Avoir un minimum de taille de 1ᵐ55 pour l'infanterie, et de 1ᵐ62 pour l'artillerie ;

3° Etre porteur d'un certificat de bonnes vie et mœurs délivré dans les formes prescrites par l'article 20 de la loi du 21 mars 1832, et si le contractant a moins de vingt ans, justifier du consentement de ses père, mère, ou tuteur ; ce dernier devra être autorisé par une délibération du conseil de famille ;

4° N'être lié à aucun titre au service de terre et de mer ;

5° Le contractant libéré du service militaire produira son congé de libération et son certificat de bonne conduite.

Les inscrits maritimes présenteront un acte de déclassement délivré par le commissaire de l'inscription maritime de leur quartier.

Quant à la durée de l'engagement, il semble naturel d'adopter, par analogie avec ce qui se passe dans l'armée, deux ans pour la durée mininum et la totalité du service imposée par la loi, soit cinq ans, pour durée maximum.

En cas de guerre, les engagements volontaires pourront être reçus pour un an.

Rengagements.

Les rengagements seront reçus pour une durée égale à celle des engagements.

Les gardes nationaux mobiles qui seront dans leur dernière année de service seront admis à se rengager ; ils produiront un certificat du chef de corps constatant qu'ils peuvent être admis dans la compagnie ou batterie pour laquelle ils se présentent.

Les rengagements seront contractés devant les intendants ou sous-intendants militaires ; les maires des chefs-lieux de canton pourront également recevoir les rengagements pour éviter des déplacements onéreux aux gardes nationaux mobiles qui voudront se rengager.

Les gardes nationaux mobiles qui auront quitté le service ne pourront rentrer dans la garde nationale mobile qu'en contractant un engagement volontaire dans les conditions des militaires libérés.

Disposition générale.

Bien que les exigences du service imposées par la loi soient extrêmement légères, ainsi que les populations ne tarderont pas à le reconnaître à la pratique, il me semble possible d'atténuer encore ces obligations pour les engagés et rengagés qui rempliront les conditions suivantes :

Tout engagé volontaire ou rengagé qui aura servi pendant un an au moins dans l'armée et pendant cinq ans dans la garde nationale mobile pourra être dispensé de tout exercice et de toute réunion, à moins qu'il n'ait été pourvu d'un grade qui rende sa présence nécessaire à ces exercices et réunions.

L'engagement ou rengagement contracté dans ces conditions ne sera plus qu'une simple inscription sur les contrôles de la compagnie ou de la batterie, n'imposant, en temps de paix, ni déplacement ni obligation d'aucune nature. Il constituera un titre honorable qui attirera à celui qui le portera la juste considération qui s'attache toujours aux actes de véritable patriotisme.

Je ne doute pas que, dans ces conditions, un grand nombre de citoyens ne tiennent à honneur de faire partie d'une institution qui, sans rien enlever à l'indépendance individuelle et à la liberté d'action, présente si complétement l'image de la nation toujours prête à se lever pour la défense de son honneur et de son territoire.

ANNEXE.

COMPAGNIES DE FRANCS-TIREURS VOLONTAIRES. — BATTERIES DE VOLONTAIRES.

Il ne me reste plus qu'à soumettre à Votre Majesté une proposition relative aux compagnies de francs-tireurs et aux batteries de volontaires qui font l'objet d'un chapitre inséré comme annexe au projet d'organisation de la garde nationale mobile.

Compagnies de francs-tireurs volontaires.

A l'époque encore récente où des événements extérieurs surexcitaient si profondément l'esprit national, des citoyens animés des plus vifs sentiments de patriotisme se réunissaient, s'armaient et demandaient l'autorisation de s'organiser en sociétés de francs-tireurs, pour concourir à la défense du territoire dans plusieurs de nos départements frontières.

La loi ne permettant la formation d'aucun corps de citoyens armés en dehors de la garde nationale sédentaire, il n'avait pas été possible de donner une satisfaction complète à ces vœux, mais aujourd'hui l'organisation de la garde nationale mobile offre une occasion naturelle d'obtempérer aux désirs exprimés par les sociétés de francs-tireurs.

Je demanderai donc à Votre Majesté de vouloir bien prendre en considération les sentiments si honorables qui ont présidé à la formation de ces sociétés, et régulariser leur organisation en les rattachant à la garde nationale mobile.

Je proposerai, à cet effet, l'adoption des dispositions suivantes :

Les membres des sociétés de francs-tireurs contracteront un engagement d'*un an* au titre de la garde nationale mobile et dans la forme adoptée pour les engagements des volontaires.

Ils seront organisés en compagnies qui prendront le nom de *compagnies de francs-tireurs volontaires.*

Chaque compagnie portera un uniforme qui sera approuvé par le Ministre de la guerre.

Le cadre de chaque compagnie comprendra :

Un capitaine ;
Un lieutenant ;
Un sous-lieutenant ;
Un sergent-major ;
4 sergents dont un instructeur ;
8 caporaux ;
1 clairon.

Les officiers seront nommés par l'Empereur ; les sous-officiers, les caporaux et le clairon, par l'autorité militaire.

Les cadres ne seront pas soldés, à l'exception des officiers et sous-officiers employés à l'instruction et à l'administration, et du clairon, qui recevront la même indemnité que dans l'infanterie de la garde nationale mobile.

Les compagnies de francs-tireurs seront sous l'autorité du général commandant la subdivision et soumises, soit en temps de paix, soit en temps de guerre, à la même discipline que la garde nationale mobile ; elles pourront continuer à s'exercer dans leurs champs de tir particuliers.

Elles ne seront pas, en conséquence, astreintes à assister aux exercices de la garde nationale mobile ; si elles sont appelées aux réunions, elles prendront alors la droite des troupes de la garde nationale mobile.

En cas d'appel à l'activité des bataillons de la garde nationale mobile, les compagnies de francs-tireurs seront de préférence employées à la défense de leur pays et chargées d'assurer la sécurité de leurs foyers.

Les jeunes gens des compagnies de francs-tireurs appelés par leur âge à faire partie de la garde nationale mobile pourront être autorisés à faire dans ces compagnies le temps de service fixé par la loi.

Batteries de volontaires.

Je solliciterai la même faveur pour les corps de volontaires qui ont été organisés, dans quelques places fortes, en compagnies et batteries d'artillerie.

Ces corps, qui ont donné depuis longtemps des preuves de leur dévouement et de leur patriotisme, pourraient, suivant leur désir, être rattachés à la garde nationale mobile aux conditions exposées ci-dessus pour les compagnies de francs-tireurs volontaires.

Ils prendraient le nom de batteries de volontaires, et seraient soumis aux mêmes obligations et jouiraient des mêmes immunités que les compagnies de francs-tireurs volontaires.

Tel est, Sire, l'ensemble des dispositions que j'ai l'honneur de soumettre à la sanction de Votre Majesté.

Dans le cas où Elle daignerait les adopter, je La prierais de vouloir bien revêtir le présent rapport de son approbation.

Je suis avec le plus profond respect,

Sire,

De Votre Majesté

Le très-obéissant, très-dévoué serviteur et très-fidèle sujet,

Le Maréchal de France,
Ministre Secrétaire d'Etat de la guerre,

NIEL.

APPROUVÉ :

NAPOLÉON.

N° 9. *Instruction sur l'organisation de la garde nationale mobile.*

Paris, le 28 mars 1868.

CHAPITRE PREMIER.

BASES DE L'ORGANISATION.

Il sera procédé, dès à présent, à l'organisation complète de la garde nationale mobile, bien qu'elle ne puisse atteindre que dans cinq ans son effectif normal, qui sera d'environ 550,000 hommes.

Elle sera organisée, par département, en bataillons, compagnies, et batteries d'artillerie à pied.

ORGANISATION PAR DÉPARTEMENT.

Le nombre des bataillons à organiser, dans chaque département, est subordonné au chiffre de la population.

Chaque bataillon comprendra huit compagnies.

Autant que possible, l'effectif de chaque bataillon ne devra pas dépasser 2,000 hommes, et celui de chaque compagnie et batterie 250 hommes (1).

La portion de territoire affecté au recrutement de chaque bataillon, compagnie et batterie prendra le nom de *circonscription* du bataillon, de la compagnie et de la batterie : chaque circonscription de bataillon comprendra huit circonscriptions de compagnie.

Les circonscriptions des bataillons, compagnies et batteries devront correspondre, autant que possible, aux divisions et subdivisions administratives du territoire.

Ainsi, un département pourra fournir plusieurs bataillons, un arrondissement un ou plusieurs bataillons, un canton une ou plusieurs compagnies ; on pourra aussi grouper plusieurs arrondissements pour former un bataillon, et plusieurs cantons pour former une compagnie.

Lorsque deux bataillons appartenant à des circonscriptions voisines auront, l'un un effectif inférieur à 2,000 hommes et l'autre un effectif très-supérieur à ce chiffre, on pourra détacher de la circonscription de ce dernier bataillon *un* ou *plusieurs* cantons qui seront réunis à la circonscription du premier bataillon pour égaliser, autant que possible, les effectifs en les rapprochant du chiffre de 2,000 hommes.

Rang des bataillons entre eux.

Les bataillons du même département seront numérotés suivant

---

(1) Les effectifs ont été portés à des chiffres aussi élevés afin que les bataillons, compagnies et batteries puissent avoir des effectifs convenables après les réductions que produiront les non-valeurs au moment de l'appel à l'activité.

l'ordre alphabétique des arrondissements dans lesquels ils se recruteront.

Rang des compagnies entre elles.

Les compagnies du même bataillon seront numérotées entre
elles suivant l'ordre alphabétique des cantons dans lesquels elles
se recruteront.

Il en sera de même pour les batteries.

Lorsqu'un bataillon se recrutera dans plusieurs arrondissements,
son numéro sera déterminé par le rang du premier de ces arrondissements.

De même, lorsqu'une compagnie se recrutera dans plusieurs
cantons, son numéro sera déterminé par le rang du premier de ces
cantons.

Chefs-lieux de circonscription.

Les chefs-lieux d'arrondissement et de canton qui auront déterminé les numéros des bataillons et des compagnies seront les
chefs-lieux des circonscriptions de ces bataillons et compagnies.

Centres de réunions des bataillons et compagnies.

Ces chefs-lieux de circonscription seront, en général, les
centres de réunion des bataillons et des compagnies.

Toutefois, les exercices et réunions ne pouvant donner lieu,
pour les jeunes gens qui y sont appelés, à un déplacement de plus
d'une journée; la limite extrême de ce déplacement sera de 12 kilomètres, et on ne pourra réunir, en entier, dans chaque circonscription, que les bataillons et compagnies dont le centre de réunion ne sera pas distant de plus de 12 kilomètres des communes
les plus éloignées.

Lorsqu'une compagnie se recrutera dans deux cantons contigus,
chacun de ces cantons formera une section : le centre de réunion
de la compagnie pourra être choisi sur la limite des deux cantons,
à la condition que ce centre ne soit pas éloigné de plus de 12 kilomètres des communes extrêmes de chaque canton; dans le cas
contraire, chaque section se réunira dans sa circonscription.

Lorsqu'un chef-lieu de canton ne pourra, par suite de sa position géographique, servir de centre de réunion pour la compagnie,
il sera choisi à cet effet un autre point du canton. L'instruction se
donnera au chef-lieu du canton pour les jeunes gens des communes qui en sont voisines, et au centre de réunion de la compagnie pour les jeunes gens des autres communes.

Lorsqu'une compagnie se recrutera dans un canton comprenant
des localités distantes entre elles de plus de 24 kilomètres, on dé-
signera un centre de réunion pour chaque section; l'instruction
pourra être donnée au chef-lieu de canton pour les communes qui
en sont voisines, et pour les autres au centre de réunion de chaque
section.

La circonscription de chaque compagnie sera divisée en deux parties correspondant aux deux sections, et la circonscription de chaque section en deux parties correspondant aux demi-sections.

ARTILLERIE.

Les batteries d'artillerie à pied seront organisées dans les départements où il existe des places fortes et des villes de garnison d'artillerie.

Les batteries qui se recruteront dans des cantons compris dans un rayon de moins de 12 kilomètres autour de ces places et villes, y auront leur centre de réunion.

Les batteries qui se recruteront dans un canton ayant pour chef-lieu une place forte ou une ville de garnison d'artillerie, recevront, dans cette place ou ville, l'instruction de détail et d'ensemble.

Les batteries recrutées dans un canton qui aura un chef-lieu autre qu'une place forte ou une ville de garnison d'artillerie, recevront l'instruction de détail dans leur canton, au moyen du matériel qui y sera conduit de la garnison la plus voisine; elles recevront l'instruction d'ensemble au centre de réunion des batteries, si leur canton est compris dans un rayon de moins de 12 kilomètres autour de ce centre.

L'instruction pratique du tir sera donnée aux batteries qui seront comprises dans un rayon de moins de 12 kilomètres d'un polygone d'artillerie.

Le minimum de la taille pour être admis dans l'artillerie est de 1^m62.

COMPOSITION DES CADRES.

Les cadres de la garde nationale mobile comprendront :

Par bataillon d'infanterie. . . 1 chef de bataillon.

Par compagnie d'infanterie . .
- 1 capitaine,
- 1 lieutenant,
- 1 sous-lieutenant,
- 1 sergent-major,
- 4 sergents, dont 1 instructeur,
- 8 caporaux,
- 1 tambour.

Par département fournissant au moins 2 batteries d'artillerie. . . . .
- 1 officier supérieur commandant l'artillerie du département.

Par batterie. . . . .
- 1 capitaine,
- 1 lieutenant en premier,
- 1 lieutenant en second,
- 1 maréchal des logis chef,
- 4 maréchaux des logis, dont 1 instructeur,
- 8 brigadiers,
- 1 trompette.

Il y aura en outre *par département* un capitaine qui prendra le nom de capitaine-major de la garde nationale mobile.

Il résidera au chef-lieu du département et centralisera l'administration de tous les bataillons d'infanterie et de toutes les batteries d'artillerie du département; il exercera en outre des fonctions analogues à celles des commandants de dépôt de recrutement, ainsi qu'il sera expliqué ci-après au titre *Administration*; il aura sous ses ordres un sous-officier secrétaire garde-magasin.

NOMINATION DES CADRES.

Les officiers seront nommés par l'Empereur; les sous-officiers, caporaux, brigadiers, tambours et trompettes, par le général commandant la division militaire.

DU CHOIX DES CADRES.

La garde nationale mobile ne pouvant être soumise à une discipline aussi fortement constituée que celle de l'armée, il est nécessaire que les chefs, à tous les degrés de la hiérarchie, jouissent d'une considération personnelle qui leur donne l'autorité morale indispensable à l'exercice de leur commandement : les grades ne devront donc être confiés qu'à des citoyens qui auront une situation honorable dans la circonscription de la troupe dont ils obtiendront le commandement.

OFFICIERS.

Les officiers de tous grades seront choisis parmi les officiers retraités, démissionnaires ou en activité de service, les militaires libérés, les appelés et les volontaires de la garde nationale mobile.

Ils devront avoir l'aptitude physique nécessaire pour faire un bon service, être, autant que possible, domiciliés dans la circonscription du bataillon, de la compagnie ou de la batterie dont le commandement leur sera confié et y avoir une situation honorable qui leur assure la considération et le respect de leurs subordonnés.

Les officiers en activité de service devront avoir trente ans de service révolus, afin qu'ils puissent être mis à la retraite le jour où ils seront admis dans la garde nationale mobile. Ils ne recevront de commandement que dans leur département ou dans tout autre dans lequel ils auront des relations qui leur assureront une bonne situation morale et une influence en rapport avec l'importance du commandement dont ils seront pourvus.

Il pourra être fait exception à cette dernière règle en faveur du capitaine-major, qui n'a aucune action directe à exercer sur les gardes nationaux mobiles. Les candidats à cet emploi devront satisfaire surtout à des conditions d'aptitude administrative.

A défaut d'officiers en activité ayant trente ans de service, on pourra admettre dans la garde nationale mobile des officiers ayant vingt-sept ans de service révolus et qui demanderaient à y entrer à la condition d'être mis hors cadres en attendant qu'ils aient acquis le droit à la pension de retraite, et de toucher seulement l'indemnité attribuée à l'emploi dont ils seraient pourvus dans la garde nationale mobile.

SOUS-OFFICIERS.

Les sous-officiers, caporaux ou brigadiers seront choisis :

1° Parmi les anciens militaires libérés ou retraités, remplissant les conditions d'aptitude à l'emploi et servant comme volontaires dans la garde nationale mobile;

2° Parmi les sous-officiers, caporaux ou brigadiers de l'armée ayant vingt-cinq ans de service et proposés pour la retraite ;

3° Parmi les appelés et les volontaires de la garde nationale mobile.

Les candidats à ces différents grades devront satisfaire aux conditions d'honorabilité et d'activité ci-dessus indiquées.

LIMITES D'AGE.

Les officiers, sous-officiers, caporaux, brigadiers, tambours et trompettes pourront servir dans la garde nationale mobile jusqu'aux limites d'âge ci-après, savoir :

Les officiers supérieurs jusqu'à . . . . 62 ans.

Les capitaines, lieutenants et sous-lieutenants . . . 60

Les sous-officiers, brigadiers, caporaux, tambours et trompettes. 55

Les candidats au grade d'officier supérieur devront avoir moins de 57 ans.

Les candidats aux grades de capitaine, lieutenant et sous-lieutenant, moins de 55.

INDEMNITÉS DE SERVICE.

Les cadres de la garde nationale mobile ne seront soldés qu'en cas d'appel à l'activité.

Seront, toutefois, exceptés les officiers et sous-officiers employés d'une manière permanente à l'instruction et à l'administration, les tambours et trompettes, lesquels recevront une indemnité de service fixée ainsi qu'il suit, savoir :

Capitaine-major.
{ Indemnité. 1,600
{ Frais de bureau et d'écritures. 800
{ et dans les départements comptant plus de 24 compagnies ou batteries, 15 fr. en plus pour chaque compagnie ou batterie excédant ce nombre.

Sous-officier secrétaire garde-magasin.   500

Infanterie. . . .	Chef de bataillon.		1,800
	Capitaine. .	Indemnité.	1,000
		Frais de bureau.	120
	Sergent-major.		600
	Sergent instructeur.		450
	Tambour		300
Artillerie	Officier supérieur.		2,000
	Capitaine. .	Indemnité.	1,200
		Frais de bureau.	120
	Maréchal des logis chef.		650
	Maréchal des logis instructeur.		500
	Trompette.		320

Les sergents-majors et les maréchaux des logis chefs seront employés à l'instruction, mais plus spécialement chargés de la comptabilité et de la tenue des écritures de leur compagnie ou batterie.

Les grades de capitaine-major, officier supérieur, capitaine de compagnie ou batterie, sergent-major ou maréchal des logis instructeur et de sergent secrétaire, garde-magasin, seront, en général, confiés à d'anciens militaires en état de donner et diriger l'instruction des gardes nationaux et d'assurer la bonne administration des compagnies ou batteries.

Les tambours et trompettes seront choisis parmi les militaires libérés ayant rempli ces fonctions dans les corps de troupes, et parmi les citoyens connaissant les batteries et les sonneries militaires.

Les militaires retraités cumuleront avec leur pension de retraite l'indemnité attribuée à leur emploi dans la garde nationale mobile.

AVANCEMENT.

Les emplois devenus vacants par suite de libération, démission, décès ou révocation, pourront être donnés aux gardes mobiles, caporaux, sous-officiers, sous-lieutenants, lieutenants et capitaines qui se seront distingués par leur zèle et leur instruction militaire.

CHAPITRE II.

COMMANDEMENT SUPÉRIEUR DE LA GARDE NATIONALE MOBILE.

La garde nationale mobile sera placée sous les ordres de l'autorité militaire, qui pourra, seule, ordonner les réunions d'exercices et les réunions par bataillon, compagnie et batterie.

Le commandement de la garde nationale mobile de chaque division militaire appartiendra au général commandant la division, et celui de la garde nationale mobile de chaque département, au général commandant la subdivision.

Le général de division recevra les rapports du général de **brigade** et lui transmettra les ordres et instructions du Ministre **de la** guerre.

Le général de brigade recevra les rapports des chefs de **corps**, c'est-à-dire des officiers supérieurs d'infanterie et d'artillerie, ainsi que ceux du capitaine-major; il leur transmettra les ordres et instructions du général de division.

Il sera spécialement chargé de la haute direction de l'instruction et de la discipline, et assurera l'exécution pleine et entière de **toutes** les règles d'administration applicable à la garde nationale **mobile** de sa subdivision.

Il adressera, tous les trois mois, au général de division, **pour** être transmis au Ministre, un rapport sur l'esprit, la conduite et l'instruction de la garde nationale mobile, ainsi que sur la **tenue**, la conduite et la manière de servir des officiers et sous-officiers.

CHAPITRE III.

INSTRUCTION.

Les exercices auxquels seront soumis les jeunes gens de la **garde** nationale mobile auront pour objet de leur enseigner :

Dans l'infanterie :

1° Le maniement d'armes ;

2° L'école du soldat ;

3° L'école de peloton ;

4° Les principes du tir ;

5° La pratique du tir lorsque cela sera possible.

Les caporaux et les sous-officiers devront savoir, en outre, **toutes** les prescriptions du règlement sur la discipline ; les sous-lieutenants et lieutenants devront savoir l'école de bataillon.

Dans l'artillerie :

Le service des bouches à feu de place, de côtes et de campagne.

Les brigadiers, les sous-officiers et les officiers devront savoir les manœuvres de batterie et connaître toutes les prescriptions du règlement sur la discipline.

Les exercices auront lieu aux jours fixés par le général commandant la subdivision.

Le dimanche sera choisi de préférence pour gêner le moins possible les travaux de l'agriculture et de l'industrie.

On n'appellera en général à chaque réunion d'exercice qu'une fraction de la compagnie (40 ou 50 hommes).

Ces jeunes gens seront convoqués par un ordre écrit du capitaine: cet ordre sera porté au maire de la commune où ils résident par la gendarmerie du chef-lieu de canton.

L'instruction sera donnée, sous la surveillance du capitaine, par le sergent-major, le sergent instructeur, et au besoin, par les autres sous-officiers de la compagnie.

Lorsqu'une compagnie se recrutera dans deux cantons, l'instruction commencera par la première section au chef-lieu du premier canton; les instructeurs se transporteront ensuite au chef-lieu du deuxième canton, pour donner l'instruction à la deuxième section.

Lorsqu'un canton aura deux centres d'exercice, on procédera de la même manière : seulement les instructeurs emporteront chaque jour les fusils et les rapporteront le soir au chef-lieu de canton.

Après chaque exercice, le tambour de la compagnie nettoiera les fusils.

EXEMPTIONS D'EXERCICE.

Les jeunes gens qui justifieront d'une connaissance suffisante du maniement d'armes et de l'école du soldat seront exemptés des exercices relatifs à cette partie de l'instruction.

Ceux qui justifieront d'une connaissance suffisante des principes et de la pratique du tir seront également exemptés des exercices sur le tir.

Les exemptions seront accordées par le chef de bataillon sur la proposition du capitaine.

Les exemptés assisteront aux réunions par compagnie et par bataillon.

Après la première convocation de toutes les fractions de chaque compagnie, le capitaine adressera au chef de bataillon un *état nominatif* des jeunes gens de sa compagnie qui auront été exemptés d'exercice : celui-ci établira un *état numérique* des exemptés de son bataillon et l'enverra au général commandant la subdivision.

Cet officier général établira également un état numérique par bataillon des exemptés du département et l'adressera au général commandant la division, pour être transmis au Ministre de la guerre.

Un état semblable sera fourni tous les trois mois et adressé au Ministre avec le rapport sur l'esprit et l'instruction de la garde nationale mobile, la conduite et la manière de servir des officiers et des sous-officiers.

Contrôle des exemptions.

Les chefs de bataillon assisteront, le plus souvent possible, aux réunions par compagnie : ils s'assureront, au moyen de l'état nominatif des exemptions, que les jeunes gens auxquels elles ont été accordées possèdent réellement les connaissances exigées ; dans le cas où ils ne les trouveraient pas suffisamment instruits, ils pourraient ordonner leur rappel aux séances d'exercice.

Ils s'assureront également que les caporaux, sous-officiers et officiers possèdent les connaissances théoriques et pratiques nécessaires à l'exercice de leurs fonctions.

On procédera de la même manière pour les exemptions à accorder aux jeunes gens qui appartiennent aux batteries d'artillerie, pour les contrôler et en rendre compte.

Les demandes de munitions pour les exercices et le tir à la cible seront établies par les chefs de bataillon et officiers supérieurs d'artillerie, au titre de la garde nationale mobile, mais dans la forme prescrite pour les corps de l'armée.

CHAPITRE IV.

HABILLEMENT.

Les sous-officiers, caporaux ou brigadiers et les gardes nationaux mobiles pourront s'habiller à leurs frais; ceux qui ne le feront pas pourront, sur l'ordre du Ministre, recevoir des magasins de l'Etat les effets d'habillement et d'équipement ci-dessous :

Une tunique;

Un pantalon;

Un képy;

Une cravate;

Un ceinturon avec porte-baïonnette pour l'infanterie;

Un ceinturon avec porte-sabre pour l'artillerie; .

Un étui-musette.

La durée de la tunique est fixée à dix ans; celle des autres effets d'habillement à cinq ans; ces derniers seront laissés aux hommes après durée expirée.

En cas de mobilisation, ces effets seront toujours distribués aux hommes, qui recevront en sus deux paires de souliers, une paire de guêtres en cuir, deux chemises et un havre-sac.

Les jeunes gens qui entrent dans la garde nationale mobile aux lieu et place des gardes nationaux qui les ont remplacés dans le contingent de l'armée, étant tenus de s'habiller et de s'équiper à leurs frais, versent, à ce titre, dans les caisses du Trésor, la valeur représentative des effets qu'ils reçoivent, aux prix déterminés par le tarif. La même disposition est applicable aux gardes nationaux mobiles qui se font remplacer dans les cas prévus par le deuxième paragraphe de l'art. 7 de la loi, à moins que le remplacé ne fasse la remise à son remplaçant de tous les effets dont il est pourvu, de telle sorte qu'il ne résulte de cette substitution de personne aucune charge nouvelle pour l'Etat.

L'uniforme ne sera porté que dans les réunions ordonnées.

CHAPITRE V.

ADMINISTRATION.

L'administration des compagnies ou batteries de la garde nationale mobile sera soumise à la police administrative de l'intendance militaire.

Chaque compagnie et batterie sera administrée par le capitaine commandant, sous la surveillance du chef de bataillon et de l'officier supérieur d'artillerie.

ATTRIBUTIONS DU CAPITAINE-MAJOR.

Le capitaine-major centralisera l'administration de toutes les compagnies et batteries du département.

Répartition du contingent.

Les opérations du conseil de révision étant terminées, le préfet adressera, conformément aux prescriptions de la circulaire du 12 février 1868, une copie de la liste générale du contingent du département au commandant du dépôt de recrutement, lequel transmettra au capitaine-major la liste du contingent départemental de la garde nationale mobile, ainsi qu'une copie de ses listes de tournées, qui contiendront des renseignements sur la taille et l'aptitude physique des jeunes gens.

Au moyen de ces listes, le capitaine-major fera la répartition du contingent de la garde nationale mobile en bataillons, compagnies et batteries, en se conformant au tableau des circonscriptions de chaque bataillon, compagnie et batterie du département.

Etablissement des contrôles.

Il établira ensuite le contrôle de chaque classe, par bataillon, compagnie et batterie, et adressera à chacun des capitaines l'extrait du contrôle, en ce qui concerne sa compagnie ou batterie (1).

Livrets des gardes nationaux mobiles.

Il établira les livrets des gardes nationaux mobiles, en ce qui concerne leur état civil et leur signalement, et les adressera aux capitaines des compagnies et batteries.

Ces livrets seront semblables à ceux des hommes de troupe ; seulement l'extrait du Code de justice militaire sera suivi de la reproduction des articles 8, 9, 10 et 11 de la loi du 1er février 1868, et des dispositions relatives à la discipline, insérées au *Journal militaire* à la suite de cette loi, sous le titre : *Observations sur l'application des articles de la loi du 15 juin 1851 à la garde nationale mobile.*

Habillement et équipement

Le capitaine-major recevra les effets d'habillement et d'équipement des magasins centraux sur des états de demande établis par lui au titre de la garde nationale mobile.

---

(1) La classe de 1864 commencera la série des numéros matricules ; les classes suivantes continueront cette série jusqu'au numéro 10,000 par bataillon.

Ces effets seront déposés au chef-lieu du département, dans **un**
magasin dont il aura la comptabilité, et seront immédiatement
marqués d'un timbre portant les mots : *Garde nationale mobile,*
avec le nom du département.

Le capitaine-major adressera ensuite aux chefs-lieux de canton
les effets nécessaires à l'habillement des hommes de chaque compagnie et batterie.

Les effets d'habillement et d'équipement des hommes libérés,
décédés ou atteints d'incapacité de servir, devant faire retour à
l'Etat, seront renvoyés au capitaine-major par les soins des capitaines de compagnies et de batteries.

Le sous-intendant passera la revue de ces effets, et proposera au
général commandant la subdivision la réforme de ceux qui ne
pourront pas être remis en service ; il fera réintégrer les autres au
magasin, où ils seront marqués suivant les règles de l'administration des corps de troupes.

Armement.

Le capitaine-major recevra l'armement des arsenaux sur des états
de demande conformes au modèle adopté par les corps de troupes.

Il déposera ces armes dans un magasin dont il sera comptable.

Il enverra à chaque capitaine de compagnie le nombre de fusils
ou de mousquetons nécessaire pour donner l'instruction.

L'artillerie sera chargée de la surveillance et de la réparation
de ces armes.

Registres à tenir pour la comptabilité de l'habillement et de l'armement.

Le capitaine-major tiendra, pour la comptabilité de l'habillement, de l'équipement et de l'armement, les registres suivants ;
savoir :

Habillement
et
équipement.
{ Registre des recettes et consommations.
Registre des comptes ouverts avec les compagnies.
Registre des effets réintégrés pour être remis en service.

Armement.
{ Livret d'armement.
Contrôle général des armes.
Registre des réparations d'armes.
Livret de munitions.

Congés de libération.

Le capitaine-major établira, au titre de la garde nationale mobile, les congés de libération, sur lesquels il sera fait mention si le
garde national mobile a mérité ou non un certificat de bonne conduite ; il les adressera à chaque capitaine de compagnie et de batterie, qui les remettront ou les feront parvenir aux intéressés.

Mutations.

Le capitaine-major adressera à la fin de chaque mois les muta-tions des cadres soldés au sous-intendant militaire chargé de l'ordonnancement de la solde.

Il fera également connaître aux capitaines de compagnies et de batteries les mutations des hommes sous leurs ordres (décédés, condamnés, etc.), et il inscrira ces mutations sur les registres matricules au fur et à mesure qu'elles se produiront.

Lorsqu'un homme, changeant de résidence, quittera la circonscription de sa compagnie pour s'établir dans la circonscription d'une autre compagnie du même département, le capitaine-major en donnera avis aux capitaines des deux compagnies, qui feront inscrire la mutation sur leur contrôle.

Lorsque la nouvelle résidence sera choisie dans un autre département, le capitaine-major en donnera également avis au capitaine-major de ce département.

Dans tous les cas, le garde national mobile qui aura changé de circonscription sera appelé aux réunions et exercices de la nouvelle compagnie dans la circonscription de laquelle il résidera; mais, en cas de mobilisation, il devra marcher avec la compagnie ou la batterie dans laquelle il a été immatriculé.

ATTRIBUTIONS DES CAPITAINES DE COMPAGNIE ET DE BATTERIE.

Les capitaines de compagnie et de batterie recevront les effets d'habillement et d'équipement du magasin départemental et par les soins du capitaine-major.

Ces effets seront distribués en présence du capitaine : ils seront marqués du millésime de l'année, des numéros du bataillon et de la compagnie, et enfin du numéro matricule de l'homme.

Le capitaine fera ensuite inscrire ces effets sur les livrets des hommes et sur un registre spécial *ad hoc.*

Il renverra au magasin départemental ceux des effets d'habillement et d'équipement des hommes libérés, décédés ou atteints d'incapacité de servir, qui doivent faire retour à l'Etat.

Armement.

Il recevra également par les soins du capitaine-major les fusils ou mousquetons nécessaires à l'instruction.

Il fera déposer ces armes dans un local de la caserne de gendarmerie du canton, ou dans un magasin placé sous la surveillance de la gendarmerie, et s'assurera fréquemment qu'elles sont entretenues en état de propreté par le tambour ou trompette.

Il tiendra le contrôle de sa compagnie ou batterie au courant au moyen des mutations qui lui seront notifiées par le capitaine-major.

Mutations.

Il adressera à la fin de chaque mois au capitaine-major l'état de mutations des cadres soldés de la compagnie ou batterie, et l'informera des décès, condamnations et changements de résidence des hommes de sa compagnie ou batterie. Le capitaine-major rendra compte des décès et condamnations à l'autorité militaire qui réclamera l'envoi des actes mortuaires et des extraits des jugements nécessaires pour l'inscription régulière des mutations; pour les changements de résidence, on opérera comme il a été dit plus haut.

La gendarmerie de chaque canton informera le capitaine de la compagnie ou de la batterie des mutations, condamnations, etc., des hommes de la compagnie ou batterie.

Registres à tenir.

Chaque capitaine tiendra pour l'administration de sa compagnie ou batterie les registres suivants, savoir :

Registre des effets d'habillement, équipement et armement, reçus et distribués (*) ;

Contrôle de la compagnie (1) ;

Registre des punitions.

INDEMNITÉS DE SERVICE.

Les indemnités allouées aux emplois soldés seront touchées par mois et à terme échu, sur un état de solde unique établi par département, certifié par le capitaine-major et ordonnancé par le sous-intendant militaire.

L'envoi des sommes revenant aux parties intéressées sera fait dans les formes adoptées pour la gendarmerie.

Ces perceptions seront régularisées annuellement. En conséquence, il ne sera établi qu'une feuille de journées par an.

ADMINISTRATION DE LA GARDE NATIONALE MOBILE APPELÉE A L'ACTIVITÉ.

A dater de la promulgation de la loi de mise en activité, l'administration de la garde nationale mobile sera régie par les règlements administratifs de l'armée.

En cas de mobilisation, il sera formé au chef-lieu de chaque dé-

---

(1) Pour établir le contrôle de la compagnie, sa circonscription sera divisée en deux parties correspondant aux deux sections,—et la circonscription de chaque section en deux parties correspondant aux demi-sections. — Les hommes de la première demi-section seront d'abord inscrits suivant l'ordre alphabétique des communes auxquelles ils appartiennent, puis ceux de la deuxième, et ainsi de suite. — Ce contrôle servira spécialement pour la convocation aux exercices. (Voir la note ministérielle du 27 mai 1869, et le modèle y annexé).

(*) Les effets de grand équipement ne doivent pas être marqués du numéro matricule de l'homme. (Note du 4 mai 1869.)

partement un conseil d'administration central, appelé à exercer son action sur tous les bataillons d'infanterie et sur toutes les batteries d'artillerie du département, en quelques lieux qu'ils soient stationnés.

Dès lors le capitaine-major remplira les fonctions de major telles qu'elles sont déterminées par l'ordonnance royale du 10 mai 1844 et l'instruction du 5 avril 1867, sur l'administration et la comptabilité des corps de troupes en campagne.

CHAPITRE VI.

DISCIPLINE.

Pendant la durée des exercices et des réunions, la garde nationale mobile sera soumise à une discipline spéciale qui est réglée par les art. 9 et 10 de la loi du 1er février 1868 ; en dehors des exercices et réunions, la garde nationale mobile rentrera dans le droit commun, et les gradés ne pourront exercer aucune action disciplinaire sur leurs subordonnés.

L'application des articles 9 et 10 précités est réglée par les dispositions insérées à la suite de la loi, sous le titre : *Observations sur l'application des articles de la loi du 15 juin 1851 à la garde nationale mobile.* (1).

GARDES NATIONAUX MOBILES TRADUITS DEVANT LES TRIBUNAUX CIVILS.

Lorsqu'un garde national mobile se sera mis dans le cas d'être poursuivi pour une des fautes ou un des délits énumérés aux articles 4 et 5 des observations ci-dessus désignées, une plainte ou un procès-verbal, établi par qui de droit, sera adressé, avec toutes les pièces de nature à éclairer le tribunal, au général commandant la division territoriale, qui saisira, s'il y a lieu, le tribunal de police correctionnelle. Dans le cas où cet officier général ne croirait pas devoir donner suite à la plainte, il en rendrait compte au Ministre de la guerre, en motivant sa décision.

Notification à l'autorité militaire des jugements prononcés par les tribunaux civils contre les gardes nationaux mobiles.

Les procureurs impériaux notifieront aux généraux de division les condamnations prononcées, en toutes circonstances, par les tribunaux civils contre les gardes nationaux mobiles : l'autorité militaire en informera le chef de bataillon et le capitaine-major du département auquel appartiendront les condamnés.

Les gardes nationaux mobiles condamnés à la prison subiront leur peine dans les prisons civiles.

____

(1) Voir page 9 (renvoi).

DÉMISSION DES OFFICIERS.

Les officiers de la garde nationale mobile pourront offrir leur démission ; ils emploieront, à cet effet, la formule prescrite pour les officiers de l'armée ; seulement les mots « *dans l'armée de terre* » seront remplacés par les mots « *dans la garde nationale mobile.* »

Le chef de bataillon ou l'officier supérieur d'artillerie transmettra cette offre de démission avec une lettre explicative, par l'intermédiaire du général de brigade, au général commandant la division, qui l'adressera au Ministre de la guerre.

Les officiers ne pourront cesser leurs fonctions qu'après que l'acceptation de leur démission leur aura été notifiée.

PRIVATION DU GRADE POUR LES OFFICIERS.

La privation du grade, encourue dans les cas prévus par la loi, est prononcée, pour les officiers, par l'Empereur, sur un rapport du Ministre de la guerre.

CASSATIONS ET RÉTROGRADATIONS.

Les cassations et rétrogradations des sous-officiers seront prononcées par les généraux de division. Les cassations de caporaux ou brigadiers par les généraux de brigade dans les formes prescrites pour l'armée.

REMISE DES GALONS.

Les sous-officiers, caporaux ou brigadiers pourront faire la remise de leurs galons comme les sous-officiers, caporaux et brigadiers de l'armée.

DISCIPLINE DES CADRES SOLDÉS.

Les titulaires des emplois soldés seront soumis d'une manière permanente aux règlements militaires en tout ce qui concerne la discipline et le service de la garde nationale mobile. (Art. 10 de la loi du 1er février 1868.)

DISCIPLINE DE LA GARDE NATIONALE MOBILE EN CAS D'APPEL A L'ACTIVITÉ.

A dater de la mise en activité, la garde nationale mobile sera soumise à la discipline et aux lois militaires. (Art. 3 et 11 de la loi du 1er février 1868.)

CHAPITRE VII.

RAPPORTS DE LA GARDE NATIONALE MOBILE AVEC L'ARMÉE.

Dans toutes les circonstances où des troupes de l'armée ou de la garde nationale mobile seront réunies, la droite appartiendra à celles de l'armée. Toutefois, si la réunion comporte des troupes à *cheval* ou munies d'un *matériel*, la garde nationale mobile prendra la gauche des troupes de l'armée à *pied*.

Le commandement général sera déféré à l'officier le plus élevé en grade de l'armée ou de la garde nationale mobile et à égalité de grade à l'officier de l'armée, quelle que soit son ancienneté.

Dans les cérémonies publiques, les officiers de la garde nationale mobile se réuniront à l'état-major de la place et marcheront immédiatement après les corps d'officiers de troupe de l'armée.

Les prescriptions du décret sur le service des places, en ce qui concerne les honneurs à rendre par les postes aux troupes en armes et par les factionnaires, seront applicables à la garde nationale mobile.

Les gardes nationaux mobiles de tous grades devront le salut à leurs supérieurs de l'armée; de même les officiers, sous-officiers et soldats de l'armée devront le salut aux gardes nationaux mobiles qui porteront les insignes d'un grade supérieur au leur.

CHAPITRE VIII.

VOLONTAIRES DE LA GARDE NATIONALE MOBILE.

Engagements volontaires.

Seront admis, à titre de volontaires, dans la garde nationale mobile les citoyens de dix-sept à quarante ans qui demanderont à en faire partie.

Ils contracteront, dans la forme ci-jointe, un engagement de deux à cinq ans devant le maire du chef-lieu de leur canton.

Ils devront à cet effet satisfaire aux conditions suivantes :

1° Etre âgé de dix-sept ans au moins et de quarante ans au plus;

2° Avoir un minimum de taille de 1^{m}55 pour être admis dans l'infanterie et un minimum de taille de 1^{m}62 pour être admis dans l'artillerie.

Les engagements ne seront reçus pour l'artillerie que dans les cantons qui seront désignés comme circonscription de batterie.

3° Jouir de leurs droits civils.

4° Etre porteur d'un certificat de bonnes vie et mœurs délivré dans les formes prescrites par l'art. 20 de la loi du 21 mars 1832, et, s'ils ont moins de vingt ans, justifier du consentement de leurs père et mère ou tuteur; ce dernier devra être autorisé par une délibération du conseil de famille.

Le temps de service accompli par un engagé volontaire ayant moins de vingt ans, sera compté en déduction des cinq années de service dans la garde nationale mobile auxquelles il pourra être astreint par la loi de recrutement.

5° N'être lié à aucun titre au service des armées de terre et de mer.

Les contractants libérés du service militaire produiront leur congé de libération et leur certificat de bonne conduite.

Les inscrits maritimes présenteront un acte de déclassement délivré par le commissaire de l'inscription maritime de leur quartier.

Les anciens officiers produiront le titre en vertu duquel ils ont quitté le service.

La durée de l'engagement, qui sera, en temps de paix, de 2 à 5 ans, pourra être réduite à 1 an en temps de guerre.

Les conditions relatives à la durée des engagements seront insérées dans l'acte même.

Les autres conditions seront lues aux contractants avant la signature, et mention en sera faite à la fin de l'acte, le [tout sous peine de nullité.

Le service des engagés volontaires comptera du jour où ils auront souscrit leur acte d'engagement.

Les engagés volontaires feront partie de la compapnie ou batterie qui se recrutera dans le canton de leur domicile ou résidence.

Rengagements.

Les rengagements seront reçus pour une durée égale à celle des engagements.

Seront admis à se rengager les gardes nationaux mobiles qui seront dans leur dernière année de service.

Les rengagements seront contractés devant les intendants et sous-intendants militaires, ainsi que devant les maires des chefs-lieux de canton, dans les formes prescrites pour l'engagement volontaire. Les contractants produiront un certificat du chef de corps constatant qu'ils peuvent rester ou être admis dans la compagnie ou batterie pour laquelle ils se présentent.

Les gardes nationaux mobiles qui auront quitté le service ne pourront rentrer dans la garde nationale mobile qu'en contractant un engagement volontaire dans les conditions imposées aux anciens militaires libérés du service.

DISPOSITIONS GÉNÉRALES.

Tout engagé volontaire ou rengagé qui aura passé plus d'un an sous les drapeaux ou aura servi pendant cinq ans dans la garde nationale mobile pourra être dispensé des exercices et réunions.

Cette disposition ne pourra s'appliquer aux gardes nationaux mobiles qui auront reçu un grade qui rendra leur présence nécessaire aux exercices et réunions.

Les engagements volontaires ne seront reçus dans chaque bataillon ou batterie que dans les limites qui seront fixées par le Ministre de la guerre.

ANNEXE.

COMPAGNIES DE FRANCS-TIREURS VOLONTAIRES.

Un certain nombre de sociétés, composées de citoyens que leur patriotisme et leur goût pour les armes avaient réunis dans des circonstances récentes, ont demandé l'autorisation de s'organiser en société de francs-tireurs, pour concourir à la défense du territoire national dans plusieurs départements frontières.

Aucun corps de citoyens armés ne peut, d'après la loi, exister en dehors de la garde nationale sédentaire et de la garde nationale mobile.

Toutefois, prenant en considération les sentiments, que l'on ne saurait trop honorer, qui ont présidé à la formation des sociétés de francs-tireurs, ainsi que les vœux qui lui ont été exprimés, le Gouvernement est disposé à régulariser l'organisation de ces sociétés en les rattachant de la manière suivante à la garde nationale mobile.

Les membres des sociétés de francs-tireurs contracteront un engagement d'un an, au titre de la garde nationale mobile et dans la forme adoptée pour les engagements des volontaires de la garde nationale mobile.

Ils seront organisés en compagnies, qui prendront le nom de *compagnies de francs-tireurs volontaires.*

Chaque compagnie portera un uniforme qui sera approuvé par le Ministre de la guerre.

Le cadre de chaque compagnie comprendra :

Un capitaine,
Un lieutenant,
Un sous-lieutenant,
Un sergent-major,
Quatre sergents (dont un sergent instructeur),
Huit caporaux,
Un clairon.

Les officiers seront nommés par l'Empereur, et les sous-officiers, les caporaux et le clairon par l'autorité militaire.

Les cadres ne seront pas soldés, à l'exception des officiers et sous-officiers employés à l'instruction ou à l'administration, et du clairon, qui recevront une indemnité de service, comme dans l'infanterie de la garde nationale mobile.

Les compagnies de francs-tireurs seront sous l'autorité du général commandant la subdivision et soumises, soit en temps de paix, soit en temps de guerre, à la même discipline que la garde nationale mobile.

Elles pourront continuer à s'exercer dans leurs champs de tir particuliers.

Elles ne seront pas, en conséquence, astreintes à assister aux exercices de la garde nationale mobile ; si elles sont appelées aux réunions, elles prendront la droite des troupes de la garde nationale mobile.

Dans le cas où plusieurs compagnies de francs-tireurs seront réunies sur le même point, elles prendront rang entre elles d'après l'ordre alphabétique de leur circonscription territoriale.

En cas d'appel à l'activité des bataillons de la garde nationale mobile, les compagnies de francs-tireurs seront de préférence employées à la défense de leur pays et chargées d'assurer la sécurité de leurs foyers.

Les jeunes gens des compagnies de francs-tireurs, appelés par leur âge à faire partie de la garde nationale mobile, pourront être autorisés à faire dans ces compagnies le temps de service fixé par la loi.

BATTERIES DE VOLONTAIRES.

Les corps de volontaires qui ont été organisés dans quelques places fortes en compagnies ou batteries d'artillerie pourront être rattachés à la garde nationale mobile, aux conditions exposées ci-dessus pour les compagnies de francs-tireurs volontaires.

Ils prendront le nom de *batteries de volontaires*; ils seront soumis aux mêmes obligations et jouiront des mêmes immunités que les compagnies de francs-tireurs volontaires.

Paris, le 28 mars 1868.

Le Maréchal de France, Ministre de la guerre,

NIEL.

MODÈLE.

MODÈLE N° 1.

—

Décision impériale
du 28 mars 1868.

MODÈLE DE L'ACTE D'ENGAGEMENT.

———

Acte d'engagement dans la garde nationale mobile.

L'an mil huit cent   , le
   , à   heure , s'est présenté devant

(1) Maire ou adjoint.
nous (1)   de la commune d
chef-lieu de canton, arrondissement d
département d

(2) Nom et prénoms.
Le sieur (2)   âgé de

(*a*) Si l'engagé a déjà servi, spécifier. d'après sa déclaration (à la suite de l'indication de sa profession), en quelle qualité et dans quel corps.
exerçant la profession d (*a*) domicilié
à   , canton d
arrondissement d , département
d , résidant à
canton d , arrondissement
d , département d
fils d et de
domiciliés à , canton d
département d , cheveux
sourcils , front , yeux
nez , bouche , menton

(3) Indiquer ici les marques particulières.
visage (3) taille d'un mètre
millimètres.

(4) Nom et prénoms du premier témoin.
Lequel, assisté du sieur (4)
âgé de , exerçant la profession d
domicilié à , canton d
arrondissement d département
d

(5) Nom et prénoms du deuxième témoin.
Et du sieur (5) âgé d
exerçant la profession d , domicilié
à , canton d
arrondissement d département
d , appelés l'un et l'autre
comme témoins, conformément à la loi ;

(6) Désigner si c'est l'infanterie ou l'artillerie de la garde nationale mobile.
A déclaré vouloir s'engager dans l' (6)
de la garde nationale mobile.
A cet effet, et après nous avoir fait la déclaration :
Qu'il n'est lié au service ni comme appelé ou sub-

(7) Nom et prénoms de l'engagé.

(8) Nom, grade et corps de l'autorité militaire signataire du certificat.

(9) Nom de l'engagé.

(10) Désignation de l'arme.

(b) Si ce n'est pas un acte de naissance que l'engagé produit, on énoncera le titre qu'il présentera conformé‐ment à l'article 46 du Code Napoléon.

(11) Indication du jour, du mois et de l'an‐née de la naissance (en toutes lettres).

(12) Indiquer la com‐mune.

(13) Nom de l'engagé.

(c) Si l'engagé a moins de vingt ans, on indi‐quera sous ce numéro le consentement qu'il est tenu de produire, conformément à la loi.

(d) On indiquera sous ce numéro les autres pièces que l'engagé qui aura déjà servi devra produire, conformément à la décision impériale du 28 mars 1868.

(14) Nom et prénoms de l'engagé.

(15) Nom et prénoms de l'engagé.

(16) Indiquer le nom‐bre d'années.

(17) Si l'engagé ou les témoins ne peuvent si‐gner, il sera fait men‐tion de la cause qui les en empêchera, confor‐mément à l'article 39 du Code Napoléon.

stituant, ni comme engagé volontaire ou **rengagé, ni** comme remplaçant ou inscrit maritime,

Ledit sieur (7)   nous a **présenté** :

1° Un certificat délivré sous la date du par (8)   et constatant que ledit sieur (9)   à la taille et les autres qualités requises pour être incorporé dans (10)   de la garde nationale mobile ;

2° Son acte de naissance (b) constatant qu'il est né le (11)

à   , canton d   , arrondissement d   , département d

3° Un certificat de bonnes vie et mœurs, déli‐vré sous la date du   par le maire d (12)   conformément à l'ar‐ticle 20 de la loi du 21 mars 1832, et constatant :

1° Que ledit sieur (13) jouit   de ses droits civils ;

2° Qu'il n'a jamais été condamné à une peine cor‐rectionnelle pour vol, escroquerie, abus de confiance ou attentat aux mœurs ;

4° (c)

5° (d)

Nous, maire du chef-lieu de canton d   , après avoir reconnu la régularité des pièces produites par le sieur (14)   nous lui avons donné lecture des articles 3, 6, 9, 10 et 11 de la loi du 1er février 1868.

Après quoi nous avons reçu l'engagement du sieur (15)

Lequel a promis de servir avec fidélité et honneur pendant (16)   ans et à partir de ce jour.

Lecture faite audit sieur (15) et aux témoins ci-dessus dénommés, du présent acte, ils ont signé avec nous (17).

N° 10. *Circulaire du Ministre de la guerre (aux Généraux commandant les divisions militaires) portant notification du début de l'organisation de la garde nationale mobile. (Bureau de la Garde nationale mobile.)*

23 avril 1868.

Général, j'ai l'honneur de vous adresser   lettres de nominations à l'emploi de capitaine-major dans la garde nationale mobile, que je vous prie de faire remettre aux officiers désignés ci-après.

. . . .

A la suite de cette liste figurent les noms des officiers résidant dans d'autres divisions, et qui ont été nommés capitaines-majors dans la vôtre.

Ces officiers devront être rendus à leur poste le 15 mai dans l'étendue des 1er, 2e et 3e corps d'armée, et du 1er au 15 juin dans les 4e, 5e et 6e corps.

En vous faisant cet envoi, qui constitue le premier point de l'organisation des cadres de la garde nationale mobile, je crois utile de résumer ci-après les attributions et les obligations des capitaines-majors.

Cette fonction résume à elle seule, quoique avec infiniment moins de détails, toutes celles dévolues dans les corps au major et aux officiers comptables : ainsi les capitaines-majors seront, aux termes de l'instruction, approuvée par l'Empereur le 28 mars dernier, chargés de pourvoir à l'immatriculation des jeunes gens compris par les conseils de révision dans le contingent de la garde nationale mobile, et ils commenceront cette opération par les trois classes 1864, 1865, 1866.

En vue de simplifier pour eux, autant que possible, cette opération, qu'ils effectueront au moyen des listes du contingent qui leur seront remises par les commandants des dépôts de recrutement, auxquels vous avez à donner des ordres à cet effet, j'ai décidé qu'ils se borneraient à compléter ces listes en substituant, à l'aide d'un collage, quelques colonnes et titres nouveaux aux indications actuelles de ces listes; un modèle leur indiquera en quoi consistera cette opération, qu'ils n'auront du reste à faire que pour les trois classes ci-dessus, attendu que, pour l'avenir, les préfets établiront eux-mêmes leur liste départementale d'après le nouveau modèle.

Ce sont ces listes qui serviront aux capitaines-majors pour faire la répartition du contingent de la garde nationale mobile en bataillons, compagnies et batteries, en se conformant au tableau des circonscriptions de chaque bataillon, compagnie et batterie qui sera incessamment publié.

Ils procéderont à l'opération de l'immatriculation, moins la répartition, là où le travail des circonscriptions n'aura pas encore été arrêté, sauf à faire ultérieurement la répartition.

Quant à l'immatriculation des jeunes gens admis dans la garde nationale mobile, comme engagés ou rengagés, elle aura lieu sur une liste spéciale, dont le modèle sera adressé.

Les capitaines-majors établiront ensuite le contrôle de chaque classe par bataillon, compagnie et batterie, et adresseront au fur et à mesure de la constitution des cadres l'extrait du contrôle à chacun des capitaines, en ce qui concerne sa compagnie ou batterie.

La classe 1864 commencera la série des numéros matricules ; les classes suivantes continueront cette série jusqu'à 10,000 par bataillon.

Les capitaines-majors établiront les livrets des gardes nationaux mobiles, en ce qui concerne leur état civil et leur signalement, au fur et à mesure que les cadres seront constitués, et ils les adresseront aux capitaines des compagnies et batteries.

Les capitaines-majors se conformeront, en ce qui concerne les demandes d'effets d'habillement et d'équipement, la réparation de ces effets et la comptabilité qu'ils auront à en tenir, aux dispositions de l'instruction du 28 mars ; ils me soumettront par la voie de l'intendance militaire (*Bureau de l'habillement*), les doutes qui pourraient se produire dans l'application, pour cette partie du service.

Ils procéderont de même pour tout ce qui se rapporte à l'armement, avec cette différence que c'est par votre entremise qu'ils devront me soumettre (*Service de l'artillerie,* 2° *bureau*) les questions applicables à ce service.

Enfin, les capitaines-majors trouveront dans l'instruction toutes les indications applicables aux règles à suivre en matière de mutations et d'établissement de congés de libération.

Conformément au chapitre II de la décision impériale et de l'instruction du 28 mars dernier, et auxquelles je vous prie de vouloir bien vous reporter, le commandement supérieur de la garde nationale mobile vous appartient ; il est donc essentiel que vous vous pénétriez bien des diverses dispositions contenues dans ces documents, afin d'en assurer l'exécution partout où l'organisation des cadres permettra de les mettre en pratique.

J'examinerai, d'ailleurs, avec la plus grande attention les observations que votre expérience vous suggérerait et que vous croiriez devoir me soumettre à propos et dans l'intérêt de cette nouvelle organisation ; j'insiste toutefois pour que les propositions que vous pourrez avoir à faire aient pour le moment un caractère d'indispensabilité : la perfection ne pouvant être que l'œuvre du temps dans un service où tout est à créer.

En m'accusant réception de la présente, vous voudrez bien me rendre compte et de l'entrée en fonctions des capitaines-majors de votre division et du départ de ceux qui y sont domiciliés et qui sont nommés dans une autre division.

Recevez, etc.,

Le Maréchal de France, Ministre de la guerre,
NIEL.

N° 11. *Circulaire du Ministre de la guerre invitant les Généraux commandant les divisions militaires à procéder à la nomination des secrétaires gardes-magasins dans la garde nationale mobile.* (Bureau de la Garde nationale mobile.)

27 avril 1868.

Général, il y a lieu de pourvoir à des emplois de secrétaire garde-magasin dans la garde nationale mobile.

Ces emplois, comme tous les autres emplois de sous-officier, sont laissés à la nomination des généraux de division par la loi du 1er février 1868.

Je vous renvoie, en conséquence, les propositions qui ont été établies en conformité de ma circulaire du 23 février (1) en faveur des militaires appartenant à des corps compris dans votre commandement.

Je joins à ces propositions des demandes qui m'ont été adressées directement par des militaires en activité de service ou retraités résidant dans l'étendue de votre division.

Vous voudrez bien faire instruire ces demandes, en vous conformant aux prescriptions qui vous ont été notifiées pour l'établissement des propositions ci-dessus.

Vous aurez ensuite à renvoyer aux généraux de division qu'elles concernent celles de ces propositions et de ces demandes qui ont pour objet des résidences autres que les départements compris dans votre division. Vos collègues sont invités à faire de même à l'égard des propositions et des demandes concernant les départements de votre division.

---

(1) Cette circulaire, relative aux propositions à établir pour les emplois de capitaine-major et de sergent-secrétaire garde-magasin, définit ainsi les attributions des capitaines-majors :

« Le capitaine-major, placé en dehors des cadres du bataillon et résidant au chef-lieu, « sera chargé, sous les ordres directs du général commandant la subdivision, de tous les « détails d'administration et de comptabilité des corps de la garde nationale mobile (infan-« terie et artillerie) de son département.

« Il réunira dans ces fonctions, en ce qu'elles ont d'applicables à la garde nationale « mobile, les attributions dévolues dans les corps de troupes, au major, au trésorier et au « capitaine d'habillement. »

Ces échanges de proposition devront être effectués dans un délai de 15 jours au plus tard , à dater de la réception de la présente lettre.

Au moyen des propositions et des demandes qui vous resteront et des propositions que vous recevrez de vos collègues, vous procéderez sans délai à la nomination des secrétaires gardes-magasins dans les départements de votre division, à raison d'un par département.

Vous voudrez bien me rendre compte de vos désignations et donner ordre aux titulaires de se mettre à la disposition des capitaines-majors dès que vous saurez que ceux-ci, dont je viens de proposer la nomination à l'Empereur, auront eux-mêmes pris possession; pour les candidats que vous aurez pu choisir et qui seraient domiciliés dans une autre division que la vôtre, vous donnerez avis de la nomination à vos collègues, en les priant de mettre les sous-officiers secrétaires en demeure de se rendre à leur poste, et en leur indiquant la date à laquelle ils devront rejoindre.

Les sous-officiers en activité ne pouvant être nommés qu'autant qu'ils sont dans leur 25e année de service, seront admis à faire valoir leurs droits à la retraite dès qu'ils auront complété cette 25e année, et seront placés jusqu'à cette date en subsistance dans le corps le plus voisin de leur résidence; ils auront droit, pour se rendre à leur destination, à l'indemnité attribuée à leur grade; cette dernière disposition sera également appliquée aux sous-officiers en retraite. Mais vous ne leur laisserez pas ignorer qu'une fois rendus à leur poste ils devront se loger à leurs frais.

Je vous prie de communiquer cette disposition à l'intendant militaire de votre division.

Recevez, etc.,

Le Maréchal de France, Ministre de la guerre,

NIEL.

N° 12. *Extrait d'une circulaire (aux diverses autorités militaires, aux Préfets et aux Sous-Préfets) portant envoi d'une* Instruction *pour l'exécution de la loi du 1er février* 1868 *sur le recrutement de l'armée et l'*organisation de la garde nationale mobile. (Bureau du Recrutement.)

1er mai 1868.

Messieurs, vous avez reçu des exemplaires de la loi du 1er février 1868 sur le recrutement de l'armée et l'*organisation de la garde nationale mobile,* suivie des lois antérieures auxquelles il y a lieu de se référer pour son exécution.

. . . .

Je dois, Messieurs, appeler votre attention sur la manière d'opérer pour la formation du contingent de la garde nationale mobile. Il a déjà été procédé à cette opération par les conseils de révision d'arrondissement en ce qui concerne les classes de 1866, 1865 et 1864; mais ces conseils avaient un caractère essentiellement transitoire. Il sera procédé désormais par le même conseil de révision à la formation du contingent de l'armée et de celui de la garde nationale mobile. La marche à suivre pour cette double opération vous sera indiquée dans la circulaire relative à la tournée des conseils de révision pour la classe de 1867.

Recevez, etc.,

Le Maréchal de France, Ministre de la guerre,

NIEL.

N° 13. *Instruction explicative pour l'exécution de la loi du 1ᵉʳ février 1868 sur le recrutement de l'armée et l'organisation de la garde nationale mobile.)*

1ᵉʳ mai 1868.

ARTICLES MODIFIÉS DE LA LOI DU 21 MARS 1832.

. . . .

GARDE NATIONALE MOBILE.

COMPOSITION.

Aux termes de l'article 4 de la loi du 1ᵉʳ février 1868, la garde nationale mobile se compose :

1° Des jeunes gens des classes des années 1867 et suivantes qui n'ont pas été compris dans le contingent en raison de leurs numéros de tirage ;

2° De ceux des mêmes classes auxquels il a été fait application des cas d'exemption prévus par les nᵒˢ 3, 4, 5, 6 et 7 de l'article 13 de la loi du 21 mars 1832 (1) ;

3° De ceux des mêmes classes qui se sont fait remplacer dans l'armée.

Les jeunes gens compris dans le contingent de la classe de 1867 jouissant simultanément, d'après l'article 13 de la loi précitée du

---

(1) Voir page 2 (renvoi 1).

1ᵉʳ février 1868, du droit de se faire remplacer ou exonérer, **on a soulevé la question de savoir si les exonérés feront partie de la garde nationale mobile**. La solution de cette question est évidemment affirmative, puisque les exonérés se trouvent dans une position analogue à celle des remplacés. Si, en effet, l'exonération et le remplacement fonctionnent simultanément pour la classe de 1867, c'est par des considérations exceptionnelles qui ne sauraient porter atteinte au principe en vertu duquel tous les hommes qui ne servent pas personnellement doivent faire partie de la garde nationale mobile, à moins qu'ils ne soient exemptés du service pour défaut de taille ou infirmités.

Les jeunes gens qui se sont fait remplacer entrant dans la composition de la garde nationale mobile, il s'ensuit qu'un jeune homme de la classe de 1867 qui se ferait remplacer après incorporation serait inscrit sur les listes de la garde nationale mobile pour le temps que sa classe aurait encore à accomplir dans cette garde.

Il convient d'exclure de la garde nationale mobile (art. 4, dernier alinéa), comme on les exclut des rangs de l'armée :

1° Les individus qui ont été condamnés à une peine afflictive ou infamante ;

2° Ceux qui ont été condamnés à une peine correctionnelle de deux ans d'emprisonnement et au-dessus, et qui, en outre, ont été placés, par le jugement de condamnation, sous la surveillance de la haute police et interdits des droits civiques, civils et de famille.

On se reportera, pour l'exclusion de la garde nationale mobile, aux règles tracées pour l'exclusion des rangs de l'armée par le numéro 23 de l'instruction du 18 mai 1840 (1) et par le renvoi y annexé.

---

(1)   23. — Individus exclus des rangs de l'armée (Instruction du 18 mai 1840).

Les conseils de révision doivent rayer définitivement des listes les individus qui, se trouvant exclus du service militaire par l'article 2 de la loi du 21 mars 1832 (*), auraient indûment concouru au tirage au sort.

(*) D'après le Code pénal (livre Iᵉʳ) :

1° Les peines afflictives et infamantes sont (non compris la mort) :	Les travaux forcés à perpétuité ou à temps, La déportation, La détention dans l'une des forteresses situées sur le territoire continental du royaume, La réclusion dans une maison de force.
2° Les peines infamantes sans être afflictives, sont :	Le bannissement, La dégradation civique.
3° Les peines correctionnelles sont :	L'emprisonnement à temps dans un lieu de correction, L'interdiction à temps de certains droits civiques, civils et de famille, L'amende.

Ces classifications et définitions sont assez claires pour qu'il ne puisse y avoir incertitude sur l'exclusion à prononcer contre les individus frappés d'une peine afflictive et

EXEMPTIONS.

Les jeunes gens exemptés en vertu des n°s 3, 4, 5, 6 et 7 de l'article 13 de la loi du 21 mars 1832 entrant dans la composition de la garde nationale mobile, il en résulte que les seuls qui puissent être exemptés de ce service sont ceux qui se trouvent dans les cas prévus par les n°s 1 et 2 du même article, c'est-à-dire ceux qui n'ont pas la taille de 1^m,55 et ceux qui sont atteints d'infirmités (4° alinéa de l'article 4).

En ce qui concerne l'appréciation des infirmités, il y a lieu d'appliquer les règles suivies pour le contingent de l'armée.

DISPENSES.

Aux termes de l'article 4 de la loi du 1er février 1868, les conseils de révision dispensent du service de la garde nationale mobile :

1° Ceux auxquels leurs fonctions confèrent le droit de requérir la force publique ;

2° Les ouvriers des établissements de la marine impériale et ceux des arsenaux et manufactures d'armes de l'État dont les services ouvrent des droits à la pension de retraite ;

3° Les préposés du service actif des douanes et des contributions indirectes ;

4° Les facteurs de la poste aux lettres ;

5° Les mécaniciens de locomotives sur les chemins de fer.

Avant de passer en revue les diverses catégories de jeunes gens ayant droit aux dispenses ci-dessus énumérées, il importe de remarquer que le droit aux dispenses créées par l'article 4 de la loi du 1er février 1868 diffère essentiellement du droit aux dispenses prévues par l'article 14 de la loi du 21 mars 1832 (1). Il faut, pour obtenir la dispense au titre de la loi du 21 mars 1832, que le droit existe au moment où le conseil de révision statue sur les jeunes gens appelés à faire partie du contingent cantonal ; au contraire, les jeunes gens de la garde nationale mobile pouvant, malgré leur inscription sur les listes de cette garde, être nommés à des emplois publics, il est évident que, s'ils se trouvent, postérieurement aux opérations de leur classe, dans une des positions prévues par l'article 4 de la loi du 1er février 1868, le droit à la dispense devra leur être accordé, sur la justification de cette position, par le conseil de révision de leur département.

D'un autre côté, s'ils cessent de suivre la carrière en vue de laquelle ils ont obtenu la dispense, ils devront être rétablis dans le

---

infamante, ou seulement infamante ; mais, à l'égard de ceux qui auraient été condamnés à un *emprisonnement* de deux ans et au-dessus, on ne doit pas perdre de vue qu'il faut, en outre, la *réunion* complète des aggravations de peines ci-après : 1° *surveillance de la haute police ;* 2° *interdiction des droits civiques, civils et de famille ;* ainsi l'absence d'une seule de ces aggravations suffit pour que l'exclusion ne soit pas ordonnée.

(1) Page 3 (renvoi 3).

contingent de la garde nationale mobile, pour y accomplir le temps de service restant à faire à leur classe.

1º JEUNES GENS POUVANT ÊTRE REVÊTUS DE FONCTIONS QUI LEUR DONNENT LE DROIT DE REQUÉRIR LA FORCE PUBLIQUE.

La nomenclature de ceux auxquels peut s'appliquer le paragraphe numéroté 1º de l'article 4 de la loi du 1er février 1868 a été arrêtée ainsi qu'il suit, de concert avec M. le Ministre de la justice et des cultes et M. le Ministre de l'intérieur (*) :

ORDRE JUDICIAIRE.

Substituts de procureurs généraux ;
Juges et juges suppléants des tribunaux de première instance ;
Juges d'instruction ;
Procureurs impériaux ;
Substituts de procureurs impériaux ;
Juges et juges suppléants des tribunaux de commerce.

Le certificat constatant le droit à la dispense à raison desdites fonctions sera délivré, pour les juges des tribunaux civils et des tribunaux de commerce, par le premier président de la cour impériale du ressort, et, pour les magistrats exerçant les fonctions du ministère public, par le procureur général près la cour.

ORDRE ADMINISTRATIF.

Sous-préfets ;
Secrétaires généraux de préfecture ;
Conseillers de préfecture ;
Maires et adjoints ;
Commissaires de police ;
Commissaires spéciaux de police des chemins de fer, ports et frontières ;
Commissaires de l'émigration ;
Commissaires de police inspecteurs de la librairie et l'imprimerie ;
Gardes champêtres ;
Gardes forestiers ;
Gardes-pêche.

Le certificat constatant le droit à la dispense sera délivré :

Par le Ministre de l'intérieur, pour les commissaires spéciaux de police des chemins de fer, ports et frontières, les commissaires de l'émigration et les commissaires de police inspecteurs de la librairie et de l'imprimerie ;

(*) Ce n'est évidemment que dans des cas exceptionnels que les fonctionnaires et agents compris dans la nomenclature ci-dessus auront à réclamer la dispense du service de la garde nationale mobile, attendu qu'ils ne sont pas habituellement nommés aux emplois dont il s'agit avant l'âge de vingt-six ans.

Par le préfet de police, pour les commissaires de police de la ville de Paris et du ressort de la préfecture de police ;

Par les préfets des départements, pour les sous-préfets, les secrétaires généraux de préfecture, les conseillers de préfecture, les maires et adjoints, les commissaires de police et les gardes champêtres ;

Par le conservateur des eaux et forêts de l'arrondissement, pour les gardes forestiers et les gardes-pêche.

Lors des opérations pour la formation de la garde nationale mobile des classes de 1866, 1865 et 1864, des cantonniers de l'administration des ponts et chaussées et des agents voyers ont demandé à être admis à la dispense ; mais leur demande a été rejetée sur l'avis conforme de M. le Ministre de l'agriculture, du commerce et des travaux publics et de M. le Ministre de l'intérieur, attendu que le droit de rechercher les contraventions et de verbaliser, attribué aux cantonniers chefs et aux agents voyers, n'entraîne pas le pouvoir de requérir la force armée, titre auquel ces agents prétendaient au bénéfice de la dispense.

2° OUVRIERS DES ÉTABLISSEMENTS DE LA MARINE IMPÉRIALE ET DES ARSENAUX ET MANUFACTURES D'ARMES DE L'ÉTAT DONT LES SERVICES OUVRENT DES DROITS A LA PENSION DE RETRAITE.

D'après les renseignements transmis par M. le Ministre de la marine et des colonies, il est perçu sur le salaire de tous les ouvriers des arsenaux et établissements de la marine des retenues au profit de la caisse des invalides de la marine. Il s'ensuit que tous les ouvriers, quelle que soit leur profession, qui figurent sur la matricule du personnel ouvrier de la marine impériale comme étant en activité de service sont dans le cas prévu par l'article 4 de la loi du 1er février 1868.

Les certificats constatant les droits à la dispense seront délivrés, savoir :

1° Dans les ports principaux (Cherbourg, Brest, Lorient, Rochefort et Toulon), par le commissaire aux travaux ;

2° Dans les établissements de la marine situés hors des ports (Indret, Guérigny, Ruelle, Nevers et Saint-Gervais), par l'agent chargé des détails administratifs ;

3° Dans les ports secondaires, par le chef du service de la marine ;

4° A Paris, par le chef du bureau dans les attributions duquel rentre l'administration du service auquel appartiennent les intéressés.

Quant à l'armée de terre, tous les ouvriers *immatriculés* des arsenaux et manufactures d'armes de l'État ont droit à la dispense du service de la garde nationale mobile.

Les certificats destinés à constater le droit dont il s'agit seront délivrés par les directeurs de ces établissements.

3° PRÉPOSÉS DU SERVICE ACTIF DES DOUANES ET DES CONTRIBUTIONS INDIRECTES.

Il y a lieu de considérer comme préposés du service actif les titulaires des emplois ci-dessous désignés, savoir :

POUR LES DOUANES.

Capitaines de brigades (*);
Lieutenants d'embarcations et de brigades ;
Brigadiers, sous-brigadiers et préposés ;
Préposés d'ordonnance ;
Patrons, sous-patrons, matelots et mousses ;
Préposés gardes-magasins, préposés concierges, et préposés emballeurs, peseurs et plombeurs.

POUR LE SERVICE DES CONTRIBUTIONS INDIRECTES.

SERVICE GÉNÉRAL (boissons, sucres, sels, cartes à jouer).	Inspecteurs (*); Sous-inspecteurs (*); Contrôleurs (*); Receveurs ambulants (*); Commis adjoints ; Commis aux exercices.
NAVIGATION.	Commis adjoints à pied ; Commis à pied.
GARANTIE.	Contrôleurs ; Sous-contrôleurs ; Commis aux exercices.
OCTROI.	Préposés en chef ; Receveurs aux entrées des villes ; Contrôleurs ; Vérificateurs aux entrées ; Brigadiers et sous-brigadiers ; Préposés, surveillants et préposés surnuméraires (**).

A cette nomenclature, il convient d'ajouter les emplois de surnuméraires du service actif des contributions indirectes.

Le certificat destiné à constater le droit à la dispense, pour les divers employés ci-dessus dénommés, sera délivré par les directeurs des douanes et des contributions indirectes dans les départements.

L'administration des tabacs est, depuis 1860, distincte de celle des contributions indirectes ; mais la séparation de ces deux services n'a rien changé en ce qui concerne les attributions des agents

---

(*) En général, on ne parvient pas avant l'âge de vingt-six ans, dans les douanes, au grade de capitaine ; dans les contributions indirectes, aux fonctions d'inspecteur, de sous-inspecteur, de contrôleur et de receveur ambulant ; mais il peut y avoir des exceptions.

(**) Ce sera presque exclusivement aux agents de cette dernière catégorie que s'appliquera la dispense, attendu que les autres employés des octrois ont, en général, dépassé la limite d'âge fixée pour le service de la garde nationale mobile.

des tabacs, qui, d'ailleurs, ont le droit de requérir, dans certains cas, la force publique. Ces derniers devront donc, de même que les employés des contributions indirectes, être admis au bénéfice de la dispense.

Les seuls agents qui puissent, en raison de leur âge, profiter de cette disposition de la loi, sont les *vérificateurs*, les *commis* et les *surnuméraires de la culture*.

Les directeurs de la culture et des magasins délivreront les certificats des agents sous leurs ordres.

4° FACTEURS DE LA POSTE AUX LETTRES.

La dispense du service de la garde nationale mobile est attribuée seulement aux facteurs de la poste aux lettres. Par conséquent, les receveurs ou distributeurs des postes ne sauraient être admis au bénéfice de cette dispense, attendu qu'elle ne peut être appliquée par analogie.

Le directeur des postes de chaque département sera chargé de délivrer le certificat destiné à constater le droit à la dispense des facteurs de la poste aux lettres.

5° MÉCANICIENS DE LOCOMOTIVES SUR LES CHEMINS DE FER.

La position du mécanicien de locomotive sera constatée, sur chaque ligne de fer, par l'inspecteur général chargé du contrôle de cette ligne, qui délivrera en conséquence le certificat destiné à établir le droit à la dispense.

Indépendamment des nouvelles causes de dispense créées par la loi du 1er février 1868, les cas déjà prévus par l'article 14 de la loi du 21 mars 1832 (1) sont applicables aux jeunes gens appelés à faire partie de la garde nationale mobile. En outre, la dispense au titre de l'enseignement a reçu pour ces derniers une extension qui a déjà été signalée par la circulaire ministérielle du 26 mars 1868 (2).

Cette dispense pourra être accordée, aux termes de l'article 4 de la loi du 1er février 1868, non-seulement aux maîtres qui auront contracté avant le tirage l'engagement de se vouer pendant dix ans à l'enseignement primaire dans un établissement public d'instruction, mais encore aux instituteurs et instituteurs adjoints d'écoles primaires libres, lorsqu'ils auront souscrit, à la même époque, l'engagement de se vouer pendant dix ans à l'enseignement dans lesdites écoles. L'article 4 exige cependant que ces écoles aient au moins deux ans d'existence et trente élèves, et prescrit de n'accorder, par fraction de trente élèves, qu'une seule dispense.

---

(1) Voir page 3 (renvoi 3).
(2) Page 32.

SUBSTITUTIONS ENTRE PARENTS JUSQU'AU SIXIÈME DEGRÉ.

Les jeunes gens sont autorisés à faire admettre en leurs lieu et place, dans la garde nationale mobile, des parents jusqu'au sixième degré, pourvu que ces parents aient moins de quarante ans et remplissent les autres conditions prévues par la loi du 21 mars 1832.

Ce sont là de véritables remplacements, et il y a lieu à se reporter, à cet égard, aux dispositions de la loi du 21 mars 1832.

La présente instruction contient, outre le modèle de l'acte à souscrire, le bordereau des pièces au moyen desquelles sera constaté le degré de parenté exigé pour ces substitutions (*modèles n°s 14 et 15*).

Le Maréchal de France, Ministre de la guerre,

NIEL.

MODÈLE N° 14.

Instruction du 1er mai 1868.

BORDEREAU des pièces à produire selon que la substitution a lieu entre frères, beaux-frères ou parents jusqu'au sixième degré.

INDICATION des DIVERSES CATÉGORIES.	INDICATION DES PIÈCES A PRODUIRE.
1° Frères.	L'acte de naissance de chacun d'eux.
2° Beaux-frères.	L'acte de naissance de chacun des deux beaux-frères, l'acte de mariage et l'acte de naissance de la sœur mariée.
3° Oncle et neveu.	L'acte de naissance du neveu ; l'acte de naissance de son père ou de sa mère ; l'acte de naissance de l'oncle.
4° Cousins germains.	L'acte de naissance de chacun des cousins germains ; l'acte de naissance du père ou de la mère de chacun d'eux ; l'acte de mariage de l'auteur commun (sauf le cas de parenté naturelle).
5° Cousin au cinquième degré. .	L'acte de naissance des deux cousins ; l'acte de naissance de leurs ascendants jusqu'à l'auteur commun ; l'acte de mariage de l'auteur commun (sauf le cas de parenté naturelle).
6° Cousins issus de germains (sixième degré).	L'acte de naissance des deux cousins ; l'acte de naissance de leurs ascendants jusqu'à l'auteur commun, l'acte de mariage de l'auteur commun (sauf le cas de parenté naturelle).
	Avec les pièces indiquées ci-dessus pour chaque catégorie, il devra être produit un certificat de trois pères de famille domiciliés dans le canton, pour établir le degré de parenté existant entre le substituant et le substitué.

DÉPARTEMENT

d

CLASSE

d

Modèle n° 15.
Instruction du 1er mai 1868.

Acte administratif de substitution dans la garde nationale mobile *entre parents jusqu'au sixième degré.*

(1) Date de la comparution devant le préfet.

(2) Nom et prénoms du substituant.

(3) Nom et prénoms du substitué, avec l'indication du canton où il a concouru au tirage.

(4) Nom et prénoms du substitué.

(5) Nom et prénoms du substituant, avec l'indication du titre et du degré de parenté avec le substitué.

(6) Si les parties ne savent pas signer, il en sera fait mention et elles apposeront une croix.

Cejourd'hui (1)
Le sieur (2)
Et le sieur (3)   , appelé
à faire partie de la garde nationale mobile, se sont présentés
devant nous, Préfet du département d
à l'effet de contracter un acte de substitution.
Le sieur (2)
a déclaré s'obliger à servir dans la garde nationale mobile
comme substituant du sieur (4)
pendant tout le temps pour lequel celui-ci est tenu par la loi au
service dans ladite garde.
Le sieur (4)
a déclaré à son tour reconnaître pour son substituant le sieur
(5)
Fait à   , le
(*Signature des parties.*) (6)

En conséquence des déclarations et des engagements qui précèdent,
Et attendu qu'il résulte du procès-verbal de la séance du
que le conseil de révision ayant reconnu que
le sieur (2)   , fils d
et d   , domiciliés à
canton d   , département d
né le   à   , canton d
          département d   résidant à
canton d   département d
cheveux   , sourcils   , yeux   , front
nez   , bouche   , menton   , visage
marques particulières
taille d'un mètre   centimètres ; profession d
réunissait toutes les conditions requises pour le service de la
garde nationale mobile, a donné son consentement à la substitution du sieur (4)
par le sieur (2)   et a décidé qu'elle aurait
son plein et entier effet.
Nous soussigné, Préfet dudit département, avons signé le
présent acte, dont copie sera délivrée à M. le sous-intendant
militaire et aux parties contractantes, si elles en font la demande.
Fait à   , le   18   .
(*Signature du Préfet.*)

N° 14. *Circulaire du Ministre de la guerre qui charge les géné-*
raux commandant les divisions et subdivisions militaires de
l'examen des demandes d'emplois d'officier et de sous-officier
dans la garde nationale mobile. (Bureau de la Garde nationale mobile.)

11 mai 1868.

Général, il m'a été adressé par des officiers en activité et en non-
activité, en retraite ou démissionnaires, ou par des personnes de
l'ordre civil, un nombre considérable de demandes ayant pour
objet l'obtention d'emplois de toute nature dans la garde nationale
mobile.

Avant d'examiner la suite dont ces demandes sont susceptibles,
il est indispensable que je sois en possession de tous les renseignements pouvant m'éclairer sur des choix auxquels j'attache une
grande importance.

Je vous envoie donc ci-jointes toutes les demandes qui m'ont été
adressées directement jusqu'à ce jour par des personnes domiciliées
dans l'étendue de votre commandement.

L'examen des demandes des officiers en activité ne semble pas
présenter de difficultés ; les chefs de corps sont à même d'apprécier
chaque jour leur instruction militaire, leur vigueur physique, leur
conduite privée et les titres que les services passés peuvent leur
donner à la bienveillance de l'administration.

Il n'en est pas de même pour les officiers ayant quitté le service depuis un certain temps et pour les candidats surtout qui n'ont
jamais appartenu à l'armée. Il y aura lieu pour ceux-ci de faire
entrer en ligne de compte la position sociale qu'ils occupent et
surtout l'influence et la considération dont ils jouissent dans leur
pays. Je vous adresserai, d'ailleurs, prochainement pour les anciens officiers, retraités ou démissionnaires, un résumé des renseignements essentiels existant à leurs dossiers.

Vous voudrez bien donner des instructions dans ce sens aux généraux subdivisionnaires sous vos ordres auxquels vous transmettrez
les demandes des personnes domiciliées dans leur subdivision, en
les invitant à se concerter avec MM. les préfets, dont je réclame le
concours par une circulaire en date de ce jour (1).

---

(1) Cette circulaire est ainsi conçue :

11 mai 1868.

      Monsieur le Préfet,

J'ai décidé que toutes les demandes d'emploi dans la garde nationale mobile seraient
renvoyées à l'examen de MM. les généraux commandant les divisions et les subdivisions
territoriales.

Je les invite à porter particulièrement leur attention sur la position sociale des candidats et l'influence dont ils peuvent jouir dans l'arrondissement ou le département qu'ils
habitent.

Or, plus que personne, Monsieur le Préfet, vous êtes à même de prêter, en cette occasion, votre concours à l'autorité militaire. Je vous prie donc de vouloir bien fournir à

Les conditions d'âge sont les suivantes :

Pour les grades de capitaine, lieutenant et sous-lieutenant, n'avoir pas plus de 55 ans au 1er janvier 1868, et pas plus de 57, pour le grade de chef de bataillon.

Quant aux officiers en activité, ils devront, en principe, avoir 30 ans de service révolus ; ce n'est que très-exceptionnellement qu'ils pourront être admis à concourir à 27 ou 28 ans de service, et cela, sous la condition expresse d'être, en cas de nomination, mis hors cadre sans solde jusqu'à leur retraite.

Chaque dossier devra être accompagné d'un relevé certifié des services du candidat et d'un mémoire de proposition comprenant :

1° Ses nom, prénoms, âge et domicile ;

2° La désignation du département et de l'arrondissement dans lequel il désire être employé ;

3° Les considérations qui motivent ce désir ;

4° Votre appréciation détaillée, ainsi que celle des généraux de brigade et même celle des chefs de corps, quand il y aura lieu, sur l'aptitude du candidat.

Les demandes d'emplois d'officier formées pour votre division et *ainsi instruites, seront centralisées et conservées par vous jusqu'au moment où je vous inviterai à me transmettre des propositions en vue de la formation des cadres.*

Toutes celles formées pour d'autres divisions seront adressées par vos soins, immédiatement après avoir été instruites, aux généraux commandant ces divisions, afin que ceux-ci les réunissent à leurs propres propositions. *Dans le cas où vous n'auriez aucune demande à transmettre à telles ou telles divisions, vous les en informeriez par un état néant, afin de leur éviter une attente inutile.*

Mon intention étant de procéder à l'organisation des cadres dans

---

M. le Général commandant la subdivision correspondant au département que vous administrez, tous les renseignements qui seront de nature à l'éclairer sur la valeur des candidats dont il aura à examiner les demandes, quand il y aura lieu de procéder à l'organisation des cadres de la garde nationale mobile de votre département.

En principe, les aspirants pourvus de fonctions publiques qui les dispensent de servir dans la garde nationale mobile à titre d'appelés (maires, magistrats de tous ordres, juges de paix, commissaires de police, etc.), ne devront pas être proposés pour occuper des grades dans la garde nationale mobile.

. . . .

La décision impériale et l'instruction du 28 mars dernier, réglant l'organisation et l'administration de la garde nationale mobile, déjà insérées au *Journal militaire*, vont l'être également au *Bulletin des lois*. L'instruction contient, dans son texte, le modèle de l'acte d'engagement (*) pour la garde nationale mobile, et il y a intérêt, aussi bien pour les populations que pour MM. les Maires, devant lesquels ces engagements seront contractés, à ce que ces documents reçoivent toute la publicité possible.

J'ai, en conséquence, l'honneur de vous prier de vouloir bien prescrire qu'ils soient également insérés au *Recueil des Actes administratifs*, et je désirerais qu'ils fussent, en outre, signalés, par vos soins, à l'attention toute particulière de MM. les Sous-Préfets et Maires.

Recevez,

Le Maréchal de France, Ministre de la guerre,
NIEL.

(*) Voir ci-dessus, page 70.

l'ordre des corps d'armée, les généraux commandant les divisions militaires *ressortissant aux* 1er, 2e et 3e corps devront se mettre en mesure de me faire parvenir leurs propositions, *sans autre avis de ma part,* par l'intermédiaire de leur commandant de corps d'armée, *immédiatement après que le tableau des circonscriptions qui a été renvoyé à leur examen, aura été définitivement arrêté.*

Les nominations aux emplois de sous-officier devant vous être réservées, je vous fais également le renvoi de toutes les demandes d'emplois de cette nature intéressant des candidats domiciliés dans votre division, qui me sont parvenues. Vous voudrez bien les faire instruire, puis les conserver jusqu'au moment où vous aurez à procéder, d'après l'invitation que je vous en adresserai, à la formation de cette partie des cadres.

Pour les sous-officiers en activité, vos choix pourront porter : 1° sur des candidats entrés dans leur 25e année de service, dont la retraite serait liquidée d'urgence, dès qu'ils auraient complété cette 25e année et qui, en attendant, seraient mis en subsistance ou en congé ; 2° sur des sous-officiers à la veille d'être libérés après un ou deux congés, qui demanderaient à occuper des emplois non soldés ou des emplois de sergents-majors, d'instructeurs ou de secrétaires, en se contentant, dans ces deux derniers cas, de l'indemnité attribuée à ces positions, et en acceptant la condition de leur radiation des contrôles de l'armée à la date de leur libération. Pour les sous-officiers en retraite, ou pour les personnes de l'ordre civil, vos choix ne devront atteindre que des candidats âgés de moins de 50 ans.

Enfin, je vous prie de faire connaître, par tous les moyens de publicité dont vous pouvez disposer, et en provoquant encore à cet égard, *par l'entremise de vos généraux subdivisionnaires,* le concours de MM. les préfets, que les demandes d'emplois dans la garde nationale mobile doivent vous être adressées pour m'être ensuite transmises par vos soins, après que vous les aurez instruites régulièrement et que les demandes qui me parviendraient à l'avenir directement ne recevraient aucune suite.

Il conviendra d'exclure des propositions tous les aspirants pourvus de fonctions publiques qui ne peuvent pas faire partie de la garde nationale mobile comme appelés (maires, magistrats de tous ordres, juges de paix, commissaires de police, etc., etc.). Les propositions une fois transmises, vous renverrez aux personnes dont vous n'aurez pu admettre la candidature, les pièces qu'elles auraient produites, en les informant qu'il n'a pu être donné suite à leur demande.

Recevez, etc.

Le Maréchal de France, Ministre de la guerre,

NIEL.

N° 15. *Circulaire du Ministre de la guerre (aux Préfets) relative à la formation du contingent de l'armée et de celui de la garde nationale mobile.* (Bureau du Recrutement.)

13 mai 1868.

Monsieur le préfet, la tournée de révision pour la classe de 1867 commencera le 2 juin prochain et finira le 18 juillet suivant.

Il sera procédé simultanément à la formation du contingent de l'armée et de celui de la garde nationale mobile ; *mais il importe que les opérations, pour l'un et l'autre de ces contingents, soient distinctes et qu'il y ait deux procès-verbaux séparés.*

Je vous en préviens, dès aujourd'hui, afin que vous preniez vos dispositions en conséquence.

Recevez, etc.

Le Maréchal de France, Ministre de la guerre,
NIEL.

N° 16. *Extrait d'une circulaire du Ministre de la guerre (aux diverses autorités militaires, aux Préfets et aux Sous-Préfets) relative à la formation du contingent de l'armée et de la garde nationale mobile.* (Bureau du Recrutement.)

14 mai 1868.

Messieurs, les conseils de révision (dont les opérations commenceront le 2 juin 1868) procéderont à la formation du contingent de l'armée et de celui de la *garde nationale mobile.*

. . . .

SÉANCES DES CONSEILS DE RÉVISION.

Après avoir arrêté et signé la liste du contingent de l'armée dans chaque canton, le conseil de révision procédera à la formation du contingent de la garde nationale mobile (art. 4 du décret du 13 mai 1868), conformément aux règles tracées par l'instruction du 1er du même mois.

La même séance pourra être consacrée à ces deux opérations ; mais il importe qu'elles soient distinctes l'une de l'autre, comme sont distincts entre eux le service de l'armée et celui de la garde nationale mobile. C'est pour ce motif que j'appelle particulièrement l'attention des présidents des conseils de révision sur la stricte exécution des prescriptions de l'article 28 précité de la loi du 21 mars 1832.

Il devra d'ailleurs être dressé, pour chaque opération, un procès-verbal séparé.

VISITE DES JEUNES GENS.

. . . .

Les *Commissions de visite* instituées, par décision du 27 mars 1862, dans les principaux centres de population de l'Algérie examineront les jeunes gens en résidence dans la colonie et susceptibles d'être compris dans le contingent de la garde nationale mobile, de la même manière qu'elles ont examiné jusqu'à ce jour ceux qui étaient appelés à faire partie du contingent de l'armée.

Je rappelle que le minimum de la taille exigée des jeunes gens appelés à faire partie du contingent de l'armée et de celui de la garde nationale mobile est de 1^m, 55.

Les jeunes gens exemptés en vertu des paragraphes numérotés 3°, 4°, 5°, 6° et 7° de l'article 13 de la loi du 21 mars 1832 entrant dans la composition de la garde nationale mobile, tandis que ceux qui se trouvent dans les cas prévus par les paragraphes numérotés 1° et 2° (défaut de taille et infirmités) sont exemptés de ce service, les préfets feront comprendre aux jeunes gens qui auraient simultanément des droits à l'exemption pour défaut de taille ou infirmité et pour une des autres causes spécifiées par l'article 13, qu'il importe pour eux de se présenter devant le conseil de révision, afin de faire prononcer de préférence l'exemption qui aura pour effet de les soustraire à toute obligation de service.

Les jeunes gens désignés par leurs numéros pour faire partie de la garde nationale mobile, lorsqu'ils ne se présenteront pas ou ne se feront pas représenter, seront inscrits d'office sur les listes de cette garde.

DISPENSES. — GARDE NATIONALE MOBILE.

La liste des dispensés de la garde nationale mobile fera connaître les noms et prénoms des jeunes gens, les cantons auxquels ils appartiennent, ainsi que les motifs pour lesquels ils ont été dispensés.

Les hommes appelés à faire partie de la garde nationale mobile qui serviraient dans l'armée à titre de remplaçants de leurs frères, n'étant pas expressément désignés par la loi comme devant être déduits du contingent, seront annotés comme se trouvant déjà sous les drapeaux et figureront, sur la liste des dispensés, après ceux qui auront obtenu la dispense en vertu de l'article 14 de la loi du 21 mars 1832 et de l'article 4 de la loi du 1er février 1868.

La liste des dispensés de la garde nationale mobile sera conservée à la préfecture et le préfet aura soin de se tenir au courant des modifications qui pourraient survenir dans la position des dispensés, afin de signaler à l'autorité militaire et de faire immatriculer sur les listes de la garde nationale ceux qui auraient perdu leur droit à la dispense.

REMPLACEMENT.

Je vous ai déjà fait connaître (circulaire du 22 février 1868) que le remplacement était rétabli dans les conditions prévues par la loi du 21 mars 1832 et l'ordonnance du 28 janvier 1837. Je crois devoir vous rappeler que la loi autorise les hommes de la garde nationale mobile à contracter des remplacements dans l'armée.

SOUTIENS DE FAMILLE. — GARDE NATIONALE MOBILE.

La loi du 1er février 1868 dispose que les conseils de révision dispenseront, à titre de soutiens de famille et jusqu'à concurrence de 10 pour 100, ceux qui auront le plus de titres à la dispense.

Le conseil de révision réunira pendant la tournée tous les éléments destinés à servir à la formation de la liste des soutiens de famille.

La proportion de 10 pour 100 fixée par la loi doit être établie sur le chiffre des jeunes gens disponibles, c'est-à-dire, déduction faite des exemptés et des dispensés.

La liste des soutiens de famille de la garde nationale mobile indiquera les noms et prénoms des jeunes gens, les cantons dont ils font partie et la position de famille qui a motivé la faveur dont ils ont été l'objet. Elle sera classée dans les bureaux de la préfecture, et lorsque des jeunes gens auront cessé d'être les soutiens de leur famille, ils seront signalés par les soins des préfets à l'autorité militaire.

RÉUNION DES LISTES. — GARDE NATIONALE MOBILE.

Après l'établissement de la liste du contingent de l'armée, le conseil de révision procédera à la formation du contingent de la garde nationale mobile.

A cet effet, il sera dressé par le préfet quatre listes distinctes des jeunes gens portés sur les listes cantonales.

Ces listes comprendront :

La première, les jeunes gens qui auront été définitivement inscrits comme disponibles dans le contingent de la garde nationale mobile ou leurs substituants (modèle n° 1 annexé à la présente circulaire);

La seconde, les exemptés;

La troisième, les dispensés;

La quatrième, les soutiens de famille.

La première liste formera la liste départementale.

Les exonérés et les remplacés entrant dans la composition de la garde nationale mobile et n'étant point encore connus au moment où se termine la tournée, la liste des soutiens de famille sera complétée, suivant la proportion fixée par l'article 4 de la loi du 1er février 1868, lorsque le conseil de révision aura statué sur les exonérations et les remplacements. Cette dernière opération devra s'effectuer autant que possible dans les quinze jours qui suivront la clôture de la tournée de révision.

Après avoir fait porter sur la liste du contingent départemental les exonérés et les remplacés, le préfet adressera des copies de ladite liste au sous-intendant militaire, ainsi qu'au commandant du dépôt de recrutement.

Pour la confection des diverses listes dont il a été question ci-dessus, un sous-officier de recrutement sera mis, s'il y a lieu, par le commandant du dépôt à la disposition du préfet du département. (N° 101 de l'instruction du 18 mai 1840.)

Un extrait de la liste du contingent départemental, en ce qui concerne la garde nationale mobile, sera publié et affiché dans chaque commune.

Recevez, etc.,

Le Maréchal de France, Ministre de la guerre,
NIEL.

DÉPARTEMENT d

GARDE NATIONALE MOBILE.

CLASSE DE 18 .

LISTE
DU CONTINGENT DÉPARTEMENTAL

DE

LA GARDE NATIONALE MOBILE

(Défalcation faite des dispensés à divers titres et des soutiens de famille.)

La présente liste, contenant   feuillets, a été cotée
et paraphée sur le premier et sur le dernier, par nous, Sous-Intendant
militaire chargé du service de la garde nationale mobile dans le département d

A   , le   18 .

> NOTA. Le présent modèle devant également servir à l'immatricu-
> lation des jeunes soldats faisant partie du contingent annuel et qui
> auront été remplacés, soit devant les conseils de révision, soit devant
> les conseils d'administration des corps, on devra laisser en blanc,
> après l'inscription des hommes énumérés aux paragraphes numé-
> rotés 1º et 2º de l'article 4 de la loi du 1er février 1868, un nombre
> de cases nécessaire à l'immatriculation des hommes appartenant à la
> catégorie ci-dessus désignée.
>
> Le nombre de ces cases pourra être évalué d'après la moyenne
> des exonérations prononcées dans chaque département pour les huit
> classes de 1859 à 1866.

Cadre de justification. { Hauteur. . . 0ᵐ47
{ Largeur. . . 0ᵐ60

NUMÉROS D'ORDRE.	1° ARRONDISSEMENTS; 2° Cantons; 3° Communes auxquelles les hommes appartiennent.	1° NOMS DE FAMILLE; 2° PRÉNOMS ET SURNOMS; 3° Signalement.	PROFESSIONS.	TAILLE		DEGRÉ D'INSTRUCTION (3).	DATES et INDICATIONS des décisions prises par le conseil de révision.	1° ARME A LAQUELLE est affecté le garde national mobile; 2° Bataillon; 3° Comp° ou batterie; 4° Numéro matricule.	DOMICILES SUCCESSIFS.	1° GRADES: 2° EMPLOIS; 3° Décorations.	1° SERVICES MILITAIRES; 2° Campagnes; 3° Blessures et actions d'éclat.	1° ÉPOQUE A LAQUELLE l'homme sera libérable; 2° Motifs et date de la radiation.	INDICATION DES EFFETS DISTRIBUÉS. Désignation des effets.	Époque des distributions	RÉINTÉGRÉS.	EMPORTÉS.	OBSERVATIONS.
				Mètre.	Millimètres.												
1	2	3	4	5	6	7	8	9	10	11	12	13	14	15	16	17	18
	1°	1° (1) 2° (2) 3° fils d et d domiciliés à rue n° canton d dépt d né le à canton d dépt d résidant à rue n° canton d dépt d cheveux sourcils yeux front nez bouche menton visage teint marques particulières: Marié le à Dlle alors domiciliée à						1° 2° 3° 4°		1° 2° 3°	1° 2° 3°	1° 2°	Tunique. . . . . . Pantalon. . . . . . Képi. . . . . Cravate. . . . . . . Ceinturon . . . . . Plaque de ceinturon Porte – baïonnette (pour l'infanterie) Fourreau de baïonnette (pour l'inf.). Bretelle de fusil. . Porte-sabre (pour l'artillerie). Etui-musette. . . . Paires de souliers.. P° de guêtres en cuir Chemises . . . . . Havre-sac avec courroies				
	2°																
	3°																
	1°	1° (1) 2° (2) 3° fils d et d domiciliés à rue n° canton d dépt d né le à canton d dépt d résidant à rue n° canton d dépt d cheveux sourcils yeux front nez bouche menton visage teint marques particulières: Marié le à Dlle alors domiciliée à						1° 2° 3° 4°		1° 2° 3°	1° 2° 3°	1° 2°	Tunique. . . . . . Pantalon. . . . . . Képi. . . . . Cravate. . . . . . . Ceinturon . . . . . Plaque de ceinturon Porte – baïonnette (pour l'infanterie) Fourreau de baïonnette (pour l'inf.). Bretelle de fusil. . Porte-sabre (pour l'artillerie) Etui-musette. . . . Paires de souliers.. P° de guêtres en cuir Chemises. . . . . Havre-sac avec courroies				
	2°																
	3°																

(1) Écrire en bâtarde le nom de famille.

(2) Écrire en ronde ou en anglaise les prénoms.

(3) On indiquera, par le chiffre 1, si le garde national sait lire seulement; par les chiffres 1 et 2, s'il sait lire et écrire; par la lettre D (abréviation du mot douteux), s'il est absent et si on n'a pu vérifier son instruction.

DÉPOT DE RECRUTEMENT

DU DÉPARTEMENT d

CLASSE DE 1867.

COMPTE RENDU

SUR

LA FORMATION DE LA GARDE NATIONALE MOBILE

DE LA CLASSE DE 1867.

A S. Exc. M. le Ministre Secrétaire d'État de la guerre.
(Bureau du Recrutement.)

N°	Désignation de la colonne
1	DÉSIGNATION DE LA CLASSE.
	NOMBRE DES JEUNES GENS
2	libérés par leur numéro de tirage après la formation du contingent de 100,000 hommes.
3	qui, au moment de la formation du contingent de 100,000 hommes, ont été exemptés en vertu des §§ numérotés 3° à 7° de l'article 13 modifié de la loi du 21 mars 1832.
4	de la classe de 1867 qui, après avoir été compris dans le contingent de 100,000 hommes, ont été exonérés ou se sont fait remplacer soit devant le conseil de révision, soit devant les conseils d'administration des corps.
5	TOTAL des colonnes 2, 3 et 4.
	EXEMPTÉS
6	pour défaut de taille.
7	pour infirmités.
8	Total des colonnes 6 et 7.
	JEUNES GENS A DÉDUIRE COMME DISPENSÉS — En vertu des numéros 1° à 5° de l'art. 4 de la loi du 1er février 1868.
9	1° Jeunes gens revêtus de fonctions leur conférant le droit de requérir la force publique.
10	2° Ouvriers des établissements de la marine impériale et ouvriers des arsenaux et des manufactures d'armes de l'État dont les services ouvrent des droits à la pension de retraite.
11	3° Préposés du service actif des douanes et des contributions indirectes.
12	4° Facteurs de la poste aux lettres.
13	5° Mécaniciens des locomotives sur les chemins de fer.
14	Total des colonnes 9 à 13.
	En vertu de l'art.
15	1° Déjà liés au service en vertu d'un engagement volontaire d'un brevet ou d'une commission, et comme remplaçants de leurs frères.
16	2° Inscrits maritimes immatriculés.
	14 de la loi du 21 mars 1832.
17	3° Élèves de l'École polytechnique.
18	4° Membres de l'instruction publique.
19	5° Élèves des grands séminaires ou des autres cultes reconnus par l'État.
20	6° Grands prix de l'Institut.
21	Total des colonnes 15 à 20.
22	Total général des dispensés. (Colonnes 14 et 21.)
23	GARDES NATIONAUX mobiles rayés des contrôles comme remplaçants admis par les conseils de révision ou par les conseils d'administration des corps en exécution de l'article 6 de la loi du 1er février 1868.
24	TOTAL GÉNÉRAL des exemptions et des déductions des colonnes 8, 22 et 23.
25	RESTE. — (Différence entre les colonnes 5 et 24.)
26	JEUNES GENS laissés dans leurs foyers comme soutiens de famille par les conseils de révision dans la proportion de 10 p. 100 sur le nombre total que présente la colonne 25.
27	CHIFFRE NET de la garde nationale mobile.
	MÉMOIRE.
28	Hommes de la taille de 1m,62 et au-dessus.
29	Jeunes gens qui ne se sont ni présentés ni fait représenter, et qui ont été inscrits d'office sur la liste du contingent.
30	Jeunes gens étrangers au département.
31	OBSERVATIONS.

Nombre de substituants entre parents jusqu'au 6e degré admis en exécution de l'art. 4 de la loi du 1er février 1868...

VU ET VÉRIFIÉ :
Le Sous-Intendant militaire,
chargé du service du Recrutement,

A   , le   186 .
Le   *Commandant du dépôt de recrutement*
du département d

N° 17. Description de l'uniforme de la Garde nationale mobile.

15 mai 1868.

TABLEAU SYNOPTIQUE.

PARTIES de L'UNIFORME.		INFANTERIE.	ARTILLERIE.
TROUPE.			
TUNIQUE..	fond...	Bleu foncé ; croisée à 5 boutons.	Bleu foncé ; croisant à 5 boutons.
	collet...	Garance, passe-poil bleu.	Ecarlate, passe-poil bleu.
	parements	Garances.	Ecarlates.
	pattes d'épaules..	Bleues ; passe-poil garance.	Ecarlates, passe-poil bleu.
	boutons..	En cuivre, avec aigle et légende autour.	En cuivre, avec 2 canons croisés et légende.
GALONS DE GRADES..		Sous-officiers : en or ; caporaux : laine garance.	Sous-officiers : en or ; caporaux : laine écarlate.
PANTALON.	fond...	Gris de fer bleuté.	Bleu foncé.
	bandes...	Garances, une sur chaque côté.	Ecarlates ; passe-poils ; 2 bandes de chaque côté.
KÉPI....	turban...	Bleu foncé.	Bleu foncé.
	calot...	Bleu foncé.	Bleu foncé.
	bandeau..	Garance.	Bleu foncé.
	cordonnets et ganse.	Garances.	Ecarlates.
EQUIPEMENT...	Ceinturon...	Cuir noir ; porte-baïonnette mobile.	Cuir noir ; porte-sabre mobile.
CHAUSSURES....	souliers..	Modèle général.	Modèle général.
	guêtres..	En cuir ; lacées.	En cuir ; lacées.
MUSETTE........		En toile ; modèle d'infanterie de ligne.	En toile ; modèle d'infanterie de ligne.
OFFICIERS.			
TUNIQUE........		Semblable à celle de la troupe.	Semblable à celle de la troupe.
MARQUES DISTINCTIVES		Nœuds en tresses d'or sur les manches.	Nœuds en tresses d'or sur les manches.
PANTALON........		Comme la troupe.	Comme la troupe.
KÉPI.........		Comme la troupe ; tresses d'or selon le grade.	Comme la troupe ; tresses d'or selon le grade.
CEINTURON NOIR....		Modèle d'officier d'infanterie de ligne.	Modèle d'officier d'artillerie de ligne.
SABRE.........		Modèle d'officier d'infanterie de ligne.	Modèle d'officier de cavalerie légère.
HARNACHEMENT....		Selle anglaise, calottes de fontes noires.	Selle anglaise ; calottes de fontes noires.
EFFETS DIVERS....		Tapis bleu avec galon garance, comme pour infanterie de ligne.	Tapis bleu avec galon écarlate, comme pour artillerie de ligne.

Iʳᵉ PARTIE. — Uniforme de l'Infanterie.

TITRE Iᵉʳ. — Troupe.

CHAPITRE Iᵉʳ. — Habillement et coiffure.

TUNIQUE.

ART. 1ᵉʳ. Confectionnée en drap bleu foncé, croisant sur la poitrine au moyen de deux rangées de cinq gros boutons d'uniforme de chaque côté également espacés entre eux. — Largeur de la croisure de milieu en milieu des boutons, en haut 140ᵐᵐ; en bas 120ᵐᵐ. — Boutonnières en drap bridées aux extrémités, leur tête éloignée de 15ᵐᵐ du bord des devants. — Les boutons doivent être en ligne droite du haut en bas dans chaque rangée.

2. Cette tunique n'a point la taille marquée; toutefois la distance entre le bouton du haut et celui du bas doit être proportionnée à la stature de l'homme, de manière que le ceinturon, placé autour du corps et reposant sur les hanches, se trouve à peu près à égale distance entre le dernier bouton et l'avant-dernier par le bas.

3. La tunique descend également dans tout son développement, de manière que son bord inférieur se trouve à environ 250ᵐᵐ de terre, l'homme étant à deux genoux.

4. *Devants.* — D'un seul morceau dans toute leur étendue. — Le bord extérieur est remployé en dedans et piqué avec le parementage sans aucun passe-poil. Ils sont coupés de manière à croiser de 140ᵐᵐ l'un sur l'autre par le bas dont les angles sont légèrement arrondis sur un rayon d'environ 45ᵐᵐ. — Un droit-fil en toile est placé entre le revers et son parementage à la jonction du collet pour empêcher la déchirure.

Largeur des devants	au sous-bras.	420ᵐᵐ
(pour la taille moyenne)	à hauteur du dernier bouton.	470
	au bas, au-dessus de l'arrondissement. . .	540

5. *Dos.* — D'une seule pièce, largeur à la carrure 440ᵐᵐ; *idem* vis-à-vis du dernier bouton des devants 370ᵐᵐ; *idem* au bas 430ᵐᵐ.

6. *Deux martingales* en drap du fond doublées de même sont cousues dans l'assemblage du dos avec les devants à une hauteur telle que leur bord inférieur soit à 15ᵐᵐ au-dessus d'une ligne qui

joindrait les boutons du bas des deux devants de la tunique. Cette hauteur est calculée pour que les martingales ne se trouvent jamais engagées sous le ceinturon.

7. La martingale de gauche est percée de deux boutonnières faites en drap ; l'une commence à 15^{mm} de la pointe de la martingale, et l'autre à 100^{mm} de cette même pointe.

La martingale de droite porte deux petits boutons d'uniforme cousus aux places correspondantes.

Longueur apparente de celle...	de gauche	150^{mm}
	de droite	160
Largeur commune aux deux		35

8. Elles servent à resserrer le dos à volonté.

Lorsqu'elles sont entièrement déboutonnées pour que l'homme puisse profiter de toute l'ampleur de son vêtement, elles se retirent à l'intérieur au moyen d'une fente de 40^{mm} de long, interruption de la couture solidement arrêtée, et, en dedans contre la doublure, deux petits boutons à trous sont placés pour maintenir les martingales ; ils reçoivent celle de gauche dans sa boutonnière de la pointe, et celle de droite dans une petite boutonnière ouverte dans la partie de la pointe qui dépasse le bouton. C'est pourquoi cette martingale a 10^{mm} de longueur de plus que celle de gauche.

9. *Collet.* — En drap garance, bordé d'un passe-poil bleu du fond. — Hauteur 40^{mm}, échancré de chaque côté de 20^{mm} à angles arrondis. — Au pied est une agrafe. — Doublure en drap bleu (elle peut être en deux morceaux). — A l'intérieur est une forte toile et une autre ordinaire à doublure. — Une piqûre en soie règne au milieu du collet parallèlement à ses bords.

Le collet dont le pied repose sur les clavicules doit être assez long pour ne jamais gêner l'homme et pour recevoir facilement la cravate de coton bleu dont les pans sont rentrés en dedans. — Sa longueur moyenne est de 450^{mm}.

10. *Manches.* — D'une longueur telle que l'homme ayant les bras étendus horizontalement, le bord interne du parement arrive au pli du poignet contre la main. Leur largeur doit permettre avec facilité tous les mouvements du bras, et le poing fermé doit pouvoir passer par leur entrée inférieure. Elles se terminent par un parement droit, en drap garance, appliqué sur la manche, le bord supérieur remplié et piqué sans aucun passe-poil ; il est entièrement fermé sur le côté.

Largeur de la manche.	en haut	0^{m}220^{mm}
	à la saignée	0 240
	au poignet	0 160
Parements	Hauteur apparente	0 070
	Rempli en dedans de l'orifice	0 020

11. *Pattes d'épaules.* — Sur chaque épaule est placée une patte

droite dont la base est prise dans la couture de l'emmanchure et dont la tête arrondie va se fixer, au moyen d'une boutonnière **faite** en drap, à un petit bouton d'uniforme près de l'encolure.

Elle est en drap bleu foncé doublée de même et bordée, **sauf** à sa base, d'un passe-poil en drap garance.

Longueur proportionnée à la carrure de l'homme, en moyenne. .	$0^m 150^{mm}$
Largeur à la base.	0 060
Id. à la tête arrondie, immédiatement au-dessous de l'arrondissement.	0 035

12. *Poches.* — Sur chaque devant est une poche en toile de *coton* de 230^{mm} de large, sur une profondeur variable de 230^{mm} à 210^{mm}, suivant la taille de l'homme, pour que le fond soit toujours débordé par le bas de la tunique de 25^{mm} au moins ; ses angles inférieurs sont légèrement arrondis. — Celle de droite est doublée de basane fauve. Les bords de cette doublure, ainsi que ceux du dessus et du dessous en toile, sont repliés en dedans et solidement cousus, tous les quatre ensemble, par une forte piqûre.

L'orifice de ces poches, largeur 180^{mm}, est recouvert par une patte en drap bleu doublée de même, à bords rentrés et piqués sans passe-poils, taillée en accolade à pointe au milieu, et arrondie aux extrémités. Largeur totale 200^{mm} ; hauteur à la pointe 80^{mm} ; *id.* aux rentrants 55^{mm}, avec une boutonnière en drap dans la pointe pour recevoir un petit bouton d'uniforme. — La charnière de cette patte est située sur une ligne horizontale passant à 30^{mm} en contrebas du dernier bouton des devants. — Elle commence à 200^{mm} du bord du devant. — L'orifice de la poche est parementée en drap sur 40^{mm} de hauteur.

13. *Boutons.* — En cuivre-tomback ; demi-bombés en entier de métal et d'une seule pièce. Leur queue présente deux ponlets en cuivre se croisant à angles droits à arêtes adoucies, soudés à la soudure forte.

Ils sont estampés en relief d'un aigle et autour en légende de l'inscription : *Garde nationale mobile.*

Gros boutons. .	Diamètre.	$0^m 023^{mm}$
	Flèche de convexité.	0 005
Petits boutons. .	Diamètre.	0 017
	Flèche de convexité.	0 004

14. Le corps et les manches de la tunique sont doublés en toile de *coton.* — La doublure des devants et du dos descend jusqu'à 40^{mm} au-dessous de la ligne tirée entre les boutons inférieurs de la croisure. Celle des devants s'engage sous le parementage en drap et arrive jusque sous les boutonnières. En cet endroit que le drap recouvre, la toile peut être en plusieurs morceaux joints ensemble.

15. Les devants sont parementés en drap depuis l'encolure jusqu'au bas, sur une largeur en haut de 150^{mm}, et de 60^{mm} au bas. Ce parementage peut être de trois morceaux.

PANTALON.

16. Droit, sans plis, et en tout conforme pour la coupe, les proportions et les détails de confection à celui de l'infanterie de ligne. (*Voir ci-après, pages 119 et 120 les articles 36 à 43 de la décision du 2 décembre 1867 sur l'uniforme de l'infanterie.*)

17. Pour l'infanterie de la garde nationale mobile, il est confectionné en drap gris de fer bleuté.—Sur chaque couture latérale externe est appliquée une bande en drap garance, largeur apparente 40^mm, dont l'un des bords est remplié en dessous et cousu à bord renversé sur le devant du pantalon, et dont l'autre est pris dans la couture extérieure de celui-ci.—A l'endroit de l'entrée de la poche de cuisse, le drap du fond forme passe-poil pour ménager la bande.

18. *Dimensions principales du pantalon pour la taille moyenne.*

Largeur du pantalon plié en deux.	vis-à-vis de l'enfourchure, environ	0^m360^mm
	au genou	0 270
	au bas	0 230
Hauteur de la ceinture.	devant	0 050
	derrière	0 030
Poches de cuisses.	Hauteur totale	0 420
	Largeur près de la ceinture	0 050
	Id. maxima au fond	0 470
	Distance de leur entrée à la ceinture	0 440
	Longueur de leur ouverture	0 480

19. Pour les détails de confection, *voir ci-après, pages 119 et 120, les articles 36 à 43 de la décision précitée du 2 décembre 1867.*

KÉPI.

20. Le képi se compose : 1° d'un turban ; 2° d'un calot ; 3° d'un bandeau ; 4° d'une visière ; 5° d'une coiffe intérieure.

21. Le *turban* est en drap bleu foncé, 23 ains, en trois pièces verticales réunies par des coutures.

22. Le *calot* est du même drap ; il est elliptique et renforcé en dedans par une âme en carton de 6 feuilles recouvert sur ses deux faces par une toile collée à la gomme-laque pour le rendre imperméable. — Il s'assemble avec le turban qui forme sur lui dans son pourtour une saillie d'environ 10^mm. — Son diamètre est variable selon la pointure. Il est, de l'avant à l'arrière, de 130^mm, 140^mm ou 145^mm, et transversalement de 110, 115 ou 125^mm.

23. Le *bandeau* est en drap garance, 23 ains et cousu au bas du turban, ses deux extrémités jointes par derrière.

24. La *visière* est en cuir verni noir, d'un seul morceau, largeur 50^mm, légèrement aplatie sur son contour extérieur. Elle est taillée dans le cuir verni à l'avance sans aucun jonc ni bordure. Sa tranche est noircie à l'encre ; sa gorge n'est point du même morceau ; elle est formée d'une bande flexible en cuir de vache mince ou en veau, noircie et cousue solidement sur l'épaisseur et retournée. Cette gorge s'assemble entre le drap du bandeau et la coiffe intérieure sans faire de poche ni de bourrelet descendant sur le front.

Lorsque l'homme est coiffé, la visière ne doit jamais se relever en l'air.

25. *Coiffe intérieure.* — En mouton façon chèvre, hauteur 90ᵐᵐ devant, et 135 derrière. Entre cette basane et le drap une bande de toile vernie imperméable de 40ᵐᵐ de hauteur, est placée pour empêcher la transpiration de graisser le bandeau. La coiffe, dont la couture verticale est par derrière, n'est pas cousue au turban par le haut et doit monter jusqu'au calot.—Un *renfort* en petite vache roide (trapèze de 80ᵐᵐ au bas, 50ᵐᵐ en haut, et 90ᵐᵐ de hauteur), est appliqué contre la coiffe intérieure entre celle-ci et le drap, sur le devant du képi, pour lui donner du soutien. Il est paré et cousu sur ses bords latéraux. Il doit arriver jusqu'au fond du bourrelet saillant que forme le renfoncement du calot.

26. Les coutures d'assemblage des trois pièces du turban, celle qui les réunit avec le calot et qui est dans le renfoncement du turban, et celle qui joint celui-ci au bandeau sont recouvertes d'un cordonnet en laine garance de 2ᵐᵐ environ de grosseur.

27. Sur le devant du képi, à son sommet, est solidement cousu un *gousset* porte-pompon en vache mince ou fort veau noircis, hauteur 50ᵐᵐ, largeur hors d'œuvre 16ᵐᵐ.—Il est apparent dans sa hauteur sur 35ᵐᵐ et par le bas où il cesse d'être cousu, il rentre sous le drap du turban par une entaille horizontale qui y est pratiquée. Les points des deux coutures qui assemblent le gousset doivent traverser de part en part le drap, le renfort et la coiffe intérieure.

28. Une *cocarde* en fer-blanc estampé, diamètre 38ᵐᵐ, peinte aux couleurs nationales, largeur de la zone extérieure rouge 3ᵐᵐ 1/2, *id.* de celle intermédiaire blanche 3ᵐᵐ 1/2, est fixée à demeure au moyen de deux points en fil de cuivre rouge mordant sur la zone extérieure, son centre à environ 3ᵐᵐ au-dessus de la couture supérieure du bandeau, de manière à laisser entre celle-ci et le bas de la cocarde une distance de 10ᵐᵐ.

29. Sur son milieu est rivée et soudée à l'étain la queue d'un bouton à gorge en cuivre dont la tête (diamètre 11ᵐᵐ) est très-légèrement bombée, unie sans aucun estampage, et offre une saillie de 8ᵐᵐ sur la cocarde. Sa gorge reçoit les plis *d'une ganse de cocarde* formée de deux brins de tresse carrée en laine garance de 4ᵐᵐ de grosseur qui, après avoir entouré la tige du bouton, remontent vers le sommet du képi où ils sont fixés sur le gousset porte-pompon ; hauteur apparente de la ganse 35ᵐᵐ, largeur totale à sa naissance 16ᵐᵐ.

30. *Pompon* de forme ellipsoïde aplatie, hauteur 35ᵐᵐ, largeur 30ᵐᵐ, épaisseur 15ᵐᵐ. — En bois recouvert en drap ; fait en deux coquilles dont la réunion est masquée par une tresse ronde en laine de la même couleur que le drap. — Tige en fil de fer récroui redoublé, hauteur apparente 50^{mm}.

Sur le devant du pompon est en chiffres de cuivre de 14^{mm} de haut le numéro qui désigne le département auquel appartient le bataillon.

31. Ce bataillon est indiqué par la couleur du pompon qui est comme il suit: 1er bataillon, bleu foncé; 2e, garance; 3e, jonquille; 4e, bleu de ciel; 5e, orangé; 6e, vert clair; 7e, cramoisi; 8e, rose; 9e, violet; 10e, marron doré; 11e, chamois; 12e, gris argentin. Pour le petit état-major départemental il est blanc avec le numéro du département.

Si le nombre des bataillons exige d'autres distinctions, la série se recommence dans l'ordre des couleurs ci-dessus; mais pour les distinguer de la première, le cordonnet qui entoure le pompon est en laine blanche.

32. Pour la grande tenue le képi est orné *d'un plumet*. Ce plumet se compose de 7 ou 8 plumes de coq noir-vert, dont les plus longues ont environ 210^{mm} de développement et environ 30^{mm} de large. Elles sont reliées au pied sur une tige de fil de fer redoublée (hauteur 35^{mm}) pour entrer dans le gousset porte-pompon. Ces plumes assemblées à recouvrement sur leur côté sont cintrées sur leur plat et forment un bouquet compris dans un même plan vertical, et n'ayant dans sa partie la plus touffue que 5 à 6^{mm} d'épaisseur. Ce plumet, qui n'est point flexible, s'incline en arc vers la gauche de l'homme et présente une largeur d'environ 20^{mm} au pied, 70 à son milieu et 100 à sa tête la plus épanouie. Sa hauteur verticale est d'environ 150^{mm} au-dessus du calot.

Le plumet ne sert que pour la grande tenue. Il se porte en même temps que le pompon, et sa tige est reçue dans le même gousset et en arrière de celle du pompon, de manière que ce dernier ne soit pas masqué par le pied du plumet.

Dimensions du képi.

33. Hauteur totale apparente, non com- ⎰ devant. . . . . 090^{mm}
      pris le renfoncement du calot. . . ⎱ verticalement derrière. . . . 125
Développement de l'arête postérieure, environ. 145
Hauteur de bandeau, portant. 035
Diamètre du calot selon ⎰ du devant au derrière. . . . 130, 140, 145
      la pointure. . . . . . . ⎱ transversal. 110, 115, 125
Diamètre de la cocarde. 038
Longueur apparente de sa ganse redoublée. 035
Largeur du gousset porte-pompon (hors d'œuvre). 046
Largeur de la visière au milieu. 050

CHAPITRE II. — Marques distinctives des grades et fonctions dans la troupe.

34. *Caporal.* — Deux galons parallèles en laine garance, façon cul-de-dé, largeur 22^{mm} placés sur chaque avant-bras. (Voir ci-dessous art. 40.)

35. *Sergent.* — Un seul galon en or, façon dite à lézardes, largeur 22ᵐᵐ, sur chaque avant-bras.

36. *Fourrier* (1). Soit sergent, soit caporal, outre les galons de l'un de ces grades, il porte comme marque distinctive de cet emploi un galon à lézardes en or, largeur 22ᵐᵐ placé obliquement sur le haut de chaque bras en plongeant de dehors en dedans. Distance de la couture d'emmanchure au galon : en dehors 90ᵐᵐ ; en dedans 150ᵐᵐ.

37. *Sergent-major.* — Deux galons parallèles semblables à celui du sergent, sur chaque avant-bras.

38. *Tambours et trompettes.* Autour du collet et des parements de la tunique un galon de laine à lozanges tricolores en 22ᵐᵐ de large.

39. *Manière de placer les galons.* Tous les galons de grades sont cousus en plein et arrêtés dans les coutures des manches. Ils sont appliqués *sans aucuns lisérés de couleur tranchante.* Plusieurs galons parallèles sont séparés entre eux par des intervalles de 3ᵐᵐ.

40. Sur les avant-bras le galon se pose en ligne droite oblique plongeant de dehors en dedans. Son bord inférieur part de la couture de devant de la manche à 10ᵐᵐ au-dessus du bord du parement avec lequel il fait un angle de 25 degrés et il va rejoindre la couture postérieure de la manche à environ 90ᵐᵐ au-dessus du même bord.

Un second galon se pose au-dessus du premier à 3ᵐᵐ d'intervalle.

41. *Adjudant sous-officier* (1). Porte les marques distinctives de sergent-major surmontées d'un troisième galon en or.

Les tresses qui garnissent les coutures verticales de son képi et la ganse de cocarde sont mélangées de 2/3 d'or et de 1/3 de garance. La tresse qui orne le bord supérieur du bandeau est en argent, métal opposé au bouton, largeur 3ᵐᵐ. Le calot porte un nœud hongrois comme pour sous-lieutenant, mais il est mélangé de 2/3 d'or et de 1/3 de garance. (Voir ci-après, art. 58.)

CHAPITRE III.—Équipement.

§ 1ᵉʳ. — *Grand équipement.*

42. *Ceinturon.* En cuir noir, avec plaque en cuivre mais sans coulants de support, du modèle affecté à l'infanterie de ligne. (*Voir ci-après, pages 120 et 121, les articles 156 à 159 de la décision du 2 décembre 1867, sur l'uniforme de l'infanterie.*)

43. *Porte-baïonnette.* En cuir noir, du modèle affecté à l'infan-

____

(1) Lorsqu'il y a lieu à la création de ces fonctions.

terie pour l'usage des fusils d'ancien modèle transformé. (*Voir ibid.,
page* 122, *l'article* 165.)

44. *Bretelle de fusil.* En cuir noir, modèle d'infanterie. (*Voir ibid.,
page* 122, *l'article* 166.)

45. *Fourreau de baïonnette.* Approprié à l'arme délivrée.

46. *Pour tambours.* Ceinturon comme pour soldat (art. 42).
—Caisse et ses accessoires. (*Voir ci-après, pages* 122 *à* 125, *les articles* 174 *à* 186 *de la décision du* 2 *décembre* 1867, *sur l'uniforme
de l'infanterie.*)

§ 2e. — Petit équipement.

47. *Souliers.* Du modèle général. (*Voir ibid., page* 125, *les articles* 241 *à* 245.)

48. *Guêtres en cuir.* Du modèle affecté à l'infanterie de ligne.
(*Voir ibid., page* 126, *les articles* 246 *à* 250.)

49. *Cravate.* En tissu de coton bleu de ciel, du modèle affecté
aux troupes de ligne. (*Voir ibid., page* 127, *l'article* 253.)

50. *Musette en toile.* Du modèle d'étui de tunique-musette affecté
à l'infanterie de ligne. (*Voir ibid., pages* 127 *et* 128, *les articles* 264
à 267.)

TITRE II. —Officiers.

CHAPITRE Ier.—Habillement et coiffure.

51. TUNIQUE. Semblable en tout à celle de la troupe, mais elle
est en drap fin et les boutons sont dorés. Il n'y est ajouté aucun
ornement ni accessoires autres que les marques distinctives de
grade décrites ci-après, art. 63.

Voir ci-dessus sa description art. 1er et suivants.

52. PANTALON. Confectionné en drap fin et du reste absolument
semblable à celui de la troupe (art. 16 et suiv.). Il se porte avec
des sous-pieds en cuir noir mobiles au moyen de boutons placés au
bas à l'intérieur.

53. KÉPI. Absolument semblable quant à la forme et aux dimensions à celui de la troupe (art. 33). Il est confectionné en drap fin.
— Sa visière est également taillée dans le cuir verni à l'avance et
sans gorge adhérente.

54. Les tresses de laine garance qui garnissent le contour supérieur du bandeau, les coutures montantes du turban et celles qui
contournent le calot renfoncé sont remplacées par des tresses en or,
façon dite *au boisseau* de 3^{mm} de large. — La jonction de la visière
avec le bandeau est recouverte par une tresse en or, façon dite *chai-
nette* en petite milanaise tordue, de 3^{mm} de grosseur.

55. Au-dessus du bandeau, il est placé comme au képi de troupe
une tresse. Elle est en or et indique le grade de sous-lieutenant.

> Pour lieutenant, il y est mis. . . . . . 2 tresses.
> Pour capitaine. . . . . 3 —
> Pour chef de bataillon. . . . . 4 —

56. Pour capitaine adjudant-major (1) le rang du milieu est en argent. — Pour capitaine-major le 1er rang à partir du bandeau est également en argent.

57. Les tresses placées sur les coutures verticales du turban sont simples pour sous-lieutenant et lieutenant; pour capitaine, elles sont doubles, et pour officiers supérieurs de tout grade elles forment trois rangs. Elles s'arrêtent sous la tresse horizontale la plus élevée sans paraître dans les intervalles des autres. Quels que soient les grades ou les fonctions de l'officier, ces tresses verticales sont du même métal que le bouton d'uniforme.

58. Sur le calot est un nœud hongrois formé avec la même tresse, indépendamment de celle qui entoure la circonférence. Il est fait d'un seul brin pour sous-lieutenant, lieutenant et capitaine, et à deux brins pour chef de bataillon,

59. La cocarde est en plaqué d'argent avec zone extérieure peinte en rouge et le centre en bleu. L'argent figure le blanc entre les deux. — La ganse est faite de deux brins redoublés en tresse carrée de filé d'or de 4^{mm} de grosseur. — Pour chef de bataillon, elle est en petites torsades d'or mat et des mêmes dimensions. — Le bouton est doré.

60. Le pompon est en tout semblable à celui de la troupe, fond et cordonnet de la même couleur, mais le numéro est doré.

61. Pour chef de bataillon et capitaine-major (pour adjudant-major, quand il y a lieu à la création de ces dernières fonctions), il se compose d'une sphère recouverte en drap bleu foncé, diamètre 30^{mm}, portant sur le devant le n° du département comme ci-dessus.—Elle est surmontée d'une flamme en chardon de laine également sphérique légèrement aplatie, de 45^{mm} de diamètre transversal, séparée de la sphère par un collet de 6^{mm} de haut sur 7^{mm} de diamètre, coquillé en laine. Cette flamme est partagée horizontalement en deux parties égales, celle du haut, écarlate; celle du bas, blanche ainsi que le collet.

62. Le plumet de grande tenue, pour officier, est le même que pour la troupe; mais pour chef de bataillon, il est mélangé de plumes écarlates, de blanches et de bleues. Son pied est garni d'une olive de 20^{mm} de diamètre en petites torsades d'or mat de 2^{mm} de grosseur. Pour chef de bataillon et capitaine-major, ce plumet se porte sans pompon à cause de la forme de celui de ces grades; le pied du plumet de capitaine-major est garni d'une olive en cordonnet d'or.

____

(1) Lorsqu'il y a lieu à la création de ces fonctions.

CHAPITRE II. — Marques distinctives des grades et fonctions
d'officiers.

63. Les différents grades d'officiers sont indiqués par un nœud hongrois placé sur chaque manche de la tunique immédiatement au-dessus du parement. — Ces nœuds sont faits en tresse d'or de 3^{mm} de large, façon dite *au boisseau*.

> Pour sous-lieutenant, ils sont à un seul brin.
> Pour lieutenant, à deux brins.
> Pour capitaine, à trois.
> Pour chef de bataillon, à quatre.

Pour adjudant-major (1) le brin du milieu, et pour le capitaine-major, celui qui à sa naissance est le plus près du parement, sont en argent, métal opposé au bouton. Leur sommet s'élève au-dessus du bord supérieur du parement à 130^{mm}, pour sous-lieutenant et lieutenant ; à 220^{mm}, pour capitaine ; à 270^{mm}, pour chef de bataillon.

(Voir le dessin de ces nœuds, Pl. ci-jointe.)

CHAPITRE III. — Équipement.

64. CEINTURON. En cuir verni noir composé d'une bande de ceinture, de deux bélières et d'une plaque de fermeture ; le tout du même modèle que pour les officiers d'infanterie de ligne.

(*Voir ci-après sa description, pages* 128 *et* 129, *aux articles* 401 *à* 407 *de la décision du* 2 *décembre* 1867, *sur l'uniforme de l'infanterie.*)

Ce ceinturon sert pour toutes les tenues. Il est destiné à porter le sabre décrit ci-après (art. 73 et 74).

65. DRAGONNES. Semblables à celles des officiers d'infanterie de ligne.

(*Voir ci-après, page* 129, *les articles* 409 *à* 411 *de la décision précitée du* 2 *décembre* 1867.)

66. HAUSSE-COL. (*Voir ibid., page* 129, *l'article* 412.)

67. GANTS, BOTTINES, COL. Comme pour les officiers d'infanterie de ligne. (*Voir ibid., page* 130, *les articles* 413 *à* 415) et pour chef de bataillon, *voir ibid., page* 130, *les articles* 418 *et* 419.

68. HARNACHEMENT. Pour chevaux des chefs de bataillon :

69. *Selle.* En cuir fauve, de la forme dite à l'anglaise ; étriers en fer poli. Croupière, en cuir noir et poitrail *idem*, avec fausse martingale réunie par un cœur en cuivre portant le numéro du département, percé à jour et doublé en cuir.

70. *Fontes de pistolets.* Du modèle usité avec sabots en cuivre bruni. — Calottes en cuir verni noir.

---

(1) Lorsqu'il y a lieu à la création de ces fonctions.

71. *Tapis.* A angles de devant arrondis, et sur le derrière présentant des angles de 75 degrés. Longueur du tapis plié en deux, environ 620^mm ; longueur de chaque côté à partir de ce pli jusqu'à la pointe, environ 600^mm. — Il est en drap bleu foncé avec passepoil garance et bordé d'un galon en poil de chèvre garance, façon cul-de-dé, de 35^mm de large. — Dans les angles postérieurs est appliqué le numéro du département, hauteur 60^mm, brodé en poil de chèvre garance.

72. *Bride.* Du modèle général, en cuir noir, avec boucles en cuivre et mors en fer poli. (*Voir ci-après page* 130, *les articles* 429 *à* 433 *de la décision du* 2 *décembre* 1867, *sur l'uniforme de l'infanterie.*)

CHAPITRE IV. — Armement.

73. SABRE (modèle 1855 pour officier d'infanterie). Lame trèslégèrement cambrée. Garde dorée. Fourreau en tôle d'acier avec deux bracelets à anneaux pour recevoir les bélières du ceinturon.

74. Pour chef de bataillon (modèle 1855 pour officiers supérieurs). Lame droite. Même monture. Fourreau en tôle avec bracelets à anneaux.

(Pour les détails de cet armement, *voir ci-après page* 131, *les articles* 438 *à* 444 *de la décision précitée du* 2 *décembre* 1867.)

IIe PARTIE. — Artillerie.

TITRE Ier. — Troupe.

CHAPITRE Ier. — Habillement et coiffure.

TUNIQUE.

75. Semblable à celle de l'infanterie décrite ci-dessus, art. 1er à 15 inclus, sauf les modifications ci-après :

Collet (art. 9) et *parements* (art. 10). Sont en drap écarlate au lieu de garance.

Pattes d'épaules (art. 11). Sont en drap *bleu foncé* avec passepoil en *drap écarlate.*

Boutons (art. 13). Des mêmes formes et dimensions, demibombés (diamètre des gros, 23^mm sur 5 de bombés, *id.* des petits, 17^mm sur 4). De même en cuivre-tomback, mais ils sont estampés de deux canons croisés, avec la même légende autour : *Garde nationale mobile.*

PANTALON.

76. De la même coupe et de la même confection que celui de l'infanterie décrit ci-dessus, art. 16 et suiv., sauf les différences ci-après :

77. Il est confectionné en drap bleu foncé.

La bande garance (art. 17) appliquée sur chaque couture latérale est remplacée par un passe-poil en drap écarlate. — De chaque côté de ce passe-poil, à 5^{mm} de distance, est appliquée une bande de drap écarlate de 30^{mm} de largeur apparente, à bords repliés en dessous. — L'entrée de la poche de cuisse est placée le long et en arrière de la bande postérieure, qui, en cet endroit, est débordée par un liséré en drap bleu, pour la garantir du frottement.

KÉPI.

78. Semblable à celui de l'infanterie décrit ci-dessus, art. 20 et suivants, sauf les différences ci-après :

79. Le *bandeau* (art. 23) est en drap bleu foncé comme le turban. — Il est orné sur le milieu d'une grenade en drap écarlate découpée, hauteur 30^{mm}.

80. Le *cordonnet* qui garnit les coutures (art. 26) et la ganse de cocarde (art. 29) sont en laine écarlate au lieu de garance.

81. Le *pompon* est de la même forme et des mêmes dimensions que pour l'infanterie (art. 30). Il porte comme ce dernier le numéro du département auquel appartient la batterie. Sa couleur indique le numéro de la batterie dans le département, de la même manière que pour les bataillons d'infanterie (art. 31).

Le *plumet* de grande tenue est aussi le même que pour l'infanterie et ne se porte non plus jamais sans le pompon.

CHAPITRE II. — Marques distinctives des grades et fonctions dans la troupe.

82. *Premier canonnier.* Un galon de laine écarlate, façon cul-de-dé, largeur 22^{mm}, placé sur chaque avant-bras.

83. *Artificier.* Sur l'avant-bras droit seulement, deux galons de laine écarlate comme ci-dessus, placés parallèlement à 3^{mm} de distance l'un de l'autre.

84. *Brigadier.* Comme artificier, mais sur les deux avant-bras.

85. *Maréchal des logis.* Sur chaque avant-bras un galon d'or, façon dite à lézardes, largeur 22^{mm}.

86. *Fourrier* (1). Soit brigadier, soit maréchal des logis, outre les galons de l'un de ces grades, il porte comme marque distinctive

---

(1) Lorsqu'il y a lieu à la création de ces fonctions.

de son emploi un galon d'or de la même espèce placé obliquement, plongeant de dehors en dedans. (Voir ci-dessus, art. 36.)

87. *Maréchal des logis chef.* Sur chaque avant-bras, deux **galons** d'or à lézardes, largeur 22^{mm}, placés parallèlement l'un au-**dessus** de l'autre, à 3^{mm} d'intervalle.

88. *Trompette.* Autour du collet et des parements de la tunique, un galon de laine, largeur 22^{mm}, à losanges tricolores.

89. *Manière de placer ces galons.* Comme dans l'infanterie. Voir ci-dessus, art. 39 et 40.

CHAPITRE III. — Équipement.

-----

§ Ier. — *Grand équipement.*

90. *Ceinturon* en cuir noir, avec plaque en cuivre et sans coulants de support. Modèle affecté à l'infanterie de ligne. (*Voir ci-après, pages 120 et 121, les articles 156 à 159 de la décision du 2 décembre 1867 sur l'uniforme de l'infanterie.*)

91. *Porte-sabre* en cuir noir, du modèle affecté à l'infanterie de ligne pour porter le sabre du modèle de 1831. (*Voir ibid., page 121, l'article 164.*)

92. *Pour trompette.* Ceinturon et porte-sabre comme canonnier, et une trompette (1) avec son cordon (2), du modèle général.

§ II. — *Petit équipement.*

93. *Souliers, guêtres, cravate, musette en toile,* tels qu'ils sont affectés à l'infanterie. (Voir ci-dessus, art. 47 et suiv.)

TITRE II. — Officiers.

CHAPITRE Ier. — Habillement et coiffure.

94. Tunique. Voir ci-dessus art. 75, et 51 pour ce qui concerne la tunique d'officier d'infanterie.

95. Pantalon. Voir ci-dessus art. 76, et 52 pour ce qui concerne le pantalon d'officier d'infanterie.

96. Képi. Semblable à celui des officiers d'infanterie (ci-dessus, art. 53), sauf que le bandeau est en drap bleu comme le turban, et que sur ce bandeau est appliquée une petite grenade brodée, en cannetille et paillettes d'or.

Pompon. Comme pour la troupe (art. 81), numéro doré.

-----

(1) *Trompette* en cuivre jaune, de forme allongée.

(2) *Cordon* de trompette en laine aux trois couleurs nationales mélangées avec gland en laine à chaque extrémité.

Plumet pour la grande tenue. Comme pour infanterie (art. 62).

Pompon et plumet d'officiers supérieurs. Comme pour chef de bataillon d'infanterie (art. 61 et suiv.).

CHAPITRE II. — Marques distinctives des grades et fonctions.

97. Voir ci-dessus (art. 63 et suiv.) les dispositions concernant les officiers d'infanterie et qui sont entièrement applicables à ceux d'artillerie.

CHAPITRE III. — Équipement.

98. *Ceinturon* (1), *dragonne de sabre* (2), *gants* (3), *bottines* (4), *col* (5) et *harnachement* (6), des modèles affectés aux officiers d'artillerie de l'armée.

CHAPITRE IV. — Armement.

99. *Sabre* modèle de cavalerie légère, semblable à celui affecté aux officiers d'artillerie de l'armée.

---

(1) Confectionné en cuir verni noir. Se compose d'une *ceinture* avec agrafe et d'un *pendant*. Il se ferme au moyen d'une agrafe composée de deux rosaces circulaires de 40^{mm} de diamètre réunies par un crochet en S. Ces rosaces sont estampées en relief de deux canons croisés et surmontés d'une grenade, et, au-dessous, dans l'angle opposé, est une pile de boulets. Elles sont bordées de deux filets concentriques, et sont dorées mat et bruni. Les boutons de bélière et de crochet de sabre sont aussi dorés.

Le ceinturon se porte par-dessous l'habit et par-dessus la capote.

(2) *Pour la grande tenue,* composée d'un cordon en soie noire (grosseur environ 4^{mm}, longueur apparente, étant ployée en deux, 450^{mm}). Les deux bouts sont réunis et rentrent dans un gland entièrement en or pour tous les grades et pour toutes les fonctions (hauteur de la tête du gland 30^{mm}, diamètre au renflement 17^{mm}).

Pour la petite tenue, même cordon de mêmes dimensions, en cuir verni noir tressé, avec deux coulants aussi tressés en cuir. Le gland est, pour tous les grades, confectionné en cuir verni noir (grosseur environ 25^{mm}).

(3) En peau de daim blanchi de la forme dite *amadis,* doigts et dessus de main piqués à l'anglaise.

(4) A tiges d'une hauteur moyenne de 260^{mm} prise sur la couture latérale. Les éperons sont en fer limé et poli, et fixés aux talons par des vis.

(5) En satin turc fin, sans aucun liséré blanc.

(6) *Schabraque* bleue, galons écarlates, grenades en or. — *Selle* en cuir fauve de la forme dite à l'anglaise, à trousic relevés avec prolongements mobiles, *fontes* en cuir fauve, terminées par des bouts en cuivre ciselés; *étriers* en fer poli.

(Extraits de la description de l'uniforme de l'artillerie en date du 27 juin 1860.)

IIIe PARTIE. — Devis.

(A) *Devis d'allocation d'étoffes et de frais de confection des effets d'habillement de la garde nationale mobile.*

INFANTERIE.

TUNIQUE.

		m. mm.	fr. c.
Étoffes	Drap du fond bleu foncé	1 720	»
	Drap garance pour collet, parements et passe-poils de pattes d'épaule	0 090	»
	Toile à doublure en coton	1 600	»
Confection, y compris la fourniture des boutons, de la toile forte du collet et de la basane qui double la poche droite (Dans les ateliers militaires)		»	2 65

PANTALON.

		m. mm.	fr. c.
Étoffes	Drap du fond gris de fer bleuté	1 200	»
	Drap garance pour bandes, une de chaque côté	0 092	»
	Toile à doublure en coton	0 550	»
Confection (Dans les ateliers militaires)		»	1 45

ARTILLERIE.

TUNIQUE.

		m. mm.	fr. c.
Étoffes	Drap du fond bleu foncé	1 760	»
	Drap écarlate pour collet, parements et passe-poils de pattes d'épaule	0 090	»
	Toile à doublure en coton	1 600	»
Confection, y compris la fourniture des boutons, de la toile forte du collet et de la basane qui double la poche droite (Dans les ateliers militaires)		»	2 65

PANTALON.

		m. mm.	fr. c.
Étoffes	Drap du fond bleu foncé	1 255	»
	Drap écarlate pour passe-poils et pour bandes, deux de chaque côté	0 180	»
	Toile à doublure en coton	0 550	»
Confection (Dans les ateliers militaires)		»	1 70

(B) *Devis des galons alloués pour marques distinctives des grades et fonctions.*

		m	mm.
Galon d'or, façon à lézardes, largeur, 22mm, à 7 90 c. le mètre.	Adjudant sous-officier (1).	1	260
	Sergent-major.	0	840
	Sergent.	0	420
	Fourrier (sur le haut des bras) (1).	0	520
Galon de laine garance, cul-de-dé, en 22mm, à 39 c. le mètre.	Soldat de 1re classe.	0	420
	Caporal.	0	840
Galon de laine écarlate, cul-de-dé, en 22mm, à 0 fr. 40 le mètre, pour l'artillerie.	1er canonnier.	0	420
	Artificier (sur un seul bras).	0	420
	Brigadier.	0	840
Galon de laine, en 22mm de large, à losanges tricolores, à 0 fr. 60 le mètre. . . .	Tambours et trompettes (collet et parements).	0	290

(C) *Tarif des frais de pose des galons de grades (Dans les ateliers civils).*

		fr.	c.
Galon d'or cousu en soie, sans liséré.	Sergent (sur les deux bras).	0	25
	Fourrier (sur le haut de chaque bras) (1). . .	0	25
	Sergent-major (sur les deux bras).	0	50
	Adjudant sous-officier (sur les deux bras) (1).	0	75
Galon de laine, cousu en fil.	Soldat de 1re classe (sur les deux bras). . . .	0	15
	Artificier dans l'artillerie (sur un seul bras).	0	15
	Caporal et brigadier.	0	30
	Tambour et trompette (au collet et aux parements).	0	50

APPROUVÉ :

Le Maréchal de France,
Ministre Secrétaire d'État de la guerre,
NIEL.

---

(1) Lorsqu'il y a lieu à la création de cet emploi.

ANNEXE

A LA

DESCRIPTION DE L'UNIFORME DE LA GARDE NATIONALE MOBILE.

Articles de la description de l'uniforme de l'infanterie en date du 2 décembre 1867, cités dans l'Instruction du 15 mai 1868.

. . . .

PANTALON DE SOLDAT.

36. En drap..... avec ceinture en drap, doublée en cretonne de coton.

37. Devant est une *brayette* fermée par quatre boutonnières percées dans une *sous-patte* en drap, parementée en toile, adaptée sous le devant de gauche; celui de droite porte autant de boutons à trous. A ce devant de droite est ajoutée une *languette* triangulaire en drap, doublée en toile, de toute la hauteur de la fente, et large en haut de 70^{mm}, avec boutonnière dans l'angle, qui se rattache à un bouton cousu sous la ceinture, à gauche : cette languette sert à mieux fermer la brayette.

38. *La ceinture* est d'un seul morceau de chaque côté. Elle a de hauteur 50^{mm} par devant et 30^{mm} par derrière. — Le devant est percé d'une boutonnière à 15^{mm} environ du bord supérieur; ses deux extrémités derrière sont réunies par un soufflet triangulaire de 60^{mm} de large en haut et de 140^{mm} de long sur les côtés. — Elle porte quatre boutons à trous pour l'attache des bretelles. — Elle est doublée en toile de coton.

Deux martingales en drap doublées en toile sont cousues au-dessous de la ceinture à l'endroit des reins. Celle de gauche porte une boucle en fer verni, cousue à demeure; elle a 100^{mm} de longueur. Celle de droite a 150^{mm}. Leur largeur est de 40^{mm} à sa base et de 30^{mm} à l'extrémité. Un parementage en toile de 100^{mm} de large sur 50^{mm} de haut est appliqué en dedans sous l'attache de chaque martingale.

39. Le pantalon monte de manière à bien emboîter les hanches, et arrive à égale distance entre le nombril et le creux de l'estomac; il tombe droit sur le cou-de-pied sans y former de plis; le derrière, légèrement convexe, descend à environ 10^{mm} du bord inférieur de la guêtre; sa largeur, étant pliée en deux, est, pour la taille

moyenne, d'environ 360ᵐᵐ vis-à-vis de l'enfourchure; 270ᵐᵐ au genou et 230ᵐᵐ au bas. Le devant est échancré du bas d'environ 15ᵐᵐ, plus ou moins, selon la conformation du cou-de-pied, pour le dégager. Le bord inférieur est ourlé en dedans sur 15ᵐᵐ environ.

40. Sur chaque côté du pantalon est une *poche de cuisse* en toile de 420ᵐᵐ de hauteur totale sur 50ᵐᵐ de large près de la ceinture où elle se rattache, et 170ᵐᵐ de plus grande largeur au fond arrondi. Leur entrée qui commence à 110ᵐᵐ de la ceinture présente une fente de 180ᵐᵐ qui se confond avec la couture du pantalon. Elle est paramentée en drap sur 40ᵐᵐ de large du côté qui touche la cuisse et sur 30ᵐᵐ du bord opposé. Une petite patte (long. 40ᵐᵐ) en drap, doublée de même et percée d'une boutonnière, est cousue en dedans du bord extérieur et sert à fermer la poche au moyen d'un petit bouton à trous.

41. Un gousset de montre est placé à droite sur le devant (ouverture 80ᵐᵐ, profondeur 80ᵐᵐ).

42. Le pantalon est garni intérieurement d'un *entre-jambes* en toile de quatre morceaux. Les deux de derrière sont des quarts de cercle de 120ᵐᵐ de rayon, ceux de devant ont la même forme au bas et la même largeur et vont en diminuant jusqu'à la ceinture où ils n'ont que 50ᵐᵐ de large. — Le pantalon se porte avec des bretelles et sans sous-pieds. — Tous les boutons sont à trous.

43. Le devant et le derrière du pantalon sont coupés à poil descendant.

On tolère à l'enfourchure de petites pointes, suivant la largeur des draps employés.

. . . .

CEINTURON.

156. En vache noircie et cirée, la chair en dessus. Composé d'une seule bande. A son extrémité la plus épaisse est enchapé un D ou chape en fort fil de cuivre, par le bout même de la bande repliée sur 20ᵐᵐ et cousue à deux coutures.

157. A l'extrémité opposée est ajustée *une plaque* qui s'agrafe dans le D pour fermer le ceinturon.

Cette plaque est en cuivre, presque carrée, à angles abattus, et légèrement cambrée. A l'un de ses bords verticaux est solidement soudé un *pontet* sous lequel s'engage la bande en double. Dans le pli qu'elle forme est passé un D mobile ou *verrou* en cuivre dont l'un des montants, celui qui est engagé dans le pli, est quadrangulaire (environ 4ᵐᵐ sur chaque face) pour produire plus de frottement; l'autre est en fil rond. La pression du pli de la bande et de son verrou contre le pontet maintient sans aucun ardillon le ceinturon à la longueur qu'on lui a donnée.

Cette plaque est unie, sans numéro ni ornement quelconque.

158. Le ceinturon est passé, avant de poser la plaque, dans *deux*

coulants en cuivre qui portent à leur sommet un œil pour recevoir les crochets de bretelle et qui ne sont jamais séparés du ceinturon, devant être nettoyés sur place.

159.   *Dimensions du ceinturon confectionné.*

Longueur. . . .	1re grosseur 1m050mm 2e id. 0 090	dans la proportion de 1/3 de première et de 2/3 de seconde.

Bande.	Largeur constante.	55 millim.
	Hauteur du D d'agrafe (dans œuvre).	55
	Largeur *idem*	10

Plaque.	Hauteur.	65
	Largeur développée.	60
	Pans coupés.	06
	Flèche de la cambrure.	06
	Grosseur du pontet, environ.	04
	Elévation du pontet au-dessus de la plaque, dans œuvre.	08
	Hauteur du verrou, dans œuvre.	55
	Idem, hors d'œuvre, le long de sa branche carrée. . . .	65
	Largeur *idem*, dans œuvre.	05
	Hauteur de l'agrafe dans son arête.	54
	Elévation de l'agrafe au-dessus de la plaque.	08
	Grande largeur du bec de l'agrafe.	10

Coulants.	Hauteur extérieure totale.	78
	Idem, dans œuvre, pour le passage du ceinturon. . . .	60
	Largeur, *idem* *idem*	06
	Diamètre de l'œil.	06
	Largeur de la branche plate, du haut en bas.	09

. . . .

PORTE-SABRE.

164. En vache noircie et cirée, avec un passant formé par le corps du *pendant* replié sur lui-même et cousu par deux coutures parallèles, et espacées entre elles de 6mm. Au bas du pendant est assemblé par deux doubles coutures, un *gousset* portant une petite boucle en cuivre avec passant en cuir noir, pour recevoir le contre-sanglon du fourreau de sabre. Au-dessus est une entaille pour passer ce contre-sanglon.

Dimensions.

Hauteur totale du porte-sabre confectionné.	260 millim.
Largeur au pli du passant et à ses coutures.	50
Idem du porte-sabre à l'orifice du gousset ainsi qu'au bas.	50
Hauteur du coulant, dans œuvre.	65
Idem du gousset à son milieu arrondi par le bas.	90
Idem le long des coutures verticales.	80
Largeur du gousset à son orifice, étant développé.	90
Distance de la couture supérieure du coulant à l'orifice supérieure du gousset.	100
Idem de l'entaille à l'orifice supérieure du gousset.	17
Hauteur de l'entaille.	06
Largeur de l'entaille.	32
Distance de l'enchapure de la boucle au même orifice	53
Hauteur du passant en cuir noir de cette boucle.	12

. . . .

PORTE-BAÏONNETTE.

165. En vache noircie et cirée comme le porte-sabre. Sa construction est semblable sauf les dimensions. Le gousset n'a point d'entaille pour contre-sanglon. — Sur le côté gauche du corps est *un feutre* demi-elliptique du même morceau pour préserver les vêtements contre le frottement de la baïonnette.

Dimensions.

Hauteur du porte-baïonnette confectionné.	212 millim.
Largeur du passant à son pli et à sa couture.	40
Hauteur du passant dans œuvre.	80
Distance entre sa couture supérieure et l'orifice du gousset.	50
Largeur du corps au milieu du feutre.	85
Hauteur du feutre.	100
Largeur du gousset partout, étant développé.	65
Hauteur du gousset à ses coutures latérales.	75
Distance de l'enchapure de la boucle à l'orifice du gousset.	35

BRETELLE DE FUSIL.

166. En vache noircie. A l'une des extrémités qui est arrondie sont deux boutonnières pour recevoir un double bouton en cuivre (diamètre 15^{mm}). Elles sont espacées de 60^{mm} de tête en tête. Un petit *feutre* en vache, de la largeur de la bretelle et de 45^{mm} de long, est cousu un peu au-dessous du pli supérieur que forme la bretelle dans le battant de grenadière, son extrémité flottante arrivant au niveau du bout de bretelle. Il sert à préserver le bois du fusil contre le frottement du bouton de cuivre. — A l'autre bout, est une demi-boucle en cuivre, espèce dite en *baguette*, angles arrondis, faite avec du fil de cuivre n° 19, dont les deux bouts se rejoignent sous l'enchapure et sont soudés à la soudure forte ; ardillon en laiton mobile autour de la branche libre, largeur de la boucle (dans œuvre), 35^{mm} ; hauteur de la boucle, avant d'être enchapée, 12^{mm} ; grosseur de la baguette, 4^{mm} ; largeur de la bretelle, 35^{mm} ; longueur (non compris l'enchapure), 930^{mm}.

ÉQUIPEMENT DE TAMBOUR (art. 174 à 186).

CAISSE.

174. *Fût* en cuivre jaune battu, de forme cylindrique dont les bords supérieur et inférieur sont roulés intérieurement sur une baguette ronde en fer, de 10^{mm} environ de grosseur. A 65^{mm} du bord inférieur est une *gâche* en cuivre, hauteur apparente 40^{mm}, largeur 25^{mm}, saillie 25^{mm}, rivée au fût et percée pour recevoir une *clef* ou vis de rappel en fer (hauteur 105ᵐᵐ), terminée au bas par un crochet de timbre, avec écrou en cuivre. Un *piton* en cuivre pour attacher le timbre est soudé à 60ᵐᵐ au-dessus du même bord et diamétralement opposé. Un *trou* de 8 à 10ᵐᵐ est pratiqué dans le fût au-dessus de la clef pour le passage de l'air.

Hauteur du fût. . . . . 300 millim.
Diamètre du fût. 380
Poids. . . . . 3 k. 040 gr.

175. *Deux cercles* en frêne, peints en bleu foncé, percés chacun de 10 trous obliques pour recevoir le cordage. Le cercle du bas a, en outre, deux entailles demi-circulaires pour le passage du timbre.

Diamètre intérieur des cercles. 380 millim.
Hauteur des cercles. 50
Epaisseur (ils sont légèrement amincis en dedans par le bas), environ. . 15

176. *Peaux* en veau parcheminé, fleur en dehors, roulées sur petits cercles dits *de roulage* en frêne. Celle de dessus dite de *batterie*, celle de dessous dite de *timbre*.

177. *Timbre* en corde de boyau, fortement tordue et mise en double, du *piton* à la *clef*.

178. *Cordage* en chanvre, bien tordu et de grosseur proportionnée. Développement environ 9 mètres.

179. *Tirants* en buffle, pour serrer à volonté le cordage. Il y en a dix : leur couture est placée contre la caisse.

Hauteur. . . . . 55)
Largeur en bas.. . . . . 40 } tout confectionnés.
Largeur en haut. . . . . 30)

COLLIER.

180. En buffle blanc. — Se compose de deux bandes inégales coupées en biais par le haut et assemblées par une double couture en dessous de laquelle est une pièce de renfort. Ces bandes vont en s'élargissant jusqu'au bas où elles se terminent en biseau et sont assemblées par un fort anneau de cuivre enchapé en buffle à la pointe de chaque biseau.—A cet anneau sont aussi enchapées deux *courroies porte-caisse* en buffle avec un renflement ou point d'arrêt, aussi en buffle, cousu sur chacune pour soutenir la caisse. Elles se servent mutuellement de rechange.

181. Sur la bande antérieure est adapté un *écusson porte-baguette* en cuivre, au moyen de 4 tenons qui la traversent, et d'une lanière passée dans ces tenons. L'écusson porte 2 douilles rivées à demeure dans lesquelles se placent les baguettes.

Sous la bande, à l'endroit où porte l'écusson, est une *sous-patte* volante en buffle mince cousue en haut, de manière que la couture soit masquée par l'écusson; elle est arrêtée en bas par un seul bouton roulé dont la queue est cousue à demi-épaisseur de buffle, sans que les points traversent la bande.

182.

Bandes.

Longueur de celle de devant sur son bord intérieur.	1re taille	500 millim.
	2e taille	470
	3e taille	430
Longueur de celle de derrière sur son bord intérieur.	pour chaque taille, est de 100mm en sus de la bande de devant.	
Longueur de la couture d'assemblage du haut.		90
Hauteur du renfort sous chaque bande.		90
Largeur d'équerre à la naissance du biseau du bas.		120
Longueur du pan coupé formant biseau, environ.		110
Largeur du bec portant l'enchapure de l'anneau, environ.		40
Anneau, diamètre extérieur.		55
Anneau, longueur de ses enchapures (en double).		50
Porte-caisse.	longueur.	150
	largeur.	22
Sous-patte d'écusson.	hauteur.	100
	largeur.	90

Écusson.

Largeur.	80
Hauteur.	90
Pans coupés.	05
Hauteur des douilles ornées de quatre hachures à leurs extrémités.	60
Diamètre des douilles diminuant de 20 à.	19
(les baguettes doivent s'y engager aux 2/3 environ).	
Distance du bas de l'écusson au bec inférieur du collier.	150

BAGUETTES.

183. En bois dur, pesant, noir ou noirci. Terminées en olive et portant à la tête une *douille* en cuivre ornée de deux rangs de hachures parallèles près du bord.

Longueur totale de la baguette.	410 millim.
Longueur de la douille.	65
Diamètre de la douille à la tête.	25
Diamètre de la baguette au-dessus de l'olive, environ.	13
Diamètre de l'olive, environ.	17

BRETELLE DE CAISSE.

184. En buffle blanc. Une large bande avec une lanière et quatre trous, longueur 400mm; largeur 70mm. Ce bout est reployé autour du cordage de la caisse. A son autre extrémité, deux bandes y sont cousues sur 60mm de recouvrement. La largeur de chacune est de 35mm, leur longueur de 800mm. A leur extrémité libre sont percées deux boutonnières avec double bouton en cuivre pour les fixer au cordage.

CUISSIÈRE.

185. En buffle blanc léger, forme de trapèze régulier plus large du haut que du bas, dont le côté inférieur est arrondi et garni en dehors d'un renfort en buffle de 15mm de large qui le contourne. Une *ceinture* et un contre-sanglon de *sous-cuisse* avec son boucleteau, servent à l'attacher à la cuisse gauche. Boucles en cuivre à rouleau, passants aussi en cuivre.

186. Hauteur totale. . . . . 540 millim.
Largeur en haut. 400
Largeur au diamètre de l'arrondissement. 240
Rayon de ce dernier, environ. 120
Longueur totale de la ceinture. . . . . 1^m000
Excédant de son boucleteau sur la droite. 290
Longueur du contre-sanglon de sous-cuisse (non compris l'enchapure). . 110
Longueur de son boucleteau placé à gauche (non compris l'enchapure). . 400
Distance entre ces deux courroies et le haut de la cuissière. 340
Largeur de toutes ses courroies. 25

SOULIERS.

241. Les souliers sont faits sur deux formes, l'une pour le pied droit, l'autre pour le gauche.

La *semelle* est en cuir fort dit vache maigre, bien tanné et bien battu au marteau. Elle est d'un seul morceau dans toute la longueur du soulier sans ajoutage sous le talon. Son bout carré à angles arrondis est large de 50 à 55^{mm} environ.

Le *talon* est du même cuir. Sa largeur au milieu est de 70^{mm}; sa longueur de 60^{mm}; sa hauteur est telle qu'il présente une saillie sur la semelle de 10^{mm}, mesurée au milieu. Sa coupe est telle qu'il tombe verticalement sur le sol, sans aucune fuite ni rentrée en dessous.

La *semelle extérieure* est en vache et d'un seul morceau.

Les *trépointes* sont également en cuir fort.

Les *empeignes* sont en vache corroyée. Chacune est d'un seul morceau et sans *ailettes* intérieures.

Les *quartiers*, du même cuir, et aussi d'un seul morceau. sans couture sur le talon, ont environ 60^{mm} de hauteur; les coutures qui les joignent à l'avant-pied ne doivent former en dedans aucune aspérité. Ils sont légèrement parés en dedans sur les bords qui touchent le pied. — Dans l'assemblage de toutes ces pièces, l'empeigne revient par-dessous la trépointe, et elle est encore prise dans la couture qui assemble celle-ci avec la semelle forte.

242. Les semelles sont à *lisse forte* jusqu'à la cambrure, à partir de laquelle et jusqu'au talon, ses arêtes sont arrondies ainsi que les carres verticales du talon, pour ne pas couper les sous-pieds.

243. Chaque semelle est garnie de 50 pointes à vis, dont 30 bordent la couture dans la partie antérieure à commencer de la cambrure. Les 20 autres sont réparties sous le bord externe et sous le gros orteil, aux endroits où la semelle fatigue le plus.

244. Chaque talon est renforcé de 30 chevilles en fer, placées sur deux rangs, 20 au premier sur le bord et 10 au second.

245. Le dessus du soulier est fendu à l'endroit du cou-de-pied, sur environ 40^{mm}; trois trous de chaque côté de cette fente sont percés, deux dans l'empeigne et un dans le quartier; ces trous servent au besoin à recevoir un cordon ou un lacet pour les hommes qui feraient usage de la lacure.

GUÊTRES EN CUIR.

246. Chaque guêtre est d'un seul morceau en cuir de vache de première qualité, coupé dans le cœur de la peau, cambré à froid, employé la fleur dehors, non effleuré, excepté sur le cou-de-pied. Le cuir doit être préparé de manière à résister à l'humidité et à présenter tout à la fois de la force, de la souplesse et de la légèreté. L'emploi du cuir de veau ou de cheval est formellement interdit. Les guêtres doivent être livrées à la troupe sans avoir été noircies; elles le sont par les soins des soldats.

247. La guêtre se ferme au moyen de dix œillets en cuivre percés dans le bord postérieur, et de neuf dans le bord antérieur de la fente qui se place en dedans de la jambe, et d'un lacet en forte vache passé à la filière et ferré par un bout. Le rebord métallique des quatre œillets du bas, au bord postérieur, et des trois du bas, au bord du devant, sont plus larges que ceux des autres œillets et doivent avoir 10^{mm} de diamètre extérieur.

248. Sous cette laçure, règne, dans toute sa longueur, une bande en cuir corroyé, mince, mais cependant présentant assez de consistance pour ne pas se rouler ou se plisser. Cette languette est assemblée avec le côté postérieur de la guêtre et à 20^{mm} de son rebord, par une couture qui traverse l'une et l'autre; sa largeur, à partir de la couture, est, au bas, de 40^{mm}; elle va en s'évasant jusqu'en haut où elle a 75^{mm} de large. Cet évasement sert à garnir intérieurement l'ouverture que la laçure laisse par le haut, entre les deux bords, quand le pantalon est relevé et engagé sous la guêtre. La languette est percée en haut de quatre œillets correspondant à ceux de la laçure pour s'en servir au besoin; mais ils ne sont pas garnis en métal.

249. Les sous-pieds sont en vache corroyée employée la fleur en dehors. Ils sont coupés sur trois largeurs, selon la taille de la guêtre, et s'assemblent avec celle-ci au moyen d'une forte lanière en veau qui passe dans des œillets en cuivre percés de chaque côté du bord inférieur du gousset de la guêtre et dans des trous correspondants pratiqués au sous-pied. Le nombre de ces trous de chaque côté est de 7 pour la première taille, de 6 pour la deuxième et de 5 pour la troisième. Pour chaque taille les sous-pieds doivent être coupés de longueurs variées, afin que chaque homme puisse choisir la plus convenable à son pied.

250. La cambrure de la guêtre, c'est-à-dire l'angle que forme, avec le bas de jambe, l'arête supérieure du gousset ou avant-pied, doit nécessairement varier et être plus ouverte pour les pieds bombés, un peu moins pour les pieds ordinaires, et plus aiguë pour les pieds aplatis.

Dans chacune des trois tailles de guêtres; il doit être confectionné trois espèces de cambrures ; la première de 125 degrés environ ; la deuxième, qui est la plus commune, de 120 degrés, et la troisième de 115.

La guêtre doit descendre par derrière au niveau supérieur du talon du soulier dont elle ne doit jamais découvrir le quartier dans aucun mouvement du pied. Le gousset, par son bord de devant, doit adhérer au soulier et le bien emboîter. La cambrure doit être telle, que l'articulation du cou-de-pied soit parfaitement libre sans jamais être comprimée par le gousset. Les soins apportés à l'ajustement de la guêtre importent autant à sa durée qu'à la facilité de la marche.

. . . .

CRAVATE.

253. En tissu de coton, dit *calicot*, bleu de ciel foncé. Elle présente une bande d'étoffe de 1^m 50 cent. de long sur 420 mill. de large. Elle est ourlée à ses deux extrémités, et ses deux longs côtés sont terminés, l'un par la lisière même de l'étoffe et l'autre par un petit ourlet.

La cravate enveloppe le cou et revient s'attacher devant par un nœud plat dont les pans sont cachés par le vêtement.

. . . .

ÉTUI DE TUNIQUE. — MUSETTE.

264. Fait d'un seul morceau de forte toile de chanvre écrue, replié sur lui-même et cousu par ses côtés. Il présente la forme d'un portefeuille dont l'ouverture horizontale, située en haut, est recouverte par une patelette ou rabat à pans coupés, parementée sur son bord, qui est percé de deux boutonnières venant se fixer à deux boutons à trous en métal cousus au corps de l'étui. Le bord inférieur de cet étui forme un pli creux en soufflet. Au côté gauche de l'étui, en le regardant en dehors, est solidement cousue avec droit fil intérieur, une banderole en fort tissu croisé de fil écru, largeur 30^{mm}, longueur apparente 850^{mm}. Elle vient se rattacher à un boucleteau de la même sangle cousu à gauche, de 180^{mm} de long et auquel est enchapée une boucle en fer étamé, avec passant en petite sangle.

265. Largenr de l'étui-musette. . . . . 400 millim.
Hauteur de devant non compris le pli creux. 230
Profondeur de ce pli ou soufflet rentré en dedans. 27
Hauteur de l'étui derrière, y compris le rabat. 400
Hauteur du recouvrement ou rabat sur le devant. 170
Longueur de chacun de ses pans coupés. 90

266. Cet étui est destiné à renfermer la tunique (ou la veste) quand elle est placée sur le sac. Alors la partie de l'étui qui excède

la tunique roulée au fond est remployée autour, et la banderole est rentrée en dedans. Ce rouleau aplati, qui ne doit pas déborder la largeur du havre-sac, est placé dans le paquetage.

267. Cette manière de placer la tunique n'est qu'accidentelle et ne peut jamais constituer un paquetage régulier et de service.

. . . .

ÉQUIPEMENT D'OFFICIERS.

401. *Ceinturon* (tenue habituelle), se portant par-dessus la tunique où il est soutenu par la patte à ce destinée placée sur le côté gauche, près et en arrière de la bélière antérieure. Il est en cuir verni noir pour la tenue habituelle, et il se compose d'une bande de deux bélières et d'un feutre.

Bande. (Largeur 45^{mm}; longueur selon la taille de l'officier). A l'extrémité de gauche est un D cousu à demeure pour recevoir l'agrafe de la plaque. A l'autre extrémité est ajustée une plaque à pontet et à verrou, même système que pour la troupe (art. 157) pour faire varier à volonté la longueur de la bande.

402. La plaque est en cuivre doré *à l'or moulu*, quel que soit le bouton de l'uniforme, et porte en relief une figure représentant le Génie de la France entouré de la légende : *Honneur et Patrie.*

Hauteur de la plaque, 55^{mm}; largeur développée, 55^{mm}; flèche de la cambrure, 5^{mm}; longueur des pans coupés, 4^{mm}.

403. *Bélière antérieure*, largeur 25^{mm}; longueur proportionnée à la taille (de 250 à 300^{mm}) non compris les remplis d'enchapure de chaque bout (380 à 430^{mm} développée). Elle s'enchape à la bande au moyen d'un bouton à deux têtes en cuivre doré dans un D du même métal (largeur dans œuvre 27^{mm}, hauteur *idem* 10^{mm}), pris dans une enchapure en cuir verni de toute la largeur de la bande et solidement cousue sur chaque bord de celle-ci. — A ce D est assemblé un fort crochet dit de *trousse-sabre* en cuivre doré (longueur 45^{mm}) qui traverse par une entaille la tête de la bélière, et qui reçoit l'anneau de fourreau du sabre quand il se porte au crochet. — Les deux boutonnières de tête de bélière qui reçoivent ce double bouton sont percées de manière que son centre soit à 15^{mm} environ au-dessous du bas du crochet. Le sabre étant au crochet, la coquille de sa poignée doit arriver à 15^{mm} environ au-dessous du bord inférieur de la bande pour ne point l'endommager par son frottement.

404. Le *feutre* sert à préserver le vêtement du frottement de la coquille du sabre ; il est en fort cuir verni, et cousu à la bande; il déborde par devant de 30^{mm} la bélière sous laquelle il passe. Sa longueur près de la bande est de 160^{mm}, et son bord inférieur présente une courbe dont la plus grande distance par rapport à la bande est de 50^{mm}. Il est percé d'une *entaille* pour le passage de la patte du ceinturon.

405. La *bélière postérieure* (largeur 25^{mm}, longueur développée environ 700^{mm}) s'attache à la bande par un double bouton dans un D horizontal soudé à un *coulant* aussi en cuivre doré et uni de 6^{mm} de largeur transversale, lequel embrasse la totalité de la bande et glisse à volonté sur elle pour être placé au milieu entre les **deux** boutons de la taille.

406. Ces deux bélières passent dans les anneaux du sabre et s'y fixent, sans aucuns porte-mousqueton ni crochets, avec de doubles boutons dorés comme ceux du haut et ayant également 13^{mm} de diamètre à la tête; ils sont placés à 25^{mm} au-dessous du pli que forme la bélière dans l'anneau.

407. Le sabre se porte habituellement au crochet, la poignée en arrière et le bout en avant, la bélière antérieure faisant un tour autour du fourreau. Le sabre ne doit jamais traîner à terre ni être porté sous le bras.

. . . .

409. *Dragonne.* Se compose d'un cordon en soie noire de 4^{mm} environ de grosseur et de 350^{mm} de longueur apparente, étant ployé en deux. Ses deux bouts sont réunis et rentrent dans un gland entièrement en or pour tous les grades, et quel que soit le métal du bouton d'uniforme. La *tête* de ce gland en forme de poire (hauteur 30^{mm}, grosseur au renflement 17^{mm}), est recouverte à *points de Milan* en *cannetille mate* pour officiers supérieurs, et en *filé brillant* pour officiers inférieurs. — La frange est de même espèce que celle des épaulettes, savoir : en grosses torsades mates (hauteur 45^{mm}) pour officiers supérieurs, et en petites torsades brunies (hauteur 55^{mm}) pour les autres. Grosseur du gland à la frange pour tous les grades environ 30^{mm}. — Un *contour* (hauteur 10^{mm}) en petites torsades pour tous les grades, mates ou brunies comme la frange, couvre la réunion de celle-ci avec la poire du gland. — Un *coulant* en or (hauteur 10^{mm}), même travail que la poire, est mobile le long du cordon.

410. Cette dragonne est remplacée, pour les marches, les exercices ordinaires et les corvées, par un cordon semblable en soie noire terminé par une olive (hauteur 40^{mm}, grosseur au milieu 25^{mm}), recouverte à *points suivis* de la même soie, avec coulant du même travail et aussi de soie noire.

411. La dragonne s'attache par un nœud coulant dans l'œil ménagé à cet effet près du pommeau du sabre. Le cordon fait quelques tours autour de la garde, et vient ressortir près de la coquille, de manière que le haut de la poire du gland pende environ à 60^{mm} au-dessous de cette coquille.

412. *Hausse-col.* En cuivre doré pour toutes les armes. Portant au milieu un ornement en argent représentant un aigle couronné tenant la foudre.

Chaque pointe arrondie est percée d'un trou pour recevoir les cordons qui sont en cordonnet rond de filé en or ou en argent comme le bouton, pour tous les grades et fonctions, avec des macarons (diamètre 20^{mm}) faits du même cordonnet pour officiers inférieurs, et en petites torsades mates pour officiers supérieurs.

Le hause-col est doublé en drap du fond de la tunique, formant un petit passe-poil alentour.

Largeur du hausse-col aux deux pointes, 140^{mm}; hauteur au milieu, 55^{mm}; profondeur de la concavité supérieure, 45^{mm}.

413. *Gants.* En tissu de fil ou de coton blanc.

414. *Bottines.* Sous le pantalon. En route, les officiers à pied peuvent faire usage de souliers et de guêtres.

415. *Col.* En satin turc fin pour tous les grades, monté sur carcasse en soie de sanglier, et sans aucun liséré blanc.

. . . .

418. *Gants.* En peau de daim, mouton ou castor blanchi, en raison du service à cheval. *Col.* Comme ci-dessus (art. 415).

419. *Bottines.* Avec éperons en fer limé et poli, vissés sur les talons. Tige droite et ronde un peu relevée. Longueur environ 50^{mm}.

. . . .

429. BRIDE du modèle général de 1845, en cuir noir. *Dessus de tête* bifurqué de chaque côté en deux contre-sanglons, dont ceux de devant pour les montants de mors et ceux de derrière pour les montants de mors de filet. — Il est garni d'une gourmette de rechange en acier, attachée par deux ganses et deux boutons en cuivre. — Largeur du montant, 22^{mm}. Ils sont garnis en haut d'une boucle, et en bas d'une boucle et d'un porte-mors. — *Frontal* noir, largeur 25^{mm}. — Il supporte une sous-gorge en deux morceaux, largeur 17^{mm}, qui y sont cousus obliquement et qui se réunissent par une petite boucle noire sous sa ganache. — *Rênes* avec fouet de bride en haut et porte-rênes au bas.

430. *Filet* en cuir noir, composé de deux montants comme ci-dessus, d'un mors de filet et d'une rêne, à chaque extrémité de laquelle sont une boucle et un porte-rêne.

431. Toutes les boucles de la bride et du filet sont en cuivre, espèce dite *à baguette*, avec leur passant aussi en cuivre, présentant une seule traverse sans cul-de-lampe.

432. MORS en fer poli; branches à col-de-cygne, réunies au bas par une traverse. *Bossettes* en cuivre, diamètre 30^{mm}, estampées en relief du numéro du régiment.

433. LICOL DE PARADE en cuir noir. Largeur de toutes ses pièces 25^{mm}, sauf au milieu du dessus de nez, où cette largeur est de 37^{mm}. — Il porte une longe en cuir noir, qui se rattache près de la fonte du côté montoir.

. . . .

CHAPITRE V. — Armement des officiers.

OFFICIERS INFÉRIEURS.

438. SABRE (modèle 1855). *Lame* très-légèrement cambrée, longueur 775^{mm}. Un pan creux se terminant à 15^{mm} de la pointe, une gouttière commence à 145^{mm} du talon et se fond à la naissance du biseau, c'est-à dire à 265^{mm} de la pointe, en un petit pan creux séparé du premier par une arête qui se dirige vers la pointe. Le dos est légèrement arrondi.

439. *Monture.* Poignée en corne de buffle ornée d'un filigrane doré. Garde en laiton, dorée, à quillon et à deux branches. A la partie supérieure, la branche principale porte une fente pour le passage du cordon de la dragonne. La branche latérale est reliée à la garde par des ornements, et forme ainsi la demi-coquille extérieure. Ornements sur la calotte, les branches et le quillon.

440. *Fourreau* en tôle d'acier; cuvette à battes appuyant sur le tranchant. — *Cravate* en buffle.

Poids moyen de l'arme. $\begin{cases} \text{sans fourreau. .} & \text{0 kil. 875} \\ \text{avec fourreau. .} & \text{1 kil. 270} \end{cases}$

OFFICIERS SUPÉRIEURS.

441. SABRE (modèle 1855). *Lame* droite à deux tranchants; longueur 860^{mm}. Deux pans creux; au milieu une gouttière qui se termine à 110^{mm} de la pointe à la naissance de l'arête.

442. *Monture.* Poignée en corne de buffle, ornée d'un filigrane doré. Garde en laiton doré, à quillon et à trois branches. A la partie supérieure de la branche principale est une fente pour le passage du cordon de la dragonne. Les deux branches latérales, réunies vers le milieu de la branche principale, sont jointes entre elles par des ornements, et forment ainsi la demi-coquille extérieure. Ornements sur la calotte, les branches et le quillon.

443. *Fourreau* en tôle d'acier. Dard à branches symétriques. Cuvette à battes appuyant sur les deux tranchants, maintenue par un rivet. — *Cravate* en buffle.

Poids moyen de l'arme. $\begin{cases} \text{sans fourreau. .} & \text{0 kil. 975} \\ \text{avec fourreau. .} & \text{1 kil. 410} \end{cases}$

444. PISTOLETS du modèle général d'officier de cavalerie.

RÉPERTOIRE.

Iʳᵉ PARTIE. — INFANTERIE.

TITRE Iᵉʳ. — TROUPE.

TITRE II. — OFFICIERS.

IIᵉ PARTIE. — ARTILLERIE.

TITRE Iᵉʳ. — TROUPE.

TITRE II. — OFFICIERS.

IIIᵉ PARTIE. — DEVIS.

N° 18. *Circulaire du Ministre de la guerre (aux Généraux commandant les divisions militaires) relative à l'instruction des propositions d'admission aux divers emplois d'officier de la garde nationale mobile.* (Bureau de la Garde nationale mobile.)

16 mai 1868.

Général, en vue de simplifier le plus possible votre travail de proposition d'admission aux divers grades dans la garde nationale mobile, qui fait l'objet de ma circulaire du 11 courant, et d'obtenir une uniformité complète dans la manière de procéder de toutes les divisions, je fais établir *un modèle* de mémoire individuel de proposition, applicable à toutes les catégories de candidats (militaires et civils), et qui satisfait à toutes les conditions du 9e § de la circulaire précitée (voir ce modèle, page 134).

Je vous en adresserai autant d'exemplaires qu'il sera nécessaire pour les besoins de votre division dès que vous m'aurez fait connaître ce chiffre aussi exactement que possible.

Je vous transmettrai sur des états semblables les renseignements applicables aux anciens officiers qui se sont mis directement en instance auprès de moi (5e § de la circulaire du 11 mai).

De votre côté, vous me ferez parvenir, sans le moindre retard, pour les demandes ne faisant pas double emploi avec celles que je vous aurai renvoyées, la liste nominative (avec prénoms, autant que possible, et indication du grade et du dernier corps dans lequel ils auront servi) des anciens officiers qui ont adressé directement leur demande, soit à vous, soit à vos généraux subdivisionnaires.

Je vous transmettrai pour ces officiers, sur les services antérieurs desquels vous ne pouvez être édifié, des renseignements analogues à ceux concernant les anciens officiers dont j'avais reçu les demandes directement.

Pour tout le reste, vous vous conformerez aux prescriptions de la circulaire et aux indications portées aux mémoires de propositions.

Recevez, etc.

Le Maréchal de France, Ministre de la guerre,

NIEL.

MAI 1868.

DIVISION MILITAIRE.

GARDE NATIONALE MOBILE.

ÉTAT DE RENSEIGNEMENTS ET DE PROPOSITION.
(Exécution des circulaires des 14 et 16 mai 1868.)

DÉPARTEMENT d

CANDIDAT POUR LE GRADE DE

Nota. Si la proposition s'applique à un officier en activité de service, toutes les colonnes du présent état seront remplies par les généraux.

Quand il s'agira d'un ancien officier, l'extrait des notes sera porté par les soins de l'Administration de la guerre.

Pour les candidatures de l'ordre civil, les colonnes 1, 4, 5 ne seront pas remplies; mais les généraux rempliront toutes les autres et noteront le candidat dans la 6°.

Il ne sera transmis au Ministre d'état de cette nature que pour des candidats absolument aptes et recommandables à tous égards.

Tous les états de propositions applicables à un département seront transmis au Ministre accompagnés d'une liste récapitulative établie par grades.

CORPS	NOM ET PRÉNOMS.	DATE de la NAISSANCE.	GRADE dans L'ARMÉE.	CAMPAGNES, blessures, décorations et durée des services.	EXTRAIT des NOTES.	RÉSIDENCE actuelle.	SITUATION MORALE et POLITIQUE dans la résidence.	RÉSIDENCE DEMANDÉE et considérations sur lesquelles s'appuie cette demande.	APTITUDE au GRADE.	NUMÉRO de préférence sur * pour ce département.	OBSERVATIONS.
1	2	3	4	5	6	7	8	9	10	11	12

Le général de division commandant la * division militaire,　　A　　, le　　18 .

Le général commandant la * subdivision militaire,

* Indiquer le nombre total des candidats proposés pour le grade.

Nº 19. *Circulaire du Ministre de la guerre (aux Préfets des départements) relative à la visite des jeunes gens appelés à faire partie de la garde nationale mobile de la classe de 1867.* (Bureau du Recrutement.)

26 mai 1868.

Monsieur le préfet, comme complément à la circulaire du 14 mai courant (*visite des jeunes gens*, page 92), j'ai décidé que les jeunes gens appelés à faire partie de la garde nationale mobile de la classe de 1867 seraient tous convoqués devant le conseil de révision, mais qu'il ne serait procédé à la visite que de ceux qui allégueraient une infirmité pour se faire exempter.

Vous prendrez des dispositions en conséquence et vous aurez soin de donner communication de la présente dépêche au conseil de révision.

Recevez, etc.,

Le Maréchal de France, Ministre de la guerre,

NIEL.

Nº 20. *Circulaire du Ministre de la guerre (aux Généraux commandant les divisions territoriales) prescrivant des dispositions au sujet des sapeurs-pompiers des départements appelés à faire partie de la garde nationale mobile (1). (Bureau de la Garde nationale mobile.)*

27 mai 1868.

Général, j'ai été consulté sur les mesures à prendre à l'égard des sapeurs-pompiers des départements qui se trouvent atteints par la loi du 1ᵉʳ février 1868, et inscrits dans la garde nationale mobile.

En raison des services que sont appelées à rendre les compagnies de sapeurs-pompiers et attendu que le service dans ces compagnies comporte un commencement d'instruction militaire, j'ai décidé que les hommes qui appartiendront déjà à ces compagnies au moment où ils seront appelés à faire partie de la garde nationale mobile en exécution de la loi du 1ᵉʳ février 1868 pourront, sur leur demande, être dispensés des exercices et des réunions de la garde nationale mobile, tant qu'ils continueront à servir dans les compagnies de sapeurs-pompiers.

Ces demandes seront adressées par la voie hiérarchique aux généraux commandant les divisions militaires qui autoriseront la

---

(1) Des instructions semblables ont été adressées à MM. les préfets des départements par circulaire du même jour (27 mai).

dispense et en donneront avis aux capitaines-majors des départements auxquels appartiennent les intéressés.

Les hommes ainsi dispensés des exercices ne seront pas habillés; mais ils ne cesseront pas de figurer sur les contrôles de la garde nationale mobile, dans laquelle leur temps de service continuera à courir; dans le cas d'appel à l'activité ils seront tenus de rejoindre les compagnies ou batteries de cette garde auxquelles ils auront été affectés.

Il est bien entendu, d'ailleurs, que les gardes nationaux mobiles qui ne font pas partie des compagnies de sapeurs-pompiers avant de tomber sous l'application de la loi du 1er février 1868, ne pourront être dispensés de l'obligation des exercices et des réunions de la garde nationale mobile en vue d'une admission ultérieure dans les pompiers.

Je vous invite à assurer en ce qui vous concerne l'exécution de ces dispositions.

Recevez, etc.,

Le Maréchal de France, Ministre de la guerre,
NIEL.

N° 21. *Circulaire du Ministre de la guerre (aux Généraux commandant les divisions territoriales) relative aux propositions d'admission aux divers grades dans la garde nationale mobile.* (Bureau de la Garde nationale mobile.)

29 mai 1868.

Général, en vous adressant par circulaires des 11 et 16 mai des instructions pour l'établissement des propositions d'admission aux divers grades dans la garde nationale mobile, je vous ai exprimé l'importance que j'attache à ce que la position et les titres des candidats soient examinés avec le soin le plus scrupuleux.

La tournée de révision, pendant laquelle les généraux de brigade vont se trouver en rapports journaliers avec les diverses autorités civiles des départements, leur fournira une occasion toute naturelle de puiser leurs informations à la source même. Je désire donc que vous invitiez chacun de vos généraux subdivisionnaires à se munir pendant cette tournée de la liste des candidatures qui se sont produites dans leur subdivision et de profiter de leurs opérations pour se faire renseigner par tous les moyens possibles sur la valeur des aspirants à tous les points de vue.

Recevez, etc.,

Le Maréchal de France, Ministre de la guerre,
NIEL.

N° 22. *Circulaire du Ministre de la guerre (aux Généraux commandant les divisions territoriales) relative aux livrets des gardes nationaux mobiles, aux timbres destinés à marquer les effets d'habillement et aux cachets de service.* (Bureau de la Garde nationale mobile.)

10 juin 1868.

Général, il a été décidé que les gardes nationaux mobiles des classes de 1864, 1865 et 1866 ne seraient pas habillés.

A la suite de leur inscription sur les contrôles, ces hommes ne recevront pas de livrets.

Les hommes des classes suivantes en seront pourvus, par les soins et aux frais de mon département, qui s'occupe en ce moment de l'impression de ce document et en fera l'envoi en temps utile.

Je fais également préparer le cachet de service des capitaines-majors et le timbre à marquer les effets d'habillement dont ils auront l'administration.

Les cachets de service des chefs de bataillon d'infanterie ou des chefs d'escadron d'artillerie seront fournis dans les mêmes conditions, après la constitution des cadres.

Je vous prie de vouloir bien informer de ces dispositions, en ce qui les concerne, les capitaines-majors des départements de votre division, et leur rappeler qu'ils doivent, dès à présent, procéder à l'immatriculation des hommes des classes 1864, 1865 et 1866, conformément aux indications de l'instruction du 28 mars et de la circulaire du 23 avril, au moyen des listes du contingent et des feuillets dont je vous fais l'envoi au fur et à mesure du tirage, pour qu'ils soient mis par vos soins, à cet effet, à leur disposition.

Recevez, etc.

Le Maréchal de France, Ministre de la guerre,
NIEL.

N° 23. *Décision ministérielle qui modifie la nomenclature du matériel du service de l'habillement, en date du 17 mars 1857.* (Bureau de l'Habillement.)

17 juin 1868.

L'adoption définitive d'effets de coiffure et d'habillement, de modèles spéciaux, pour la garde nationale mobile, a nécessité, dans la nomenclature de ce service, les additions ci-après indiquées, savoir :

NUMÉROS de la classification sommaire.	DÉNOMINATION ET CLASSIFICATION DES EFFETS		NUMÉROS de la classification détaillée.
	PAR UNITÉ PRINCIPALE (simple ou collective).	PAR ESPÈCE D'OBJETS.	
27 *bis.*	Pantalons d'ordonnance (nombre).	Garde nationale mobile..... { Infanterie...	1
		Artillerie...	2
33 *bis.*	Tuniques (nombre).	*Idem.* . . . { Infanterie...	1
		Artillerie...	2
74 *bis.*	Képis en drap (nombre)	*Idem.* . . . { Infanterie...	1
		Artillerie...	2
86 *bis.*	Accessoires de képis (nombre). .	*Idem.* . . . { Plumet.....	1
		Pompon. . . .	2

La mesure dont il s'agit devra recevoir son effet à partir du 1ᵉʳ juillet 1868.

N°. 24. *Circulaire du Ministre de la guerre (aux Préfets des départements) relative à l'organisation des compagnies de francs-tireurs volontaires.* (Bureau de la Garde nationale mobile.)

19 juin 1868.

Monsieur le préfet, en vue de donner plus de force encore à la pensée patriotique qui a inspiré, dans certains départements, la formation de sociétés de francs-tireurs, j'ai proposé à l'Empereur de comprendre comme annexes ces sociétés dans l'organisation de la garde nationale mobile. Sa Majesté a donné son approbation à cette proposition, et l'instruction du 28 mars 1868, fait connaître les conditions d'après lesquelles les sociétés de tir pourront être autorisées à se transformer en compagnies de francs-tireurs volontaires.

Plusieurs sociétés de tir des départements du nord-est ayant déclaré accepter les conditions imposées par l'instruction précitée, et m'ayant fait parvenir leur adhésion, j'écris dès aujourd'hui à M. le maréchal commandant le 3ᵉ corps d'armée pour lui donner les instructions nécessaires à la formation de ces sociétés en compagnies de francs-tireurs volontaires.

Je crois devoir, en même temps, vous rappeler les dispositions principales régissant l'institution et développer quelques points qui ne sont qu'indiqués dans l'instruction du 28 mars.

Les déclarations d'adhésion devront être remises par les présidents de société aux généraux commandant les subdivisions et me seront transmises, par la voie hiérarchique, avec l'avis de l'autorité militaire.

La nomination des officiers étant réservée à l'Empereur, les généraux me transmettront par l'intermédiaire de S. Exc. le maréchal commandant le corps d'armée des propositions que je soumettrai à Sa Majesté. En établissant les propositions, les généraux sont invités à ne pas perdre de vue qu'il convient d'éviter d'imposer à ces corps, essentiellement volontaires, des officiers qui ne leur seraient pas sympathiques. Ils devront s'attacher, au contraire, à tenir le plus grand compte des choix exprimés par les compagnies, toutes les fois que ces choix seront convenables.

La qualité de fonctionnaire appartenant aux diverses catégories de dispensés par la loi du service de la garde nationale mobile ne sera pas un obstacle absolu à l'admission ou au maintien dans les compagnies de francs-tireurs, sauf, toutefois, en ce qui concerne les agents des douanes, pour lesquels il y a incompatibilité complète, et pour les facteurs, qui ne pourraient être admis dans les compagnies de francs-tireurs, qu'à la condition d'assurer, à leurs frais, le service postal, s'ils avaient à s'absenter pour celui des francs-tireurs. Je pense, en effet, qu'au début surtout, il y a intérêt, au point de vue de la réussite de l'institution, à ne pas se priver des services de personnes dont l'influence peut être des plus utiles.

En cas de guerre, ces compagnies seront employées de préférence, sous les ordres de l'autorité militaire, à la défense de leurs foyers ; en temps de paix, elles ne seront soumises à aucun exercice ni réunions, et elles continueront à observer les règles de leurs statuts particuliers.

Il ne pourra jamais exister qu'une seule compagnie de francs-tireurs dans la même localité.

Lorsque l'organisation d'une compagnie aura été décrétée et notifiée à l'autorité militaire, ladite compagnie sera déclarée constituée par les soins du général de brigade. Les cadres, sous-officiers, caporaux et clairons pourront entrer immédiatement en fonctions.

La limite d'âge est fixée à 40 ans pour les engagements volontaires dans la garde nationale mobile ; il pourra cependant être fait exception à cette règle pour les membres des sociétés de tir transformées en compagnies de francs-tireurs qui auraient le désir de continuer à faire partie de ces compagnies. L'exception, bien entendu, ne s'applique point aux citoyens qui se présenteraient comme volontaires après la transformation des compagnies.

L'engagement, dont la durée n'est que d'un an, sera contracté dans la même forme que pour la garde nationale mobile; les maires se serviront, par conséquent, du modèle d'acte inséré dans l'instruction. Comme pour la garde nationale mobile, encore, le temps passé par un jeune homme qui s'est engagé volontairement un, deux ou trois ans avant le tirage au sort, dans une compagnie de francs-tireurs, lui sera compté en déduction du temps de service qu'il devrait à l'Etat, s'il était appelé plus tard par son numéro de tirage à faire partie de cette garde. Dans ce dernier cas, il pourra compléter, dans la compagnie où il servira comme engagé, les cinq années de service exigées par la loi. Vous devrez, je pense, appeler l'attention de vos administrés sur cette disposition qui me paraît de nature à favoriser le recrutement des compagnies de francs-tireurs volontaires.

Chaque compagnie de francs-tireurs aura un uniforme choisi par elle et qui devra être soumis à mon approbation. Cette sanction, qui est obligatoire, n'a, vous le comprenez, d'autre but que d'éviter des choix qui pourraient quelquefois n'être pas sérieux, ou se trouver peu en rapport avec les nécessités du service.

Tels sont, monsieur le préfet, les points principaux relatifs à l'organisation des compagnies de francs-tireurs volontaires.

En cette occasion, encore, je vous prie de prêter à l'autorité militaire l'appui de votre concours. Plus que personne, vous êtes à même d'éclairer le général commandant la subdivision correspondant au département que vous administrez, sur la moralité des sociétés de tir qui pourraient demander leur transformation en compagnies reconnues et sur le degré de considération dont jouissent les membres qui désireraient occuper des emplois d'officier. Ce n'est donc qu'après s'être concertée avec vous que l'autorité militaire sera en mesure de m'adresser des propositions véritablement complètes et sur lesquelles je pourrai statuer en pleine connaissance de cause. Ma circulaire à MM. les généraux divisionnaires a, d'ailleurs, appelé toute leur attention sur ce sujet.

Je terminerai cette lettre en vous priant de prendre, en ce qui vous concerne, les mesures qui vous paraîtront le plus propres à favoriser le développement d'une institution qui peut être appelée un jour à jouer un rôle important dans la défense du pays, et qui est, en même temps, de nature à rendre plus légères encore les obligations imposées aux populations par la loi sur le recrutement de l'armée.

Recevez, etc.,

Le Maréchal de France, Ministre de la guerre,
NIEL.

N° 25. *Note du Ministre de la guerre relative à la correspondance en franchise attribuée à divers fonctionnaires civils et militaires, pour le service de la garde nationale mobile.* (Cabinet du Ministre.)

27 juin 1868.

D'après l'avis du Ministre de la guerre, et sur le rapport du directeur général des postes, le Ministre des finances a pris, sous la date du 22 juin 1868, la décision suivante :

Article unique. — Sont autorisés à correspondre réciproquement en franchise, pour le service de la garde nationale mobile, les fonctionnaires désignés au tableau ci-après, sous les conditions et dans les limites exprimées au même tableau :

DÉSIGNATION DES FONCTIONNAIRES ENTRE LESQUELS LA CORRESPONDANCE DE SERVICE PEUT ÊTRE ÉCHANGÉE EN FRANCHISE.	FORME dans laquelle la correspondance doit être expédiée. *	CIRCONSCRIPTION dans laquelle la correspondance peut circuler.
Capitaines-majors de la garde nationale mobile	S. B.	Tout l'Empire.
Capitaines-majors de la garde nationale mobile. — Commandants des bataillons de la garde nationale mobile	Id.	Département.
de l'artillerie de la garde nationale mobile	Id.	Id.
des batteries de l'artillerie	Id.	Id.
des compagnies	Id.	Id.
des brigades de gendarmerie	Id.	Id.
des dépôts de recrutement	Id.	Id.
des divisions militaires	Id.	Division milit.
des subdivisions militaires	Id.	Subdivis. milit.
Intendants militaires	Id.	Division milit.
Maires	Id.	Département.
Officiers de gendarmerie	Id.	Id.
Sous-intendants militaires	Id.	Id.

N° 26. *Note pour le service des capitaines-majors de la garde nationale mobile.* (Bureau de la Garde nationale mobile.)

29 juin 1868.

Au moment où les capitaines-majors de la garde nationale mobile viennent de prendre possession de leurs emplois dans tous les chefs-

---

* S. B. Sous-bandes.

lieux des départements de l'Empire et lorsqu'ils vont commencer leurs opérations, le Ministre croit utile, en vue de les guider et d'obtenir d'eux une manière de procéder à peu près uniforme, de leur indiquer la marche à suivre pour procéder à l'immatriculation des hommes des contingents des classes 1864, 65, 66 et 67.

Pour cette opération, les capitaines-majors se pénétreront d'abord des dispositions de l'instruction du 28 mars 1868, et des dispositions des 7e, 8e, 10e et 11e paragraphes combinés de la circulaire du 23 avril; mais ils surseoiront au numérotage des hommes jusqu'à l'époque où le tableau des circonscriptions des bataillons, compagnies et batteries de chaque département ayant été définitivement arrêté, ils pourront procéder à la répartition.

Cette répartition, par bataillons, pour l'infanterie, et par circonscription départementale, pour l'artillerie, devra être faite par parties égales pour chaque classe, à partir de 1864; la série des numéros matricules ira de 1 à 10,000 pour les hommes affectés au même bataillon d'infanterie ou à la même circonscription départementale d'artillerie, et chaque homme conservera, bien entendu, pour la répartition dans les compagnies ou batteries son numéro d'immatriculation.

Ceci dit pour cette opération, il n'est pas inutile d'indiquer aux capitaines-majors de quelle manière il sera procédé en ce qui concerne l'établissement des registres ou documents qui leur sont nécessaires pour la tenue de leurs écritures et l'administration de la garde nationale mobile des départements auxquels ils sont affectés.

Ces divers documents, établis par les soins et aux frais du département de la guerre, leur seront envoyés en temps utile, c'est-à-dire après la constitution des cadres; ils se résument ainsi qu'il suit :

Matricule du personnel et des effets et armes en service dans chaque compagnie ou batterie;

Livrets des hommes à partir de la classe de 1867;

Situation;

Feuille de journées;

Quittance;

Déclaration de quittance;

Livret d'inscription des états de paiement;

Armement.
- Livret d'armement ;
- Contrôle général des armes;
- Registre des réparations;
- Livret des munitions;

Habillement.
- Registre des recettes et consommations;
- Registre des comptes ouverts avec les compagnies;
- Registre des effets réintégrés pour être remis en service.

En outre, les registres suivants, à l'usage des commandants de bataillon d'infanterie ou de circonscriptions départementales d'artillerie ou des capitaines instructeurs ou de compagnies, seront adressés à ces officiers en temps utile, savoir :

Contrôle des officiers par bataillon ou circonscription départementale d'artillerie;

Registre du personnel des officiers;

Registre des punitions pour les sous-officiers et les soldats dans chaque compagnie ou batterie;

Registre des effets d'habillement, équipement, armement reçus et distribués dans chaque compagnie ou batterie.

N° 27. *Circulaire du Ministre de la guerre (aux Généraux commandant les divisions territoriales) portant instruction pour la composition des cadres des sous-officiers et caporaux de la garde nationale mobile.* (Bureau de la Garde nationale mobile.)

30 juin 1868.

Général, j'ai été consulté sur la question de savoir si les personnes qui, sans avoir jamais servi, sollicitent des emplois d'officier dans la garde nationale mobile, doivent, au préalable, contracter un engagement volontaire, ou être mises, au moment de leur nomination, en demeure de s'engager.

L'obligation pour les officiers de souscrire un engagement volontaire, ne me paraît présenter aucun avantage, en présence surtout de la nécessité où ils seront toujours de continuer leurs fonctions jusqu'à ce que l'offre de leur démission ait été acceptée. J'ai donc décidé que les officiers de la garde nationale mobile ne seront liés au service par aucun acte d'engagement.

Il ne saurait en être de même pour les sous-officiers et les caporaux ou brigadiers qui, n'étant pas commissionnés, ne seraient liés d'aucune manière au service, s'ils ne contractaient un engagement volontaire.

Les sous-officiers, caporaux et brigadiers de la garde nationale mobile se recruteront :

1° Parmi les sujets provenant de l'appel;

2° Parmi ceux provenant, comme volontaires, de l'armée, après un ou plusieurs congés, ou de la classe civile, et n'ayant pas dépassé 40 ans;

3° Parmi les militaires retraités et les militaires en activité comptant 25 ans de service.

Les hommes des deux premières catégories se trouveront liés au service, soit comme appelés, soit comme engagés; ceux de la troisième, seuls, ne se trouveront pas dans cette condition, puisqu'ils

auront forcément dépassé la limite d'âge fixée pour les engagements volontaires.

Je vous invite, afin d'éviter le plus possible les inconvénients
qui résulteront de ce dernier mode de recrutement, à faire porter
de préférence vos désignations, lorsque vous procéderez à la nomination des sous-officiers, caporaux ou brigadiers, sur les gardes
nationaux mobiles provenant de l'appel, ou sur les hommes qui,
en raison de leur âge, seront encore en mesure de souscrire un
engagement volontaire dans la forme indiquée par l'instruction du
28 mars 1868.

Toutefois, comme les ressources de cette nature pourront être
insuffisantes pour vous permettre de remplir les cadres, vous
pourrez subsidiairement investir du grade de sous-officier, de caporal ou de brigadier, d'anciens militaires qui auraient dépassé la
limite d'âge fixée pour s'engager, en les prévenant, d'ailleurs, qu'ils
ne seront autorisés à se démettre des grades qu'ils auront obtenus,
qu'en appuyant leur désistement de considérations sérieuses.

Vous voudrez bien vous conformer à ces dispositions, qui sont
prises à titre temporaire ; j'examinerai ultérieurement la question
de savoir s'il n'y aurait pas lieu d'autoriser dans l'avenir des engagements après la limite d'âge actuellement déterminée.

Recevez, etc.,

Le Maréchal de France, Ministre de la guerre,

NIEL.

Nº 28. *Circulaire du Ministre de la guerre (aux Généraux commandant les divisions territoriales) prescrivant d'établir une
situation numérique de la garde nationale mobile après l'incorporation de la classe de* 1867. (Bureau de la Garde nationale
mobile.)

3 juillet 1868.

Général, j'aurai besoin de connaître l'effectif qu'atteindra la
garde nationale mobile après l'incorporation de la classe de 1867.

En conséquence, vous voudrez bien, dès que le contingent de
cette classe aura été définitivement formé, demander aux capitaines-
majors de votre division la situation numérique de la garde nationale mobile de leurs départements et me transmettre ce renseigne-
ment dans la forme indiquée ci-après.

Cette situation devra être établie à la date du 1er septembre.

Situation numérique, au 1ᵉʳ septembre 1868, de la garde nationale mobile des départements compris dans la   ᵉ division militaire.

INDICATION des DÉPARTEMENTS.	NOMBRE d'hommes comptant à l'effectif.	DÉCOMPOSITION DE L'EFFECTIF PAR ANNÉE DE LIBÉRATION.				TOTAL.
		1870. (Classe de 1864).	1871. (Classe de 1865).	1872. (Classe de 1866).	1873. (Classe de 1867).	
Totaux...						

Afin d'éviter tout retard, vous veillerez à ce que les commandants des dépôts de recrutement transmettent, le plus promptement possible, aux capitaines-majors la liste du contingent départemental de la garde nationale mobile pour la classe de 1867.

Recevez, etc.,

Le Maréchal de France, Ministre de la guerre,

NIEL.

N° 29. *Circulaire du Ministre de la marine et des colonies (aux Préfets maritimes) relative aux mesures à prendre à l'égard des écrivains et autres agents de la marine qui seront inscrits sur les contrôles de la garde nationale mobile.* (Bulletin officiel de la marine, 2ᵉ sem. p. 4.)

3 juillet 1868.

Messieurs, un écrivain des directions de travaux ayant été inscrit sur les contrôles de la garde nationale mobile, on m'a demandé si mon intention était de faire dispenser de ce service les écrivains et autres agents entretenus, ainsi que cela se fait pour les ouvriers de la marine, et, dans le cas contraire, comment devront être traités, pendant leur absence, les agents payés au mois qui feront partie de cette garde nationale.

L'article 4 de la loi du 1ᵉʳ février 1868 sur le recrutement de l'armée et l'organisation de la garde nationale mobile détermine de quels éléments cette garde se composera, et fixe les catégories d'hommes qui seront dispensés d'en faire partie.

En dehors des exemptions édictées par la loi elle-même, il n'est pas possible de créer de nouvelles catégories de *dispensés* en faveur des écrivains, employés et entretenus de tous ordres attachés aux divers services de la marine et dont les fonctions peuvent se concilier avec les exigences de la garde nationale mobile.

En effet, aux termes de l'article 9 de la loi, les exercices ont lieu dans le canton de la résidence ou du domicile, et les réunions par compagnie ou par bataillon ont lieu dans la circonscription de la compagnie ou du bataillon. Chaque exercice ou réunion ne peut entraîner un déplacement de plus d'une journée et ces exercices ou réunions ne peuvent se répéter plus de quinze fois par année.

Le temps que les agents de la marine auront à consacrer à ce nouveau service sera donc d'une durée limitée et sera fractionné de telle sorte, que leur absence n'occasionnera aucun préjudice sérieux pour le service particulier de la marine.

Quant à la question du traitement, les cadres de la garde nationale mobile ne devant être soldés *qu'en cas d'appel à l'activité*, la solde de présence sera conservée, pendant les quinze jours de leur absence annuelle, aux agents de la marine appelés aux exercices et réunions fixés par la loi et qui constituent pour eux un service public non rétribué.

Ces absences, évidemment obligatoires, resteront complétement en dehors des permissions réglementaires pour affaires personnelles que l'autorité maritime locale a la faculté d'accorder.

Recevez, etc.,

L'Amiral Ministre de la marine et des colonies,

RIGAULT DE GENOUILLY.

N° 30. *Note du Ministre de la guerre relative aux officiers et sous-officiers de la garde nationale mobile, se trouvant en position d'absence par suite de congé ou d'entrée à l'hôpital.* (Bureau de la Solde et des Revues.)

6 juillet 1868.

Le Ministre a décidé, le 6 juillet 1868, que les officiers et sous-officiers de la garde nationale mobile, pourvus de congés réguliers, conserveront leur indemnité, tant qu'ils n'auront pas été remplacés dans leurs fonctions par un suppléant recevant lui-même cette indemnité.

Il en sera de même de ceux qui entreront à l'hôpital par suite de blessures reçues pendant les exercices. Ces derniers supporteront la retenue pour séjour à l'hôpital, déterminée selon leur grade, par les tarifs en vigueur.

***

N° 31. *Décret impérial qui constitue la compagnie de francs-tireurs de Colmar et nomme aux emplois d'officier dans cette compagnie.*

11 juillet 1868.

NAPOLÉON, par la grâce de Dieu et la volonté nationale, Empereur des Français, à tous présents et à venir, salut :

Vu la loi du 1er février 1868 et notre décision du 28 mars 1868 ;

Sur le rapport de notre Ministre Secrétaire d'Etat de la guerre,

Avons décrété et décrétons ce qui suit :

Art. 1er. La société de tir de Colmar est autorisée à se constituer en compagnie de francs-tireurs sous la dénomination de : *Compagnie de Francs-Tireurs volontaires de Colmar.*

2. Sont nommés aux emplois ci-après désignés dans ladite compagnie :

1° *A l'emploi de capitaine,*

M. Eudeline (Dominique-Édouard), président de la société.

2° *A l'emploi de lieutenant,*

M. Koenig (Charles-Prosper-Clément), secrétaire de la société.

3° *A l'emploi de sous-lieutenant,*

M. Mergenthaler (Henri), trésorier de la société.

3. Notre Ministre Secrétaire d'Etat au département de la guerre est chargé de l'exécution du présent décret.

NAPOLÉON.

Par l'Empereur :

Le Maréchal de France, Ministre de la guerre,

Niel.

***

N° 32. *Description sommaire de l'uniforme de la compagnie de francs-tireurs volontaires de Colmar (Haut-Rhin). (Bureau de l'Habillement.)*

15 juillet 1868.

HABILLEMENT.

Tunique, en drap bleu foncé, ajustée à la taille et croisant sur la poitrine, au moyen de deux rangées de sept boutons chacune ;

passe-poils en drap amarante. — *Collet* en drap amarante passe-poilé en drap bleu. — *Parements* en pointe en drap bleu, bordés d'un passe-poil en drap amarante. — *Pattes d'épaule* en drap bleu, avec passe-poil amarante. — *Boutons en cuivre*, ayant en relief deux carabines croisées et un clairon, avec cette légende : *Francs-tireurs volontaires.* — *Galons* de grade posés en pointe, en or pour les sous-officiers ; en laine amarante pour les caporaux.

Pantalon, en drap gris de fer foncé (drap de sous-officier de chasseurs à pied), orné sur chaque couture latérale externe d'une bande en drap amarante.

COIFFURE.

Képy. *Turban* et *calot* en drap gris de fer foncé semblable à celui du pantalon. — *Bandeau* en drap bleu foncé semblable à celui de la tunique ; cordonnets formant passe-poils, en laine amarante.

Le képy est orné, sur le devant, d'une petite plaque en cuivre représentant deux carabines croisées reliées par un clairon. — En grande tenue, un petit plumet vert foncé retombant sur la visière.

ÉQUIPEMENT.

Ceinturon, giberne et porte-sabre, en cuir noir, modèle d'infanterie.

CHAUSSURES.

Bottines. — Pour les marches, souliers et guêtres blanches.

MARQUES DISTINCTIVES DES GRADES D'OFFICIERS.

En tresse d'or, sur les manches et sur le képy, comme dans la garde nationale mobile.

N° 33. *Décret impérial qui constitue la compagnie de francs-tireurs de Nancy et nomme aux emplois d'officier dans cette compagnie.*

18 juillet 1868.

NAPOLÉON, par la grâce de Dieu et la volonté nationale, Empereur des Français, à tous présents et à venir, salut :

Vu la loi du 1er février 1868 et notre décision du 28 mars 1868 ;

Sur la proposition de notre Ministre Secrétaire d'Etat au département de la guerre,

Avons décrété et décrétons ce qui suit :

Art. 1er. La société de tir de Nancy est autorisée à se constituer en compagnie de francs-tireurs sous la dénomination de : *Compagnie de Francs-Tireurs volontaires de Nancy.*

2. Sont nommés aux emplois ci-après désignés dans ladite compagnie :

1° A l'emploi de capitaine,

M. Boppe (Victor), président de la société de tir.

2° A l'emploi de lieutenant,

M. Thiébault (Camille).

3° A l'emploi de sous-lieutenant,

M. Patin (Arthur-Yves).

3. Notre Ministre Secrétaire d'Etat au département de la guerre est chargé de l'exécution du présent décret.

NAPOLÉON.

Par l'Empereur:

Le Maréchal de France, Ministre de la guerre,

NIEL.

Nº 34. *Décret impérial qui constitue la compagnie de francs-tireurs de Mirecourt et nomme aux emplois d'officier dans cette compagnie.*

18 juillet 1868.

NAPOLÉON, par la grâce de Dieu et la volonté nationale, EMPEREUR DES FRANÇAIS, à tous présents et à venir, SALUT :

Vu la loi du 1er février 1868 et notre décision du 28 mars 1868;

Sur la proposition de notre Ministre Secrétaire d'Etat au département de la guerre,

AVONS DÉCRÉTÉ ET DÉCRÉTONS ce qui suit :

ART. 1er. La société de tir de Mirecourt est autorisée à se constituer en compagnie de francs-tireurs sous la dénomination de : *Compagnie de Francs-Tireurs volontaires de Mirecourt.*

2. Sont nommés aux emplois ci-après désignés dans ladite compagnie :

1° A l'emploi de capitaine,

M. Bastien (Ernest), président de la société de tir.

2° A l'emploi de lieutenant,

M. Payonne (Émile).

3° A l'emploi de sous-lieutenant,

M. DE Condé (Abel).

3. Notre Ministre Secrétaire d'État au département de la guerre est chargé de l'exécution du présent décret.

NAPOLÉON.

Par l'Empereur :

Le Maréchal de France, Ministre de la guerre,

NIEL.

N° 55. *Décret impérial qui constitue la compagnie de francs-tireurs de Frouard et nomme aux emplois d'officier dans cette compagnie.*

18 juillet 1868.

NAPOLÉON, par la grâce de Dieu et la volonté nationale, EMPEREUR DES FRANÇAIS, à tous présents et à venir, SALUT :

Vu la loi du 1er février 1868 et notre décision du 28 mars 1868 ;

Sur la proposition de notre Ministre Secrétaire d'État au département de la guerre,

AVONS DÉCRÉTÉ ET DÉCRÉTONS ce qui suit :

ART. 1er. La société de tir de Frouard est autorisée à se constituer en compagnie de francs-tireurs sous la dénomination de : *Compagnie de Francs-Tireurs volontaires de Frouard.*

2. Sont nommés aux emplois ci-après désignés dans ladite compagnie :

1° *A l'emploi de capitaine,*

M. LANG (Adolphe-Marie-Auguste), président de la société.

2° *A l'emploi de lieutenant,*

M. VIGNERON (Charles).

3° *A l'emploi de sous-lieutenant,*

M. DUHAMEL (Charles).

3. Notre Ministre Secrétaire d'État au département de la guerre est chargé de l'exécution du présent décret.

NAPOLÉON.

Par l'Empereur :

Le Maréchal de France, Ministre de la guerre,

NIEL.

N° 36. *Description sommaire de l'uniforme de la compagnie de francs-tireurs de Mirecourt (Vosges).* (Bureau de l'Habillement.)

22 juillet 1868.

HABILLEMENT.

Blouse ample, en toile écrue, se boutonnant sur le devant.

Pantalon en toile écrue, modèle d'infanterie de ligne 1860, à 24 plis.

COIFFURE.

Chapeau tyrolien, en feutre gris, orné de la cocarde tricolore, surmontée de deux plumes de faisan.

CHAUSSURES.

Souliers en veau à élastiques; guêtres de toile, modèle de l'infanterie, avec passe-poil rouge sur le bord extérieur du côté des boutonnières.

ÉQUIPEMENT.

Havre-sac en toile de couleur bistre, semblable, quant à la forme, au modèle de l'infanterie de ligne, avec courroies en cuir jaune.

Cartouchière en même étoffe que le sac.

Ceinturon en cuir jaune, comme les courroies du havre-sac, s'attachant au moyen d'une boucle.

N° 37. *Description sommaire de l'uniforme de la compagnie de francs-tireurs volontaires de Nancy, autorisée par décret impérial du 18 juillet 1868.*

25 juillet 1868.

I. — TENUE DE SERVICE ORDINAIRE.

HABILLEMENT.

Paletot ample, en drap bleu foncé, semblable à celui de sous-officier d'infanterie de la marine, croisé par devant, avec deux rangs de boutons en buffle noir. Une patte à la taille, deux pattes sur les épaules.

Gilet montant, en drap gris de fer bleuté, comme celui de la garde nationale mobile, avec boutons de métal jaune, pour l'hiver; — en treillis gris pour l'été.

Pantalon droit, en drap gris, comme le gilet, sans bandes, pour l'hiver; — en treillis gris pour l'été.

Cravate noire.

COIFFURE.

Chapeau de feutre noir, à fond convexe (hauteur, 10 centimètres), les bords légèrement relevés et cambrés (largeur des bords sur le devant, 5 cent., sur les côtés, 4 cent.; forme dite : *prince de Galles*). Panache de plumes vertes, forme dite : des Bersaglieri; cocarde nationale en métal, avec la croix de Lorraine, deux carabines croisées et la légende : *Meurthe* (insigne de la Société de tir de la Meurthe).

CHAUSSURE.

Bottes ou *souliers* montants, en cuir non verni.

ÉQUIPEMENT ET ARMEMENT.

Ceinturon, giberne et *poche à cartouches* de l'infanterie de ligne; *Fusil* et *sabre-baïonnette.*

MARQUES DISTINCTIVES DES GRADES.

Le capitaine portera trois étoiles en argent sur le revers du collet du paletot; le lieutenant, deux; le sous-lieutenant, une.

Le sergent-major portera trois étoiles en drap rouge, au revers du collet du paletot; les sergents en porteront deux; les caporaux, une.

N° 58. *Décret impérial qui constitue les compagnies de francs-tireurs de Saverne et de Verdun et nomme aux emplois d'officier dans ces compagnies.*

29 août 1868.

NAPOLÉON, par la grâce de Dieu et la volonté nationale, EMPEREUR DES FRANÇAIS, à tous présents et à venir, SALUT :

Vu la loi du 1er février 1868 et notre décision du 28 mars de la même année;

Sur la proposition de notre Ministre Secrétaire d'État au département de la guerre,

AVONS DÉCRÉTÉ ET DÉCRÉTONS ce qui suit :

ART. 1er. Les sociétés de tir de Saverne et de Verdun sont constituées en compagnies de francs-tireurs volontaires sous la dénomination de : *Compagnie de Francs-Tireurs volontaires de Saverne et de Verdun.*

2. Sont nommés dans lesdites compagnies aux emplois ci-après désignés, savoir :

COMPAGNIE DE SAVERNE.

1° *A l'emploi de capitaine,*

M. Ferré (Théophile-Louis-Joseph), président actuel de la société.

2° *A l'emploi de lieutenant,*

M. Schmitt (Antoine).

3° *A l'emploi de sous-lieutenant,*

M. Naudascher (Victor).

COMPAGNIE DE VERDUN.

1° *A l'emploi de capitaine,*

M. Cécile Brion (Jean-Baptiste), président actuel de la société.

2° *A l'emploi de lieutenant,*

M. Denizet (Célestin-Amédée).

3° *A l'emploi de sous-lieutenant,*

M. Chanonin (Léon).

3. Notre Ministre Secrétaire d'Etat au département de la guerre est chargé de l'exécution du présent décret.

NAPOLÉON.

Par l'Empereur:

Le Maréchal de France, Ministre de la guerre,

NIEL.

N° 59. *Décret impérial qui constitue la compagnie de francs-tireurs de Neuf-Brisach et nomme aux emplois d'officier dans cette compagnie.*

6 septembre 1868.

NAPOLÉON, par la grâce de Dieu et la volonté nationale, EMPEREUR DES FRANÇAIS, à tous présents et à venir, SALUT :

Vu la loi du 1er février 1868 et notre décision du 28 mars 1868;

Sur le rapport de notre Ministre Secrétaire d'Etat au département de la guerre,

AVONS DÉCRÉTÉ ET DÉCRÉTONS ce qui suit :

ART. 1er. La société de tir de Neuf-Brisach est constituée en compagnie de francs-tireurs volontaires sous la dénomination de : *Compagnie de Francs-Tireurs volontaires de Neuf-Brisach.*

2. Sont nommés dans ladite compagnie aux emplois désignés ci-après, savoir :

1° A l'emploi de capitaine,

M. Thiébault (Eugène), président actuel de la société.

2° A l'emploi de lieutenant,

M. Mansion (Antoine).

3° A l'emploi de sous-lieutenant,

M. Scheck (Joseph).

3. Notre Ministre Secrétaire d'État au département de la guerre est chargé de l'exécution du présent décret.

NAPOLÉON.

Par l'Empereur :

Le Maréchal de France, Ministre de la guerre,

NIEL.

N° 40. *Description sommaire de l'uniforme de la compagnie de francs-tireurs volontaires de Saverne (Bas-Rhin), autorisée par décret impérial du 29 août 1868.* (Bureau de l'Habillement.)

7 septembre 1868.

HABILLEMENT.

Blouse en fil et en coton, de couleur brun vert ;
Pantalon de coutil gris ;
Guêtres en toile grise, montant à mi-genoux.

COIFFURE.

Chapeau en feutre noir, avec plumet en plumes de coq noires et agrafes aux armes de la ville.

ÉQUIPEMENT.

Ceinturon en cuir naturel avec porte-sabre-baïonnette.
Cartouchière en toile, couleur cuir.

INSIGNES DES GRADES.

Comme dans la garde nationale mobile, pour les officiers ; comme dans l'infanterie de ligne pour les sous-officiers et caporaux.

Nº 41. *Description sommaire de l'uniforme de la compagnie de francs-tireurs volontaires de Verdun (Meuse), autorisée par décret impérial du 29 août 1868.* (Bureau de l'Habillement.)

7 septembre 1868.

HABILLEMENT.

Blouse en toile grise, descendant à 0 mètre 20 cent. au-dessus du genou.

Pantalon large en coutil gris.

Cravate noire.

Guêtres en toile blanche, montant à mi-jambes.

Souliers noirs.

COIFFURE.

Chapeau de feutre gris, genre tyrolien, avec plumes et cocarde.

ÉQUIPEMENT.

Ceinturon en cuir fauve.

Cartouchière en toile de même couleur.

INSIGNES DES GRADES.

Comme dans la garde nationale mobile.

Nº 42. *Circulaire du Ministre de la guerre (aux diverses autorités militaires et aux Préfets des départements de l'Est) relative aux engagements volontaires dans les compagnies de francs-tireurs déjà constituées.* (Bureau de la Garde nationale mobile.)

10 septembre 1868.

Messieurs, aux termes de la décision impériale du 28 mars 1868, les membres des compagnies de francs-tireurs doivent contracter un engagement volontaire d'un an au titre de la garde nationale mobile.

Plusieurs compagnies de francs-tireurs sont aujourd'hui organisées suivant les règles tracées par la décision précitée et par l'instruction ministérielle du même jour. Leurs cadres sont nommés et il ne manque plus, pour que leur constitution soit complétement régulière, que de faire contracter aux membres de ces compagnies l'engagement volontaire d'un an ci-dessus rappelé.

En conséquence, j'ai décidé que les engagements volontaires seraient, dès à présent, ouverts pour les compagnies de francs-tireurs de Colmar, de Frouard, de Mirecourt, de Nancy, de Neuf-Brisach, de Saverne et de Verdun.

Les actes d'engagement seront contractés conformément au modèle annexé à l'instruction du 28 mars 1868, et le service des engagés volontaires comptera du jour de leur engagement.

Le certificat d'acceptation exigé par l'instruction ministérielle précitée sera délivré par le capitaine commandant la compagnie de francs-tireurs.

En principe, les engagements volontaires dans la garde nationale mobile ne peuvent être reçus que jusqu'à l'âge de 40 ans. Toutefois, comme mesure transitoire, il pourra être fait exception à cette règle pour les membres des sociétés de tir transformées en compagnies de francs-tireurs qui auraient le désir de continuer à faire partie de ces compagnies. L'exception, bien entendu, ne pourra s'étendre aux citoyens qui se présenteraient comme volontaires après la transformation des compagnies.

Le maire du chef-lieu de canton devant lequel l'engagement aura été contracté en enverra immédiatement une expédition au sous-intendant militaire chargé du recrutement dans le département. Ce fonctionnaire portera cette expédition sur son registre des actes d'engagement et la transmettra ensuite au capitaine-major qui inscrira l'engagé sur un registre spécial destiné à l'immatriculation de tous les gardes nationaux mobiles servant comme engagés volontaires ou comme rengagés, et pour la tenue duquel un certain nombre de feuillets matricules seront prochainement adressés à qui de droit.

Je vous invite à assurer, chacun en ce qui vous concerne, l'exécution de la présente circulaire dont les dispositions devront être successivement appliquées, au fur et à mesure de leur constitution définitive, aux autres compagnies en cours d'organisation.

Recevez, etc.,

Le Maréchal de France, Ministre de la guerre,
NIEL.

N° 43. *Description sommaire de l'uniforme de la compagnie de francs-tireurs volontaires de Neuf-Brisach (Haut-Rhin), autorisée par décret impérial du 6 septembre 1868.* (Bureau de l'Habillement.)

16 septembre 1868.

HABILLEMENT ET COIFFURE.

Tunique en drap bleu foncé, croisant sur la poitrine au moyen de deux rangées de boutons en cuivre; collet en velours noir, orné, de chaque côté, d'un cor de chasse découpé en drap jonquille;

passe-poils jonquilles. La jupe de la tunique a une longueur de
0 mètre 4 cent.

Blouse en toile dite de Metz pour la petite tenue.

Pantalon en drap gris-de-fer bleuté, orné, sur chaque couture
latérale, d'un passe-poil jonquille.

Képy. *Turban* et *calot* en drap gris-de-fer; *bandeau* en drap bleu
foncé; les coutures d'assemblage recouvertes d'un passe-poil jonquille; coiffe intérieure en cuir fort.

Plumet vert foncé.

En petite tenue, le képy est recouvert d'une toile cirée ornée,
sur le devant, d'un soleil (armes de la ville); et le plumet est remplacé par un petit pompon jonquille.

INSIGNES DES GRADES.

Pour les officiers, les sous-officiers et les caporaux comme dans
la garde nationale mobile.

ÉQUIPEMENT.

Ceinturon avec porte-sabre baïonnette,
Giberne, } du modèle de l'infan-
Bretelle de fusil. } terie de ligne.

N° 44. *Décision du Ministre de la guerre relative aux règles à
suivre pour le classement des officiers, sous-officiers, caporaux
ou brigadiers de la garde nationale mobile.* (Bureau de la Garde
nationale mobile.)

28 septembre 1868.

Par décision du 27 septembre 1868, le Ministre de la guerre a
adopté les dispositions ci-après :

Les officiers de la garde nationale mobile prennent rang entre
eux, dans chaque grade, de la manière suivante :

En principe absolu :

Par ancienneté de nomination au grade dans la garde nationale
mobile, soit qu'ils proviennent de l'armée, comme officiers, soit
qu'ils proviennent de l'ordre civil.

En cas de nomination à la même date :

1° — Ceux qui ont occupé des grades d'officier dans l'armée, y
compris ceux qui l'ont quittée par retraite, par réforme pour infirmités ou par démission, prennent rang avant ceux qui n'en ont
jamais été pourvus.

2° — Ces anciens officiers de l'armée sont classés par grade dans la garde nationale mobile d'après leur ancien grade dans l'armée, et la date de leur nomination à ce grade.

3° — En cas de grade égal dans l'armée et de même date de nomination *ils sont classés par rang d'âge.*

4° — Cette dernière règle, en cas de même date de nomination, est aussi appliquée, pour chaque grade, aux autres officiers de la garde nationale mobile n'ayant jamais été officiers dans l'armée. ou n'y ayant servi que comme sous-officiers. Les dispositions qui précèdent sont également applicables au classement des sous-officiers, caporaux ou brigadiers.

N° 45. *Circulaire du Ministre de la guerre (aux diverses autorités militaires) relative aux remplacements contractés par des jeunes gens de la garde nationale mobile. (Bureau du Recrutement.)*

9 octobre 1868.

Messieurs, j'ai été consulté sur la question de savoir si les jeunes soldats ou les militaires qui se font remplacer par des jeunes gens inscrits sur les listes de la garde nationale mobile de la classe de 1867 devront être eux-mêmes appelés à faire partie de la garde nationale mobile.

D'après l'art. 6 de la loi du 1er février 1868, le remplacé doit prendre la place du remplaçant sur la liste de la garde nationale mobile. Mais cette disposition n'est point applicable aux hommes des classes appelées sous l'empire de la législation précédente (circulaire du 22 février 1868). Par conséquent, ceux-là seulement seront tenus au service de la garde nationale mobile qui, étant entrés dans l'armée depuis la promulgation de la loi du 1er février 1868, se seraient fait ou se feraient remplacer par des gardes nationaux mobiles.

Les remplacés accompliront dans la garde nationale mobile le temps de service que les remplaçants avaient encore à faire au moment du remplacement. Si les remplacés sortent de l'infanterie ou du génie, ils seront affectés à l'infanterie ; s'ils sortent de la cavalerie ou des équipages militaires, ils devront être incorporés dans l'artillerie de la garde nationale mobile.

Afin que l'autorité militaire soit toujours tenue au courant de ces mutations, les commandants des dépôts de recrutement, ou les conseils d'administration des corps, auront soin de se conformer aux dispositions suivantes :

Si le remplacement a lieu devant le conseil de révision du département auquel appartient le garde national mobile, le commandant du dépôt de recrutement aura soin d'en prévenir le capitaine-major de ce département (1). S'il a lieu devant le conseil de révision d'un département autre que celui auquel le remplaçant appartient, le commandant du dépôt de recrutement du département où s'opère le remplacement en donnera immédiatement avis à son collègue, qui avertira le capitaine-major de la garde nationale mobile (Formule n° 1, annexée à la présente circulaire). Il signalera, en outre, le remplacé au capitaine-major de son département.

Dans le cas où le remplacement s'effectuera devant le conseil d'administration d'un corps, ce conseil établira pour le remplaçant l'avis conforme à la formule n° 2 et pour le remplacé l'avis conforme à la formule n° 3 (Modèles également ci-joints). Il enverra, d'une part, la formule n° 2 au commandant du dépôt de recrutement du département auquel le remplaçant appartient comme garde national mobile ; d'autre part, la formule n° 3 au commandant du dépôt de recrutement du département dans lequel le remplacé a concouru au tirage. Ces deux officiers préviendront, de leur côté, les autorités de la garde nationale mobile.

Je vous invite à veiller à l'exécution des dispositions qui précèdent.

Recevez, etc.,

Le Maréchal de France, Ministre de la guerre,
NIEL.

---

(1) Voir la note du Ministre de la guerre en date du 14 août 1869 (2° volume du *Bulletin de la Garde nationale mobile.*)

᪲ DIVISION
MILITAIRE.

—

PLACE

d

FORMULE N° 4.

DÉPOT DE RECRUTEMENT

DU DÉPARTEMENT d

—

AVIS.

—

Avis à donner quand le remplaçant est admis par le conseil de révision d'un département autre que celui où il est inscrit sur les contrôles de la garde nationale mobile.

Le   commandant le dépôt de recrutement d   informe le   commandant le dépôt de recrutement du département d   que le sieur (nom et prénoms), né le 18   , à   , département d   , inscrit sur les contrôles de la garde nationale mobile du département d   , classe de   , a été admis par le conseil de révision du département d   , le   18   , comme *remplaçant* du sieur (1)

(1) Nom et prénoms du remplacé avec indication de sa position sous le rapport du recrutement.

Fait à   , le   18   .

Le   Commandant le dépôt de recrutement du département d

VU :
Le Sous-Intendant militaire,

APPROUVÉ :
Le Général de brigade, commandant la subdivision,

NOTA. Le présent avis sera transmis par le commandant du dépôt de recrutement au capitaine-major de la garde nationale mobile.

FORMULE N° 2.

PLACE

d

• RÉGIMENT d

AVIS.

Avis à donner lorsque le remplaçant appartenant à la garde nationale mobile est admis par un conseil d'administration.

Le Conseil d'administration d   informe le commandant du dépôt de recrutement du département d   , que le sieur (nom et prénoms), né le   18   , à   , département d   , inscrit sur les contrôles de la garde nationale mobile du département d   , classe de   , a été admis par le conseil d'administration (éventuel ou central) du   régiment d   , le   18 comme *remplaçant* du sieur   (indiquer le grade) au corps.

Fait à   , le   18   .

*Le   Président du conseil
d'administration,*

Vu :
Le Sous-Intendant militaire,

APPROUVÉ :
Le Général de brigade,

NOTA. Après avoir reçu le présent avis, le commandant du dépôt de recrutement le transmettra au capitaine-major de la garde nationale mobile.

• DIVISION
MILITAIRE.

—

PLACE

d

ᵉ **RÉGIMENT** d

AVIS.

—

Avis à donner quand le remplacé doit faire partie de la garde nationale mobile.

Le Conseil d'administration d   informe le commandant du dépôt de recrutement du département d   que le sieur (nom et prénoms), fils de   et de   , domicilié à   , canton d   , département d   , né le   18   , à   , canton d   , département d   , cheveux et sourcils   , yeux   , front   , nez   , bouche   , menton   , visage   , taille d'un mètre   millimètres, profession d   , dernier domicile à   , canton d   , département d   , marié à   , le   18   , à dame   , alors domiciliée à   , lié au service comme (1)   a été *remplacé* au corps par le sieur (2)

(1) Indiquer, suivant le cas :

Jeune soldat de la classe de 18   , du département d   *ou* substituant (ou remplaçant) du sieur   , jeune soldat de la classe de 18   , du département d   *ou* engagé volontaire *ou* rengagé.

Le sieur (nom du remplacé) a demandé à se retirer à   , canton d   , département d

Fait à   , le   18   .

(2) Nom et prénoms du remplaçant, avec indication de la classe à laquelle il appartient comme garde national mobile.

Le   *Président du conseil d'administration,*

Vu :
Le Sous-Intendant militaire,

APPROUVÉ :
Le Général de brigade,

NOTA. Après avoir reçu le présent avis, le commandant du dépôt de recrutement le transmettra au capitaine-major de la garde nationale mobile.

N° 46. *Circulaire du Ministre de la guerre (aux Généraux commandant les divisions militaires) qui notifie diverses dispositions intéressant le service des capitaines-majors de la garde nationale mobile. (Bureau de la Garde nationale mobile.)*

15 octobre 1868.

Général, les tableaux des circonscriptions de la garde nationale mobile sont établis (1) pour toute la France ; mais ce travail considérable ne peut être publié avant d'avoir été l'objet d'un examen qui écarte, autant que possible, toute crainte d'erreur ; il en résultera nécessairement quelque retard.

Ce document ne fait pas, quant à présent, grandement défaut aux capitaines-majors des départements, en ce qui concerne les échanges de communications qu'ils peuvent avoir à se faire pour leurs opérations d'immatriculation, mais la lacune offre plus d'inconvénients dès que ces communications intéressent les capitaines-majors des trois circonscriptions du département de la Seine.

Dans cette situation, j'ai jugé qu'il y avait intérêt à notifier, dès à présent, aux capitaines-majors des départements la répartition des arrondissements de la Seine entre les trois capitaines-majors de ce département, afin de les guider sur la direction à donner aux communications qu'ils peuvent avoir à faire à ceux de Paris.

Ces circonscriptions ont été arrêtées comme suit :

Bureaux des capitaines-majors à l'hôtel impérial des Invalides.

1re Circonscription, comprenant les arrondissements de 1 à 8 inclusivement :

7e et 8e arrondiss.

(1er, 2e, 3e, 4e, 5e, 6e,   7e bataillon).

2e Circonscription, comprenant les arrondissements de 9 à 16 inclusivement :

12e et 13e arrondiss.   15e et 16e arrondiss.

(8e, 9o, 10e   11e   12e,   13e bataillon).

3e Circonscription, comprenant les arrondissements de 17 à 20, plus les arrondissements de Saint-Denis et de Sceaux et cinq batteries d'artillerie :

19e et 20e arrondiss. Saint-Denis. Sceaux.

(14e, 15o,   16e,   17o,   18e bataillon).

Je saisis cette occasion pour fournir la même indication, en ce

---

(1) Voir, pour ces tableaux, l'*Appendice* à la fin du volume.

qui concerne le département du Nord, qui comprend deux circonscriptions :

1re Circonscription, comprenant les bataillons d'infanterie de ce département, numérotés de 1 à 6 inclusivement;

2e Circonscription, comprenant les bataillons d'infanterie de ce département, numérotés de 7 à 10 inclusivement et les 20 batteries d'artillerie.

Il y a intérêt à ce que les capitaines-majors des départements d'origine ne notifient pas à leurs collègues les mutations de leurs hommes au moyen d'états collectifs, mais bien au moyen de feuillets individuels conformes au modèle ci-joint et qui, passant de capitaines-majors en capitaines-majors, au fur et à mesure des mutations, finiront par revenir, au moment de la libération ou de toute autre cause de radiation, au capitaine-major du département d'origine et lui permettront d'établir le titre de libération.

Quant à présent, il convient d'ajourner l'envoi de ces bulletins individuels de mutation jusqu'à la formation des cadres et de bien s'assurer, préalablement à cet envoi, que le garde national mobile a réellement changé de résidence.

L'indication de la nouvelle résidence doit toujours, en pareil cas, être donnée avec la plus grande exactitude; pour Paris et pour les grandes villes, il est même indispensable d'indiquer *la rue*, le n° de *la rue* et l'arrondissement autant que cela sera possible.

Quelques-unes de ces prescriptions doivent trouver place dans le règlement de service de la garde nationale mobile ; mais comme ce règlement ne peut encore être publié, il m'a paru nécessaire de vous inviter à notifier dès à présent aux capitaines-majors de votre division les dispositions qui précèdent.

En même temps, vous prescrirez aux conseils d'administration des corps de troupes de signaler aux capitaines-majors les militaires sortant de l'armée par remplacement au corps. Cet avis leur sera donné au moyen d'un bulletin individuel contenant les renseignements sur l'état civil, le signalement, les services militaires accomplis et le montant de la somme versée pour l'habillement.

Vous informerez les capitaines-majors que mon intention est de simplifier, autant qu'il sera possible, l'administration de la garde nationale mobile et que le capitaine-major ne devant pas conserver de fonds entre ses mains, il ne sera pas tenu de registre-journal, la recette devant, d'ailleurs, être inscrite sur le livret de solde et la dépense ou le paiement étant justifié par une feuille d'émargement.

Vous voudrez bien, en m'accusant réception de la présente circulaire, m'annoncer que vous la communiquez, dans tous ses détails, aux capitaines-majors de votre division.

Recevez, etc.,

Le Maréchal de France, Ministre de la guerre,
NIEL.

* BATAILLON.

* COMPAGNIE
ou * BATTERIE.

GARDE NATIONALE MOBILE,

DÉPARTEMENT d

BULLETIN INDIVIDUEL DE CHANGEMENT DE RÉSIDENCE.

N° MATRICULE : { Nom :
Prénoms :
Surnom :

ÉTAT CIVIL. {
Né le 18 , à
Canton d département d
Profession d
Fils d et de
Domiciliés à département d
Marié le 18 , à d
alors domiciliée à

SIGNALEMENT.

Taille : 1 mètre mill.
Visage
Front
Yeux
Nez
Bouche
Menton
Cheveux
Sourcils

Marques particulières :

Incorporé à compter du 18
comme

RENGAGÉ {
le 18 , à partir du
le 18 , à partir du
le 18 , à partir du
le 18 , à partir du

Domicile au moment de l'incorporation :
Domiciles successifs :

NOTA. Pour les grandes villes et surtout pour Paris, indiquer toujours, autant que possible, la rue et le numéro, le quartier et l'arrondissement.

Durée des services antérieurs à l'incorporation : ans, mois, jours,
Dernier grade dans l'armée :

Grades et emplois
dans
la garde nationale mobile. {

Services actifs
Blessures
Actions d'éclat.
Décorations
dans la garde nationale mobile. {

ÉPOQUE DE LA LIBÉRATION.

MOTIFS ET DATE DE LA RADIATION.

A , le 18 .

Le Capitaine-Major,

N° 47. *Tableaux des circonscriptions de recrutement des batail-lons, compagnies et batteries de la garde nationale mobile dans le 1ᵉʳ corps d'armée.*

22 octobre 1868.

Voir l'*appendice* à la fin du volume.

N° 48. *Décret impérial relatif aux emplois civils à réserver aux militaires rengagés.*

24 octobre 1868.

NAPOLÉON, par la grâce de Dieu et la volonté nationale, EMPEREUR DES FRANÇAIS, à tous présents et à venir, SALUT :

Voulant assurer aux militaires qui, après avoir satisfait aux obligations de la loi sur le recrutement, auront contracté un rengagement de cinq ans, des avantages spéciaux qui fussent à la fois la récompense de services rendus volontairement au pays, et, en même temps, un encouragement pour les cadres inférieurs de l'armée, particulièrement pour les sous-officiers, à prolonger, jusqu'à l'accomplissement de la dixième année, la durée effective de leur présence sous le drapeau ;

Considérant : qu'il existe dans presque toutes les administrations civiles un grand nombre d'emplois que les militaires de cette catégorie sont susceptibles d'occuper ;

Qu'en les nommant à ces emplois, c'est, sous la forme la plus digne d'eux et de l'Etat, procurer à d'anciens et bons serviteurs des moyens honorables d'existence et pourvoir à leur avenir dans des fonctions en rapport avec leurs goûts et leurs aptitudes personnelles ;

Qu'il y a tout avantage à favoriser l'admission, dans les services publics, d'hommes arrivés dans la force de l'âge, et qui, par leurs principes, par les habitudes d'ordre et de soumission au devoir, qui s'acquièrent ou se développent dans l'armée, constituent une pépinière de sujets excellents pour le recrutement du personnel des diverses administrations de l'Etat ;

Sur le rapport de notre Ministre de la guerre,

AVONS DÉCRÉTÉ ET DÉCRÉTONS ce qui suit :

ART. 1ᵉʳ. Les emplois civils compris dans l'état annexé au présent décret seront exclusivement attribués, dans la proportion du nombre des vacances annuelles déterminée audit état, aux sous-officiers, caporaux, brigadiers et soldats qui, après la première période de cinq ans du service actif, auront contracté et terminé un rengagement de cinq autres années, et qui auront mérité un certificat de bonne conduite.

2. Seront seuls dispensés de la condition du rengagement et admis à participer aux mêmes avantages, les militaires retraités ou réformés par suite de blessures ou pour des infirmités contractées au service.

3. Les militaires appelés à concourir pour l'obtention des emplois civils, conformément aux dispositions des articles 1 et 2 du présent décret, devront en outre satisfaire aux conditions d'âge, d'aptitude ou de connaissances spéciales nécessaires pour remplir ces emplois, selon les règlements spéciaux à chaque administration.

4. Les vacances d'emplois revenant au tour des militaires seront attribuées de préférence aux sous-officiers, et subsidiairement aux caporaux, brigadiers et soldats qui en feraient la demande.

5. A défaut d'un nombre suffisant de militaires susceptibles de remplir la totalité des emplois qui leur sont réservés, il pourra être pourvu à cette insuffisance par la désignation de candidats civils, mais seulement dans ce cas et lorsque les emplois auxquels il s'agira de pourvoir ne pourraient rester plus longtemps vacants sans danger pour le service.

6. A la fin de chaque année, il nous sera rendu compte, par un rapport de notre Ministre Secrétaire d'Etat de la guerre, de l'exécution des dispositions contenues dans le présent décret.

7. Nos Ministres Secrétaires d'Etat de la guerre, de l'intérieur, des finances, de l'instruction publique, de l'agriculture, du commerce et des travaux publics, de la Maison de l'Empereur et des Beaux-Arts, et le gouverneur général de l'Algérie, sont chargés, chacun en ce qui le concerne, de l'exécution du présent décret.

Signé : NAPOLÉON.

TABLEAU,

Extrait du tableau des emplois civils attribués aux militaires qui, après un premier congé passé sous le drapeau, auront contracté un rengagement de cinq ans. (Décret du 24 octobre 1868.)

EMPLOIS.	ÉMOLUMENTS.		NOMBRE approximatif des emplois à attribuer annuellement.	OBSERVATIONS.
	Traitement fixe.	Indemnités et accessoires.		
GARDE NATIONALE MOBILE.				
Sergents-majors, sous-officiers instructeurs et sergents gardes-magasins.	fr. 450 à 650	Les obligations de la garde nationale mobile ne s'opposent pas à ce que les titulaires se livrent à d'autres occupations susceptibles d'améliorer leur position.	550	Les mutations seront moins nombreuses dans les débuts de la première organisation. — Les chiffres ci-contre représentent la moyenne probable des vacances annuelles, telle qu'elle existera lorsque le mouvement du personnel sera devenu normal.
Tambours et trompettes.	300 à 320	»	270	

N° 49. *Circulaire du Ministre de la marine et des colonies (aux Préfets et aux diverses autorités maritimes) faisant application à la marine des règles adoptées, au département de la guerre, pour les remplacements contractés par des jeunes gens de la garde nationale mobile.* (Bulletin officiel de la marine, 2ᵉ sem., p. 543.)

27 octobre 1868.

Messieurs, j'ai l'honneur de porter à votre connaissance une circulaire (1) dans laquelle M. le Ministre de la guerre trace les règles qui doivent être suivies relativement aux remplacements contractés, soit devant les conseils de révision, soit dans les corps de troupes, par des jeunes gens faisant partie de la garde nationale mobile.

Les dispositions de ladite circulaire sont rigoureusement exécutoires pour les remplacements de cette nature qui seront reçus dans les différents corps de troupes de la marine.

---

(1) N° 45, page 158.

Il en sera de même, en ce qui concerne les équipages de la flotte. Les conseils d'administration des divisions des cinq ports, qui ont seuls qualité pour prononcer sur les demandes de remplacement des marins, auront soin de faire établir *par urgence* et de transmettre à qui de droit les avis dont les modèles accompagnent la circulaire ci-jointe. (V. pages 158 à 162.)

Agréez, etc.,

L'Amiral, Ministre de la marine et des colonies,
RIGAULT DE GENOUILLY.

N° 50. *Tableaux des circonscriptions de recrutement des bataillons, compagnies et batteries de la garde nationale mobile dans le 5ᵉ corps d'armée.*

30 octobre 1868.

Voir l'*Appendice*, à la fin du volume.

N° 51. *Décret impérial qui constitue les compagnies de francstireurs volontaires d'Ars-sur-Moselle, de Metz et de Lamarche, et nomme aux emplois d'officier dans ces compagnies.*

4 novembre 1868.

NAPOLÉON, par la grâce de Dieu et la volonté nationale, EMPEREUR DES FRANÇAIS, à tous présents et à venir, SALUT :

Vu la loi du 1ᵉʳ février 1868 et notre décision du 28 mars 1868 ;

Sur le rapport de notre Ministre Secrétaire d'Etat au département de la guerre,

AVONS DÉCRÉTÉ ET DÉCRÉTONS ce qui suit :

ART. 1ᵉʳ. Les sociétés de tir d'Ars-sur-Moselle, de Metz et de Lamarche sont constituées en compagnies de francs-tireurs volontaires, sous la dénomination de *Compagnies de Francs-Tireurs volontaires d'Ars-sur-Moselle, de Metz et de Lamarche.*

2. Sont nommés dans lesdites compagnies aux emplois ci-après désignés, savoir :

COMPAGNIE D'ARS-SUR-MOSELLE.

1° A *l'emploi de capitaine,*

M. PUYPÉROUX (Émile), président actuel de la société.

2º *A l'emploi de lieutenant,*

M. DEVESON (Joseph-Adrien).

3º *A l'emploi de sous-lieutenant,*

M. MANGIN (Léon).

COMPAGNIE DE METZ.

1º *A l'emploi de capitaine,*

M. VEVER (Jacques-Philippe-Ernest), président actuel de la société.

2º *A l'emploi de lieutenant,*

M. BASTIEN (Gustave-Pierre).

3º *A l'emploi de sous-lieutenant,*

M. HÉRARD (Charles-Paul).

COMPAGNIE DE LAMARCHE.

1º *A l'emploi de capitaine,*

M. MENESTREL (Paul-Melchior), maire de Sérécourt, président actuel de la société.

2º *A l'emploi de lieutenant,*

M. LAPIQUE (Hercule), maire de Lamarche.

3º *A l'emploi de sous-lieutenant,*

M. DUBOIS (Joseph).

3. Notre Ministre Secrétaire d'Etat au département de la guerre est chargé de l'exécution du présent décret.

Fait au palais de Saint-Cloud, le 4 novembre 1868.

NAPOLÉON.

Par l'Empereur :

Le Maréchal de France, Ministre de la guerre,
NIEL.

N° 52. *Description sommaire de l'uniforme des compagnies de francs-tireurs volontaires d'Ars-sur-Moselle et de Metz, organisées par décret impérial du 4 novembre 1868. (Bureau de l'Habillement.)*

9 novembre 1868.

COMPAGNIE D'ARS-SUR-MOSELLE.

Blouse, gilet et pantalon en toile grise, avec boutons en métal.

Casquette en toile grise, entourée d'un ruban vert foncé et portant, sur le devant, au-dessus de la visière, l'insigne du tir cantonal d'Ars-sur-Moselle ; visière carrée.

Guêtres blanches.

Collet à capuchon en toile cirée.

Havre-sac en toile cirée, avec courroies en cuir noir ciré.

Ceinturon, giberne et bretelle de fusil en cuir noir ciré.

COMPAGNIE DE METZ.

Veste en drap bleu foncé.

Pantalon en drap gris clair.

Chapeau en feutre gris apprêté, avec ruban noir et blanc (couleurs de la ville) et plumet noir.

Cravate noire ; *col* blanc.

Guêtres en toile blanche.

Gants de fil blanc.

Ceinturon et cartouchière en cuir brun.

MARQUES DISTINCTIVES.

Officiers : Nœuds hongrois en tresse d'or, sur les manches, comme dans la garde nationale mobile.

Sous-officiers : Galons en or, comme dans la garde nationale mobile.

Caporaux : Galons en laine verte.

N° 53. *Tableaux des circonscriptions de recrutement des bataillons, compagnies et batteries de la garde nationale mobile dans le 5° corps d'armée.*

22 novembre 1868.

Voir l'*Appendice*, à la fin du volume.

N° 54. *Circulaire du Ministre de la guerre (aux Préfets des départements et aux Intendants militaires) déterminant les indemnités à allouer aux mairies, chefs-lieux de canton, en raison de la réception des actes d'engagements volontaires pour la garde nationale mobile.* (Bureau du Recrutement.)

23 novembre 1868.

Messieurs, j'ai été consulté sur la question de savoir si les engagements volontaires contractés pour les compagnies de francs-tireurs et les bataillons de la garde nationale mobile donneront droit, pour les mairies chefs-lieux de canton qui les auront reçus, aux indemnités allouées par la circulaire du 25 janvier 1832 en raison de la réception des actes d'engagements souscrits au titre de l'armée de terre.

Cette question doit être résolue affirmativement. En conséquence, les préfets devront adresser, dès les premiers jours de janvier de chaque année, aux sous-intendants militaires chargés du service du recrutement dans leurs départements, un état distinct, et en double expédition, des actes d'engagements volontaires souscrits pour ladite garde pendant l'année précédente.

Les maires des chefs-lieux de canton étant tenus, d'après les dispositions de la circulaire du 10 septembre dernier (1), de transmettre aux sous-intendants militaires une expédition des actes d'engagements aussitôt après leur réception, ces fonctionnaires feront la vérification des états dressés par les préfets au moyen du registre spécial sur lequel doivent être portées ces expéditions, et ils ne me proposeront l'allocation des indemnités ci-dessus que pour les actes qui leur auront été régulièrement adressés.

Ces indemnités seront réglées d'après les fixations indiquées dans la circulaire précitée du 25 janvier 1832, savoir :

3 francs pour chacun des vingt-cinq premiers actes reçus par la même mairie ;

2 francs pour chacun de ceux qui dépassent ce nombre jusqu'à celui de cent ;

1 franc pour chacun des actes au-dessus de ce dernier nombre.

Je vous prie de donner les ordres nécessaires afin d'assurer l'exécution des dispositions qui précèdent.

Recevez, etc.,

Le Maréchal de France, Ministre de la guerre,
NIEL.

---

(1) Voir n° 42, page 155.

Nº 55. *Extrait d'une circulaire du Ministre de la guerre (aux diverses autorités militaires) relative aux opérations préliminaires de l'appel de la classe de 1868.* — Exemptions du service. Dispenses du service de la garde nationale mobile. (Bureau du Recrutement.)

28 novembre 1868.

. . . .

Vous vous conformerez aux dispositions suivantes pour les opérations préliminaires de l'appel de la classe de 1868.

. . . .

Exemptions.

Les maires rappelleront aux jeunes gens, au moment de leur inscription sur les tableaux de recensement, que les droits à l'exemption dont il n'est pas justifié devant le conseil de révision, ne peuvent plus être utilement invoqués postérieurement à la décision de ce conseil, et que le délai pour production de pièces ne saurait dépasser vingt jours. Ils feront sentir, en conséquence, aux intéressés combien il leur importe de réunir, sans perte de temps, les pièces destinées à établir leurs droits. Ils leur indiqueront, d'ailleurs, suivant les cas, les documents qu'ils auront à produire et les démarches qu'ils devront faire pour se les procurer.

J'ai constaté que quelques maires avaient refusé d'établir les pièces réclamées par des jeunes gens, parce que, dans leur opinion, les droits invoqués n'existaient pas.

Le conseil de révision ayant seul qualité pour apprécier les droits à l'exemption ou à la dispense, les maires sont tenus de délivrer les pièces qui leur sont demandées par les jeunes gens, sous peine d'encourir la responsabilité de leur refus.

Il arrive enfin que les pièces établies par certains maires pour la justification des droits invoqués contiennent des inexactitudes qui ont pour résultat, ou de faire comprendre dans le contingent des jeunes gens qui n'auraient pas dû y être appelés, ou de nécessiter des ajournements qui prolongent les opérations des conseils de révision.

Ces négligences et ces irrégularités sont, sous tous les rapports, fort regrettables, et j'espère que les observations qui précèdent en préviendront le retour.

Dispenses.

La loi du 1ᵉʳ février 1868 (art. 4) a apporté à la loi du 21 mars 1832, en ce qui concerne les dispenses, une modification sur laquelle j'appelle de nouveau cette année l'attention des Préfets. Cette disposition est ainsi conçue :

« Les conseils de révision dispensent également les jeunes gens
« se trouvant dans l'un des cas de dispense prévus par l'article 14

« de la loi de 1832, par l'article 79 de la loi du 15 mars 1850 et par
« l'article 18 de la loi du 10 avril 1867, les jeunes gens qui auront
« contracté, avant le tirage au sort, l'engagement de rester dix ans
« dans l'enseignement primaire et qui seront attachés, soit en qua-
« lité d'instituteurs ou en qualité d'instituteurs-adjoints, à une
« école libre existant depuis au moins deux ans, ayant au moins
« trente élèves.

« La dispense ne peut s'appliquer aux instituteurs et aux insti-
« tuteurs-adjoints d'une même école que dans la proportion d'une
« par chaque fraction de trente élèves. »

Il résulte de cet article que les maîtres qui auront contracté avant
le tirage l'engagement de se vouer, pendant dix ans, à l'enseignement primaire dans un établissement public d'instruction, suivant
les conditions déterminées par l'article 79 de la loi du 15 mars 1850
et par l'article 18 de la loi du 10 avril 1867, seront admis au bénéfice de la dispense du service de la garde nationale mobile. C'est
l'application du droit commun ; mais l'article 4 a étendu cette
faveur aux instituteurs et instituteurs-adjoints d'écoles primaires
libres, pourvu que ces écoles existent au moins depuis deux ans et
comptent au moins trente élèves. Le même article ajoute que, dans
une même école, il ne pourra être accordé qu'une seule dispense
par fraction de trente élèves.

En conséquence, les maîtres exerçant dans des écoles libres, qui
voudront obtenir la dispense pour le cas où leurs numéros les appelleraient à faire partie de la garde nationale mobile, devront
souscrire avant le tirage au sort l'engagement de se vouer, pendant
dix ans, à l'enseignement primaire dans lesdites écoles.

. . . .

Recevez, etc.,

Le Maréchal de France, Ministre de la guerre,
NIEL.

N° 56. *Circulaire du Ministre de l'intérieur (aux Préfets des
départements) relative à la non-incompatibilité entre les fonctions de maire et d'adjoint et les emplois d'officier dans la garde
nationale mobile.* (Bulletin officiel du ministère de l'intérieur,
n° 3, de 1869, page 41.)

15 décembre 1868.

Monsieur le Préfet, le gouvernement a eu à examiner la question
de savoir s'il y avait incompatibilité entre les fonctions de maire et
d'adjoint et les grades d'officier dans la garde nationale mobile.

Le doute pouvait être admis s'il eût fallu s'en tenir aux prohibi-
tions de la loi du 5 mai 1855. D'après l'article 5 de cette loi, en

effet, les militaires et employés *des armées de terre et de mer* en activité de service ou en disponibilité ne peuvent être ni maires ni adjoints (§ 4), et l'incompatibilité est formellement établie entre les fonctions de maire et d'adjoint et le service de la *Garde nationale* (§ 9).

Mais ces dispositions, empruntées à une loi antérieure à la création de la garde nationale mobile, devaient-elles nécessairement s'appliquer aux officiers de ce corps? La garde nationale mobile est une institution nouvelle, qui a son caractère et son organisation propres, et elle ne saurait être assimilée ni à l'armée régulière, ni à la garde nationale sédentaire. Les deux premières sont des corps permanents, soumis l'un et l'autre à la réquisition du maire; la garde nationale mobile, au contraire, ne prend les armes comme milice active qu'en vertu d'une loi ou d'un décret de l'Empereur. En temps ordinaire, on peut la considérer comme n'étant pas armée, et, par conséquent, n'étant pas susceptible de réquisition.

Il n'y avait donc pas lieu de décider par analogie, et l'incompatibilité ne résultant d'aucune des dispositions de la loi du 1er février 1868, le gouvernement a jugé que le cumul des deux situations pouvait être autorise.

Je m'empresse de vous en informer, monsieur le Préfet, afin qu'au besoin, vous puissiez comprendre des fonctionnaires municipaux au nombre des candidats qu'il vous paraîtrait utile de recommander au choix de l'autorité militaire.

Recevez, etc.

Le Ministre de l'intérieur,
Signé : DE FORCADE.

ANNÉE 1869

N° 57. *Arrêt du Conseil d'État statuant sur le pourvoi formé par un sieur* Dubost *contre deux décisions du Conseil de révision de Montfort qui a refusé de le dispenser du service de la garde nationale mobile* (1).

14 janvier 1869.

Vu la requête présentée pour le sieur Dubost, employé à la compagnie des chemins de fer de l'Ouest, en la double qualité de facteur chef de la gare de Montauban de Bretagne, et d'agent de surveillance, — tendant à ce qu'il nous plaise annuler deux décisions des 16 et 20 mars 1868, par lesquelles le conseil de révision de l'arrondissement de Montfort a refusé de le dispenser du service de la garde nationale mobile;

Ce faisant, attendu : — 1° que ledit conseil, en renvoyant le requérant devant le préfet pour faire déclarer s'il avait, à raison de ses fonctions, le droit de requérir la force publique, aurait remis à ce fonctionnaire la solution d'une question dont il ne lui appartenait pas de connaître et aurait ainsi méconnu l'étendue de sa propre compétence ; — 2° que ledit conseil aurait violé l'article 4 de la loi du 1er février 1868, en refusant de dispenser du service le requérant, qui se trouvait dans un des cas prévus par ledit article, — dire que ledit requérant est également dispensé du service de la garde nationale mobile ;

Vu le certificat délivré par le sous-préfet de l'arrondissement de Montfort, président du conseil de révision, portant que la réclamation du sieur Dubost a été présentée au conseil dans sa séance du 16 mars 1868, qu'il a été ajourné à la séance du 20 du même mois pour produire le certificat du préfet, constatant qu'il a le droit de requérir la force publique et que, *ce certificat n'ayant pas été produit à la séance dudit jour, bien que le sieur Dubost affirme l'avoir*

---

(1) D'après l'article 25 de la loi du 21 mars 1832, les conseils de révision jugent souverainement, hors des cas prévus par les articles 26 et 27, et leurs décisions ne peuvent être annulées qu'en vertu de la loi des 7-14 octobre 1790. — *Ces règles sont applicables aux conseils de révision appelés à statuer en matière de garde nationale mobile,* conformément à la loi du 1er février 1868. — Le conseil de révision, en décidant qu'un employé de chemin de fer ne se trouve pas dans le cas prévu par l'article 4 de la loi précitée, qui dispense du service de la garde nationale mobile ceux qui ont, à raison de leurs fonctions, le droit de requérir la force publique, a statué dans les limites de sa compétence, et n'a pas excédé ses pouvoirs.

réclamé, il a été déclaré propre au service de la garde nationale mobile, et inscrit comme tel sur les tableaux de recensement;

Vu les observations du Ministre de la guerre, tendant au rejet du pourvoi par le motif que le législateur n'a entendu dispenser du service, parmi les agents des chemins de fer, que les mécaniciens des locomotives;

Vu les lois des 21 mars 1832 et 1er février 1868;

Vu la loi des 7-14 octobre 1790;

Sur les conclusions du sieur Dubost, tendant à faire décider que le conseil de révision aurait méconnu l'étendue de sa compétence en le renvoyant devant le préfet pour faire constater s'il avait, à raison de son emploi, le droit de requérir la force publique, alors que ledit conseil aurait dû juger lui-même, si le requérant devait être dispensé du service de la garde nationale mobile :

Considérant que le conseil de révision, par sa décision du 16 mars 1868, ne s'était pas dessaisi de l'examen de la question portée devant lui; qu'il s'était borné à impartir au sieur Dubost un délai pour fournir une attestation dont il jugeait la production nécessaire pour apprécier la valeur de la réclamation qui lui était soumise et, qu'après l'expiration de ce délai, il a prononcé sur cette réclamation; qu'ainsi le sieur Dubost n'est pas fondé à soutenir que le conseil aurait méconnu sa compétence et que, par suite, sa décision devrait être annulée, par application de la loi des 7-14 octobre 1790;

Sur le moyen tiré de ce que le conseil de révision, par sa décision du 20 mars 1868, aurait fait une fausse application de l'article 4 de la loi du 1er février 1868 ;

Considérant que, d'après l'article 25 de la loi du 21 mars 1832, les conseils de révision jugent souverainement, hors des cas prévus par les articles 26 et 27 de ladite loi, et que, dès lors, leurs décisions ne peuvent être annulées qu'en vertu de la loi des 7-14 octobre 1790; que ces règles sont applicables aux conseils de révision appelés à statuer en matière de garde nationale mobile, conformément à la loi du 1er février 1868 ;

Considérant que le conseil de révision, en décidant que le sieur Dubost ne se trouvait pas dans le cas prévu par l'article 4 de la loi précitée, qui dispense du service ceux qui ont, à raison de leurs fonctions, le droit de requérir la force publique, a statué dans les limites de sa compétence et n'a pas excédé ses pouvoirs, et que le requérant n'est pas recevable à soutenir devant nous qu'il a fait une fausse application de la disposition de la loi précité.

Art. 1er. La requête du sieur Dubost est rejetée.

N° 58. *Décision du Ministre de la guerre qui modifie l'article* **51** *de la description de l'uniforme de la garde nationale mobile,* **en** *date du 15 mai 1868 (1).* (Bureau de l'Habillement.)

18 janvier 1869.

Par décision du 18 janvier 1869, le Maréchal de France, Ministre de la guerre a approuvé une modification de détail dans la confection de la tunique d'officier de la garde nationale mobile.

En conséquence, l'article 51 de la description de l'uniforme de cette garde est rectifié comme il suit :

TITRE II. — OFFICIERS.

CHAPITRE Ier. — HABILLEMENT ET COIFFURE.

« ART. 51. *Tunique.* En tout semblable à celle de la troupe, sauf
« que la largeur du dos est réduite sur les reins, à 210ᵐᵐ environ,
« selon la grosseur de l'homme, de manière que le dos soit ajusté
« et ne forme pas de plis sous le ceinturon. La martingale est cou-
« sue à demeure, dans toute son étendue, à une hauteur telle que
« le ceinturon repose sur son bord supérieur, et qu'elle empêche
« ainsi, par son épaisseur, le dos de remonter, lorsque l'homme
« incline le buste en avant. Cette tunique est en drap fin, et ses
« boutons sont dorés. Il n'y est ajouté aucun ornement ni acces-
« soires, autres que les marques distinctives de grade décrites ci-
« après, article 63. »

N° 59. *Circulaire du Ministre de la guerre (aux Chefs de légion de gendarmerie) relative au dépôt des armes de la garde nationale mobile dans les casernes de gendarmerie.* (Bureau de la Gendarmerie.)

18 janvier 1869.

Messieurs, aux termes de l'instruction du 28 mars 1868 sur l'organisation de la garde nationale mobile, les armes mises à la disposition des capitaines de compagnie ou de batterie doivent être déposées dans un local dépendant de la caserne de gendarmerie du canton ou dans un magasin placé sous la surveillance de la brigade.

La bonne installation des magasins d'armes est, au point de vue de la sécurité publique, d'une sérieuse importance. La surveillance de la gendarmerie pourra être efficace si ces magasins se trouvent

----

(1) N° 47, page 140.

à proximité des casernes. Elle sera encore plus assurée si les armes sont placées dans un local dépendant de la caserne même.

Dans l'état actuel des choses, le casernement de la plupart des brigades ne comprend que l'espace strictement nécessaire pour le logement des hommes et des chevaux. Il serait donc difficile d'y trouver un local à affecter au dépôt des armes.

Toutes les brigades ne seront pas, il est vrai, chargées de la surveillance d'un dépôt d'armes, puisque la circonscription des compagnies de la garde nationale mobile ne correspondra pas toujours à la circonscription cantonale; que, d'un autre côté, la brigade du canton ne réside pas toujours au chef-lieu, et certains cantons possèdent deux ou même trois brigades établies dans diverses localités.

Les commandants de compagnie de gendarmerie devront d'abord s'attacher à connaître les brigades qui auront à surveiller un dépôt d'armes. Puis, si un local est disponible dans les casernes, il sera préféré à tout magasin externe. Dans le cas contraire, et si un magasin est mis à la disposition de la garde nationale mobile, le commandant de gendarmerie s'assurera que ce magasin est assez rapproché de la caserne pour être facilement surveillé par la brigade, et que les armes y seront en sûreté.

S'il n'existe aucun local pouvant servir de magasin d'armes, soit dans la caserne de gendarmerie, soit en dehors, ou si le magasin offert ne remplit pas les conditions désirables, le commandant de gendarmerie fera auprès du préfet les démarches nécessaires pour qu'il soit disposé dans la caserne un local établi, autant que possible, de manière que les allées et venues du tambour ou trompette préposé à l'entretien des armes ne puissent gêner en rien le service de la brigade.

Au fur et à mesure de l'expiration des baux en cours, il conviendra de profiter de leur renouvellement pour obtenir qu'un local soit affecté au dépôt des armes dans les casernes de gendarmerie.

Le Maréchal de France, Ministre de la guerre,

NIEL.

N° 60. *Circulaire du Ministre de la guerre (aux diverses autorités militaires) portant répartition des gardes nationaux mobiles des classes 1864, 1865, 1866 et 1867. (Bureau de la Garde nationale mobile.)*

19 janvier 1869.

Messieurs, bien que les tableaux des circonscriptions de la garde nationale mobile ne soient pas définitivement arrêtés dans tous les corps d'armée, je crois devoir vous indiquer dès à présent les

bases d'après lesquelles s'opérera la répartition des gardes nationaux mobiles des classes de 1864, 1865, 1866 et 1867 en bataillons
et compagnies d'infanterie et en batteries d'artillerie.

Le nombre des jeunes gens à affecter aux batteries d'artillerie
sur chacun des contingents des classes de 1864, 1865, 1866 et 1867
est de 5,906, soit, pour les quatre classes réunies, 23,624. Le tableau ci-après indique les départements où sont établies les batteries d'artillerie de la garde nationale mobile, les circonscriptions
de recrutement de ces batteries et le nombre d'hommes que doit
recevoir chacune d'elles.

A moins d'une insuffisance constatée d'hommes de la taille de
1 mètre 62 cent., le nombre affecté à chaque batterie devra être
fourni en totalité.

Lorsque, au contraire, le nombre de gardes nationaux mobiles de
la taille de 1 mètre 62 cent. sera supérieur au chiffre du contingent
que le canton auquel ils appartiennent doit fournir à l'artillerie, il
y aura lieu de désigner de préférence pour cette arme les hommes
qui exprimeront le désir d'y être admis, et de compléter ensuite le
contingent, suivant l'ordre des numéros de tirage, en commençant
par les moins élevés.

Le prélèvement du contingent de l'artillerie une fois opéré, le
reste des gardes nationaux mobiles inscrits sur les listes de chaque
classe sera réparti entre les bataillons et compagnies d'infanterie,
d'après les indications contenues dans les tableaux des circonscriptions de recrutement.

Les capitaines-majors des départements dans lesquels ces tableaux sont définitivement arrêtés procéderont sur-le-champ à la
répartition des gardes nationaux mobiles dans leurs compagnies et
batteries respectives, ainsi qu'à l'établissement des contrôles par
bataillon, compagnie et batterie, et ils adresseront à chacun des
capitaines l'extrait du contrôle en ce qui concerne sa compagnie
ou batterie (chap. v de l'instruction du 28 mars 1868).

Ils rempliront également les livrets qui vont leur être adressés
pour les hommes de la classe de 1867 et les feront parvenir aux capitaines de compagnies ou batteries.

Je rappelle à cette occasion que les gardes nationaux mobiles
des classes 1864, 1865 et 1866 ne doivent pas recevoir de livrets
(circulaire ministérielle du 10 juin 1868).

Je vous invite à assurer, chacun en ce qui vous concerne, l'exécution des dispositions contenues dans la présente circulaire.

Recevez, etc.,

Le Maréchal de France, Ministre de la guerre,
NIEL.

ÉTAT

Indiquant le nombre des batteries d'artillerie de la Garde nationale mobile, et celui des hommes à y affecter sur le contingent de chacune des classes de 1864, 1865, 1866 et 1867.

ÉTAT

Indiquant le nombre des batteries d'artillerie de la Garde nationale mobile, et celui des hommes à y affecter sur le contingent de chacune des classes de 1864, 1865, 1866 et 1867.

NUMÉROS des divisions militaires	DÉPARTEMENTS qui composent ces divisions	NOMBRE DE BATTERIES	NUMÉROS DES BATTERIES et CIRCONSCRIPTIONS DE RECRUTEMENT	EFFECTIF NORMAL pour cinq classes (détail)	(total)	NOMBRE de GARDES NATIONAUX mobiles à affecter aux batteries d'artillerie sur chacune des classes de 1864, 1865, 1866 et 1867 (détail)	(total)	OBSERVATIONS
1er CORPS D'ARMÉE.								
1er	Seine	5	1re. Canton de Saint-Denis	200	900	40	180	
			2e. — de Saint-Denis	200		40		
			3e. — de Saint-Denis	200		40		
			4e. — de Vincennes	150		30		
			5e. — de Vincennes	150		30		
	Seine-et-Oise	3	1re. Canton N. de Versailles	270	650	54	130	
			2e. — O. de Versailles	140		28		
			3e. — S. de Versailles	240		48		
2e	Seine-Inférieure	3	1re. Canton de Dieppe	180	660	36	132	
			2e. — de Fécamp	180		36		
			3e. Canton N. du Havre 200 / — S. du Havre 100	300		60		
	Calvados	1	Canton N. de Caen 100 / — O. de Caen 150		250		50	
		12	Total du 1er corps		2,460		492	
2e CORPS D'ARMÉE.								
3e	Nord	20	1re. Canton de Landrecies	230	5,050	46	1,010	
			2e. — de Maubeuge	250		50		
			3e. — de Maubeuge	250		50		
			4e. — E. de Cambrai	250		50		
			5e. — N. de Douai	250		50		
			6e. — O. de Douai	330		66		
			7e. — S. de Douai	300		60		
			8e. — E. de Dunkerque	250		50		
			9e. Moitié du canton O. de Dunkerque	250		50		
			10e. Moitié du canton O. de Dunkerque	250		50		
			11e. Canton de Gravelines	180		36		
			12e. — N.-E. de Lille	250		50		
			13e. — O. de Lille	260		52		
			14e. — S.-E. de Lille	250		50		
			15e. — S.-O. de Lille	250		50		
			16e. — de Bouchain	250		50		
			17e. — de Condé	250		50		
			18e. — E. de Valenciennes	250		50		
			19e. — N. de Valenciennes	250		50		
			20e. — S. de Valenciennes	250		50		
	Pas-de-Calais	6	1re. Canton S. d'Arras	260	1,540	52	308	
			2e. — de Boulogne	250		50		
			3e. — de Boulogne	250		50		
			4e. — de Calais	250		50		
			5e. — d'Aire	280		56		
			6e. — S. de Saint-Omer	250		50		
	Somme	2	1re. Canton S.-O. d'Amiens	240	510	48	102	
			2e. — de Péronne	270		54		
	Marne	1	Canton de Vitry-le-François		290		58	
4e	Aisne	5	1re. Canton de Soissons	160	810	32	162	
			2e. — de la Fère	150		30		
			3e. — de la Fère	150		30		
			4e. — de Laon	150		30		
			5e. — de Guise	200		40		
	Ardennes	2	1re. Canton de Charleville	180	400	36	80	
			2e. — de Sedan	220		44		
		36	Total du 2e corps		8,600		1,720	

NUMÉROS des divisions militaires.	DÉPARTEMENTS qui composent ces divisions.	NOMBRE DE BATTERIES.	NUMÉROS DES BATTERIES et CIRCONSCRIPTIONS DE RECRUTEMENT.	EFFECTIF NORMAL pour cinq classes.		NOMBRE de GARDES NATIONAUX mobiles à affecter aux batteries d'artillerie sur chacune des classes de 1864, 1865, 1866 et 1867.		OBSERVATIONS.
			3e CORPS D'ARMÉE.					
5e.	Moselle	9	1re. Canton de Gorze	230		46		
			2e. 1er canton de Metz	240		48		
			3e. 2e — de Metz	180		36		
			4e. 3e — de Metz	260		52		
			5e. Canton de Pange	210	1,870	48	374	
			6e. — de Bitche	190		38		
			7e. — de Volmunster	210		42		
			8e. — de Thionville	160		32		
			9e. — de Thionville	160		32		
	Meuse	3	1re. Canton de Montmédy	290		58		
			2e. — de Charny	180	690	32	138	
			3e. — de Verdun	210		48		
	Meurthe	4	1re. Canton de Vic	270		54		
			2e. Moitié du canton de Phalsbourg	180		36		
			3e. Moitié du canton de Phalsbourg	180	780	36	150	
			4e. Canton N. de Toul	120		24		
	Bas-Rhin	14	1re. Moitié N. du canton de Schlestadt	140		28		
			2e. Moitié S. du canton de Schlestadt	140		28		
			3e. Canton de Brumath	260		52		
			4e. Moitié E. du canton de Geispolsheim	180		36		
			5e. Moitié E. du canton de Geispolsheim	180		36		
			6e. Moitié N. du canton de Schiltigheim	150		30		
			7e. Moitié S. du canton de Schiltigheim	150	2,190	30	498	
			8e. Canton E. de Strasbourg	220		44		
			9e. — N. de Strasbourg	200		40	La 10e batterie prendra le titre de compagnie de pontonniers. (*Décision ministérielle du 24 juillet 1866.*)
			10e. — O. de Strasbourg	240		46		
6e.			11e. Moitié du canton S. de Strasbourg	450		30		
			12e. Moitié du canton S. de Strasbourg	450		30		
			13e. Canton de Lauterbourg	450		28		
			14e. — de Wissembourg	200		40	
	Haut-Rhin	5	1re. Canton de Neufbrisach	140		28		Cette batterie prendra le titre de compagnie de pontonniers.
			2e. — de Belfort	200		40		
			3e. — de Belfort	200	940	40	188	
			4e. — de Belfort	200		40		
			5e. — de Belfort	200		40		
7e.	Doubs	5	1re. Canton d'Audeux	220		44		
			2e. Moitié du canton N. de Besançon	450		30		
			3e. Moitié du canton N. de Besançon	450	820	30	164	
			4e. Moitié du canton S. de Besançon	450		30		
			5e. Moitié du canton S. de Besançon	450		30		
	Jura	1	Canton de Salins	130		26		
	Côte-d'Or	1	Canton d'Auxonne	260		52		
	Haute-Marne	1	Canton de Langres	210		42		
		43	Total du 3e corps		8,160		1,632	
			4e CORPS D'ARMÉE.					
8e.	Rhône	4	1re. 3e arrondissement de Lyon	250		50		
			2e. 5e arrondissement de Lyon	300		60		
			3e. { 3e arrondissement de Lyon / Canton de Saint-Genis-Laval } 450 / 450	300	4,100	60	220	Ces deux dernières batteries prendront le titre de compagnies de pontonniers.
			4e. 6e arrondissement de Lyon	250		50		
	Drôme	1	Canton de Valence		300		60	
	Bouches-du-Rhône	2	1re. Canton S. *intra* de Marseille	250	500	50	100	
			2e. — S. *extra* de Marseille	250		50		
	Var	2	1re. Canton E. de Toulon	300	500	60	100	
			2e. — O. de Toulon	200		40		
	Alpes-Maritimes	2	1re. { Canton d'Antibes / — de Cannes } 450 / 400	250	500	50	100	
			2e. { Canton de Nice E. / — de Nice O. } 450 / 400	250		50		
		44	*À reporter*		2,900		580	

NUMÉROS des divisions militaires.	DÉPARTEMENTS qui composent ces divisions.	NOMBRE DE BATTERIES.	NUMÉROS DES BATTERIES et CIRCONSCRIPTIONS DE RECRUTEMENT.	EFFECTIF NORMAL pour cinq classes.	NOMBRE de GARDES NATIONAUX mobiles à affecter aux batteries d'artillerie sur chacune des classes de 1864, 1865, 1866 et 1867.	OBSERVATIONS.
			4e CORPS D'ARMÉE (Suite.)			
		11	Report.	2,900	589	
10e.	Hérault	4	2e canton de Montpellier ... 450 3e — de Montpellier ... 450	300	60	
17e.	Corse	4	Canton de Bastia-Terranova ... 400 Canton de Bastia-Terravecchia ... 120	220	44	
22e.	Isère	2	1re { Canton N. de Grenoble ... 190 — E. de Grenoble ... 60 } 2e { Canton E. de Grenoble ... 40 — S.-E. de Grenoble ... 160 }	250 / 200) 450	50 / 40) 90	
	Savoie	1	Canton N. de Chambéry ... 150 — S. de Chambéry ... 100	250	50	
		16	Total du 4e corps.	4,120	824	
			5e CORPS D'ARMÉE.			
45e.	Loire-Inférieure	2	1re { 1er canton de Nantes ... 400 4e — de Nantes ... 400 5e — de Nantes ... 400 } 2e. 6e canton de Nantes ... 250	300 / 250) 550	60 / 50) 410	

NUMÉROS des divisions militaires.	DÉPARTEMENTS qui composent ces divisions.	NOMBRE DE BATTERIES.	NUMÉROS DES BATTERIES et CIRCONSCRIPTIONS DE RECRUTEMENT.	EFFECTIF NORMAL pour cinq classes.	NOMBRE de GARDES NATIONAUX mobiles à affecter aux batteries d'artillerie sur chacune des classes de 1864, 1865, 1866 et 1867.	OBSERVATIONS.
	Côtes-du-Nord	1	Canton N. de Saint-Brieuc ... 400 — S. de Saint-Brieuc ... 200	300	60	
	Ille-et-Vilaine	3	1re { Canton N.-E. de Rennes ... 150 — N.-O. de Rennes ... 150 } 2e { Canton S.-E. de Rennes ... 200 — S.-O. de Rennes ... 400 } 3e { Canton de Cancale ... 400 — de Saint-Malo ... 400 — de Saint-Servan ... 400 }	300 / 300 / 300) 900	60 / 60 / 60) 180	
16e.	Morbihan	1	1er canton de Lorient ... 400 Canton de Port-Louis ... 400 — du Palais (Belle-Ile) ... 50 — de Quiberon ... 50	300	60	
	Finistère	1	3e canton de Brest ... 200 Canton de Saint-Renan ... 400	300	60	
	Manche	2	1re. Canton de Granville ... 2e { Canton de Cherbourg ... 200 — d'Octeville ... 200 }	250 / 400) 650	50 / 80) 130	
49e.	Cher	1	Canton de Bourges ...	250	50	
		11	Total du 5e corps.	3,250	650	
			6e CORPS D'ARMÉE.			
44e.	Pyrénées-Orientales	2	1re { Canton d'Argelès-sur-Mer ... 450 — S. de Perpignan ... 400 } 2e { Canton N. de Perpignan ... 200 — S. de Perpignan ... 400 }	250 / 300) 530	50 / 60) 440	
42e.	Haute-Garonne	2	1re { Canton centre de Toulouse ... 200 — N. de Toulouse ... 50 — S. de Toulouse ... 50 } 2e { Canton N. de Toulouse ... 100 — O. de Toulouse ... 100 — S. de Toulouse ... 100 }	300 / 300) 600	60 / 60) 420	Cette batterie prendra le titre de compagnie de pontonniers.
		4	A reporter.	1,450	230	

NUMÉROS des divisions militaires.	DÉPARTEMENTS qui composent ces divisions.	NOMBRE DE BATTERIES.	NUMÉROS DES BATTERIES et CIRCONSCRIPTIONS DE RECRUTEMENT.	EFFECTIF NORMAL pour cinq classes.	NOMBRE de GARDES NATIONAUX mobiles à affecter aux batteries d'artillerie sur chacune des classes de 1864, 1865, 1866 et 1867.	OBSERVATIONS.
			6ᵉ CORPS D'ARMÉE (Suite.)			
		4	*Report*	4,150	230	
13ᵉ.	Basses-Pyrénées. . . .	2	1ʳᵉ. . { Canton N.-E. de Bayonne . . . . . . 200 } 300 } — N.-O. de Bayonne . . . . . . 100 } 2ᵉ. . { Canton N.-O. de Bayonne . . . . . . 100 } 250 } — de Saint-Jean-de-Luz . . . . . 150 }	550	60 } 50 } 110	
14ᵉ.	Gironde.	1	Canton de Blaye. . . . . 100 } — de Bourg-sur-Gironde. . . . . 100 } — de Saint-Savin. . . . . 100 }	300	60	
	Charente-Inférieure. .	3	1ʳᵉ. . { Canton du Château. . . . . 100 } 300 } — de Saint-Pierre . . . . 200 } 2ᵉ. . { Canton de Saint-Agnant . . . . 60 } — N. de Rochefort. . . . . . . 120 } 300 } — S. de Rochefort. . . . . . . 120 } 3ᵉ. . { Canton d'Ars. . . . . 70 } — E. de la Rochelle. . . . . . . 100 } 340 } — O. de la Rochelle. . . . . . . 100 } — de Saint-Martin-de-Ré. . . . . 70 }	940	60 60 68 } 188	
		10	TOTAL du 6ᵉ corps.	2,940	588	

RÉSUMÉ.

CORPS D'ARMÉE.	NOMBRE de BATTERIES.	NOMBRE D'HOMMES à affecter à ces batteries sur chacune des classes de 1864, 1865, 1866 et 1867.
1er corps d'armée	12	492
2e	36	1,720
3e	43	1,632
4e	16	824
5e	11	650
6e	10	588
TOTAUX	128	5,906
TOTAL pour les quatre classes		23,624

JANVIER 1869.

Nº 61. *Circulaire du Ministre de la guerre (aux Généraux com-mandant les divisions militaires) portant envoi des livrets des-tinés aux gardes nationaux mobiles de la classe de 1867.*
(Bureau de la Garde nationale mobile.)

29 janvier 1869.

Général, la circulaire ministérielle du 19 janvier 1869, relative à la répartition des gardes nationaux mobiles des classes de 1864, 1865, 1866 et 1867, vous a annoncé l'envoi prochain des livrets que les capitaines-majors auront à remplir pour les jeunes gens de la dernière de ces classes.

Pour l'exécution de l'instruction du 28 mars et du 12ᵉ paragraphe de la circulaire du 23 avril 1868 (1), je vous adresse, par la voie des transports de la guerre, le nombre de livrets nécessaires pour le service des capitaines-majors de votre division, avec l'indication du nombre destiné à chacun d'eux.

Dès qu'ils vous seront parvenus, vous m'en accuserez réception, et vous les transmettrez sans délai à vos capitaines-majors qui vous en donneront également reçu.

Dans le cas où le nombre des livrets envoyés pour la classe de 1867 excéderait les besoins du service, les capitaines-majors con-serveraient ceux qui n'auraient pas été employés et il serait tenu compte de cet excédant, lorsqu'il s'agira de leur adresser les livrets destinés aux gardes nationaux mobiles de la classe de 1868.

A cet effet, vous aurez à leur prescrire d'ouvrir un compte indi-quant, d'une part, le nombre de livrets reçus et, de l'autre, celui des livrets employés et remis aux capitaines de compagnie et de batterie.

Vous leur prescrirez de vous faire parvenir ces indications par l'intermédiaire des généraux subdivisionnaires, vous les ferez cen-traliser à votre état-major et vous me les transmettrez pour toute votre division.

Recevez, etc.

Le Maréchal de France, Ministre de la guerre,
NIEL.

Nº 62. *Note du Ministre de la guerre, relative à la correspon-dance en franchise pour le service de la garde nationale mobile.*
(Cabinet du Ministre.)

6 février 1869.

D'après l'avis du Ministre de la guerre et sur le rapport du direc-

---

(1) 1ᵉʳ volume, page 74.

teur général des postes, le Ministre des finances a pris la **décision** suivante :

ARTICLE UNIQUE. Sont autorisés à correspondre réciproquement en franchise, pour le service de la garde nationale mobile, les fonctionnaires désignés au tableau ci-après sous les conditions et dans les limites exprimées au même tableau.

DÉSIGNATION DES FONCTIONNAIRES ENTRE LESQUELS LA CORRESPONDANCE DE SERVICE PEUT ÊTRE ÉCHANGÉE EN FRANCHISE.			FORME dans laquelle la correspondance doit être échangée.	CIRCONSCRIPTION dans laquelle la correspondance peut circuler.
Commandants de l'artillerie de la garde nationale mobile. . .	Commandants. .	des batteries d'artillerie de la garde nationale mobile.	S B.	Départem.
		des subdivisions milit^{res}	S B.	Subd. milit.
	Directeurs d'artillerie.		S B.	Direct. d'art.
Commandants des bataillons d'infanterie de la garde nationale mobile..	Commandants . .	des compagnies d'infanterie de la garde nationale mobile.	S B.	Circ. bataill.
		des subdivisions milit^{res}.	S B.	Subd. milit.
Commandants des batteries d'artillerie de la garde nationale mobile..	Commandants . .	de l'artillerie de la garde nationale mobile . . .	S B.	Départem.
		des brigades de gendarmerie	S B.	Circ. batter
		des détachements d'artillerie de la garde nationale mobile	S B.	Id.
	Maires..		S B.	Id.
Commandants des compagnies d'infanterie de la garde nationale mobile. . . .	Commandants. .	des bataillons d'infanterie de la garde nationale mobile.. . . .	S B.	Circ. bataill.
		des brigades de gendarmerie.	S B.	Circ. comp°.
		des détachements d'infanterie de la garde nationale mobile. . .	S B.	Id.
	Maires..		S B.	Id.

* SB : Sous-bandes.

N° 65. *Circulaire du Ministre de la guerre (aux Généraux commandant les divisions militaires) contenant des instructions relatives au mode, à l'époque et à la constatation de paiement des indemnités revenant à la garde nationale mobile. (Bureau de la Garde nationale mobile.)*

16 février 1869.

Général , je vous envoie, ci-joints, des exemplaires de modèles d'états et de livrets destinés à la constatation du paiement des indemnités revenant à la garde nationale mobile, savoir :

1° *Quittance ;*

2° *Déclaration de quittance ;*

3° *Feuille d'émargement pour les officiers ;*

4° *Quittance d'indemnité d'officier ;*

5° *Etat d'émargement pour les sous-officiers et tambours ;*

6° *Livret d'inscription des états de paiement ;*

7° *Feuille de journées.*

Les justifications nécessaires à cette partie de la comptabilité se feront, au moyen des états ci-dessus, de la manière suivante :

A la fin de chaque mois, après avoir reçu les mutations que doivent lui adresser les capitaines de compagnie, le capitaine-major établit en double expédition, dont une portant quittance (sur papier blanc) et l'autre déclaration de quittance (sur papier bleu), un état des indemnités revenant aux emplois rétribués des cadres (modèles 1er et 2e).

Il prépare en même temps une feuille générale d'émargement pour les officiers de sa circonscription et des quittances pour ceux qui ne se trouvent pas dans sa résidence, ainsi que des états destinés à recevoir l'émargement des sous-officiers et tambours de chaque compagnie (modèles 3e, 4e et 5e).

L'état de paiement ayant été ordonnancé par le sous-intendant militaire, le capitaine-major en touche le montant et en fait faire inscription par le payeur sur le livret (modèle 6e) dont il est pourvu.

En même temps, il se fait délivrer des mandats payables à vue chez les receveurs particuliers des finances ou les percepteurs, pour les sommes revenant aux cadres rétribués qui ne résident pas au chef-lieu du département.

Ces mandats sont établis séparément pour chaque chef de bataillon et pour le personnel de chaque compagnie, y compris le capitaine commandant.

Immédiatement après, le capitaine-major remet aux parties intéressées résidant au chef-lieu du département les sommes qui leur sont dues, et envoie les mandats, les quittances et les états d'émargement mentionnés plus haut aux chefs de bataillon et aux capitaines résidant hors du chef-lieu.

Le jour même où les capitaines reçoivent de l'agent du Trésor le montant du mandat qui leur a été envoyé par le capitaine-major, ils paient l'indemnité acquise aux sous-officiers et tambours de leur compagnie, qui apposent leur signature sur l'état d'émargement.

Les états d'émargement et les quittances individuelles des officiers sont renvoyés sans retard au capitaine-major.

Les déclarations de délivrance des mandats restent entre les mains du capitaine-major jusqu'à ce que les quittances données par les intéressés, résidant hors du chef-lieu, puissent être annexées à la feuille d'émargement.

Pour constater et régulariser les perceptions faites au titre de la garde nationale mobile, le capitaine-major établit, à l'expiration de chaque année, une feuille de journées (modèle 7e).

Cette feuille de journées, servant de revue générale de liquidation, est dressée en triple expédition. La première reste pour minute entre les mains du capitaine-major, et les deux autres expéditions sont adressées au Ministre par l'intendant militaire de la division, dans le délai prescrit par l'article 605 de l'ordonnance du 25 décembre 1837 sur la solde.

Les dispositions qui précèdent s'appliquent à l'artillerie et aux compagnies de francs-tireurs.

Je vous prie de communiquer sans délai ces instructions aux capitaines-majors sous vos ordres et d'adresser en même temps à chacun d'eux un exemplaire des modèles ci-joints.

Les frais d'impression de ces divers documents restent à leur charge, nonobstant les indications que contenait à ce sujet la note du 29 juin 1868, en ce qui concerne les feuilles de journées, les quittances, les déclarations de quittances et les livrets d'inscription d'état de paiement.

Le Maréchal de France, Ministre de la guerre,

Signé : NIEL.

MODÈLES.

13

Nota. Cet état doit être imprimé par les soins et aux frais du capitaine-major.

• DIVISION MILITAIRE.

DÉPARTEMENT d

INDEMNITÉS DE SERVICE ET FRAIS DE BUREAU.

Mois d   18 .

QUITTANCE.

ACQUIT. IMPUTABLE
sur la
REVUE DE L'EXERCICE 18   .

(1) Indiquer le titre de l'article du budget.
(2) On totalisera les journées par grade et emploi.

MODÈLE N° 1.
Circulaire du 16 février 1869.

QUITTANCE.

EXERCICE 18   .

CHAPITRE   PARTIE, ARTICLE   DU BUDGET.

SERVICE d (1)

GARDE NATIONALE MOBILE.

DÉPARTEMENT d

ÉTAT pour servir au paiement des indemnités de service et de frais de bureau des officiers, sous-officiers et tambours ou trompettes de la Garde mobile pendant le mois d   18   .

NUMÉROS DES		NOMS ET PRÉNOMS.	GRADES ET EMPLOIS.	MUTATIONS.	NOMBRE DE JOURNÉES (2)	
BATAILLONS.	COMPAGNIES OU batteries.				d'indemnité de service.	d'indemnité de frais de bureau.

RÉCAPITULATION DES JOURNÉES ET DÉCOMPTE EN DENIERS.

DÉSIGNATION DES GRADES ET EMPLOIS.	NOMBRE DE JOURNÉES		DÉCOMPTE EN DENIERS.		TOTAL
	D'INDEMNITÉ de service.	D'INDEMNITÉ de frais de bureau.	INDEMNITÉ de service.	INDEMNITÉ de frais de bureau.	DU DÉCOMPTE en deniers.
Chefs de bataillon					
Chefs d'escadron					
Capitaine-major					
Capitaines de compagnie					
Capitaines de batterie					
Sergents-majors					
Maréchaux des logis chefs					
Sous-officier secrétaire-garde-magasin					
Sergents instructeurs					
Maréchaux des logis instructeurs					
Tambours					
Trompettes					
TOTAUX					
TOTAL GÉNÉRAL du décompte					

(1) Le capitaine-major inscrira ici lisiblement son nom et son grade.

(2) Nom et grade de l'officier de l'intendance militaire.

(3) Porter en toutes lettres la somme : *reste à ordonnancer.*

(4) Désigner la partie prenante.

Montant des sous-délégations de crédits cumulés :

Dernier crédit. { Numéro / Date

N° du registre des mandats.

CERTIFIÉ PAR NOUS (1) le présent état montant à la somme de pour indemnités de service et frais de bureau des gardes nationaux mobiles qui y sont dénommés.

A , le 18 .

VU ET VÉRIFIÉ PAR NOUS (2) employé à , le présent état montant à . . . . . .

AUGMENTATIONS . . . . {

DIMINUTIONS . . . . {

TOTAL . . . .

RESTE à ordonnancer . . . . . .

	SOMME.

Nous arrêtons en conséquence le présent état à la somme de (3) que nous mandons à M. , Trésorier Payeur général du département d , de payer à (4) pour indemnités de service et frais de bureau, pendant le mois d 18 , des gardes nationaux mobiles dénommés d'autre part.

A , le 18 .

QUITTANCE.

Nous soussignés reconnaissons avoir reçu de M. Trésorier Payeur général d , la somme d (3) portée au présent état.

A , le 18 .

* DIVISION MILITAIRE.

DÉPARTEMENT

d

INDEMNITÉS DE SERVICE
ET FRAIS DE BUREAU.

Mois d   18 .

DÉCLARATION DE QUITTANCE.

ACQUIT IMPUTABLE
sur la
REVUE DE L'EXERCICE 18 .

(1) Indiquer le titre de l'article du budget.
(2) On totalisera les journées par grade et emploi.

Modèle n° 2.
Circulaire du 16 février 1869.

DÉCLARATION DE QUITTANCE.

EXERCICE 18

Chapitre   Partie, Article   du Budget.

SERVICE d (1)

GARDE NATIONALE MOBILE.

DÉPARTEMENT d

ÉTAT pour servir au paiement des indemnités de service et de frais de bureau des officiers, sous-officiers et tambours ou trompettes de la Garde nationale mobile pendant le mois d   18 .

NUMÉROS DES		NOMS ET PRÉNOMS.	GRADES ET EMPLOIS.	MUTATIONS.	NOMBRE DE JOURNÉES (2)	
BATAIL-LONS.	COMPA-GNIES ou batteries.				d'indemnité de service.	d'indemnité de frais de bureau.

RÉCAPITULATION DES JOURNÉES ET DÉCOMPTE EN DENIERS.

DÉSIGNATION DES GRADES ET EMPLOIS.	NOMBRE DE JOURNÉES		DÉCOMPTE EN DENIERS.		TOTAL
	D'INDEMNITÉ de service.	D'INDEMNITÉ de frais de bureau.	INDEMNITÉ de service.	INDEMNITÉ de frais de bureau.	DU DÉCOMPTE en deniers.
Chefs de bataillon					
Chefs d'escadron.					
Capitaine-major					
Capitaines de compagnie.					
Capitaines de batterie.					
Sergents-majors.					
Maréchaux des logis chefs.					
Sous-officier secrétaire-garde-magasin. . .					
Sergents instructeurs.					
Maréchaux des logis instructeurs.					
Tambours.					
Trompettes					
TOTAUX.					
TOTAL GÉNÉRAL du décompte.					

(1) Le capitaine-major inscrira ici lisiblement son nom et son grade.

(2) Nom et grade de l'officier de l'intendance militaire.

(3) Porter en toutes lettres la somme : *reste à ordonnancer.*

(4) Désigner la partie prenante.

Montant des sous-délégations de crédits cumulés :

Dernier crédit. { Numéro { Date

N° des mandats. du registre

CERTIFIÉ par nous (1) le présent état montant à la somme de pour indemnités de service et frais de bureau des gardes nationaux mobiles qui y sont dénommés.

A , le 18 .

VU et VÉRIFIÉ par nous (2) employé à , le présent état montant à. . . . .

AUGMENTATIONS. . . . . {

DIMINUTIONS. . . . . {

TOTAL. . . . .

RESTE à ordonnancer. . . . .

SOMME.

Nous arrêtons en conséquence le présent état à la somme de (3) que nous mandons à M. , Trésorier Payeur général du département d , de payer à (4) pour indemnités de service et frais de bureau, pendant le mois d 18 , des gardes nationaux mobiles dénommés d'autre part.

A , le 18 .

DÉCLARATION DE QUITTANCE. Nous soussigné (1) déclarons avoir donné à M. Trésorier Payeur général, quittance de la somme de (3) portée au présent état.

A , le 18 .

[illegible] de Caisse [illegible] duquel de la somme de [illegible]

y compris (1) [illegible]

[illegible] de total y (1) [illegible]

[illegible] en conséquence à présent d'A à b somme de [illegible]

Reçue en paiement (1)

MODÈLE N° 3.

Circulaire du 16 février 1869.

˙ DIVISION MILITAIRE.

DÉPARTEMENT

d

Indemnités de service et de frais de bureau.

Mois d   18   .

GARDE NATIONALE MOBILE.

DÉPARTEMENT d

Feuille d'émargements pour servir au paiement des indemnités de MM. les Officiers pour le mois d   18   .

NUMÉROS			NOMS.	GRADES et EMPLOIS.	MUTATIONS.	INDEMNITÉ		TOTAL.	ÉMARGEMENTS.
D'ORDRE.	des BATAILLONS.	des COMPAGNIES ou BATTERIES.				de SERVICE.	de FRAIS de BUREAU.		
					TOTAUX. . .				

Certifié par le Capitaine-Major, la présente feuille d'émargement montant à la somme de

A   , le   18   .

VU ET VÉRIFIÉ :
Le Sous-Intendant militaire,

FÉVRIER 1869.

205

MODÈLE N° 4.

Circulaire du 16 février 1869.

GARDE NATIONALE MOBILE.

MOIS d   18

N°

DÉPARTEMENT d

QUITTANCE D'INDEMNITÉ D'OFFICIER.

M. (1)

DÉTAIL :

fr.   c.

Indemnité de service. . . . .
Indemnité pour frais de bureau.. . . .

Somme à payer. . . .

(1) Nom, grade et ré-
sidence de la partie pre-
nante.

(2) On ajoutera, s'il y
a lieu, ces mots : *et de
frais de bureau.*

Je reconnais avoir reçu de M. le Capitaine-Major
dudit département la somme de
                    pour indemnité de service (2)
      du mois d   18   .

A   , le   18   .

Modèle n° 5.

Circulaire du 16 février 1869.

Nota. Cet état doit être imprimé par les soins et aux frais du Capitaine-Major.

Mois d   18 .

(1) On indiquera ici les numéros des bataillons et compagnies ou des batteries.

GARDE NATIONALE MOBILE.

Département d

(1)

État émargé des sommes payées pour indemnité de service pendant le mois d   18 .

NOMS.	GRADES et EMPLOIS.	INDEMNITÉ de SERVICE.	ÉMARGEMENTS.	OBSERVATIONS.
	Total. . .			

Certifié par le Capitaine-Major le présent état montant à la somme de

A   , le   18

FÉVRIER 1869.

[illegible]

ZONE	CRÉDIT [illegible]	DÉPENSES [illegible]	OBSERVATIONS	[illegible]
[illegible]	[illegible]	[illegible]	[illegible]	[illegible]

[illegible]

MODÈLE N° 6.
—
Circulaire du 16 février 1869.

MINISTÈRE DE LA GUERRE.

ANNÉE 18 .

GARDE NATIONALE MOBILE

DÉPARTEMENT d

LIVRET D'INSCRIPTION
DES ÉTATS DE PAIEMENT.

M.

Capitaine-Major.

Ce livret doit être délivré GRATIS.

Modèle n° C.
(Arrêté du 26 Février 1869.)

MINISTÈRE DE LA GUERRE.

Annexe 18

NATIONALE MOBILE

Paragraphe 6

ET DESCRIPTION:
ÉTATS DE PAIEMENT.

Capitaine-Major.

qui doit être laissé GRATIS.

[1er feuillet.]

ANNÉE 186   .

GARDE NATIONALE MOBILE.

DÉPARTEMENT d

M. (1)   Capitaine-Major.

Livret contenant *huit* feuillets qui ont été parafés par nous (2)

soussigné, employé dans l
à   .   , pour servir à l'en-
registrement des sommes que les payeurs de la .guerre compteront
à M. (3)

pour indemnités de service et de frais de bureau de la garde nationale
mobile dans le courant de l'année 186   .

    A   .   , le   186   .

Signature de la partie prenante (4) :

NOTA. Ce livret doit être imprimé par les soins et aux frais du capitaine-major.

(1) Nom de l'officier.
(2) Nom et grade de l'officier de l'intendance militaire.
(3) Nom et prénoms, grade ou emploi.

(4) L'officier de l'intendance militaire
qui délivrera le livret aura soin de le faire
signer en sa présence par le titulaire.

AVIS.

Le livret est renouvelé à la fin de l'année; l'ancien livret est retiré et conservé par l'officier de l'intendance militaire qui délivre le nouveau (*Art. 353 de l'ordonnance du 25 décembre 1837.*)

L'officier qui a perdu son livret en fait la déclaration par écrit à l'officier de l'intendance militaire, et affirme sur l'honneur qu'il ne l'a point engagé entre les mains d'un tiers; il est tenu en outre de produire un certificat du payeur constatant le dernier paiement qui lui a été fait. Il inscrit et signe en présence de l'officier de l'intendance militaire ladite déclaration sur le nouveau livret. (*Articles 355 et 356 de l'ordonnance.*)

Aucun paiement pour sommes acquises antérieurement au premier jour du mois dans lequel la perte a eu lieu, ne peut être ordonnancé que d'après une autorisation spéciale du Ministre de la guerre, provoquée par l'intendant militaire. (*Article 358 de l'ordonnance.*)

Déclaration de perte de livret, à inscrire conformément à l'article 356 de l'ordonnance du 25 décembre 1837, et indication de l'époque jusqu'à laquelle la partie prenante a été payée. (Article 358 de l'ordonnance.)

———

[3ᵉ feuillet.]

Indication, à porter par les officiers de l'intendance militaire si-
gnataires des mandats de paiement, des sommes à retenir au profit
du Trésor et du montant des retenues successivement effectuées.
(Article 354 de l'ordonnance du 25 décembre 1837.)

DÉSIGNATION DES AUTORITÉS qui ont ordonné les retenues ; DATES des ordres et motifs des retenues (1).	MONTANT des SOMMES à retenir.	TEMPS que concernent LES MANDATS de paiement sur lesquels les retenues ont été effectuées.	MONTANT des RETENUES successives.
Il restait à retenir, d'après l'arrêté du compte au livret précédent, la somme de (2) ci			
TOTAUX.		. . . . . .	
Balance à la fin de l'année. { Les sommes à retenir sont de			
Il reste à retenir au ci. . .			

(1) Le montant des sommes à retenir sera porté (en toutes lettres) dans cette colonne et tiré hors ligne dans la colonne suivante.
(2) En toutes lettres.

LIEUX et DATES des paiements.	Indication de l'objet des paiements et du temps que concernent les mandats ou ordonnances. Enregistrement (en toutes lettres) par les payeurs : 1° Du montant des mandats ou ordonnances de paiement ; 2° Des sommes retenues par précompte. Énonciation des motifs des retenues.

[4e à 8e feuillets.]

NOMS ET GRADES DES ORDONNATEURS des paiements	MONTANT			DU NET payé à la partie prenante.
	des MANDATS ou ordonnances pour indemnités de service et de frais de bureau.	DES RETENUES au profit de tiers, faites		
		en vertu d'opposition juridique.	en vertu des ordres particuliers du Ministre, relatés sur les mandats.	

· DIVISION MILITAIRE.

· DÉPARTEMENT

d

FEUILLE DE JOURNÉES

POUR L'ANNÉE 18 .

(1) Les inscriptions auront lieu suivant l'ordre des grates et emplois de manière qu'on puisse totaliser ensemble les journées qui doivent se décompter sur le même pied.

MODÈLE N° 7.
Circulaire du 16 février 1869.

EXERCICE 18 .

CHAPITRE   PARTIE, ARTICLE   DU BUDGET.

GARDE NATIONALE MOBILE.

DÉPARTEMENT d

FEUILLE DE JOURNÉES

Servant de revue générale de liquidation, pour constater les allocations d'indemnités de service et de frais de bureau auxquelles ont eu droit pendant l'année 18 , les emplois rétribués de la garde nationale mobile dudit département.

NUMÉROS DES		NOMS ET PRÉNOMS.	GRADES ET EMPLOIS.	MUTATIONS.	NOMBRE DE JOURNÉES (1)	
BATAIL-LONS.	COMPA-GNIES ou batteries.				D'INDEMNITÉ de service.	D'INDEMNITÉ de frais de bureau.

RÉCAPITULATION DES JOURNÉES ET DÉCOMPTE EN DENIERS.

DÉSIGNATION DES GRADES ET EMPLOIS.	NOMBRE DE JOURNÉES		DÉCOMPTE EN DENIERS.		TOTAL
	D'INDEMNITÉ de service.	D'INDEMNITÉ de frais de bureau.	INDEMNITÉ de service.	INDEMNITÉ de frais de bureau.	DU DÉCOMPTE en deniers.
Chefs de bataillon					
Chefs d'escadron					
Capitaine-major					
Capitaines de compagnie					
Capitaines de batterie					
Sergents-majors					
Maréchaux des logis chefs					
Sous-officier secrétaire, garde-magasin					
Sergents instructeurs					
Maréchaux des logis instructeurs					
Tambours					
Trompettes					
TOTAUX					
TOTAL GÉNÉRAL					

CERTIFIÉ par nous, Capitaine-Major, la présente feuille de journées dont le décompte s'élève à la somme de

A , le 18 .

VU et VÉRIFIÉ par nous (1) chargé de la surveillance administrative de la garde nationale mobile du département d

(1) Sous-intendant ou adjoint à l'intendance.

DÉCOMPTE DE LIBÉRATION.

<table>
<tr><td rowspan="2" colspan="6"></td><td colspan="2">MONTANT</td><td rowspan="2">OBSERVATIONS.</td></tr>
<tr><td>du crédit.</td><td>du débit.</td></tr>
<tr><td colspan="6">CRÉDIT.</td><td></td><td></td><td></td></tr>
<tr><td colspan="6">1° Somme allouée par la feuille de journées. (Voir à la page précédente.). . . . .</td><td></td><td></td><td></td></tr>
<tr><td colspan="6">2° Rectifications . . . . . . {</td><td></td><td></td><td></td></tr>
<tr><td colspan="6">3° Moins perçu d'après le décompte de libération de la feuille de journées de l'année 48 . . . . . .</td><td></td><td></td><td></td></tr>
<tr><td colspan="6">DÉBIT.</td><td></td><td></td><td></td></tr>
<tr><td colspan="6">1° Mandats de paiement.</td><td></td><td></td><td></td></tr>
<tr><td colspan="2">LIEUX ou les PAIEMENTS ONT ÉTÉ EFFECTUÉS.</td><td rowspan="2">NOMS DES ORDONNATEURS secondaires signataires des mandats.</td><td rowspan="2">NUMÉROS des MANDATS.</td><td rowspan="2">OBJET.</td><td rowspan="2">SOMMES.</td><td></td><td></td><td></td></tr>
<tr><td>Divisions militaires.</td><td>Départements.</td><td></td><td></td><td></td></tr>
<tr><td></td><td></td><td></td><td></td><td></td><td></td><td></td><td></td><td></td></tr>
<tr><td colspan="6">2° Rectifications . . . . . . {</td><td></td><td></td><td></td></tr>
<tr><td colspan="6">3° Trop perçu d'après le décompte de libération de la feuille de journées de l'année 48 .</td><td></td><td></td><td></td></tr>
<tr><td colspan="6">Totaux généraux du crédit et du débit. . . . . . .
Report du total général du (1)   . . . .</td><td></td><td></td><td></td></tr>
<tr><td colspan="6">Partant il a été perçu. . . . . { en moins. . . . .
{ en plus. . . . .</td><td></td><td></td><td></td></tr>
<tr><td colspan="6">(1) Crédit ou débit.</td><td></td><td></td><td></td></tr>
</table>

Fait et arrêté le présent décompte de libération, duquel il résulte qu'il a été perçu en (1) la somme de

A   , le   18 .

Le Capitaine-major   (2)   *militaire,*

CERTIFIÉ par nous, Intendant militaire (3)   la présente feuille de journées, qui (4)

SAVOIR :

(1) Moins ou trop.
(2) Sous-Intendant ou adjoint à l'Intendance.
(3) La • division.
(4) N'a donné lieu à aucun redressement, ou bien a donné lieu aux redressements indiqués dans la feuille de rectification transcrite ci-après.

DÉTAIL DES MOTIFS DES AUGMENTATIONS ET DES DIMINUTIONS.	MONTANT	
	des augmentations	des diminutions.

A   , le   18 .

L'Intendant militaire,

N° **64.** *Circulaire du Ministre de la guerre (aux Généraux commandant les divisions militaires) qui prescrit l'adoption d'une formule d'incorporation des gardes nationaux mobiles, le numérotage des départements, et l'inscription du numéro de chaque département sur les pompons du képi. (Bureau de la Garde nationale mobile.)*

17 février 1869.

Général, quelques capitaines – majors de la garde nationale mobile ont conçu des doutes sur la manière dont il convenait de libeller à la quatrième page du livret l'incorporation des gardes nationaux mobiles.

Il y a lieu d'adopter pour cet objet, selon le cas, la formule ci-après :

1° Appelé du département d (classe de). { Libéré par son numéro de tirage; ou exempté par le conseil de révision, par application des n°s 3, 4, 5, 6 et 7 de l'article 13 de la loi du 21 mars 1832; ou remplacé devant le conseil de révision ou devant le conseil d'administration du

2° Engagé volontaire le département d 18 , à pour an;

3° Remplaçant du sieur (nom et prénoms), garde national mobile du département de classe de

Les capitaines-majors établiront les livrets des hommes qui, tout en résidant dans d'autres départements que celui dont ils administrent la garde nationale mobile, appartiennent cependant à ce département, et ils adresseront ces livrets aux capitaines-majors des départements dans lesquels habitent les hommes absents de leur département d'origine. — Il ne sera pas établi de livrets pour les hommes résidant à l'étranger.

Il convient également d'adopter pour le service de la garde nationale mobile un numérotage uniforme des départements, et le mode le plus rationnel m'a paru être celui de l'ordre alphabétique déjà adopté pour le service du recrutement; j'ai, en conséquence, décidé que les départements seraient numérotés comme il suit, et que les pompons de tous les gardes nationaux mobiles du même département porteraient le numéro de ce département, savoir :

NUMÉROS d'ordre.	DÉPARTEMENTS.	NUMÉROS d'ordre.	DÉPARTEMENTS.	NUMÉROS d'ordre.	DÉPARTEMENTS.
1	Ain.	31	Garonne (Haute-).	61	Orne.
2	Aisne.	32	Gers.	62	Pas-de-Calais.
3	Allier.	33	Gironde.	63	Puy-de-Dôme.
4	Alpes (Basses-).	34	Hérault.	64	Pyrénées (Basses-).
5	Alpes (Hautes-).	35	Ille-et-Vilaine.	65	Pyrénées (Hautes-).
6	Alpes-Maritimes.	36	Indre.	66	Pyrénées-Orientales.
7	Ardèche.	37	Indre-et-Loire.	67	Rhin (Bas-).
8	Ardennes.	38	Isère.	68	Rhin (Haut-).
9	Ariége.	39	Jura.	69	Rhône.
10	Aube.	40	Landes.	70	Saône (Haute-).
11	Aude.	41	Loir-et-Cher.	71	Saône-et-Loire.
12	Aveyron.	42	Loire.	72	Sarthe.
13	Bouches-du-Rhône.	43	Loire (Haute-).	73	Savoie.
14	Calvados.	44	Loire-Inférieure.	74	Savoie (Haute-).
15	Cantal.	45	Loiret.	75	Seine.
16	Charente.	46	Lot.	76	Seine-Inférieure.
17	Charente-Inférieure.	47	Lot-et-Garonne.	77	Seine-et-Marne.
18	Cher.	48	Lozère.	78	Seine-et-Oise.
19	Corrèze.	49	Maine-et-Loire.	79	Sèvres (Deux-).
20	Corse.	50	Manche.	80	Somme.
21	Côte-d'Or.	51	Marne.	81	Tarn.
22	Côtes-du-Nord.	52	Marne (Haute-)	82	Tarn-et-Garonne.
23	Creuse.	53	Mayenne.	83	Var.
24	Dordogne.	54	Meurthe.	84	Vaucluse.
25	Doubs.	55	Meuse.	85	Vendée.
26	Drôme.	56	Morbihan.	86	Vienne.
27	Eure.	57	Moselle.	87	Vienne (Haute-).
28	Eure-et-Loir.	58	Nièvre.	88	Vosges.
29	Finistère.	59	Nord.	89	Yonne.
30	Gard.	60	Oise.		

Vous voudrez bien communiquer ces dispositions aux capitaines-majors sous vos ordres, et leur faire connaître en même temps que les imprimés de contrôle de compagnie qu'ils ont reçus ou qu'ils vont recevoir, et qu'ils doivent remettre aux capitaines, après les avoir remplis en ce qui les concerne, représentent pour chaque compagnie un cahier destiné à contenir l'effectif des cinq classes et que, par conséquent, ils doivent avoir soin de réserver, pour chaque compagnie, après avoir établi le contrôle des compagnies des classes 1864, 1865, 1866 et 1867, le nombre de feuillets nécessaires à l'établissement du contrôle qu'ils auront à adresser ultérieurement aux capitaines pour les hommes de la classe de 1868 affectés à leur compagnie.

De nouveaux contrôles pour cinq classes seront successivement adressés de cinq ans en cinq ans aux capitaines-majors, et ils ne devront, chaque année, faire emploi que du cinquième de chacun de ces cahiers pour l'établissement du contrôle de compagnie à adresser à chaque capitaine.

Recevez, etc.,

Le Maréchal de France, Ministre de la guerre,
NIEL.

N° 65. *Tableaux des circonscriptions de recrutement des bataillons, compagnies et batteries de la garde nationale mobile dans le 2e corps d'armée.*

23 février 1869.

Voir l'*Appendice*, à la fin du volume.

N° 66. *Extrait d'une circulaire du Ministre de la guerre (aux diverses autorités militaires, aux Préfets et aux Sous-Préfets) relative à la formation du contingent de l'armée et de la garde nationale mobile.* (Bureau du Recrutement.)

25 février 1869.

Messieurs..... Les conseils de révision (dont les opérations commenceront le 15 mars 1869), procéderont à la formation du contingent de l'armée et de celui de la *Garde nationale mobile* (1).

SÉANCES DES CONSEILS DE RÉVISION.

Après avoir arrêté et signé la liste du contingent de l'armée dans chaque canton, le conseil de révision procédera à la formation du contingent de la garde nationale mobile, conformément aux règles tracées par l'Instruction du 1er mai 1868.

La même séance pourra être consacrée à ces deux opérations; mais il importe qu'elles soient distinctes l'une de l'autre, comme sont distincts entre eux le service de l'armée et celui de la garde nationale mobile. C'est pour ce motif que j'appelle particulièrement l'attention des présidents des conseils de révision sur la stricte exécution des prescriptions de l'article 28 de la loi du 21 mars 1832.

Il devra d'ailleurs être dressé, pour chaque opération, un procès-verbal séparé.

VISITE DES JEUNES GENS.

Les jeunes gens appelés à faire partie du contingent de la garde nationale mobile seront tous convoqués devant le conseil de

---

(1) Extrait du décret du 24 février 1869 relatif à la répartition du contingent de la classe de 1868.

« ART. 4. Lorsque le conseil de révision aura terminé, dans chaque canton, ses opé
« rations, en ce qui concerne la formation du contingent de l'armée, il procédera, confor
« mément à l'article 4 de la loi du 1er février 1868, à la formation du contingent de la
« garde nationale mobile. »

révision ; mais il ne sera procédé à la visite que de ceux qui allégueraient une infirmité pour se faire exempter. (Circulaire du 26 mai 1868.)

Les *Commissions de visite* instituées, par décision du 27 mars 1862, dans les principaux centres de population de l'Algérie examineront les jeunes gens en résidence dans la colonie et susceptibles d'être compris dans le contingent de la garde nationale mobile, de la même manière qu'elles ont examiné jusqu'à ce jour ceux qui étaient appelés à faire partie du contingent de l'armée.

Je rappelle que le minimum de la taille exigée des jeunes gens appelés à faire partie du contingent de l'armée et de celui de la garde nationale mobile est de 1^m,55.

Les jeunes gens exemptés en vertu des paragraphes numérotés 3°, 4°, 5°, 6° et 7° de l'article 13 de la loi du 21 mars 1832 entrant dans la composition de la garde nationale mobile, tandis que ceux qui se trouvent dans les cas prévus par les paragraphes numérotés 1° et 2° (défaut de taille et infirmités) sont exemptés de ce service, les préfets feront comprendre aux jeunes gens qui auraient simultanément des droits à l'exemption pour défaut de taille ou infirmité et pour une des autres causes spécifiées par l'article 13, qu'il importe pour eux de se présenter devant le conseil de révision, afin de faire prononcer de préférence l'exemption qui aura pour effet de les soustraire à toute obligation de service.

Les jeunes gens désignés par les numéros pour faire partie de la garde nationale mobile, lorsqu'ils ne se présenteront pas ou ne se feront pas représenter, seront inscrits d'office sur les listes de cette garde.

DISPENSES. — GARDE NATIONALE MOBILE.

Le décret du 29 avril 1862 a distrait le service de la pêche de l'Administration des forêts. Ce service relève, depuis cette époque, du ministère des travaux publics, et, dans chaque département, il est confié à l'ingénieur en chef des ponts et chaussées ; c'est donc à ce fonctionnaire qu'il appartient de délivrer aux gardes-pêches le certificat constatant leur droit à la dispense, et non au conservateur des eaux et forêts de l'arrondissement, ainsi que l'indiquait l'Instruction du 1er mai 1868.

La liste des dispensés de la garde nationale mobile fera connaître les noms et prénoms des jeunes gens, les cantons auxquels ils appartiennent, ainsi que les motifs pour lesquels ils ont été dispensés.

Les hommes appelés à faire partie de la garde nationale mobile qui serviraient dans l'armée à titre de remplaçants de leurs frères, n'étant pas expressément désignés par la loi comme devant être déduits du contingent, seront annotés comme se trouvant déjà sous les drapeaux et figureront sur la liste des dispensés, après ceux qui auront obtenu la dispense en vertu de l'article 14 de la loi du 21 mars 1832 et de l'article 4 de la loi du 1er février 1868.

La liste des dispensés de la garde nationale mobile sera conservée à la préfecture, et le préfet aura soin de se tenir au courant des modifications qui pourraient survenir dans la position des dispensés, afin de signaler à l'autorité militaire et de faire immatriculer sur les listes de la garde nationale mobile ceux qui auraient perdu leur droit à la dispense.

SOUTIENS DE FAMILLE. — GARDE NATIONALE MOBILE.

La loi du 1er février 1868 dispose que les conseils de révision dispenseront, à titre de soutiens de famille et jusqu'à concurrence de 10 p. 100, ceux qui auront le plus de titres à la dispense.

Le conseil de révision réunira pendant la tournée tous les éléments destinés à servir à la formation de la liste des soutiens de famille.

La proportion de 10 p. 100 fixée par la loi doit être établie sur le chiffre des jeunes gens disponibles, c'est-à-dire déduction faite des exemptés et des dispensés.

La liste des soutiens de famille de la garde nationale mobile indiquera les noms et prénoms des jeunes gens, les cantons dont ils font partie et la position de famille qui a motivé la faveur dont ils ont été l'objet. Elle sera classée dans les bureaux de la préfecture, et lorsque des jeunes gens auront cessé d'être les soutiens de leur famille, ils seront signalés par les soins des préfets à l'autorité militaire.

RÉUNION DES LISTES. — GARDE NATIONALE MOBILE.

Après l'établissement de la liste du contingent de l'armée, le conseil de révision procédera à la formation du contingent de la garde nationale mobile.

A cet effet, il sera dressé par le préfet quatre listes distinctes des jeunes gens portés sur les listes cantonales.

Ces listes comprendront :

La première, les jeunes gens qui auront été définitivement inscrits comme disponibles dans le contingent de la garde nationale mobile ou leurs substituants (modèle n° 1 annexé à la circulaire du 14 mai 1868) (1) ;

La seconde, les exemptés ;

La troisième, les dispensés ;

La quatrième, les soutiens de famille.

La première liste formera la liste départementale.

Les remplacés entrant dans la composition de la garde nationale mobile et n'étant point encore connus au moment où se termine la tournée, la liste des soutiens de famille sera complétée à 10 p. 100, suivant la proportion fixée par l'article 4 de la loi du 1er février 1868, lorsque le conseil de révision aura statué sur les remplace-

---

(1) Voir page 95.

ments. Cette dernière opération devra s'effectuer le plus promptement possible.

Après avoir fait porter les remplacés sur la liste du contingent départemental, le préfet en adressera des copies au sous-intendant militaire, ainsi qu'au commandant du dépôt de recrutement.

J'invite les préfets à se conformer, pour l'établissement de ladite liste, au modèle annexé à la circulaire du 14 mai 1868 (1). Elle est destinée à servir de matricule aux capitaines-majors, et il importe qu'elle soit dressée d'une manière uniforme dans tous les départements de l'Empire.

Pour la confection des diverses listes dont il a été question ci-dessus, un sous-officier de recrutement sera mis, s'il y a lieu, par le commandant du dépôt, à la disposition du préfet du département.

Un extrait de la liste du contingent départemental, en ce qui concerne la garde nationale mobile, sera publié et affiché dans chaque commune.

Recevez, etc.,

Le Maréchal de France, Ministre de la guerre,
NIEL.

N° 67. *Circulaire du Ministre de la guerre (aux Généraux commandant les divisions territoriales) prescrivant de provoquer dans les corps de l'armée des propositions pour le grade de capitaine dans la garde nationale mobile.* (Bureau de la Garde nationale mobile.)

27 février 1869.

Général, je désirerais comprendre dans l'organisation de la garde nationale mobile le plus grand nombre possible de capitaines de l'armée. Les propositions qui me sont faites pour les départements des 1er, 2e et 3e corps d'armée, en vertu de l'article 126 de l'instruction sur les inspections générales, communes à toutes les armes, ne m'offrant pas, sous ce rapport, des ressources suffisantes, je vous invite à provoquer, d'urgence, de nouvelles candidatures dans les corps de toutes armes stationnés dans l'étendue de votre commandement.

Ces propositions seront établies en faveur de capitaines *ayant trente ans de service* ou *étant dans leur trentième année;* ces derniers devront consentir à ne toucher, jusqu'à leur retraite, que l'indemnité de service attribuée au grade dans la garde nationale mobile.

Les candidats devront être parfaitement notés, avoir conservé l'activité nécessaire pour faire un bon service, être, autant que

---

(1) Voir page 95.

possible, du pays dans lequel ils aspirent à obtenir un commandement, qui leur deviendra ainsi plus facile.

Les capitaines peuvent servir dans la garde nationale mobile
jusqu'à l'âge de soixante ans.

Vous rappellerez aux chefs de corps, chargés de provoquer des
candidatures, que les cadres de la garde nationale mobile ne sont
soldés qu'en cas d'appel à l'activité, mais que les capitaines ont
droit à une indemnité spéciale de service de 1,000 francs pour
l'infanterie, plus 120 francs de frais de bureau, et de 1,200 francs
pour l'artillerie, plus 120 francs de frais de bureau.

Je ne fixe pas de limites de nombre pour ces propositions. Les
mémoires de proposition individuels, contenant les notes du co-
lonel, du général commandant la subdivision et du général commandant la division, seront accompagnés de l'état de services.

Chaque mémoire de proposition mentionnera d'une manière très-
apparente la résidence demandée par le capitaine et les motifs qui
la lui font demander.

Vous m'adresserez, directement et dans le plus bref délai possible, ces propositions pour toute votre division, en ayant soin de
faire classer toutes celles applicables aux départements du 1ᵉʳ corps
d'armée, et de celles applicables aux départements des 2ᵉ et 3ᵉ
corps d'armée.

Recevez, etc.

Le Maréchal de France, Ministre de la guerre,
NIEL.

N° 68. *Décision du Ministre de la guerre qui attribue le* hausse-
col, *comme signe de service, aux officiers d'artillerie de la garde
nationale mobile.* (Bureau de l'Habillement.)

15 mars 1869.

Le maréchal de France, Ministre secrétaire d'Etat de la guerre,
a décidé, le 15 mars 1869, que le signe de service pour les officiers
de l'artillerie de la garde nationale mobile, sera le *hausse-col*,
comme pour les officiers de l'infanterie de la même garde.

Le hausse-col affecté aux officiers d'infanterie par l'article 66 de
la description de l'uniforme de la garde nationale mobile en date
du 15 mai 1868 (1) doit, en conséquence, être ajouté aux objets
d'équipement dont l'usage est prescrit, pour les officiers d'artillerie, par l'article 98 de la même description.

---

(1) N° 17, pages 112 et 129 du présent volume.

N° 69. *Circulaire du Ministre de la guerre (aux diverses autorités militaires) relative à l'envoi de registres et d'états pour le service de la garde nationale mobile.* (Bureau de la Garde nationale mobile.)

30 mars 1869.

Messieurs, par dépêche-circulaire du 16 février dernier, j'ai envoyé des exemplaires de modèles d'états à l'usage des capitaines-majors, destinés à la constatation des paiements faits à la garde nationale mobile.

J'ai également fait parvenir les livrets des hommes de la classe de 1867 dont l'envoi était annoncé par ma circulaire du 19 janvier dernier; l'expédition des contrôles de compagnies à établir par les soins des capitaines-majors, pour être transmis par eux aux capitaines de compagnies, est partout en cours d'exécution.

Pour faire suite à ces divers envois, je vous préviens que j'adresse aux capitaines-majors des départements compris dans votre division un certain nombre de registres dont le détail suit :

Etat des gardes nationaux mobiles liés au service comme engagés volontaires ou comme rengagés.

Cet état a déjà été envoyé aux capitaines-majors des 5e et 6e divisions militaires pour servir à l'inscription des hommes engagés dans les compagnies de francs-tireurs et à ceux du département de la Seine pour l'inscription des sergents-majors qui, aux termes des règlements, doivent contracter des engagements. Il est bien entendu que, dans tous les autres départements, il ne doit être reçu aucun engagement, sauf pour les gradés, tant qu'une décision ministérielle ne les aura pas ouverts au titre de la garde nationale mobile, ce qui n'aura lieu qu'après la nomination des capitaines et des chefs de bataillon, chargés, les premiers, d'établir, et les derniers de viser le certificat d'acceptation exigé des engagés volontaires.

Registre des recettes et consommations. (A déjà été envoyé aux capitaines-majors de la Seine.)

Registre des comptes ouverts avec les compagnies et batteries. (Même observation.)

Registre des effets d'habillement et de petit équipement délivrés à titre gratuit pour être remis en service. (Même observation.)

Livret d'armement.

Contrôle général des armes.

Registre des réparations d'armes.

Livret de munitions.

Etat sommaire récapitulatif des effets d'habillement et d'équipement distribués aux compagnies et batteries pendant l'année.

Etat sommaire récapitulatif des effets d'habillement et d'équipement réintégrés en magasin par les compagnies et batteries pendant l'année.

Ces deux derniers états doivent être faits à la main ou imprimés par les soins et aux frais des capitaines-majors.

Indépendamment des registres destinés à ces officiers, il en est quelques-uns qui doivent être tenus par les chefs de bataillon et par les capitaines commandant les compagnies et batteries.

Les deux suivants :

Registre du personnel des officiers ;

Registre matricule des officiers,

sont tenus par les chefs de bataillon d'infanterie et par les officiers supérieurs commandant les circonscriptions d'artillerie. Ils ont été envoyés aux officiers de ce grade nommés dans les 1er et 3e corps d'armée. Ceux du 2e corps vont les recevoir, et ils seront adressés, sans autre avis, dans les autres corps d'armée, au fur et à mesure de la nomination des chefs de bataillon.

Il sera procédé de la même manière à l'égard des registres destinés aux capitaines de compagnie ou de batterie, savoir :

Registre des effets d'équipement et d'armement reçus et distribués ;

Registre de punitions des sous-officiers et soldats.

Ces registres, dont le premier seul a déjà été envoyé aux capitaines de compagnie ou de batterie du département de la Seine, seront également envoyés aux capitaines des autres départements, au fur et à mesure de la nomination de ces officiers.

L'impression des formules jointes à la circulaire du 16 février et applicables aux justifications de paiement est, ainsi qu'il a déjà été indiqué, à la charge des capitaines-majors, ainsi que celle des formules d'état d'effets distribués aux compagnies et batteries pendant l'année et d'état d'effets réintégrés en magasin. Les modèles d'états applicables au service intérieur à l'usage des divers grades et qui figureront à la suite du règlement de service seront également ment faits à la main ou imprimés aux frais des officiers chargés de les établir.

Tous les autres documents dont l'énumération précède seront fournis aux intéressés au compte du budget de mon département, et les modèles en seront aussi insérés au *Journal militaire.* Leur durée sera nécessairement subordonnée à l'effet variable des compagnies ou batteries ; mais afin que leur remplacement puisse être assuré, quand il y aura lieu, en temps utile, par mon département, il conviendra que la nécessité m'en soit signalée spécialement pour chaque formule, au moins trois mois à l'avance, par demande de fournitures faite par les intéressés, visée par le sous-intendant, qui devra me parvenir par votre intermédiaire.

Les dépenses auxquelles ces fournitures donnent lieu étant considérables, il ne m'est pas possible, en dehors des envois faits aux intéressés, de mettre des collections de ces formules diverses à la disposition des états-majors des divisions, ni à celle des intendants et sous-intendants.

L'insertion qui en sera faite ultérieurement, comme je viens de le dire, au *Journal militaire*, en constituera notification.

Recevez, etc.,

Le Maréchal de France, Ministre de la guerre,
NIEL.

N° 70. *Circulaire du Ministre de la guerre (aux diverses autorités militaires) relative à l'habillement des gardes nationaux mobiles* (1). (Bureau de la Garde nationale mobile.)

30 mars 1869.

Messieurs, aux termes des paragraphes 4 et 5 du chapitre IV (Habillement) de l'instruction du 28 mars 1868, sur l'organisation de la garde nationale mobile, « les jeunes gens qui entrent dans « cette garde, aux lieu et place des gardes nationaux qui les ont « remplacés dans le contingent de l'armée, sont tenus de s'habiller « et de s'équiper à leurs frais, et versent, à ce titre, dans les « caisses du Trésor, la valeur représentative des effets qu'ils « reçoivent, aux prix déterminés par le tarif.

« La même disposition est applicable aux gardes nationaux mo- « biles qui se font remplacer dans le cas prévu par le paragraphe 2 « de l'article 7 de la loi du 1er février 1868, à moins que le remplacé « ne fasse à son remplaçant la remise de tous les effets dont il est « pourvu, de telle sorte qu'il ne résulte de cette substitution de « personne aucune charge nouvelle pour l'Etat. »

J'ai arrêté les dispositions suivantes pour l'exécution de ces deux prescriptions :

Le taux de la somme à verser au Trésor, par les gardes nationaux mobiles qui se font remplacer dans les conditions déterminées par les paragraphes 4 et 5 de l'instruction du 28 mars, est fixé à 45 francs pour l'infanterie et à 50 francs pour l'artillerie.

Ce versement est opéré après la passation de l'acte de remplacement. Le récépissé est adressé au Ministre par l'intermédiaire du sous-intendant militaire chargé du service du recrutement dans la localité, lequel délivre à l'intéressé une attestation de versement ;

---

(1) Voir la note du 11 mai 1869 et la circulaire du 28 mai suivant (2e volume pages 6 et 15).

celui-ci représente cette attestation au capitaine-major de sa circonscription, qui lui fait alors délivrer les effets d'habillement.

« *Les hommes auxquels est applicable l'article 6 (paragraphe 2) de la loi du 1er février 1868, qui dispose que tout homme, remplacé dans l'armée par un garde national mobile, est tenu de s'habiller et de s'équiper à ses frais, comme garde national mobile, se divisent en deux catégories :*

« *1° Les jeunes gens compris dans le contingent de l'armée, mais remplacés avant leur incorporation;*

« *2° Les militaires de l'armée active ou de la réserve remplacés après incorporation et appartenant à la classe de 1867 ou aux classes suivantes, les remplacés des classes antérieures ne faisant pas partie de la garde nationale mobile.* »

« *Les uns et les autres sont tenus de s'habiller et de s'équiper à leurs frais dans la garde nationale mobile, du moment que leurs remplaçants faisaient partie de cette garde et quand même ceux-ci n'auraient pas encore été habillés. Les militaires de l'armée active ou de la réserve remplacés après incorporation doivent, en outre, payer l'indemnité d'habillement de leur remplaçant dans l'armée, conformément aux règlements en vigueur à cet égard (1).* »

Pour l'exécution des présentes dispositions, qui seront d'une application rigoureuse pour tous les hommes de l'armée qui, à partir de ce jour, remplaceront dans la garde nationale mobile, il est indispensable que les conseils d'administration des corps de troupe signalent aux capitaines-majors les militaires sortant de l'armée par remplacement au corps et dont les remplaçants appartiennent à la garde nationale mobile. Cet avis, dont la prescription faisait déjà l'objet d'un des paragraphes de ma circulaire du 15 octobre 1868 (2), doit être donné au moyen d'un bulletin individuel contenant les renseignements sur l'état civil, le signalement, les services militaires accomplis et le montant de la somme versée pour l'habillement.

Ces prescriptions ont déjà été renouvelées sans que les corps s'y soient jusqu'ici exactement conformés.

Quant aux hommes remplacés dans l'armée, soit *avant*, soit après incorporation, par des hommes *pris en dehors* de la garde nationale mobile, ils ne peuvent être obligés, s'ils entrent dans la garde nationale mobile, de s'habiller et de s'équiper à leurs frais, ni de verser au Trésor l'indemnité représentative de leur habillement.

Les hommes de la garde nationale mobile qui se font remplacer dans cette garde, dans les cas prévus par l'article 7 (paragraphe 2) de la loi du 1er février 1868, doivent l'indemnité d'habillement de leurs remplaçants, telle qu'elle est fixée par le tarif ci-dessus, à moins qu'ils ne fassent à ceux-ci la remise de tous leurs effets.

---

(1) Les paragraphes, reproduits en lettres italiques, sont conformes aux indications de la note rectificative du 11 mai 1869.

(2) **Voir page 163.**

Enfin, comme complément à ces prescriptions relatives au service de l'habillement, je crois aussi devoir vous faire connaître que j'ai décidé que les hommes qui, au moment de leur entrée dans la garde nationale mobile, se trouveront *à demeure* dans un autre département que celui de leur domicile, devront recevoir les effets d'habillement et d'équipement du capitaine-major de leur résidence actuelle, afin d'éviter des frais de transport inutiles et de faciliter le service. Le capitaine-major du département du domicile devra recevoir avis de ces distributions et en tenir compte.

Vous tiendrez particulièrement la main à ce que, dans l'avenir, les conseils d'administration des corps fournissent scrupuleusement aux capitaines-majors de la garde nationale mobile les indications qu'ils leur doivent et qui intéressent au premier degré la régularité de leurs écritures, et vous veillerez, chacun en ce qui vous concerne, à l'exécution des dispositions qui précèdent, lesquelles devront être portées à la connaissance des capitaines-majors.

Recevez, etc.,

Le Maréchal de France, Ministre de la guerre,
NIEL.

N° 71. *Circulaire du Ministre de la guerre (aux Généraux commandant les divisions territoriales) portant que les capitaines-majors et les capitaines de compagnie de la garde nationale mobile ne doivent réclamer le concours de la gendarmerie qu'avec la plus grande réserve.* (Bureau de la Garde nationale mobile.)

2 avril 1869.

Général, j'ai été consulté sur la mesure dans laquelle les capitaines-majors de la garde nationale mobile et les capitaines de compagnie ou de batterie pouvaient être autorisés à réclamer le concours de la gendarmerie, tant pour les renseignements à prendre sur la position des gardes nationaux mobiles, qu'en ce qui concerne la convocation des hommes aux exercices et aux réunions.

Aux termes de l'instruction du 28 mars 1868, les ordres des capitaines de compagnie ou de batterie pour la convocation des gardes nationaux mobiles doivent être portés au maire de la commune où ils résident par la gendarmerie du chef-lieu de canton. D'un autre côté, la gendarmerie de chaque canton doit informer le capitaine de la compagnie ou de la batterie des mutations, condamnations, etc., des hommes de la compagnie ou batterie.

En vue de l'application de ces dispositions, la correspondance en franchise avec les commandants de gendarmerie a été accordée aux capitaines-majors et aux capitaines de compagnie ou de batterie

(Décisions du Ministre des finances de juin 1868 (1) et de février 1869) (2); mais il importe essentiellement qu'afin d'éviter de compliquer outre mesure, le service de la gendarmerie dont les obligations sont déjà si multipliées, les capitaines-majors, comme les capitaines de compagnie, ne réclament son concours qu'avec la plus grande réserve, et seulement en cas de nécessité absolue.

Vous voudrez bien adresser à ces officiers des instructions expresses à cet égard. Vous leur rappellerez qu'aux termes des décisions précitées, ils ont également la franchise avec les maires. C'est à ces derniers que, dès à présent, ils doivent de préférence s'adresser pour les renseignements à demander sur le compte de leurs administrés.

Lorsque l'organisation sera assez avancée pour qu'il puisse être procédé à l'instruction des hommes, les capitaines devront user du droit de franchise qui leur est accordé pour envoyer directement aux maires les lettres de convocation aux exercices, dans toutes les circonstances où la gendarmerie ne pourrait profiter de sa tournée de communes pour porter ces lettres de convocation.

Je vous invite à veiller à l'exécution de ces prescriptions.

Recevez, etc.,

Le Maréchal de France, Ministre de la guerre,
NIEL.

N° 72. *Décision du Ministre de la guerre qui modifie l'uniforme de la compagnie de francs-tireurs volontaires de Mirecourt (Vosges).* (Bureau de l'Habillement.)

24 avril 1869.

Le Maréchal de France, Ministre de la guerre, a autorisé la compagnie des francs-tireurs volontaires de Mirecourt (Vosges) à remplacer, par une blouse et un pantalon de toile brune, la blouse et le pantalon de toile grise adoptés antérieurement pour l'uniforme de cette compagnie, d'après la description approuvée le 22 juillet 1868.

N° 73. *Tableaux des circonscriptions de recrutement des bataillons, compagnies et batteries de la garde nationale mobile dans le 4° corps d'armée.*

26 avril 1869.

Voir l'*Appendice*, à la fin du volume.

---

(1) Voir la note du Ministre de la guerre, en date du 27 juin 1868, page 144.
(2) Voir la note du Ministre de la guerre, en date du 6 février 1869, page 190.

N° 74. *Circulaire du Ministre de la marine (aux diverses autorités maritimes) relative à l'incorporation dans la garde nationale mobile des jeunes gens des classes de 1867 et suivantes qui se sont fait remplacer dans l'armée. (Bulletin officiel de la marine, n° 12, p. 346.)*

30 avril 1869.

Messieurs, une circulaire du Ministre de la guerre, en date du 9 octobre 1868, rendue applicable à la marine le 27 du même mois (*Bulletin*, pages 158 et 168), a tracé la marche à suivre pour les avis à donner aux commandants des dépôts de recrutement lors des remplacements d'hommes sous les drapeaux par des jeunes gens appartenant à la garde nationale mobile.

L'article 4 de la loi du 1er février 1868, prescrivant, d'une façon générale, l'incorporation dans la garde nationale mobile des jeunes gens des classes 1867 et suivantes, qui se font remplacer par des hommes appartenant ou non à cette garde, il y a lieu, dans tous les cas, d'informer les commandants des dépôts de recrutement des départements dans lesquels les remplacés auront concouru au tirage au sort.

Afin d'éviter toute incertitude à cet égard, j'ai décidé, après m'être concerté avec M. le Ministre de la guerre, que les dispositions de la circulaire précitée du 9 octobre 1868 seront applicables à tous les cas de remplacement des jeunes soldats des classes 1867 et suivantes.

Je vous recommande de veiller à ce que la plus grande exactitude soit apportée dans l'exécution de cette décision.

Recevez, etc.,

L'Amiral, Ministre de la marine et des colonies,
RIGAULT DE GENOUILLY.

APPENDICE

TABLEAUX

DES

CIRCONSCRIPTIONS DE RECRUTEMENT

DES

BATAILLONS, COMPAGNIES ET BATTERIES

DE LA

GARDE NATIONALE MOBILE

APPENDICE

TABLEAUX

DE LA RÉPARTITION DE RÉCOMPENSE

ENTRE LES CONSCRITS ET MILITAIRES

DE LA

GARDE NATIONALE MOBILE

1er CORPS D'ARMÉE.

—

TABLEAUX

Des circonscriptions de recrutement des bataillons, compagnies et batteries de la garde nationale mobile dans le 1er corps d'armée.

DÉPARTEMENTS.	BATAILLONS.	BATTERIES.
1re DIVISION MILITAIRE.		
Aube.	3 bataillons.	
Eure-et-Loir.	4 id.	
Loiret.	5 id.	
Oise.	4 id.	
Seine.	18 id.	5 batteries.
Seine-et-Marne.	4 id.	
Seine-et-Oise.	6 id.	3 id.
Yonne.	4 id.	
TOTAL.	48 bataillons.	8 batteries.
2e DIVISION MILITAIRE.		
Calvados.	4 bataillons.	1 batterie.
Eure.	3 id.	
Orne.	4 id.	
Seine-Inférieure.	5 id.	3 id.
TOTAL.	16 bataillons.	4 batteries.
TOTAL GÉNÉRAL.	64 bataillons.	12 batteries.

Ire DIVISION MILITAIRE.

DÉPARTEMENT DE L'AUBE. — 3 BATAILLONS.

BATAILLONS — Circonscriptions de recrutement.	Chefs-lieux.	Centres de réunion.	Numéros des compagnies ou batteries.	COMPAGNIES — Circonscriptions de recrutement.	Chefs-lieux.	Centres d'exercice.	Centres de réunion.	Observations.
1er BATAILLON								
Arrondissement d'Arcis-sur-Aube et de Nogent-sur-Seine.	Arcis-sur-Aube.	»	1re comp..	Canton d'Arcis-sur-Aube	Arcis.	Arcis, Herbisse, Voué.		
			2e id.	Id. de Chavanges	Chavanges.	Chavanges, Braux.	Pars.	
			3e id.	1/2 N. du canton de Méry-sur-Seine	Méry.	Méry, Plancy.	Plancy.	
			4e id.	1/2 S. du canton de Méry-sur-Seine	Méry.	Méry, Rilly-Sainte-Cyre.	Rilly-Sainte-Cyre.	
			5e id.	Canton de Ramerupt	Ramerupt.	Ramerupt, Lhuitre, Avant.		
			6e id.	Id. de Marcilly-le-Hayer	Marcilly.	Marcilly, Prunay.		
			7e id.	Id. de Nogent-sur-Seine / Id. de Villenauxe	Nogent.	Nogent, Fontenay / Villenauxe.	Nogent.	
			8e id.	Id. de Romilly-sur-Seine	Romilly.	Romilly, Origny.		
2e BATAILLON								
Arrondissement de Bar-sur-Aube et de Bar-sur-Seine.	Bar-sur-Aube.	»	1re comp..	Canton de Bar-sur-Aube	Bar-sur-Aube.	Bar, Baraville. / Brienne.	Baraville.	
			2e id.	Id. de Brienne / Id. de Soulaines	Brienne.	Soulaines, Chauménil, Fresnay.		
			3e id.	Id. de Vandeuvre	Vandeuvre.	Vandeuvre, Vauchonvilliers.	Vauchonvilliers.	
			4e id.	Id. de Bar-sur-Seine	Bar-sur-Seine.	Bar, Virey.	Virey.	
			5e id.	Id. de Chaource	Chaource.	Chaource, Prusy.		
			6e id.	Id. d'Essoyes	Essoyes.	Essoyes, Eguilly.		
			7e id.	Id. de Mussy-sur-Seine	Mussy.	Mussy, Courteron.	Courteron.	Les 7e et 8e comp. pourront être réunies aux Riceys.
			8e id.	Id. des Riceys	Les Riceys.	Les Riceys.	Les Riceys	
3e BATAILLON								
Arrondissement de Troyes.	Troyes.	»	1re comp..	Canton d'Aix-en-Othe	Aix.	Aix.	Aix.	
			2e id.	Id. de Bouilly / Id. d'Estissac	Bouilly.	Bouilly. / Estissac.		
			3e id.	Id. d'Ervy	Ervy.	Ervy.	Ervy.	
			4e id.	Id. de Lussigny	Lusigny.	Lusigny.	Lusigny.	
			5e id.	Id. de Pincy	Pincy.	Pincy.	Pincy.	
			6e id.	1er canton de Troyes	Troyes.	Troyes, Sainte-Maure.	Sainte-Maure.	Les 6e et 8e à Troyes.
			7e id.	2e id. de Troyes	Troyes.	Troyes, Saint-Lié.	Saint-Lié.	Les 6e, 7e et 8e à Bamberey.
			8e id.	3e id. de Troyes	Troyes.	Troyes.	Troyes.	

DÉPARTEMENT D'EURE-ET-LOIR. — 4 BATAILLONS.

BATAILLONS — Circonscriptions de recrutement.	Chefs-lieux.	Centres de réunion.	Numéros des compagnies ou batteries.	Circonscriptions de recrutement.	Chefs-lieux.	Centres d'exercice.	Centres de réunion.	Observations.
1er BATAILLON.								
Arrondissement de Chartres, (moins les cant. de Courville, Illiers et Maintenon).	Chartres.	»	1re comp.	Canton d'Auneau.	Auneau.	Auneau, Sainville.		Les 2e et 3e c** pourront être réunies à Chartres. Les 4e et 5e à Morancez.
			2e id.	1/2 du canton N. de Chartres.	Chartres.	Chartres.	Chartres.	
			3e id.	1/2 id. N. de Chartres.	Chartres.	Chartres.		
			4e id.	1/2 E. du canton S. de Chartres.	Chartres.	Chartres, Sours.	Morancez.	
			5e id.	1/2 O. id. S. de Chartres.	Chartres.	Chartres, Morancez.		
			6e id.	Canton de Janville.	Janville.	Janville, Rouvray.		
			7e id.	1/2 N. du canton de Voves.	Voves.	Voves, Boisville.	Boisville.	
			8e id.	1/2 S. id. de Voves.	Voves.	Voves, Fains.		
2e BATAILLON.								
Arrondissement de Châteaudun.	Châteaudun	»	1re comp.	1/2 E. du canton de Bonneval.	Bonneval.	Bonneval, Moriez.	Moriez.	Les 1re et 2e comp. à Moriez.
			2e id.	1/2 O. id. de Bonneval.	Bonneval.	Bonneval.	Bonneval	
			3e id.	Canton de Brou.	Brou.	Brou.	Brou.	
			4e id.	1/2 E. du canton de Châteaudun.	Châteaudun.	Châteaudun, Lutz.	Lutz.	
			5e id.	1/2 O. id. de Châteaudun.	Châteaudun.	Châteaudun.	Châteaudun.	
			6e id.	1/2 E. id. de Cloyes.	Cloyes.	Cloyes, Romilly.	Romilly.	
			7e id.	1/2 O. id. de Cloyes.	Cloyes.	Cloyes, Courtalin.	Courtalin.	
			8e id.	Canton d'Orgères.	Orgères.	Orgères, Loigny, Cormainville		
3e BATAILLON.								
Arrondissement de Dreux et le canton de Maintenon de l'arrondissement de Chartres.	Dreux.	»	1re comp.	Canton de Maintenon.	Maintenon	Maintenon, Armenonville.	Armenonville.	Les 5e et 6e comp. à Dreux.
			2e id.	Id. d'Anet.	Anet.	Anet, Rouvres.	Rouvres.	
			3e id.	Id. de Brézolles.	Brezolles.	Brezolles, Laon.		
			4e id.	Id. de Châteauneuf.	Châteauneuf.	Châteauneuf, Villette.	Villette.	
			5e id.	1/2 E. du canton de Dreux.	Dreux.	Dreux.	Dreux.	
			6e id.	1/2 O. id. de Dreux.	Dreux.	Dreux.		
			7e id.	Canton de la Ferté-Vidame. Id. de Senonches.	Senonches.	La Ferté-Vidame. Senonches.		
			8e id.	Id. de Nogent-le-Roi.	Nogent-le-Roi.	Nogent-le-Roi.	Nogent-le-Roi.	
4e BATAILLON.								
Arrondissement de Nogent-le-Rotrou et les cantons de Courville et Illiers de l'arrondissement de Chartres.	Nogent-le-Rotrou.	»	1re comp.	Canton de Courville.	Courville.	Courville.	Courville.	
			2e id.	1/2 E. du canton d'Illiers.	Illiers.	Illiers, Epeautrolles.	Epeautrolles.	
			3e id.	1/2 O. id. d'Illiers.	Illiers.	Illiers.	Illiers.	
			4e id.	1/2 E. id. d'Authon.	Authon.	Charbonnières.	Charbonnières.	
			5e id.	1/2 O. id. d'Authon.	Authon.	Authon.	Authon.	
			6e id.	Canton de la Loupe.	La Loupe.	La Loupe, Champrond.		
			7e id.	Id. de Nogent-le-Rotrou.	Nogent-le-Rotrou.	Nogent-le-Rotrou.	Nogent-le-Rotrou.	
			8e id.	Id. de Thiron-Gardais.	Thiron-Gardais.	Thiron-Gardais.	Thiron-Gardais.	

DÉPARTEMENT DU LOIRET. — 5 BATAILLONS.

CIRCONSCRIPTIONS DE RECRUTEMENT.	CHEFS-LIEUX.	CENTRES DE RÉUNION.	NUMÉROS des COMPAGNIES ou BATTERIES.	CIRCONSCRIPTIONS DE RECRUTEMENT.	CHEFS-LIEUX.	CENTRES D'EXERCICE.	CENTRES DE RÉUNION.	OBSERVATIONS.
1er BATAILLON								
Arrondissement de Gien et le canton de Châtillon-sur-Loing de l'arrondissement de Montargis.	Gien.	»	1re compag.	1/2 N. du canton de Briare	Briare	Briare, Ouzouer	Ouzouer.	
			2e id.	1/2 S. id. de Briare	Briare	Briare, Bonny	Bonny.	
			3e id.	Canton de Châtillon-sur-Loire	Châtillon-sur-Loire	Châtillon-sur-Loire	Châtillon-sur-Loire.	
			4e id.	1/2 N. du canton de Gien	Gien	Gien, les Chatelliers	Les Chatelliers.	
			5e id.	1/2 S. id. de Gien	Gien	Gien	Gien.	
			6e id.	Canton d'Ouzouer-sur-Loire	Ouzouer	Ouzouer, les Bordes.		
			7e id.	Id. de Sully-sur-Loire	Sully	Sully, Villemurlin	Villemurlin.	
			8e id.	Id. de Châtillon-sur-Loing	Châtillon	Châtillon, Montbouy.		
2e BATAILLON								
Arrondissement de Montargis moins le canton de Châtillon-sur-Loing.	Montargis.	»	1re compag.	Canton de Bellegarde	Bellegarde	Bellegarde	Bellegarde.	
			2e id.	Id. de Château-Renard	Château-Renard	Château-Renard	Château-Renard.	
			3e id.	Id. de Courtenay	Courtenay	Courtenay, Chantecoq	Chantecoq.	
			4e id.	1/2 E. du canton de Ferrières	Ferrières	Ferrières	Ferrières.	
			5e id.	1/2 O. id. de Ferrières	Corbeilles	Corbeilles	Corbeilles.	
			6e id.	Canton de Lorris	Lorris	Lorris, Thimory	Thimory.	
			7e id.	1/2 du canton de Montargis	Montargis	Montargis	Montargis.	Les 7e et 8e compagnies pourront être réunies à Montargis.
			8e id.	1/2 id. de Montargis	Montargis	Montargis		
3e BATAILLON								
Arrondissement d'Orléans (7 cantons).	Orléans.	»	1re compag.	Canton d'Artenay	Artenay	Artenay, Chevilly	Chevilly.	
			2e id.	Id. de Meung	Meung	Meung, Baccon	Baccon.	
			3e id.	Id. de Neuville	Neuville	Neuville, Loury	Loury.	
			4e id.	Id. O. d'Orléans	Orléans	Orléans	Orléans.	
			5e id.	Id. N.E. d'Orléans	Orléans	Orléans, Chécy	Chécy.	
			6e id.	1/2 du canton N.O. d'Orléans	Orléans	Orléans	Orléans.	Les 4e, 5e et 7e compagnies pourront être réunies à Orléans.
			7e id.	1/2 du canton N.O. d'Orléans	Orléans			
			8e id.	Canton de Patay	Patay	Patay, Saint-Péravy	Saint-Péravy.	
4e BATAILLON								
Arrondissement d'Orléans (7 cantons).	Orléans.	»	1re compag.	Canton de Beaugency	Beaugency	Beaugency	Beaugency.	
			2e id.	Id. de Châteauneuf-sur-Loire	Châteauneuf	Châteauneuf	Châteauneuf.	
			3e id.	Id. de Cléry	Cléry	Cléry	Cléry.	
			4e id.	Id. de la Ferté-Saint-Aubin	La Ferté	La Ferté, Vilette		
			5e id.	Id. de Jargeau	Jargeau	Jargeau, Vienne	Vienne.	
			6e id.	1/2 du canton E. d'Orléans	Orléans			Les 6e, 7e et 8e compagnies à Orléans.
			7e id.	1/2 du canton E. d'Orléans	Orléans	Orléans	Orléans.	
			8e id.	Canton S. d'Orléans	Orléans			

BATAILLONS.			COMPAGNIES	
CIRCONSCRIPTIONS DE RECRUTEMENT.	CHEFS-LIEUX.	CENTRES DE RÉUNION.	NUMÉROS des COMPAGNIES ou BATTERIES.	CIRCONSCRIPTIONS DE RECRUTEMENT.
				5e BATAILLON.
Arrondissement de Pithiviers.	Pithiviers.	»	1re compag.	1/2 du canton de Beaune-la-Rolande.
			2e id.	1/2 id. de Beaune-la-Rolande.
			3e id.	Canton de Malesherbes.
			4e id.	Id. d'Outarville.
			5e id.	1/3 du canton de Pithiviers.
			6e id.	1/3 id. de Pithiviers.
			7e id.	1/3 id. de Pithiviers.
			8e id.	Canton de Puiseaux.

DÉPARTEMENT DE

				1er BATAILLON.
Arrondissement de Beauvais.	Beauvais.	»	1re compag.	Canton d'Auneuil.
				Id. N. E. de Beauvais.
			2e id.	Id. S. O. de Beauvais.
			3e id.	Id. de Chaumont.
			4e id.	Id. de Coudray-Saint-Germer.
				Id. de Songeons.
			5e id.	Id. de Formerie.
				Id. de Grandvilliers.
			6e id.	Id. de Marseille.
				Id. de Méru.
			7e id.	Id. de Noailles.
			8e id.	Id. de Nivillers.
				2e BATAILLON.
Arrondissement de Clermont.	Clermont.	»	1re compag.	Canton de Breteuil.
			2e id.	Id. de Clermont.
			3e id.	Id. de Crévecœur.
			4e id.	Id. de Froissy.
			5e id.	Id. de Liancourt.
			6e id.	Id. de Maignelay.
			7e id.	Id. de Mouy.
			8e id.	Id. de Saint-Just-en-Chaussée.
				3e BATAILLON.
Arrondissement de Compiègne.	Compiègne.	»	1re compag.	Canton d'Attichy.
			2e id.	1/2 du canton de Compiègne.
			3e id.	1/2 du canton de Compiègne.
			4e id.	Canton d'Estrées-Saint-Denis.
				Id. de Guiscard.
			5e id.	Id. de Lassigny.
			6e id.	Id. de Noyon.
			7e id.	Id. de Ressons.
			8e id.	Id. de Ribecourt.

ET BATTERIES.			OBSERVATIONS.
CHEFS-LIEUX.	CENTRES D'EXERCICE.	CENTRES DE RÉUNION.	
Beaune-la-Rolande..	Beaune-la-Rolande..	Beaune-la-Rolande.	Les 1re et 2e compagnies à Beaune-la-Rolande.
Beaune-la-Rolande..	Beaune-la-Rolande..	Beaune-la-Rolande.	
Malesherbes.....	Malesherbes, Cevarville..	Cevarville.	
Outarville.....	Outarville, Faronville..	Faronville.	
Pithiviers.....			Les 5e, 6e et 7e à Arçoux.
Pithiviers.....	Pithiviers, Arçoux..	Arçoux.	
Pithiviers.....			
Puiseaux.....	Puiseaux......	Puiseaux.	

L'OISE. — 4 BATAILLONS.

Beauvais.....	Auneuil.		
Beauvais.....	Beauvais.	Beauvais.	
Chaumont.....	Chaumont.	Chaumont.	
Coudray-St.-Germer.	Coudray-Saint-Germer.		
	Songeons.		
Formerie.....	Formerie.	Formerie.	
Grandvilliers....	Grandvilliers.		
	Marseille.		
Méru.....	Méru.		
	Noailles.		
Nivillers.....	Nivillers.	Nivillers.	Les 2e et 8e compagnies pourront être réunies à Beauvais.
Breteuil.....	Breteuil.	Breteuil.	
Clermont.....	Clermont, Erquery.	Erquery.	
Crévecœur....	Crévecœur.	Crévecœur.	
Froissy.....	Froissy.	Froissy.	
Liancourt.....	Liancourt.	Liancourt.	
Maignelay.....	Maignelay.	Maignelay.	
Mouy.....	Mouy.	Mouy.	
Saint-Just.....	Saint-Just, Lieuviller..		
Attichy.....	Attichy.	Attichy.	Les 2e et 3e compagnies à Compiègne.
Compiègne.....	Compiègne.	Compiègne.	
Compiègne.....	Compiègne.		
Estrées-Saint-Denis..	Estrées-Saint-Denis.	Estrées-Saint-Denis.	
Guiscard.....	Guiscard.		
	Lassigny.		
Noyon.....	Noyon.	Noyon.	
Ressons.....	Ressons.	Ressons.	
Ribecourt.....	Ribecourt.	Ribecourt.	

CIRCONSCRIPTIONS DE RECRUTEMENT.	CHEFS-LIEUX.	CENTRES DE RÉUNION.	NUMÉROS des COMPAGNIES ou BATTERIES.	CIRCONSCRIPTIONS DE RECRUTEMENT.
				4e BATAILLON
Arrondissement de Senlis.	Senlis.....	»	1re comp.	Canton de Betz.
			2e id.	1/2 du canton de Creil.
			3e id.	1/2 id. de Creil.
			4e id.	Canton de Crépy.
			5e id.	Id. de Nanteuil-Haudouin.
			6e id.	Id. de Neuilly-en-Thelle.
			7e id.	Id. de Pont-Sainte-Maxence.
			8e id.	Id. de Senlis.

DÉPARTEMENT DE LA SEINE.

CIRCONSCRIPTIONS DE RECRUTEMENT.	CHEFS-LIEUX.	CENTRES DE RÉUNION.	NUMÉROS des COMPAGNIES ou BATTERIES.	CIRCONSCRIPTIONS DE RECRUTEMENT.
				1er BATAILLON.
1er arrondissement (du Louvre). (1re circonscription).	Paris.....	École militaire	1re comp.	Quartier Saint-Germain-l'Auxerrois.
			2e id.	1/4 N. E. du quartier des Halles.
			3e id.	1/4 N. O. id. des Halles.
			4e id.	1/4 S. E. id. des Halles.
			5e id.	1/4 S. O. id. des Halles.
			6e id.	1/2 E. id. du Palais-Royal.
			7e id.	1/2 O. id. du Palais-Royal.
			8e id.	Quartier de la place Vendôme.
				2e BATAILLON.
2e arrondissement (de la Bourse). (1re circonscription).	Paris.....	École militaire	1re comp.	Quartier Gaillon.
			2e id.	1/2 N. du quartier Vivienne.
			3e id.	1/2 S. id. Vivienne.
			4e id.	1/2 N. id. du Mail.
			5e id.	1/2 S. id. du Mail.
			6e id.	1/3 id. de Bonne-Nouvelle.
			7e id.	1/3 id. de Bonne-Nouvelle.
			8e id.	1/3 id. de Bonne-Nouvelle.
				3e BATAILLON.
3e arrondissement (du Temple). (1re circonscription).	Paris.....	Vincennes..	1re comp.	1/2 N. du quartier des Arts-et-Métiers
			2e id.	1/2 S. id. des Arts-et-Métiers.
			3e id.	1/2 id. des Enfants-Rouges
			4e id.	1/2 id. des Enfants-Rouges
			5e id.	1/2 E. id. des Archives.
			6e id.	1/2 O. id. des Archives.
			7e id.	1/2 E. id. de Sainte-Avoie.
			8e id.	1/2 O. id. de Sainte-Avoie.

NOTA.—Pour l'administration, la garde nationale mobile du département de la Seine est divisée en stitue la part d'attributions de chacun des trois capitaines-majors qui fonctionnent à l'hôtel impérial

CHEFS-LIEUX.	CENTRES D'EXERCICE.	CENTRES DE RÉUNION.	OBSERVATIONS.
Betz.	Betz.	Betz.	Les 2e et 3e compagnies pourront être réunies à Creil.
Creil.	Creil.	Creil.	
Chantilly.	Chantilly.		
Crépy.	Crépy.	Crépy.	
Nanteuil-Haudouin.	Nanteuil-Haudouin.	Nanteuil-Haudouin.	
Neuilly-en-Thelle.	Neuilly-en-Thelle.	Neuilly-en-Thelle.	
Pont-Sainte-Maxence.	Pont-Sainte-Maxence.	Pont-Sainte-Maxence.	
Senlis.	Senlis.	Senlis.	

— 18 BATAILLONS. — 5 BATTERIES.

CHEFS-LIEUX.	CENTRES D'EXERCICE.	CENTRES DE RÉUNION.	OBSERVATIONS.
	École militaire.	École militaire.	
	École militaire.	École militaire.	
	Vincennes..	Vincennes.	

trois circonscriptions : chacune de ces circonscriptions comprend plusieurs arrondissements et con— des Invalides.

BATAILLONS.			COMPAGNIES		ET BATTERIES.			OBSERVATIONS.
CIRCONSCRIPTIONS DE RECRUTEMENT.	CHEFS-LIEUX.	CENTRES DE RÉUNION.	NUMÉROS des COMPAGNIES ou BATTERIES.	CIRCONSCRIPTIONS DE RECRUTEMENT.	CHEFS-LIEUX.	CENTRES D'EXERCICE.	CENTRES DE RÉUNION.	
4e BATAILLLON.								
4e arrondissement (de l'Hôtel-de-Ville). (1re circonscription.)	Paris.	Vincennes.	1re compag.	1/2 N. du quartier St-Merri.		Vincennes.	Vincennes.	
			2e id.	1/2 S. id. St-Merri.				
			3e id.	1/3 id. de St-Gervais.				
			4e id.	1/3 id. de St-Gervais.				
			5e id.	1/3 id. de St-Gervais.				
			6e id.	1/2 N. id. de l'Arsenal.				
			7e id.	1/2 S. id. de l'Arsenal.				
			8e id.	Quartier Notre-Dame.				
5e BATAILLON.								
5e arrondissement (du Panthéon). (1re circonscription.)	Paris.	Fort de Bicêtre.	1re compag.	1/2 du quartier St-Victor.		Fort de Bicêtre.	Fort de Bicêtre.	
			2e id.	1/2 id. St-Victor.				
			3e id.	Quartier du Jardin des Plantes.				
			4e id.	1/2 id. du Val-de-Grâce.				
			5e id.	1/2 id. du Val-de-Grâce.				
			6e id.	1/3 id. de la Sorbonne.				
			7e id.	1/3 id. de la Sorbonne.				
			8e id.	1/3 id. de la Sorbonne.				
6e BATAILLON.								
6e arrondissement (du Luxembourg). (1re circonscription.)	Paris.	École militaire.	1re compag.	1/2 du quartier de la Monnaie.		École militaire.	École militaire.	
			2e id.	1/2 id. de la Monnaie.				
			3e id.	1/2 id. de l'Odéon.				
			4e id.	1/2 id. de l'Odéon.				
			5e id.	1/2 id. de Notre-Dame-des-Champs.				
			6e id.	1/2 id. de Notre-Dame-des-Champs.				
			7e id.	1/2 id. de St-Germain-des-Prés.				
			8e id.	1/2 id. de St-Germain-des-Prés.				
7e BATAILLON.								
7e arrondissement (du Palais-Bourbon) et 8e arrondissement (de l'Elysée). (1re circonscription)	Paris.	École militaire.	1re compag.	Quartier de St-Thomas-d'Aquin.		École militaire.	École militaire.	
			2e id.	Id. des Invalides.				
			3e id.	Id. de l'Ecole militaire.				
			4e id.	Id. du Gros-Caillou.				
			5e id.	Id. des Champs-Elysées. / Id. du faubourg du Roule.				
			6e id.	1/2 du quartier de la Madeleine.				
			7e id.	1/2 Id. de la Madeleine.				
			8e id.	Quartier de l'Europe.				

BATAILLONS.			COMPAGNIES		ET BATTERIES.			OBSERVATIONS.
CIRCONSCRIP- TIONS DE RECRUTEMENT.	CHEFS-LIEUX.	CENTRES DE RÉUNION.	NUMÉROS des COMPAGNIES OU BATTERIES.	CIRCONSCRIPTIONS DE RECRUTEMENT.	CHEFS-LIEUX.	CENTRES D'EXERCICE.	CENTRES DE RÉUNION.	
			8ᵉ BATAILLON.					
9ᵉ arrondissement (de l'Opéra) (2ᵉ circonscrip- tion.)	Paris.	Saint-Denis.	1ʳᵉ compag.	1/2 du quartier Saint-Georges.		Saint-Denis.	Saint-Denis.	
			2ᵉ id. . .	1/2 id. Saint-Georges.				
			3ᵉ id. . .	1/2 id. de la chaussée d'Antin.				
			4ᵉ id. . .	1/2 id. de la chaussée d'Antin.				
			5ᵉ id. . .	1/2 id. du faub. Montmartre. .				
			6ᵉ id. . .	1/2 id. du faub. Montmartre. .				
			7ᵉ id. . .	1/2 id. de Rochechouart. . . .				
			8ᵉ id. . .	1/2 id. de Rochechouart. . . .				
			9ᵉ BATAILLON.					
10ᵉ arrondissement (de l'Enclos-St- Laurent.) (2ᵉ circonscrip- tion.)	Paris.	Saint-Denis.	1ʳᵉ compag.	1/2 du quartier St-Vincent-de-Paul. . .		Saint-Denis	Saint-Denis.	
			2ᵉ id. . .	1/2 id. St-Vincent-de-Paul. . .				
			3ᵉ id. . .	1/2 id. de la porte St-Denis. . .				
			4ᵉ id. . .	1/2 id. de la porte St-Denis. . .				
			5ᵉ id. . .	1/2 id. de la porte St-Martin. .				
			6ᵉ id. . .	1/2 id. de la porte St-Martin. .				
			7ᵉ id. . .	1/2 id. de l'hôpital St-Louis. . .				
			8ᵉ id. . .	1/2 id. de l'hôpital St-Louis. . .				
			10ᵉ BATAILLON.					
11ᵉ arrondissement (de Popincourt) (2ᵉ circonscrip- tion.)	Paris.	Vincennes.	1ʳᵉ compag.	1/2 E. du quartier de la Folie-Méricourt.		Vincennes	Vincennes.	
			2ᵉ id. . .	1/2 O. id. de la Folie-Méricourt.				
			3ᵉ id. . .	1/2 E. id. Saint-Ambroise . . .				
			4ᵉ id. . .	1/2 O. id. Saint-Ambroise . . .				
			5ᵉ id. . .	1/2 E. id. de la Roquette. . . .				
			6ᵉ id. . .	1/2 O. id. de la Roquette. . . .				
			7ᵉ id. . .	1/2 E. id. Sainte-Marguerite . .				
			8ᵉ id. . .	1/2 O. id. Sainte-Marguerite . .				
			11ᵉ BATAILLON					
12ᵉ arrondissement (de Reuilly) et 13ᵉ arrondissement (des Gobelins) (2ᵉ circonscrip- tion).	Paris.	Vincennes.	1ʳᵉ compag.	Quartier du Bel-Air.		Vincennes	Vincennes.	
			2ᵉ id. . .	Id. de Piepus.				
			3ᵉ id. . .	Id. de Bercy.				
			4ᵉ id. . .	1/2 du quartier des Quinze-Vingts. . . .		Fort de Bicêtre.	Fort de Bicêtre.	
			5ᵉ id. . .	1/2 du quartier des Quinze-Vingts. . . .				
			6ᵉ id. . .	Quartier de la Salpêtrière.				
			7ᵉ id. . .	Id. de la Gare.				
			8ᵉ id. . .	Id. de la Maison-Blanche				
				Id. de Croulebarbe				

BATAILLONS.			COMPAGNIES		ET BATTERIES.			OBSERVATIONS.
CIRCONSCRIPTIONS DE RECRUTEMENT.	CHEFS-LIEUX.	CENTRES DE RÉUNION.	NUMÉROS des COMPAGNIES ou BATTERIES.	CIRCONSCRIPTIONS DE RECRUTEMENT.	CHEFS-LIEUX.	CENTRES D'EXERCICE.	CENTRES DE RÉUNION.	
			42e BATAILLON.					
14e arrondissement (de l'Observatoire.) (2e circonscription.)	Paris.	Fort de Montrouge.	1re compag.	1/2 E. du quartier du Montparnasse.		Fort de Montrouge.	Fort de Montrouge.	
			2e id.	1/2 O. du quartier du Montparnasse.				
			3e id.	Quartier de la Santé.				
			4e id.	1/2 N. du quartier du Petit-Montrouge.				
			5e id.	1/2 S. du quartier du Petit-Montrouge.				
			6e id.	1/3 id. de Plaisance.				
			7e id.	1/3 id. de Plaisance.				
			8e id.	1/3 id. de Plaisance.				
			43e BATAILLON.					
15e arrondissement (de Vaugirard) et 16e arrondissement (de Passy.) (2e circonscription.)	Paris.	École militaire	1re compag.	Quartier Saint-Lambert.		École militaire.	École militaire.	
			2e id.	1/2 E. du quartier de Necker.				
			3e id.	1/2 O. id. de Necker.				
			4e id.	1/2 E. id. de Grenelle.				
			5e id.	1/2 O. id. de Grenelle.				
			6e id.	Quartier de Javel.				
			7e id.	Id. d'Auteuil. / Id. de la Muette.				
			8e id.	Id. de la Porte-Dauphine. / Id. des Bassins.				
			44e BATAILLON.					
17e arrondissement (des Batignolles-Monceaux.) (3e circonscription.)	Paris.	Courbevoie.	1re compag.	1/2 du quartier des Ternes.		Courbevoie.	Courbevoie.	
			2e id.	1/2 id des Ternes.				
			3e id.	Quartier de la plaine Monceaux.				
			4e id.	1/3 du quartier des Batignolles.				
			5e id.	1/3 id. des Batignolles.				
			6e id.	1/3 id. des Batignolles.				
			7e id.	1/2 id. des Epinettes.				
			8e id.	1/2 id. des Epinettes.				
			45e BATAILLON.					
18e arrondissement (de la Butte-Montmartre.) (3e circonscription.)	Paris.	Saint-Denis.	1re compag.	1/2 N. du quartier des Grandes-Carrières.		Saint-Denis.	Saint-Denis.	
			2e id.	1/2 S. du quartier des Grandes-Carrières.				
			3e id.	1/3 id. de Clignancourt.				
			4e id.	1/3 id. de Clignancourt.				
			5e id.	1/3 id. de Clignancourt.				
			6e id.	1/2 N. id. de la Goutte-d'Or.				
			7e id.	1/2 S. id. de la Goutte-d'Or.				
			8e id.	Quartier de la Chapelle.				

BATAILLONS.			COMPAGNIES	
CIRCONSCRIPTIONS DE RECRUTEMENT.	CHEFS-LIEUX.	CENTRES DE RÉUNION.	NUMÉROS des COMPAGNIES ou BATTERIES.	CIRCONSCRIPTIONS DE RECRUTEMENT.
			46e BATAILLON.	
19e arrondiss. (des Buttes-Chaumont et 20e arrondiss. (Ménilmontant) (3e circonscription)	Paris.	Fort de Romainville.	1re comp..	1/2 du quartier de la Villette.....
			2e id...	1/2 id. de la Villette.....
			3e id...	Quartier du Pont-de-Flandre.....
				Id. d'Amérique..........
			4e id...	Id. du Combat..........
			5e id...	1/2 du quartier de Belleville......
			6e id...	1/2 id. de Belleville.....
			7e id...	Quartier de Saint-Fargeau........
				Id. de Charonne..........
			8e id...	Id. du Père-Lachaise........
			17e BATAILLON.	
Arrondissement de Saint-Denis. (3e circonscription)	Saint-Denis.	»	1re comp..	1/2 du canton de Courbevoie.....
			2e id...	1/2 id. de Courbevoie.....
			3e id...	1/3 id. de Neuilly........
			4e id...	1/3 id. de Neuilly........
			5e id...	1/3 id. de Neuilly........
			6e id...	1/2 id. de Pantin........
			7e id...	1/2 id. de Pantin........
			8e id...	Canton de Saint-Denis........
			18e BATAILLON.	
Arrondissement de Sceaux. (3e circonscription)	Sceaux.	Fort d'Ivry.	1re comp..	1/2 du canton de Charenton......
			2e id...	1/2 id. de Charenton......
			3e id...	1/3 id. de Sceaux........
			4e id...	1/3 id. de Sceaux........
			5e id...	1/3 id. de Sceaux........
			6e id...	1/2 id. de Villejuif.......
			7e id...	1/2 id. de Villejuif.......
			8e id...	Canton de Vincennes........
			ARTILLERIE.—	
(3e circonscription)	»	»	1re batterie	Canton de Saint-Denis.........
			2e id...	Id. de Saint-Denis..........
			3e id...	Id. de Saint-Denis..........
			4e id...	Id. de Vincennes..........
			5e id...	Id. de Vincennes..........

ET BATTERIES.

CHEFS-LIEUX.	CENTRES D'EXERCICE.	CENTRES DE RÉUNION.	OBSERVATIONS.
....	Fort d'Aubervilliers....	Fort d'Aubervilliers.	
....	Fort de Romainville....	Fort de Romainville.	
Courbevoie.....			
Courbevoie.....			
Neuilly.......	Courbevoie........	Courbevoie.	
Neuilly.......			
Neuilly.......			
Pantin........	Fort de Romainville....	Fort de Romainville.	
Pantin........	Fort de Romainville....		
Saint-Denis.....	Saint-Denis........	Saint-Denis.	
Charenton.....	Fort de Charenton.....	Fort de Charenton.	
Charenton.....			
Sceaux........	Fort de Vanves.....	Fort de Vanves.	
Villejoif......	Fort de Bicêtre......	Fort de Bicêtre.	
Villejuif......			
Vincennes......	Vincennes........	Vincennes.	
5 BATTERIES.			
Saint-Denis.....	Saint-Denis........	Saint-Denis.	
Vincennes......	Vincennes........	Vincennes.	

DÉPARTEMENT DE SEINE-ET-MARNE. — 4 BATAILLONS.

Circonscriptions de recrutement	Chefs-lieux	Centres de réunion	Numéros des compagnies ou batteries	Circonscriptions de recrutement	Chefs-lieux	Centres d'exercice	Centres de réunion	Observations
			1er BATAILLON.					
Arrondissement de Fontainebleau.	Fontainebleau	»	1re compag.	Canton de la Chapelle-la-Reine	La Chapelle-la-Reine.	La Chapelle-la-Reine	La Chapelle-la-Reine.	
			2e id	1/2 E. du canton de Château-Landon.	Château-Landon.	Château-Landon.	Château-Landon.	
			3e id	1/2 O. du canton de Château-Landon.	Château Landon.	Château-Land., Mondreville.	Mondreville.	
			4e id	Canton de Fontainebleau.	Fontainebleau	Fontainebleau.	Fontainebleau.	
			5e id	Id. de Lorrez-le-Bocage.	Lorrez-le-Bocage.	Lorrez-le-Bocage.	Lorrez-le-Bocage.	
			6e id	Id. de Montereau.	Montereau.	Montereau.	Montereau.	
			7e id	Id. de Moret.	Moret.	Moret.	Moret.	
			8e id	Id. de Nemours.	Nemours.	Nemours.	Nemours.	
			2e BATAILLON.					
Arrondissement de Meaux.	Meaux.	»	1re compag.	Canton de Claye.	Claye.	Claye	Claye.	
			2e id	Id. de Crécy.	Crécy.	Crécy.	Crécy.	
			3e id	Id. de Dammartin	Dammartin.	Dammartin.	Dammartin.	
			4e id	Id. de la Ferté-sous-Jouarre	La Ferté-sous-Jouarre	La Ferté-sous-Jouarre	La Ferté-sous-Jouarre.	
			5e id	Id. de Lagny.	Lagny.	Lagny.	Lagny.	
			6e id	Id. de Lizy-sur-Ourcq.	Lizy-sur-Ourcq	Lizy-sur-Ourcq.	Lizy-sur-Ourcq.	
			7e id	1/2 du canton de Meaux.	Meaux.	Meaux.	Meaux.	Les 7e et 8e compagnies à Meaux.
			8e id	1/2 du canton de Meaux.	Meaux.	Meaux.	Meaux	
			3e BATAILLON.					
Arrondissement de Melun et les cantons de Coulommiers et Rozoy de l'arrondissement de Coulommiers.	Melun.	»	1re compag.	Canton de Coulommiers.	Coulommiers.	Coulommiers.	Coulommiers.	
			2e id	Id. de Rozoy.	Rozoy	Rozoy, Morcerf.		
			3e id	Id. de Brie-Comte-Robert.	Brie-Comte-Robert.	Brie-Comte Robert	Brie-Comte-Robert.	
			4e id	Id. du Châtelet.	Le Châtelet.	Le Châtelet.	Le Châte et	
			5e id	Id. N. de Melun.	Melun.	Melun.	Melun.	
			6e id	Id. S. de Melun.	Melun.	Melun, Chailly.	Chailly.	
			7e id	Id. de Mormant.	Mormant.	Mormant.	Mormant.	
			8e id	Id. de Tournan.	Tournan.	Tournan, Gretz.	Gretz.	
			4e BATAILLON.					
Arrondissement de Provins et les cantons de la Ferté-Gaucher et Rebais de l'arrondissement de Coulommiers.	Provins.	»	1re compag.	Canton de la Ferté-Gaucher.	La Ferté-Gaucher. ?	La Ferté-Gaucher, Choisy.		
			2e id	Id. de Rebais.	Rebais.	Rebais, Bellot.	Bellot.	
			3e id	Id. de Bray-sur-Seine.	Bray.	Bray.	Bray.	
			4e id	Id. de Dannemarie.	Dannemarie.	Dannemarie	Dannemarie.	
			5e id	Id. de Nangis.	Nangis.	Nangis, Orby.		
			6e id	Id. de Provins.	Provins.	Provins.	Provins.	
			7e id	1/2 N. du canton de Villiers-St-Georges.	Villiers-St-Georges.	Villiers-St-Georges.	Villiers-St-Georges.	
			8e id	1/2 S. du canton de Villiers-St-Georges.	Villiers-St-Georges.	Villiers, Léchelle.	Léchelle.	

DÉPARTEMENT DE SEINE-ET-

| BATAILLONS. | | | COMPAGNIES | |
CIRCONSCRIPTIONS DE RECRUTEMENT.	CHEFS-LIEUX.	CENTRES DE RÉUNION.	NUMÉROS des COMPAGNIES ou BATTERIES.	CIRCONSCRIPTIONS DE RECRUTEMENT.
1er BATAILLON.				
Arrondissement d'Étampes et les cantons d'Arpajon et Corbeil de l'arrondissement de Corbeil	Étampes ...	»	1re comp..	1/2 canton d'Arpajon.......
			2e id...	1/2 id. d'Arpajon.......
			3e id...	1/2 N. id. de Corbeil.......
			4e id...	1/2 S. id. de Corbeil.......
			5e id...	Canton d'Étampes.......
			6e id...	Id. de la Ferté-Alais.......
			7e id...	Id. de Méréville.......
			8e id...	Id. de Milly.......
2e BATAILLON.				
Arrondissement de Mantes et le canton de Marines de l'arrondissement de Pontoise.	Mantes....	»	1re comp..	Canton de Bonnières.......
			2e id...	Id. de Houdan.......
			3e id...	Id. de Limay.......
			4e id...	Id. de Magny.......
			5e id...	1/2 E. du canton de Mantes.......
			6e id...	1/2 O. id. de Mantes.......
			7e id...	1/2 E. id. de Marines.......
			8e id...	1/2 O. id. de Marines.......
3e BATAILLON.				
Arrondissement de Pontoise moins le canton de Marines.	Pontoise...	»	1re comp..	Canton d'Écouen.......
			2e id...	Id. de Gonesse.......
			3e id...	Id. de l'Isle Adam.......
			4e id...	Id. de Luzarches.......
			5e id...	1/2 N. du canton de Montmorency...
			6e id...	1/2 S. id. de Montmorency...
			7e id...	1/2 E. id. de Pontoise...
			8e id...	1/2 O. id. de Pontoise...
4e BATAILLON.				
Arrondissement de Rambouillet.	Rambouillet..	»	1re comp..	Canton de Chevreuse.......
			2e id...	Id N. de Dourdan.......
			3e id...	1/2 S. du canton de Dourdan.......
			4e id...	1/2 S. id. de Dourdan.......
			5e id...	Canton de Limours.......
			6e id...	1/2 N. du canton de Montfort-l'Amaury
			7e id...	1/2 S. id. de Montfort-l'Amaury
			8e id...	Canton de Rambouillet.......

ET BATTERIES.

OISE. — 6 BATAILLONS. — 3 BATTERIES.

CHEFS-LIEUX.	CENTRES D'EXERCICE.	CENTRES DE RÉUNION.	OBSERVATIONS.
Arpajon..	Arpajon.	Arpajon.	Les 1re et 2e compagnies pourront être réunies à Arpajon.
Arpajon..	Arpajon.	Arpajon.	
Corbeil.	Corbeil.	Corbeil.	Les 3e et 4e à Corbeil.
Corbeil.	Corbeil.	Corbeil.	
Étampes.	Étampes	Étampes.	
La Ferté-Alais.	La Ferté-Alais.	La Ferté-Alais.	
Méréville.	Saclas.	Saclas.	
Milly.	Milly, Maisse	Maisse.	
Bonnières..	Bonnières, Saint-Illiers.	Bonnières.	
Houdan.	Houdan, Orvilliers.		
Limay.	Limay.	Limay.	
Magny.	Magny, Chaussy.	Chaussy.	Les 5e et 6e compagnies pourront être réunies à Mantes.
Mantes.	Mantes, Le Breuil.	Le Breuil.	
Mantes.	Mantes.	Mantes.	
Marines.	Marines.	Marines.	
Marines..	Marines, Le Perchay.	Le Perchay.	Les 7e et 8e à Marines..
Écouen	Écouen	Écouen.	
Gonesse..	Gonesse, Livry.	Livry.	
L'Isle-Adam..	L'Isle-Adam.	L'Isle-Adam.	
Luzarches	Luzarches, Bellefontaine..	Bellefontaine.	
Franconville..	Franconville.	Franconville.	Les 5e et 6e compagnies à Montmorency.
Montmorency	Montmorency.	Montmorency.	
Pontoise.	Pontoise.	Pontoise.	Les 7e et 8e à Puiseux.
Pontoise.	Pontoise, Puiseux..	Puiseux.	
Chevreuse..	Chevreuse, Saint-Lambert	Saint-Lambert.	
Dourdan	Dourdan, Sermaise et Saint-Cyr-sous-Dourdan.		
Ablis...	Ablis.	Ablis.	
Dourdan..	Authon.	Authon.	Les 3e et 4e compagnies à Authon.
Limours.	Limours.	Limours.	
Montfort-l'Amaury.	Montfort-l'Amaury, Auteuil.	Auteuil.	
Montfort-l'Amaury.	Montfort-l'Amaury.	Montfort-l'Amaury.	Les 6e et 7e à Auteuil.
Rambouillet..	Rambouillet, Poigny.	Poigny.	

| BATAILLONS. | | | COMPAGNIES | |
CIRCONSCRIPTIONS DE RECRUTEMENT.	CHEFS-LIEUX.	CENTRES DE RÉUNION.	NUMÉROS des COMPAGNIES ou BATTERIES.	CIRCONSCRIPTIONS DE RECRUTEMENT.
				5e BATAILLON.
Arrondissement de Versailles. (5 cantons.)	St-Germain.	»	1re compag.	1/2 du canton d'Argenteuil
			2e id...	1/2 id. d'Argenteuil
			3e id...	Canton de Marly-le-Roi.
			4e id...	Id. de Meulan.
			5e id...	1/2 N. du canton de Poissy.
			6e id...	1/2 S. du canton de Poissy.
			7e id...	1/2 id. de St-Germain-en-Laye.
			8e id...	1/2 id. de St-Germain-en-Laye.
				6e BATAILLON.
Arrondissement de Versailles (5 cantons) et les cantons de Boissy-St-Léger et Longjumeau de l'arrondissement de Corbeil.	Versailles.	»	1re compag.	Canton de Boissy-Saint-Léger.
			2e id...	1/2 N. du canton de Longjumeau.
			3e id...	1/2 S. du canton de Longjumeau.
			4e id...	1/2 id. de Palaiseau.
			5e id...	1/2 id. de Palaiseau.
			6e id...	1/2 E. du canton de Sèvres.
			7e id...	1/2 O. du canton de Sèvres.
			8e id...	Canton N. de Versailles.
				Id. O. de Versailles.
				Id. S. de Versailles.
				ARTILLERIE. —
			1re batterie.	Canton N. de Versailles.
			2e id...	Id. O. de Versailles.
			3e id...	Id. S. de Versailles.

DÉPARTEMENT DE

				1er BATAILLON.
Arrondissement d'Auxerre, moins les cantons de Saint-Florentin et Seignelay.	Auxerre.	»	1re compag.	Canton E. d'Auxerre.
				Canton O. d'Auxerre.
			2e id..	Id. de Chablis.
			3e id..	Id. de Coulange-la-Vineuse.
				Id. de Courson.
			4e id..	Id. de Coulange-sur-Yonne.
			5e id..	Id. de Ligny-le-Châtel.
			6e id..	Id. de Saint-Sauveur.
			7e id..	Id. de Toucy.
			8e id..	Id. de Vermenton.

| ET BATTERIES. | | | OBSERVATIONS. |
CHEFS-LIEUX.	CENTRES D'EXERCICE.	CENTRES DE RÉUNION.	
Argenteuil.	Argenteuil.	Argenteuil.	Les 1re et 2e compagnies pourront être réunies à Argenteuil.
Argenteuil.	Argenteuil.		
Marly-le-Roi.	Marly, Noisy.	Noisy.	
Meulan.	Meulan, Equevilly.	Equevilly.	
Poissy.	Poissy.	Poissy.	Les 5e et 6e compagnies à Poissy.
Poissy.	Poissy, Orgeval.	Orgeval.	
Saint-Germain.	Saint-Germain.	Saint-Germain.	Les 7e et 8e compagnies à Saint-Germain.
Saint-Germain.	Saint-Germain.		
Boissy-Saint-Léger.	Boissy-Saint-Léger.	Boissy-Saint-Léger.	
Longjumeau.	Longjumeau.	Longjumeau.	Les 2e et 3e compagnies à Longjumeau.
Longjumeau.	Longjumeau.		
Palaiseau.	Palaiseau.	Palaiseau.	Les 4e et 5e compagnies à Palaiseau.
Palaiseau.	Palaiseau.		
Sèvres.	Sèvres.	Sèvres.	
Sèvres.	Sèvres.		
Versailles.	Versailles.	Versailles.	Les 6e, 7e et 8e compagnies à Versailles.

3 BATTERIES.

CHEFS-LIEUX.	CENTRES D'EXERCICE.	CENTRES DE RÉUNION.	
Versailles.	Versailles.	Versailles.	

L'YONNE. — 4 BATAILLONS.

CHEFS-LIEUX.	CENTRES D'EXERCICE.	CENTRES DE RÉUNION.
Auxerre.	Auxerre.	Auxerre.
Chablis.	Chablis.	Chablis.
Courson.	Coulange. Courson.	Mouffy.
Coulange.	Coulange, Andriès, Mailly.	
Ligny.	Ligny.	Ligny.
Saint-Sauveur.	St-Sauveur, Ste-Colombe.	Sainte-Colombe.
Toucy.	Toucy.	Toucy.
Vermenton.	Vermenton.	Vermenton.

| BATAILLONS. | | | COMPAGNIES | | ET BATTERIES. | | | OBSERVATIONS. |
Circonscriptions de recrutement.	Chefs-lieux.	Centres de réunion.	Numéros des compagnies ou batteries.	Circonscriptions de recrutement.	Chefs-lieux.	Centres d'exercice.	Centres de réunion.	
				2e BATAILLON.				
Arrondissement d'Avallon et de Tonnerre.	Avallon.	»	1re comp.	Canton d'Avallon	Avallon.	Avallon.	Avallon.	
			2e id.	Id. de Guillon Id. d'Isle-sur-le-Serein	Guillon.	Guillou. L'Isle-sur-le-Serein.		
			3e id.	Id. de Quarré-les-Tombes	Quarré-les-Tombes.	Quarré-les-Tombes.	Quarré-les-Tombes.	
			4e id.	Id. de Vezelay	Vezelay.	Vezelay.	Vezelay.	
			5e id.	Id. d'Ancy-le-Franc Id. de Cruzy-le-Châtel	Ancy-le-Franc.	Ancy-le-Franc, Fuloy. Cruzy-le-Châtel.		
			6e id.	Id. de Flogny	Flogny.	Flogny, Neuvy.	Noyers.	
			7e id.	Id. de Noyers	Noyers.	Noyers.		
			8e id.	Id. de Tonnerre	Tonnerre.	Tonnerre.	Tonnerre.	
				3e BATAILLON.				
Arrondissement de Joigny, (moins les cant. de Cerisiers et Villeneuve), et les cantons de Saint-Florentin et Seignelay de l'arrondiss. d'Auxerre.	Joigny.	»	1re comp.	Canton de Saint-Florentin Id. de Seignelay	Saint-Florentin.	Saint-Florentin. Seignelay.		
			2e id.	Id. d'Aillant	Aillant.	Aillant, Saint-Aubin, Châteauneuf.	Chassy.	
			3e id.	Id. de Bléneau	Bléneau.	Bléneau, Villeneuve.		
			4e id.	Id. de Brienon	Brienon.	Brienon.	Brienon.	
			5e id.	Id. de Charny	Charny.	Charny.	Charny.	
			6e id.	Id. de Joigny	Joigny.	Joigny.	Joigny.	
			7e id.	Id. de Saint-Fargeau	Saint-Fargeau.	Saint-Fargeau, Ronchères.	Ronchères.	
			8e id.	Id. de Saint-Julien-du-Sault	Saint-Julien.	Saint-Julien, Verlin.	Véron.	
				4e BATAILLON.				
Arrondissement de Sens et les cantons de Cerisiers et Villeneuve-sur-Yonne de l'arrondiss. de Joigny.	Sens.	»	1re comp.	Canton de Cerisiers Id. de Villeneuve-l'Archevêque	Cerisiers.	Cerisiers, les Marquets. Villeneuve-l'Archevêque, Foissy.	»	
			2e id.	Id. de Villeneuve-sur-Yonne	Villeneuve.	Villeneuve	Villeneuve.	
			3e id.	Id. de Chéroy	Chéroy.	Chéroy, Saint-Valérien.	Saint-Valérien.	
			4e id.	1/2 du canton de Pont-sur-Yonne	Pont-sur-Yonne.	Pont-sur-Yonne	Pont-sur-Yonne.	Les 4e et 5e comp. pourront être réunies à Pont-sur-Yonne. Les 6e et 7e cies à Sens.
			5e id.	1/2 du canton de Pont-sur-Yonne	Pont-sur-Yonne.	Pont-sur-Yonne.		
			6e id.	Canton N. de Sens	Sens.	Sens.	Sens.	
			7e id.	Canton S. de Sens	Sens.	Sens.		
			8e id.	Id. de Sergines	Sergines.	Sergines, Vertilly.		

2e DIVISION MILITAIRE.

DÉPARTEMENT DU CALVADOS. — 4 BATAILLONS. — 1 BATTERIE.

BATAILLONS — CIRCONSCRIPTIONS DE RECRUTEMENT.	CHEFS-LIEUX.	CENTRES DE RÉUNION.	COMPAGNIES — NUMÉROS des COMPAGNIES ou BATTERIES.	CIRCONSCRIPTIONS DE RECRUTEMENT.	ET BATTERIES — CHEFS-LIEUX.	CENTRES D'EXERCICE.	CENTRES DE RÉUNION.	OBSERVATIONS.
1er BATAILLON.								
Arrondissement de Bayeux (moins le cant. de Caumont), et les cantons de Creully, Douvres et Tilly-s.-Seulle de l'arrondiss. de Caen.	Bayeux.	»	1re comp.	Canton de Balleroy.	Balleroy.	Balleroy, Saint-Paul-du-Vernay.	Castillon.	Les 2e et 4e compag. à Saint-Sulpice.
			2e id.	Id. de Bayeux.	Bayeux.	Bayeux.	Bayeux.	
			3e id.	Id. d'Ysigny.	Ysigny.	Ysigny, Saint-Germain.	Ysigny.	
			4e id.	Id. de Ryes.	Ryes.	Ryes.	Ryes.	
			5e id.	Id. de Trévières.	Trévières.	Trévières.	Trévières.	
			6e id.	Id. de Creully.	Creully.	Creully.	Creully.	
			7e id.	Id. de Douvres.	Douvres.	Douvres.	Douvres.	
			8e id.	Id. de Tilly-sur-Seulle.	Tilly-sur-Seulle.	Tilly-sur-Seulle, Saint-Martin.	Saint-Martin.	
2e BATAILLON.								
Arrondissement de Caen (moins les cant. de Creully, Douvres, Tilly, Villers-Bocage) et l'arrondiss. de Falaise.	Caen.	»	1re comp.	Canton de Bourgébus.	Bourgébus.	Bourgébus, Secqueville.	Secqueville.	
			2e id.	Id. E. de Caen. / Id. O. de Caen.	Caen.	Caen. / Caen.	Caen. / Caen.	
			3e id.	Id. d'Evrecy.	Evrecy.	Evrecy, Préaux.	Préaux.	
			4e id.	Id. de Troarn.	Troarn.	Troarn.	Troarn.	
			5e id.	Id. de Bretteville-sur-Laize.	Bretteville.	Bretteville, Langannerie.	Langannerie.	
			6e id.	Id. N de Falaise.	Falaise.	Falaise, Saint-Vigor.	Saint-Vigor.	
			7e id.	Id. S. de Falaise. / Id. de Coulibœuf.	Falaise.	Falaise. / Coulibœuf.	Coulibœuf.	
			8e id.	Id. d'Harcourt-Thury.	Harcourt.	Harcourt, Caumont.	Caumont.	
3e BATAILLON.								
Arrondissement de Lisieux et de Pont-l'Evêque.	Lisieux.	»	1re comp.	1er canton de Lisieux.	Lisieux.	Lisieux.	Lisieux.	Les 1re et 2e compag. pourront être réunies à Lisieux.
			2e id.	2e id. de Lisieux.	Lisieux.	Lisieux.		
			3e id.	Canton de Livarot. / Id. d'Orbec.	Orbec.	Livarot. / Orbec.		
			4e id.	Id. de Mézidon. / Id. de Saint-Pierre-sur-Dives.	Saint-Pierre.	Mézidon, Crèvecœur. / Saint-Pierre.		
			5e id.	Id. de Blangy.	Blangy.	Blangy.	Blangy.	
			6e id.	Id. de Cambremer. / Id. de Dozulé.	Cambremer.	Cambremer. / Dozulé.	Saint-Aubin.	
			7e id.	Id. d'Honfleur.	Honfleur.	Honfleur.	Honfleur.	
			8e id.	Id. de Pont-l'Evêque.	Pont-l'Evêque.	Pont-l'Evêque.	Pont-l'Evêque.	

| BATAILLONS. | | | COMPAGNIES | | ET BATTERIES. | | | OBSERVATIONS. |
CIRCONSCRIPTIONS DE RECRUTEMENT.	CHEFS-LIEUX.	CENTRES DE RÉUNION.	NUMÉROS des COMPAGNIES OU BATTERIES.	CIRCONSCRIPTIONS DE RECRUTEMENT.	CHEFS-LIEUX.	CENTRES D'EXERCICE.	CENTRES DE RÉUNION.	
				4e BATAILLON				
Arrondissement de Vire et les cantons de Caumont (arr. de Bayeux) et de Villers-Bocage (arr. de Caen).	Vire.	»	1re compag.	Canton de Caumont	Caumont.	Caumont, Saint-Martin.	Caumont.	
			2e id.	Id. de Villers-Bocage	Villers-Bocage.	Villers-Bocage, Mesnil-au-Grain	Villers-Bocage.	
			3e id.	Id. d'Aunay	Aunay.	Aunay, Jurques.	Jurques.	
			4e id.	Id. de Bény-Bocage	Bény-Bocage.	Bény-Bocage.	Bény-Bocage.	
			5e id.	Id. de Condé-sur-Noireau	Condé.	Condé.	Condé.	
			6e id.	Id. de Saint-Sever	Saint-Sever.	Saint-Sever.	Saint-Sever.	
			7e id.	Id. de Vassy	Vassy.	Vassy.	Vassy.	
			8e id.	Id. de Vire.	Vire.	Vire.	Vire.	
				ARTILLERIE.				
»	»	»	4 batterie.	Canton N. de Caen / Id. O. de Caen	Caen.	Caen.	Caen.	

DÉPARTEMENT DE L'EURE. — 3 BATAILLONS.

CIRCONSCRIPTIONS DE RECRUTEMENT.	CHEFS-LIEUX.	CENTRES DE RÉUNION.	NUMÉROS des COMPAGNIES OU BATTERIES.	CIRCONSCRIPTIONS DE RECRUTEMENT.	CHEFS-LIEUX.	CENTRES D'EXERCICE.	CENTRES DE RÉUNION.	OBSERVATIONS.
				1er BATAILLON.				
Arrondissements des Andelys, de Louviers, et le canton de Beaumont-le-Roger, de l'arrondissem. de Bernay.	Les Andelys.	»	1re compag.	Canton des Andelys / Id. d'Ecos	Les Andelys.	Les Andelys. / Ecos.		
			2e id.	Id. d'Etrépagny / Id. de Gisors	Etrépagny.	Etrépagny. / Gisors, Bernouville.	Etrépagny	
			3e id.	Id. de Fleury-sur-Andelle / Id. de Lyons-la-Forêt	Fleury-sur-Andelle.	Fleury-sur-Andelle. / Lyons-la-Forêt.		
			4e id.	Id. de Beaumont-le-Roger	Beaumont-le-Roger.	Beaumont-le-Roger.	Beaumont-le-Roger.	
			5e id.	Id. d'Amfreville la-Campagne / Id. de Le Neubourg	Amfréville.	Amfréville / Le Neubourg, Marbœuf.	Limbeuf.	
			6e id.	Id. de Gaillon	Gaillon.	Gaillon, Sainte-Barbe.	Gaillon.	Les 6e et 8e compagnies pourront être réunies à Louviers.
			7e id.	Id. de Louviers	Louviers.	Louviers.	Louviers.	
			8e id.	Id. de Pont-de-l'Arche	Pont-de-l'Arche.	Pont-de-l'Arche.	Pont-de-l'Arche.	
				2e BATAILLON.				
Arrondissements de Bernay (moins le canton de Beaumont-le-Roger) et de Pont-Audemer.	Bernay.	»	1re compag.	Canton de Beaumesnil / Id. de Bernay	Bernay.	Beaumesnil, St-Lambert. / Bernay.		
			2e id.	Id. de Brionne / Id. de Montfort	Brionne.	Brionne. / Montfort.	Pont-Authou.	
			3e id.	Id. de Broglie	Broglie.	Broglie, Saint-Vincent.	Saint-Vincent.	
			4e id.	Id. de Thiberville	Thiberville.	Thiberville.	Thiberville.	
			5e id.	Id. de Beuzeville / Id. de Quillebeuf	Beuzeville.	Beuzeville. / Quillebeuf.		
			6e id.	Id. de Bourg-Théroulde / Id. de Routot	Bourg-Achard.	Bourg-Théroulde. / Routot, Bourg-Achard.		
			7e id.	Id. de Cormeilles / Id. de Saint-Georges-du-Vièvre	Cormeilles.	Cormeilles. / Lieurey.	Lieurey.	
			8e id.	Id. de Pont-Audemer	Pont-Audemer.	Pont-Audemer.	Pont-Audemer.	

CIRCONSCRIPTIONS DE RECRUTEMENT.	CHEFS-LIEUX.	CENTRES DE RÉUNION.	NUMÉROS des COMPAGNIES OU BATTERIES.	CIRCONSCRIPTIONS DE RECRUTEMENT.
				3e BATAILLON.
Arrondissement d'Évreux.	Évreux.	»	1re compag.	Canton de Breteuil.
			2e id.	Id. de Rugles.
			3e id.	Id. de Conches.
				Id. de Damville
			4e id.	Id. de Nonancourt
				Id. N. d'Evreux.
				Id. S. d'Evreux.
			5e id.	Id. de Pacy-sur-Eure
			6e id.	Id. de St-André.
			7e id.	Id. de Verneuil.
			8e id.	Id. de Vernon.

DÉPARTEMENT DE

CIRCONSCRIPTIONS DE RECRUTEMENT.	CHEFS-LIEUX.	CENTRES DE RÉUNION.	NUMÉROS des COMPAGNIES OU BATTERIES.	CIRCONSCRIPTIONS DE RECRUTEMENT.
				1er BATAILLON.
Arrondissement d'Alençon et le canton de La Ferté-Macé de l'arrondissement de Domfront.	Alençon.	»	1re compag.	Canton E. d'Alençon.
			2e id.	Id. O. d'Alençon.
			3e id.	Id. de Carrouges.
			4e id.	Id. de Courtomer.
			5e id.	Id. de Mêle-sur-Sarthe.
			6e id.	Id. de Séez.
			7e id.	1/2 canton de la Ferté-Macé.
			8e id.	1/2 Id. de la Ferté-Macé.
				2e BATAILLON.
Arrondissement d'Argentan et les cantons de Laigle et de Moulins de l'arrondissement de Mortagne.	Argentan.	»	1re compag.	Canton d'Argentan.
				Id. de Mortrée.
			2e id.	Id. de Briouze.
				Id. de Écouché.
			3e id.	Id. de Exmes.
				Id. de Le Merlerault.
			4e id.	Id. de La Ferté-Fresnel
				Id. de Gacé.
			5e id.	Id. de Putanges.
			6e id.	Id. de Trun.
				Id. de Vimoutiers.
			7e id.	Id. de Laigle.
			8e id.	Id. de Moulins la Marche.

CHEFS-LIEUX.	CENTRES D'EXERCICE.	CENTRES DE RÉUNION.	OBSERVATIONS.
Breteuil.	Breteuil.		
	Rugles, Neaufles.		
Conches.	Conches.	Conches.	
Damville.	Damville.		
	Nonancourt.		
Évreux.	Evreux, St-Martin.		
	Evreux.		
Pacy-sur-Eure.	Pacy-sur-Eure.	Pacy-sur-Eure.	
St-André.	St-André, Neuville.	Neuville.	
Verneuil.	Verneuil.	Verneuil.	
Vernon.	Vernon, St-Vincent.	St-Vincent.	

L'ORNE. — 4 BATAILLONS.

CHEFS-LIEUX.	CENTRES D'EXERCICE.	CENTRES DE RÉUNION.	OBSERVATIONS.
Alençon.	Alençon.	Alençon.	Les 1re et 2e compagnies pourront être réunies à Coudé-sur-Sarthe.
Alençon.	Alençon, Condé-sur-Sarthe.	Coudé.	
Carrouges.	Carrouges, Joué.		
Courtomer.	Courtomer.	Courtomer.	
Mêle.	Mêle, Essai.	Mêle.	
Séez.	Séez.	Séez.	
La Ferté-Macé.	La Ferté-Macé.	La Ferté-Macé.	Les 7e et 8e compagnies à la Ferté-Macé.
La Ferté-Macé.			
Argentan.	Argentan.		
	Mortrée, Almenêches.		
Briouze.	Briouze.	Longé-sur-Maire.	
	Écouché.		
Exmes.	Exmes.		
	Le Merlerault.		
Gacé.	La Ferté-Fresnel.		
	Gacé.		
Putanges.	Putanges, la Forêt-Auvray.	Putanges.	
Trun.	Trun.		
	Vimoutiers, St-Martin.		
Laigle.	Laigle.	Laigle.	
Moulins.	Moulins.	Moulins.	

CIRCONSCRIPTIONS DE RECRUTEMENT.	CHEFS-LIEUX.	CENTRES DE RÉUNION.	NUMÉROS des COMPAGNIES ou BATTERIES.	CIRCONSCRIPTIONS DE RECRUTEMENT.
				3ᵉ BATAILLON.
Arrondissement de Domfront (moins le canton de La Ferté-Macé).	Domfront.	»	1ʳᵉ compag.	Canton d'Athis.
			2ᵉ id.	Id. de Domfront.
			3ᵉ id.	Id. de Flers.
			4ᵉ id.	Id. de Juvigny-sous-Andaine.
			5ᵉ id.	Id. de Messée.
			6ᵉ id.	Id. de Passais.
			7ᵉ id.	1/2 du canton de Tinchebray.
			8ᵉ id.	1/2 id. de Tinchebray.
				4ᵉ BATAILLON.
Arrondissement de Mortagne (moins les cantons de Laigle et du Moulins).	Mortagne.	»	1ʳᵉ compag.	Canton de Basoches-sur-Hoëne.
			2ᵉ id.	Id. de Bellème.
			3ᵉ id.	Id. de Longni.
			4ᵉ id.	Id. de Mortagne.
			5ᵉ id.	Id. de Nocé.
			6ᵉ id.	Id. de Pervenchères.
			7ᵉ id.	Id. de Remalard.
			8ᵉ id.	Id. du Theil.

DÉPARTEMENT DE LA SEINE-

1ᵉʳ BATAILLON.

CIRCONSCRIPTIONS DE RECRUTEMENT.	CHEFS-LIEUX.	CENTRES DE RÉUNION.	NUMÉROS des COMPAGNIES ou BATTERIES.	CIRCONSCRIPTIONS DE RECRUTEMENT.
Arrondissement de Dieppe et 5 cantons de l'arrondissement de Neufchâtel.	Dieppe.	»	1ʳᵉ compag.	Canton de Bacqueville.
				Id. de Longueville.
			2ᵉ id.	Id. de Bellencombre.
				Id. de Tôtes.
			3ᵉ id.	Id. de Dieppe.
				Id. d'Offranville.
			4ᵉ id.	Id. d'Envermeu.
			5ᵉ id.	Id. d'Eu.
			6ᵉ id.	Id. d'Aumale.
				Id. de Neufchâtel.
			7ᵉ id.	Id. de Blangy.
				Id. de Londinières.
			8ᵉ id.	Id. de Saint-Saens.

ET BATTERIES.

CHEFS-LIEUX.	CENTRES D'EXERCICE.	CENTRES DE RÉUNION.	OBSERVATIONS.
Athis.	Athis.	Athis.	
Domfront.	Domfront.	Domfront.	
Flers.	Flers.	Flers.	
Juvigny.	Juvigny.	Juvigny.	
La Ferrière-aux-Étangs	La Ferrière.	La Ferrière.	
Passais.	Passais.	Pa-sais.	
Tinchebray.	Tinchebray	Tinchebray.	
Tinchebray.	Tinchebray.		
Basoches.	Basoches.	Basoches.	Les 1ʳᵉ et 4ᵉ compagnies pourront être réunies à Mortagne.
Bellème.	Bellème.	Bellème.	
Longni.	Longni, le Mage. Tourouvre, Saint-Maurice.		
Mortagne.	Mortagne.	Mortagne.	
Nocé.	Nocé.	Nocé.	
Pervenchères.	Pervenchères.	Pervenchères.	
Remalard.	Remalard.	Remalard.	
Le Theil.	Le Theil.	Le Theil.	

INFÉRIEURE. — 5 BATAILLONS. — 3 BATTERIES.

CHEFS-LIEUX.	CENTRES D'EXERCICE.	CENTRES DE RÉUNION.	OBSERVATIONS.
Bacqueville.	Bacqueville. Longueville.	Omonville.	
Tôtes.	Bellencombre. Tôtes.		
Dieppe.	Dieppe. Offranville.	Saint-Aubin.	
Envermeu.	Envermeu.	Envermeu.	
Eu.	Eu.	Eu.	
Neufchâtel.	Aumale. Neufchâtel.		
Blangy.	Blangy, Foucarmont. Londinières.		
Saint-Saens.	Saint-Saens, la Boissière.	Saint-Saens.	

BATAILLONS.			COMPAGNIES		ET BATTERIES.			OBSERVATIONS.
CIRCONSCRIPTIONS DE RECRUTEMENT.	CHEFS-LIEUX.	CENTRES DE RÉUNION.	NUMÉROS des COMPAGNIES ou BATTERIES.	CIRCONSCRIPTIONS DE RECRUTEMENT.	CHEFS-LIEUX.	CENTRES D'EXERCICE.	CENTRES DE RÉUNION.	
2e BATAILLON.								
Arrondissement du Havre.	Le Havre...	»	1re comp..	Canton de Bolbec	Bolbec.	Bolbec.	Bolbec.	Les 4e, 5e, 6e et 8e compagnies pourront être réunies au Havre.
			2e id...	Id. de Criquetot-d'Esneval	Criquetot.	Criquetot.	Criquetot.	
			3e id...	Id. de Fécamp / Id. de Goderville	Fécamp.	Fécamp. / Goderville.	Goderville.	
			4e id...	Id. E. du Havre	Le Havre.	Le Havre.	Le Havre.	
			5e id...	Id. N. du Havre	Le Havre.			
			6e id...	Id. S. du Havre	Le Havre.			
			7e id...	Id. de Lillebonne / Id. de Saint-Roman-de-Colbose	Lillebonne.	Lillebonne. / Saint-Roman.		
			8e id...	Id. de Montivilliers	Montivilliers.	Montivilliers.	Montivilliers.	
3e BATAILLON.								
Arrondissement de Rouen (5 cantons) et les cantons d'Argueil, de Forges et de Gournay de l'arrondissement de Neufchâtel.	Rouen....	»	1re comp..	Canton d'Argueil	Argueil.	Argueil.	Argueil.	Les 1re et 2e compagnies pourront être réunies à Beauvoir.
			2e id...	Id. de Forges-les-Eaux	Forges.	Forges.	Forges.	
			3e id...	Id. de Gournay	Gournay.	Gournay.	Gournay.	
			4e id...	Id. de Boos	Boos.	Boos.	Boos.	
			5e id...	Id. de Buchy / Id. de Clèves	Clèves.	Buchy. / Clèves.		
			6e id...	Id. de Darnétal	Darnétal.	Darnétal, Bois-l'Évêque.	Bois-l'Évêque.	Les 7e et 8e compagnies à Elbeuf.
			7e id...	1/2 canton d'Elbeuf	Elbeuf.	Elbeuf.	Elbeuf.	
			8e id...	1/2 id. d'Elbeuf	Elbeuf.	Elbeuf.	Elbeuf.	
4e BATAILLON.								
Arrondissement de Rouen (10 cantons).	Rouen....	»	1re comp..	Canton de Duclair / Id. de Pavilly	Duclair.	Duclair. / Pavilly.		Les 2e, 3e, 4e, 5e, 6e, 7e et 8e compagnies à Rouen.
			2e id...	1/2 canton de Grand-Couronne	Grand-Couronne.	Grand-Couronne.	Grand-Couronne.	
			3e id...	1/2 id. de Grand-Couronne	Grand-Couronne.			
			4e id...	Canton de Maromme	Maromme.	Maromme.	Maromme.	
			5e id...	1er canton de Rouen / 2e id. de Rouen	Rouen.	Rouen. / Rouen.		
			6e id...	3e id. de Rouen / 4e id. de Rouen	Rouen.	Rouen. / Rouen.	Rouen.	
			7e id...	5e id. de Rouen	Rouen.	Rouen.		
			8e id...	6e id. de Rouen	Rouen.	Rouen.		

BATAILLONS.			COMPAGNIES ET BATTERIES					
CIRCONSCRIPTIONS DE RECRUTEMENT.	CHEFS-LIEUX.	CENTRES DE RÉUNION.	NUMÉROS des COMPAGNIES ou BATTERIES.	CIRCONSCRIPTIONS DE RECRUTEMENT.	CHEFS-LIEUX.	CENTRES D'EXERCICE.	CENTRES DE RÉUNION.	OBSERVATIONS.
5e BATAILLON.								
Arrondissement d'Yvetot.	Yvetot.	»	1re comp.	Canton de Cany.	Cany.	Cany.	Cany.	
			2e id.	Id. de Caudebec-en-Caux.	Caudebec.	Caudebec.	Caudebec.	
			3e id.	Id. de Doudeville.	Doudeville.	Doudeville.	Doudeville.	
			4e id.	Id. de Fauville. / Id. d'Ourville.	Fauville.	Fauville. / Héricourt-en-Caux.		
			5e id.	Id. de Fontaine-le-Dun. / Id. de Saint-Valery-en-Caux.	Fontaine.	Fontaine-le-Dun. / Saint-Valery.	Angiens.	Les 3e et 5e compag. à Sainte-Colombe.
			6e id.	Id. de Valmont.	Valmont.	Valmont.	Valmont.	
			7e id.	Id. de Yerville.	Yerville.	Yerville.	Yerville.	
			8e id.	Id. d'Yvetot.	Yvetot.	Yvetot.	Yvetot.	Les 2e et 8e compag. à Caudebec.
ARTILLERIE. — 3 BATTERIES.								
»	»	»	1re batterie	Canton de Dieppe.	Dieppe.	Dieppe.	Dieppe.	
			2e id.	Id. de Fécamp.	Fécamp.	Fécamp.	Fécamp.	
			3e id.	Id. N. du Havre. / Id. S. du Havre.	Le Havre.	Le Havre. / Le Havre.	Le Havre.	

TABLEAUX

Des circonscriptions de recrutement des bataillons, compagnies et batteries de la garde nationale mobile dans le 2e corps d'armée.

DÉPARTEMENTS.	BATAILLONS.	BATTERIES.
3e DIVISION MILITAIRE.		
Nord.	10 bataillons.	20 batteries.
Pas-de-Calais.	8 id.	6 id.
Somme.	6 id.	2 id.
Totaux.	24 bataillons.	28 batteries.
4e DIVISION MILITAIRE.		
Aisne.	6 bataillons.	5 batteries
Ardennes.	2 id.	2 id.
Marne.	4 id.	4 id.
Totaux.	12 bataillons.	8 batteries.
Totaux généraux.	36 bataillons.	36 batteries.

3e DIVISION MILITAIRE.

DÉPARTEMENT DU NORD.

— 10 BATAILLONS. — 20 BATTERIES.

BATAILLONS.				COMPAGNIES ET BATTERIES.				OBSERVATIONS.
Circonscriptions de recrutement.	Chefs-lieux.	Centres de réunion.	Numéros des compagnies ou batteries.	Circonscriptions de recrutement.	Chefs-lieux.	Centres d'exercice.	Centres de réunion.	
1er BATAILLON.								
Arrondissement d'Avesnes.	Avesnes.	»	1re comp.	Canton N. d'Avesnes	Avesnes.	Avesnes.	Avesnes.	Les 1re et 2e compagnies pourront être réunies à Avesnes.
			2e id.	Id. S. d'Avesnes	Avesnes.	Avesnes.		
			3e id.	Id. de Bavai	Bavai.	Bavai.	Bavai.	
			4e id.	Id. de Berlaimont	Berlaimont.	Berlaimont.		
				Id. de Landrecies		Landrecies.		
			5e id.	Id. de Maubeuge	Maubeuge.	Maubeuge.		
				Id. de Solre-le-Château		Solre-le-Château.		
			6e id.	Id. E. du Quesnoy	Le Quesnoy.	Le Quesnoy.	Le Quesnoy.	Les 6e et 7e compagnies au Quesnoy.
			7e id.	Id. O. du Quesnoy	Le Quesnoy.	Le Quesnoy.		
			8e id.	Id. de Trélon	Trélon.	Trélon.	Trélon.	
2e BATAILLON.								
Arrondissement de Cambrai. (Cantons E. et O. de Cambrai et cantons de Carnières et de Marcoing.)	Cambrai.	»	1re comp.	1/2 du canton E. de Cambrai	Cambrai.	Cambrai.	Cambrai.	Les 1re, 2e, 3e et 4e compagnies pourront être réunies à Cambrai.
			2e id.	1/2 id. E. de Cambrai	Cambrai.	Cambrai.		
			3e id.	1/2 id. O. de Cambrai	Cambrai.	Cambrai.		
			4e id.	1/2 id. O. de Cambrai	Cambrai.	Cambrai.		
			5e id.	1/2 id. de Carnières	Carnières.	Carnières.	Carnières.	Les 5e et 6e, à Carnières.
			6e id.	1/2 id. de Carnières	Carnières.	Carnières.		
			7e id.	1/2 id. de Marcoing	Marcoing.	Marcoing.	Marcoing.	Les 7e et 8e, à Marcoing.
			8e id.	1/2 id. de Marcoing	Marcoing.	Marcoing.		
3e BATAILLON.								
Arrondissement de Cambrai. (Cantons de Le Cateau, Clary, Solesmes.)	Cambrai.	»	1re comp.	1/3 du canton de Le Cateau	Le Cateau.	Le Cateau.	Le Cateau.	Les 1re, 2e, 3e, 4e, 5e et 6e compagnies pourront être réunies à Mauroy.
			2e id.	1/3 id. de Le Cateau	Le Cateau.	Le Cateau.		
			3e id.	1/3 id. de Le Cateau	Le Cateau.	Le Cateau.		
			4e id.	1/3 id. de Clary	Clary.	Clary.	Clary.	
			5e id.	1/3 id. de Clary	Clary.	Clary.		
			6e id.	1/3 id. de Clary	Clary.	Clary.		
			7e id.	1/2 id. de Solesmes	Solesmes.	Solesmes.	Solesmes.	Les 7e et 8e, à Solesmes.
			8e id.	1/2 id. de Solesmes	Solesmes.	Solesmes.		

BATAILLONS.			COMPAGNIES ET BATTERIES.					OBSERVATIONS.
CIRCONSCRIPTIONS DE RECRUTEMENT.	CHEFS-LIEUX.	CENTRES DE RÉUNION.	NUMÉROS des COMPAGNIES ou BATTERIES.	CIRCONSCRIPTIONS DE RECRUTEMENT.	CHEFS-LIEUX.	CENTRES D'EXERCICE.	CENTRES DE RÉUNION.	
			4e BATAILLON.					
Arrondissement de Douai et le canton de Bouchain de l'arrondissement de Valenciennes.	Douai.	»	1re compag.	Canton d'Arleux	Arleux.	Arleux.	Arleux.	Les 3e, 4e, 5e et 6e compagnies pourront être réunies à Marchiennes.
			2e id.	Id. N. de Douai Id. O. de Douai Id. S. de Douai	Douai.	Douai. Douai. Douai.	Douai.	
			3e id.	1/2 du canton de Marchiennes	Marchiennes.	Marchiennes.	Marchiennes.	
			4e id.	1/2 id. de Marchiennes	Marchiennes.	Marchiennes.		
			5e id.	1/2 id. d'Orchies	Orchies.	Orchies.	Orchies.	
			6e id.	1/2 id. d'Orchies	Orchies.	Orchies.		
			7e id.	1/2 id. de Bouchain	Bouchain.	Bouchain.	Bouchain.	Les 7e et 8e, à Bouchain.
			8e id.	1/2 id. de Bouchain	Bouchain.	Bouchain.		
			5e BATAILLON.					
Arrondissement de Dunkerque et le canton de Cassel, de l'arrondissement d'Hazebrouck.	Dunkerque.	»	1re compag.	Canton de Bergues	Bergues.	Bergues.	Linck.	
			2e id.	Id. de Bourbourg	Bourbourg.	Bourbourg, Linck.		
			3e id.	Id. E. de Dunkerque Id. O. de Dunkerque Id. de Gravelines.	Dunkerque.	Dunkerque. Dunkerque. Gravelines.	Dunkerque.	
			4e id.	1/2 du canton de Hondschoote	Hondschoote.	Hondschoote.	Hondschoote.	Les 4e et 5e compagnies, à Hondschoote.
			5e id.	1/2 id. de Hondschoote	Hondschoote.	Hondschoote.		
			6e id.	Canton de Wormhoudt	Wormhoudt.	Wormhoudt, Zeggers-Cappel	Zeggers-Cappel.	
			7e id.	1/2 du canton de Cassel	Cassel.	Cassel.	Cassel.	Les 7e et 8e, à Cassel.
			8e id.	1/2 id. de Cassel	Cassel.	Cassel.		
			6e BATAILLON.					
Arrondissement d'Hazebrouck (moins le canton de Cassel).	Hazebrouck.	»	1re compag.	Canton N.-E. de Bailleul	Bailleul.	Bailleul.	Bailleul.	Les 1re et 2e compagnies, à Bailleul.
			2e id.	Id. S.-O. de Bailleul	Bailleul.	Bailleul.		
			3e id.	Id. N. d'Hazebrouck	Hazebrouck.	Hazebrouck.	Hazebrouck.	Les 3e et 4e, à Hazebrouck.
			4e id.	Id. S. d'Hazebrouck	Hazebrouck.	Hazebrouck.		
			5e id.	1/2 du canton de Merville	Merville.	Merville.	Merville.	Les 5e et 6e, à Merville.
			6e id.	1/2 id. de Merville	Merville.	Merville.		
			7e id.	1/2 id. de Steenworde	Steenworde.	Steenworde.	Steenworde.	Les 7e et 8e, à Steenworde.
			8e id.	1/2 id. de Steenworde	Steenworde.	Steenworde.		
			7e BATAILLON.					
Arrondissement de Lille (cant. d'Armentières, c. N.-E., O., S.-E., S.-O., de Lille et de Quesnoy-sur-Deule).	Lille.	»	1re compag.	Canton d'Armentières	Armentières.	Armentières.	Armentières.	Les 2e, 3e, 4e, 5e et 6e compagnies pourront être réunies à Lille.
			2e id.	Id. centre de Lille	Lille.	Lille.	Lille.	
			3e id.	Id. N.-E. de Lille	Lille.	Lille.		
			4e id.	Id. O. de Lille Id. S.-E. de Lille	Lille.	Lille. Lille.		
			5e id.	1/2 du canton S.-O. de Lille	Lille.	Lille.		
			6e id.	1/2 id. S.-O. de Lille	Lille.	Lille.		
			7e id.	1/2 id. de Quesnoy-sur-Deule	Quesnoy.	Quesnoy.	Quesnoy.	Les 7e et 8e, à Quesnoy-sur-Deule.
			8e id.	1/2 id. de Quesnoy-sur-Deule	Quesnoy.	Quesnoy.		

BATAILLONS.			COMPAGNIES ET BATTERIES.					OBSERVATIONS.
CIRCONSCRIPTIONS DE RECRUTEMENT.	CHEFS-LIEUX.	CENTRES DE RÉUNION.	NUMÉROS des COMPAGNIES ou BATTERIES.	CIRCONSCRIPTIONS DE RECRUTEMENT.	CHEFS-LIEUX.	CENTRES D'EXERCICE.	CENTRES DE RÉUNION.	
8e BATAILLON.								
Arrondissement de Lille (cantons de Lannoy, de Roubaix et de Tourcoing).	Tourcoing	Tourcoing	1re compag.	Canton de Lannoy	Lannoy	Lannoy	Lannoy.	Le 8e bataillon pourra être réuni en entier à Roubaix.
			2e id.	1/3 du canton de Roubaix	Roubaix	Roubaix	Roubaix.	
			3e id.	1/3 id. de Roubaix	Roubaix	Roubaix		
			4e id.	1/3 id. de Roubaix	Roubaix	Roubaix		
			5e id.	1/2 id. N. de Tourcoing	Tourcoing	Tourcoing	Tourcoing.	
			6e id.	1/2 id. N. de Tourcoing	Tourcoing	Tourcoing		
			7e id.	1/2 id. S. de Tourcoing	Tourcoing	Tourcoing		
			8e id.	1/2 id. S. de Tourcoing	Tourcoing	Tourcoing		
9e BATAILLON.								
Arrondissement de Lille (cantons de la Bassée, de Cysoing, de Haubourdin, de Pont-à-Marcq et de Séclin).	Lille	»	1re compag.	Canton de la Bassée	La Bassée	La Bassée	La Bassée.	
			2e id.	1/2 du canton de Cysoing	Cysoing	Cysoing	Cysoing.	
			3e id.	1/2 id. de Cysoing	Cysoing	Cysoing		
			4e id.	1/2 id. de Haubourdin	Haubourdin	Haubourdin	Haubourdin.	Les 6e, 7e et 8e compag. à Séclin.
			5e id.	1/2 id. de Haubourdin	Haubourdin	Haubourdin		
			6e id.	Canton de Pont-à-Marcq	Pont-à-Marcq	Pont-à-Marcq	Pont-à-Marcq.	
			7e id.	1/2 du canton de Séclin	Séclin	Séclin	Séclin.	
			8e id.	1/2 id. de Séclin	Séclin	Séclin		
10e BATAILLON.								
Arrondissement de Valenciennes, moins le canton de Bouchain.	Valenciennes	»	1re compag.	Canton de Condé	Condé	Condé	Condé.	Les 2e, 3e, 4e et 5e comp. pourront être réunies à Saint-Amand.
			2e id.	1/2 du canton de St-Amand, rive droite	Saint-Amand	Saint-Amand	Saint-Amand.	
			3e id.	1/2 id. de St-Amand, rive droite	Saint-Amand	Saint-Amand		
			4e id.	1/2 id. de St-Amand, rive gauche	Saint-Amand	Saint-Amand		
			5e id.	1/2 id. de St-Amand, rive gauche	Saint-Amand	Saint-Amand		
			6e id.	Canton E. de Valenciennes	Valenciennes	Valenciennes	Valenciennes.	Les 6e, 7e et 8e compag. à Valenciennes.
			7e id.	Id. N. de Valenciennes	Valenciennes	Valenciennes		
			8e id.	Id. S. de Valenciennes	Valenciennes	Valenciennes		
ARTILLERIE. — 20 BATTERIES.								
Arrondissement d'Avesnes.	»	»	1re batterie.	Canton de Landrecies	Landrecies	Landrecies	Landrecies.	Les 5e, 6e et 7e batteries pourront être réunies à Douai.
			2e id.	Id. de Maubeuge	Maubeuge	Maubeuge	Maubeuge.	
			3e id.	Id. de Maubeuge	Maubeuge	Maubeuge		
Id. de Cambrai.	»	»	4e id.	Id. E. de Cambrai	Cambrai	Cambrai	Cambrai.	
Id. de Douai.	»	»	5e id.	Id. N. de Douai	Douai	Douai	Douai.	
			6e id.	Id. O. de Douai	Douai	Douai		
			7e id.	Id. S. de Douai	Douai	Douai		
Id. Dunkerque.	»	»	8e id.	Id. E. de Dunkerque	Dunkerque	Dunkerque	Dunkerque.	Les 8e, 9e et 10e à Dunkerque.
			9e id.	1/2 du canton O. de Dunkerque	Dunkerque	Dunkerque		
			10e id.	1/2 id. O. de Dunkerque	Dunkerque	Dunkerque		
			11e id.	Canton de Gravelines	Gravelines	Gravelines	Gravelines.	
Id. de Lille.	»	»	12e id.	Id. N. E. de Lille	Lille	Lille	Lille.	Les 12e, 13e, 14e et 15e à Lille.
			13e id.	Id. O. de Lille	Lille	Lille		
			14e id.	Id. S. E. de Lille	Lille	Lille		
			15e id.	Id. S. O. de Lille	Lille	Lille		
			16e id.	Id. de Bouchain	Bouchain	Bouchain	Bouchain.	
			17e id.	Id. de Condé	Condé	Condé	Condé.	
Id. de Valenciennes.	»	»	18e id.	Id. E. de Valenciennes	Valenciennes	Valenciennes	Valenciennes.	Les 18e, 19e et 20e à Valenciennes.
			19e id.	Id. N. de Valenciennes	Valenciennes	Valenciennes		
			20e id.	Id. S. de Valenciennes	Valenciennes	Valenciennes		

DÉPARTEMENT DU PAS-DE-CALAIS.—8 BATAILLONS.—6 BATTERIES.

BATAILLONS. — **COMPAGNIES ET BATTERIES.**

CIRCONSCRIPTIONS DE RECRUTEMENT.	CHEFS-LIEUX.	CENTRES DE RÉUNION.	NUMÉROS des COMPAGNIES OU BATTERIES.	CIRCONSCRIPTIONS DE RECRUTEMENT.	CHEFS-LIEUX.	CENTRES D'EXERCICE.	CENTRES DE RÉUNION.	OBSERVATIONS.
1er BATAILLON.								
Arrondissement d'Arras. (Cantons d'Arras Beaumetz, Vimy et Vitry).	Arras.	»	1re compag.	1/2 du canton N. d'Arras. / 1/2 id. S. d'Arras.	Arras. / Arras.	Arras. / Arras.	Arras.	Les 1re et 2e compagnies pourront être réunies à Arras.
			2e id.	1/2 id. N d'Arras. / 1/2 id. S. d'Arras.	Arras / Arras	Arras / Arras		
			3e id.	1/2 N. du canton de Beaumetz-les-loges.	Beaumetz.	Beaumetz.	Beaumetz.	Les 3e et 4e à Beaumetz.
			4e id.	1/2 S. id. de Beaumetz-les-loges.	Beaumetz.	Beaumetz.		
			5e id.	1/2 E. id. de Vimy.	Vimy.	Vimy.	Vimy.	Les 5e et 6e, à Vimy.
			6e id.	1/2 O. id. de Vimy.	Vimy.	Vimy.		
			7e id.	1/2 N. id. de Vitry.	Vitry.	Vitry.	Vitry.	Les 7e et 8e à Eterpigny.
			8e id.	1/2 S. id. de Vitry.	Vitry.	Eterpigny.	Eterpigny.	
2e BATAILLON.								
Arrondissement d'Arras. (Cantons de Bapaume, Bertincourt, Croisilles, Marquion et Pas.)	Arras.	»	1re compag.	Canton de Bapaume.	Bapaume.	Bapaume.	Bapaume.	
			2e id.	1/2 canton de Bertincourt.	Bertincourt.	Bertincourt.	Bertincourt.	Les 2e et 3e compagnies à Bertincourt.
			3e id.	1/2 id. de Bertincourt.	Bertincourt.	Bertincourt.		
			4e id.	1/2 E. du canton de Croisilles.	Croisilles.	Croisilles.	Croisilles.	Les 4e et 5e à Boyelles.
			5e id.	1/2 O. id. de Croisilles.	Croisilles.	Boyelles.	Boyelles.	
			6e id.	1/2 N. id. de Marquion.	Marquion.	Marquion.	Marquion.	Les 6e et 7e à Marquion.
			7e id.	1/2 S. id. de Marquion.	Marquion.	Marquion.		
			8e id.	Canton de Pas.	Pas.	Pas, St-Amand.	St-Amand.	
3e BATAILLON.								
Arrondissement de Béthune. (Cantons de Béthune, de Houdain-Laventie, Lilliers et Norrent-Fontès.)	Béthune.	»	1re compag.	1/2 canton de Béthune.	Béthune.	Béthune.	Béthune.	Les 1re et 2e compagnies à Béthune.
			2e id.	1/2 id. de Béthune.	Béthune.	Béthune.	Béthune.	
			3e id.	1/2 id. de Houdain.	Houdain.	Houdain.	Houdain.	Les 3e et 4e à Houdain.
			4e id.	1/2 id. de Houdain.	Houdain.	Houdain.		
			5e id.	1/2 id. de Laventie.	Laventie.	Laventie.	Laventie.	Les 5e et 6e à Laventie.
			6e id.	1/2 id. de Laventie.	Laventie.	Laventie.		
			7e id.	Canton de Lilliers.	Lilliers.	Lilliers.	Lilliers.	Les 7e et 8e à Lilliers.
			8e id.	Canton de Norrent-Fontès.	Norrent-Fontès.	Norrent-Fontès.	Norrent-Fontès.	
4e BATAILLON.								
Arrondissement de Béthune. (Cantons de Cambrin, Carvin et Lens).	Béthune.	»	1re compag.	1/3 du canton de Cambrin.	Cambrin.	Cambrin.	Cambrin.	
			2e id.	1/3 id. de Cambrin.	Cambrin.	Cambrin.		
			3e id.	1/3 id. de Cambrin.	Cambrin.	Cambrin.		
			4e id.	1/3 id. de Carvin.	Carvin.	Carvin.	Carvin.	Les 4e, 5e et 6e compagnies pourront être réunies à Carvin.
			5e id.	1/3 id. de Carvin.	Carvin.	Carvin.		Les 1re, 2e, 3e, 7e et 8e à Hulluch.
			6e id.	1/3 id. de Carvin.	Carvin.	Carvin.		
			7e id.	1/2 E. du canton de Lens.	Lens.	Lens.	Lens.	
			8e id.	1/2 O. id. de Lens.	Lens.	Lens.		

BATAILLONS.			COMPAGNIES		ET BATTERIES.			OBSERVATIONS.
CIRCONSCRIPTIONS DE RECRUTEMENT.	CHEFS-LIEUX.	CENTRES DE RÉUNION.	NUMÉROS des COMPAGNIES ou BATTERIES.	CIRCONSCRIPTIONS DE RECRUTEMENT.	CHEFS-LIEUX.	CENTRES D'EXERCICE.	CENTRES DE RÉUNION.	
5e BATAILLON.								
Arrondissement de Boulogne (moins le cant. de Samer).	Boulogne.	»	1re comp.	1/2 du canton de Boulogne	Boulogne.	Boulogne.	Boulogne.	Les 1re et 2e compagnies, à Boulogne.
			2e id.	1/2 id. de Boulogne	Boulogne.	Boulogne.		Les 3e et 4e, à Calais.
			3e id.	1/2 E. du canton de Calais	Calais.	Calais.	Calais.	
			4e id.	1/2 O. id. de Calais	Calais.	Calais.		
			5e id.	Canton de Desvres	Desvres.	Desvres.	Desvres.	
			6e id.	Id. de Guines	Guines.	Guines.	Guines.	
			7e id.	1/2 N. du canton de Marquise	Marquise.	Marquise.	Marquise.	
			8e id.	1/2 S. id. de Marquise	Marquise.	Marquise.		Les 7e et 8e, à Marquise.
6e BATAILLON.								
Arrondissement de Montreuil et le canton de Samer de l'arrondiss. de Boulogne.	Montreuil.	»	1re comp.	Canton de Samer	Samer.	Samer, Carly.	Carly.	
			2e id.	Id. de Campagne-les-Hesdin	Campagne-les-Hesdin.	Campagne, Beaurainville.	Beaurainville.	
			3e id.	Id. d'Etaples	Etaples.	Etaples.	Etaples.	
			4e id.	Id. de Fruges	Fruges.	Fruges.	Fruges.	
			5e id.	Id. d'Hesdin	Hesdin.	Hesdin.	Hesdin.	
			6e id.	Id. d'Hucqueliers	Hucqueliers.	Hucqueliers.	Hucqueliers.	
			7e id.	1/2 N. du canton de Montreuil	Montreuil.	Montreuil.	Montreuil.	Les 7e et 8e compagnies, à Verton.
			8e id.	1/2 S. id. de Montreuil	Montreuil.	Verton.	Verton.	
7e BATAILLON.								
Arrondissement de St-Omer.	St-Omer.	»	1re comp.	Canton d'Aire / Id. S. de St-Omer	Aire. / St-Omer.	Aire. / St-Omer.	Ecques.	
			2e id.	Id. d'Ardres	Ardres.	Ardres, Tournehem.	Tournehem.	
			3e id.	Id. d'Audruick	Audruick.	Audruick.	Audruick.	
			4e id.	Id. de Fauquembergue	Fauquembergue.	Fauquembergue, Reclinghem.	Reclinghem.	
			5e id.	1/2 E. du canton de Lumbres	Lumbres.	Lumbres.	Lumbres.	
			6e id.	1/2 O. id. de Lumbres	Lumbres.	Seninghem.	Seninghem.	Les 7e et 8e compagnies, pourront être réunies à St-Omer.
			7e id.	1/2 id. N. de St-Omer	St-Omer.	St-Omer.	St-Omer.	
			8e id.	1/2 id. N. de St-Omer	St-Omer.	St-Omer.		
8e BATAILLON.								
Arrondissement de St-Pol.	St-Pol.	»	1re comp.	Canton d'Aubigny	Aubigny.	Aubigny, Tinques.	Berles.	
			2e id.	Id. d'Auxi-le-Château	Frévent.	Auxi, Frévent.	Rougefay.	
			3e id.	1/2 E. du canton d'Avesnes-le-Comte	Avesnes.	Avesnes.	Avesnes.	Les 3e et 4e compagnies, à Lieucourt.
			4e id.	1/2 O. id. d'Avesnes-le-Comte	Avesnes.	Lieucourt.	Lieucourt.	
			5e id.	Canton d'Heuchin	Heuchin.	Heuchin, Sains-les-Pernes.	Sains-les-Pernes.	
			6e id.	Id. du Parcq	Le Parcq.	Le Parcq.	Le Parcq.	
			7e id.	1/2 du canton de St-Pol	St-Pol.	St-Pol.	St-Pol.	
			8e id.	1/2 id. de St-Pol	St-Pol.	St-Pol.		Les 7e et 8e, à St-Pol.
ARTILLERIE. — 6 BATTERIES.								
	»	»	1re batterie	Canton S. d'Arras	Arras.	Arras.	Arras.	
			2e id.	Id. de Boulogne	Boulogne.	Boulogne.	Boulogne.	
			3e id.	Id. de Boulogne	Boulogne.	Boulogne.		Les 2e et 3e batteries pourront être réunies à Boulogne.
			4e id.	Id. de Calais	Calais.	Calais.	Calais.	
			5e id.	Id. d'Aire	Aire.	Aire.	Aire.	
			6e id.	Canton S. de St-Omer	St-Omer.	St-Omer.	St-Omer.	

BATAILLONS.			COMPAGNIES ET BATTERIES.					OBSERVATIONS.
CIRCONSCRIPTIONS DE RECRUTEMENT.	CHEFS-LIEUX.	CENTRES DE RÉUNION.	NUMÉROS des COMPAGNIES ou BATTERIES.	CIRCONSCRIPTIONS DE RECRUTEMENT.	CHEFS-LIEUX.	CENTRES D'EXERCICE.	CENTRES DE RÉUNION.	
DÉPARTEMENT DE LA SOMME.								— 6 BATAILLONS. — 2 BATTERIES.
			1er BATAILLON.					
Arrondissement d'Abbeville, moins le canton d'Ailly-le-Haut-Clocher et de Crécy.	Abbeville.	»	1re comp.	Canton N. d'Abbeville.	Abbeville.	Abbeville.	Abbeville.	
			2e id.	Id. S. d'Abbeville.	Ault.	Ault, Woincourt.	Ault.	
			3e id.	Id. d'Ault.	Gamaches.	Gamaches.	Gamaches.	
			4e id.	Id. de Hallencourt.	Hallencourt.	Hallencourt.	Hallencourt.	
			5e id.	Id. de Moyenneville.	Moyenneville.	Moyenneville.	Moyenneville.	
			6e id.	Id. de Nouvion.	Nouvion.	Nouvion, Canchy.	Nouvion.	
			7e id.	Id. de Rue.	Rue.	Rue, Vron.	Rue.	
			8e id.	Id. de Saint-Valery-sur-Somme.	Saint-Valery.	Saint-Valery.	Saint-Valery.	
			2e BATAILLON.					
Arrondissement d'Amiens. (Cantons d'Amiens, Corbie et Villers.)	Amiens.	»	1re comp.	Canton N.-E. d'Amiens.	Amiens.	Amiens.	Amiens.	Les 1re, 2e, 3e et 4e compagnies pourront être réunies à Amiens.
			2e id.	Id. S.-E. d'Amiens.	Amiens.	Amiens.	Amiens.	
			3e id.	Id. S.-O. d'Amiens.	Amiens.	Amiens.	Amiens.	
			4e id.	Id. N.-O. d'Amiens.	Amiens.	Amiens.	Amiens.	
			5e id.	1/2 N. du canton de Corbie.	Corbie.	Corbie.	Corbie.	Les 5e et 6e à Corbie.
			6e id.	1/2 S. du canton de Corbie.	Corbie.	Corbie.	Corbie.	
			7e id.	1/2 E. du canton de Villers.	Villers.	Villers.	Villers.	Les 7e et 8e à Villers
			8e id.	1/2 O. du canton de Villers.	Villers.	Villers.	Villers.	
			3e BATAILLON.					
Arrondissement d'Amiens. (Cantons de Conty, Hornoy, Molliens, Oisemont, Pecquigny, Poix et Sains.)	Amiens.	»	1re comp.	Canton de Conty.	Conty.	Conty.	Conty.	
			2e id.	Id. d'Hornoy.	Hornoy.	Hornoy.	Hornoy.	
			3e id.	Id. de Molliens-Vidame.	Molliens-Vidame.	Molliens-Vidame.	Molliens-Vidame.	
			4e id.	Id. d'Oisemont.	Oisemont.	Oisemont.	Oisemont.	
			5e id.	1/2 N. du canton de Pecquigny.	Pecquigny.	Pecquigny, Belloy.	Belloy.	Les 5e et 6e compagnies à Pecquigny.
			6e id.	1/2 S. du canton de Pecquigny.	Pecquigny.	Pecquigny.	Pecquigny.	
			7e id.	Canton de Poix.	Poix.	Poix, Liguières-Châtelain.	Poix.	
			8e id.	Id. de Sains.	Sains.	Sains.	Sains.	

BATAILLONS, COMPAGNIES ET BATTERIES.

CIRCONSCRIPTIONS DE RECRUTEMENT.	CHEFS-LIEUX.	CENTRES DE RÉUNION.	NUMÉROS des COMPAGNIES ou BATTERIES.	CIRCONSCRIPTIONS DE RECRUTEMENT.	CHEFS-LIEUX.	CENTRES D'EXERCICE.	CENTRES DE RÉUNION.	OBSERVATIONS.
4e BATAILLON								
Arrondissement de Doullens et les cantons d'Ailly-le-Haut-Clocher, et Crécy de l'arrondissement d'Abbeville.	Doullens.	»	1re compag.	Canton d'Ailly-le-Haut-Clocher.	Ailly.	Ailly.	Ailly.	
			2e id.	Id. de Crécy.	Crécy.	Crécy, Maison-Ponthieu.		
			3e id.	1/2 du canton d'Acheux.	Acheux.	Acheux.	Acheux.	Les 3e et 4e compagnies pourront être réunies à Acheux.
			4e id.	1/2 du canton d'Acheux.	Acheux.	Acheux.		
			5e id.	Canton de Bernaville.	Bernaville.	Bernaville.	Bernaville.	
			6e id.	Id. de Domart.	Domart.	Domart, Canaples.		
			7e id.	1/2 du canton de Doullens.	Doullens.	Doullens.	Doullens.	Les 7e et 8e à Doullens.
			8e id.	1/2 du canton de Doullens.	Doullens.	Doullens.		
5e BATAILLON.								
Arrond'ssement de Montdidier.	Montdidier.	»	1re compag.	Canton d'Ailly-sur-Noye.	Ailly-sur-Noye.	Ailly, Thory.	Ailly.	
			2e id.	1/2 canton de Montdidier.	Montdidier.	Montdidier.	Montdidier.	Les 2e et 3e à Montdidier.
			3e id.	1/2 canton de Montdidier.	Montdidier.	Montdidier.		
			4e id.	1/2 E. canton de Moreuil.	Moreuil.	Hangest.	Moreuil.	Les 4e et 5e à Moreuil.
			5e id.	1/2 O. canton de Moreuil.	Moreuil.	Moreuil.		
			6e id.	Canton de Rosières.	Rosières.	Rosières.	Rosières.	
			7e id.	1/2 du canton de Roye.	Roye.	Roye.	Roye.	Les 7e et 8e à Roye.
			8e id.	1/2 du canton de Roye.	Roye.	Roye.		
6e BATAILLON.								
Arrondissement de Péronne.	Péronne.	»	1re compag.	Canton d'Albert.	Albert.	Albert.	Albert.	
			2e id.	Id. de Bray.	Bray.	Bray.		
				Id. de Péronne.		Péronne.		
			3e id.	Id. de Chaulnes.	Chaulnes.	Chaulnes.	Chaulnes.	
			4e id.	Id. de Combles.	Combles.	Combles.	Combles.	
			5e id.	Id. de Ham.	Ham.	Ham, Matigny.	Matigny.	
			6e id.	Id. de Nesle.	Nesle.	Nesle.	Nesle.	
			7e id.	1/2 du canton de Roisel.	Roisel.	Roisel.	Roisel.	Les 7e et 8e à Roisel.
			8e id.	1/2 du canton de Roisel.	Roisel.	Roisel.		
ARTILLERIE. — 2 BATTERIES.								
»	»	»	1re batterie.	S.-E. et S.-O. d'Amiens.	Amiens.	Amiens.	Amiens.	
			2e batterie.	Canton de Péronne.	Péronne.	Péronne.	Péronne.	

4ᵉ DIVISION MILITAIRE.

DÉPARTEMENT DE L'AISNE.

— 6 BATAILLONS, 3 BATTERIES.

BATAILLONS. Circonscriptions de recrutement.	Chefs-lieux.	Centres de réunion.	COMPAGNIES. Numéros des compagnies ou batteries.	Circonscriptions de recrutement.	ET BATTERIES. Chefs-lieux.	Centres d'exercice.	Centres de réunion.	OBSERVATIONS.
1ᵉʳ BATAILLON.								
Arrondissement de Château-Thierry et les cantons de Braisne, Oulchy et Villers-Cotterets de l'arrond. de Soissons.	Château-Thierry.	»	1ʳᵉ comp..	Canton de Charly.	Charly.	Charly, la-Chapelle-de-Chézy		
			2ᵉ id...	Id. de Château-Thierry.	Château-Thierry	Château-Thierry, Boures-ches.		
			3ᵉ id...	Id. de Condé.	Condé	Condé, Arlonges		
			4ᵉ id...	Id. de Fère-en-Tardenois.	Fère-en-Tardenois	Fère-en-Tardenois, Cou-longes.		
			5ᵉ id...	Id. de Neuilly-St-Front.	Neuilly	Neuilly, Chézy-en-Orxois.		
			6ᵉ id...	Id. de Braisne.	Braisne	Braisne, Bazoche.		
			7ᵉ id...	Id. d'Oulchy-le-Château.	Oulchy	Oulchy, Hartennes.		
			8ᵉ id...	Id. de Villers-Cotterets.	Villers-Cotterets	Villers-Cotterets	Villers-Cotterets	
2ᵉ BATAILLON.								
Arrondissement de Soissons. (Cantons de Soissons, Vailly, Vic-sur-Aisne), et les cantons de Anisy, Coucy, Craonne et Neufchâtel de l'arrond. de Laon.	Soissons.	»	1ʳᵉ compag.	Canton de Soissons.	Soissons	Soissons	Soissons.	
			2ᵉ id...	Id. de Vailly.	Vailly	Vailly, Nanteuil	Vailly.	
			3ᵉ id...	Id. de Vic-sur-Aisne.	Vic-sur-Aisne	Vic-sur-Aisne, Amblény	Amblény.	
			4ᵉ id...	Id. d'Anisy-le-Château.	Anisy-le-Château	Anisy-le-Château, Lizy	Lizy.	
			5ᵉ id...	1/2 E. du canton de Coucy-le-Château.	Coucy-le-Château	Coucy-le-Château	Coucy-le-Château.	
			6ᵉ id...	1/2 O. id. de Coucy-le-Château.	Coucy-le-Château	Coucy-le-Château, St-Paul-aux-Bois.	St-Paul-aux-Bois.	
			7ᵉ id...	Canton de Craonne.	Corbeny	Corbeny, Cerny.	Ailles.	
			8ᵉ id...	Id. de Neufchâtel.	Neufchâtel	Neufchâtel, Pontavert		
3ᵉ BATAILLON.								
Arrondissement de Laon, moins les cantons d'Anisy, Coucy-le-Château, Craonne et Neufchâtel.	Laon.	»	1ʳᵉ compag.	1/2 du canton de Chauny.	Chauny.	Chauny	Chauny.	Les 1ʳᵉˢ et 2ᵉ compagnies pourront être réunies à Chauny.
			2ᵉ id...	1/2 id. de Chauny.	Chauny	Chauny		
			3ᵉ id...	Canton de Crécy-sur-Serre.	Crécy	Crécy	Crécy,	
			4ᵉ id...	Id. de la Fère.	La Fère	La Fère	La Fère.	
			5ᵉ id...	Id. de Laon.	Laon	Laon, Bruyère.		
			6ᵉ id...	Id. de Marle.	Marle	Marle, Froidmont, Bosmont.		
			7ᵉ id...	Id. de Rosoy-sur-Serre.	Rosoy	Rosoy, Montcornet	Soize.	
			8ᵉ id...	Id. de Sissonne.	Sissonne	Sissonne	Sissonne.	

BATAILLONS.			COMPAGNIES ET BATTERIES.					OBSERVATIONS.
Circonscriptions de recrutement.	Chefs-lieux.	Centres de réunion.	Numéros des compagnies ou batteries.	Circonscriptions de recrutement.	Chefs-lieux.	Centres d'exercice.	Centres de réunion.	
4e BATAILLON.								
Arrondissement de Saint-Quentin, moins les cantons de Bohain et du Catelet.	St-Quentin.	»	1re comp.	Canton de Moy	Moy	Moy	Moy.	
			2e id.	Id. de Ribemont	Ribemont	Ribemont	Ribemont.	Les 3e, 4e et 5e comp. pourront être réunies à Saint-Quentin.
			3e id.	1/3 du canton de Saint-Quentin	Saint-Quentin	Saint-Quentin	Saint-Quentin.	
			4e id.	1/3 id. de Saint-Quentin	Saint-Quentin	Saint-Quentin		
			5e id.	1/3 id. de Saint-Quentin	Saint-Quentin	Saint-Quentin, Hombières		
			6e id.	1/2 id. de Saint-Simon	Saint-Simon	Saint-Simon	Saint-Simon.	Les 6e et 7e à St-Simon.
			7e id.	1/2 id. de Saint-Simon	Saint-Simon	Saint-Simon		
			8e id.	Canton de Vermand	Vermand	Vermand	Vermand.	
5e BATAILLON.								
Arrondissement de St-Quentin (cant. de Bohain et du Catelet), et les cantons de Guise et Wassigny, de l'arr. de Vervins.	Bohain.	»	1re comp.	1/3 du canton de Bohain	Bohain	Bohain	Bohain.	Les 1re, 2e et 3e comp. à Bohain.
			2e id.	1/3 id. de Bohain	Bohain	Bohain		
			3e id.	1/3 id. de Bohain	Bohain	Bohain		
			4e id.	1/2 id. du Catelet	Le Catelet	Le Catelet	Le Catelet.	Les 4e et 5e au Catelet.
			5e id.	1/2 id. du Catelet	Le Catelet	Le Catelet		
			6e id.	1/2 id. de Guise	Guise	Guise, Malzy	Guise.	
			7e id.	1/2 id. de Wassigny	Wassigny	Wassigny	Wassigny.	Les 7e et 8e à Wassigny.
			8e id.	1/2 id. de Wassigny	Wassigny	Wassigny		
6e BATAILLON.								
Arrondissement de Vervins, moins les cantons de Guise et Wassigny.	Vervins.	»	1re comp.	Canton d'Aubenton	Aubenton	Aubenton, Besmont	Besmont.	
			2e id.	1/2 du canton de La Capelle	La Capelle	La Capelle	La Capelle.	Les 2e et 3e compagnies pourront être réunies à Froidestrès.
			3e id.	1/2 id. de La Capelle	La Capelle	La Capelle, Froidestrès	Froidestrès.	
			4e id.	Canton d'Hirson	Hirson	Hirson	Hirson.	
			5e id.	Id. de Le Nouvion	Le Nouvion	Le Nouvion	Le Nouvion.	
			6e id.	Id. de Sains	Sains	Sains	Sains.	Les 7e et 8e compagnies à Vervins.
			7e id.	1/2 du canton de Vervins	Vervins	Vervins	Vervins.	
			8e id.	1/2 id. de Vervins	Vervins	Vervins		
ARTILLERIE. — 5 BATTERIES.								
»	»	»	1re batterie.	Canton de Soissons	Soissons	Soissons	Soissons.	
			2e id.	Id. de La Fère	La Fère	La Fère	La Fère.	
			3e id.	Id. de La Fère	La Fère	La Fère		
			4e id.	Id. de Laon	Laon	Laon	Laon.	
			5e id.	Id. de Guise	Guise	Guise	Guise.	

	BATAILLONS.			COMPAGNIES	ET BATTERIES.			OBSERVATIONS.
CIRCONSCRIPTIONS DE RECRUTEMENT.	CHEFS-LIEUX.	CENTRES DE RÉUNION.	NUMÉROS des COMPAGNIES ou BATTERIES.	CIRCONSCRIPTIONS DE RECRUTEMENT.	CHEFS-LIEUX.	CENTRES D'EXERCICE.	CENTRES DE RÉUNION.	

DÉPARTEMENT DES ARDENNES.

— 2 BATAILLONS. — 2 BATTERIES.

1er BATAILLON.

CIRCONSCRIPTIONS DE RECRUTEMENT.	CHEFS-LIEUX.	CENTRES DE RÉUNION.	NUMÉROS	CIRCONSCRIPTIONS DE RECRUTEMENT.	CHEFS-LIEUX.	CENTRES D'EXERCICE.	CENTRES DE RÉUNION.
Arrondissement de Mézières, Rocroy, Sedan.	Mézières.	»	1re compag.	Canton de Charleville. / Id. de Mézières.	Mézières.	Charleville, Neufmanil. / Mézières.	Mézières.
			2e id.	Id. de Flize. / Id. d'Omont.	Flize.	Flize. / Vendresse, Poix.	
			3e id.	Id. de Monthermé / Id. de Renwez.	Monthermé.	Monthermé, Thilay. / Renwez.	
			4e id.	Id. de Signy-l'Abbaye / Id. de Rumigny.	Signy-l'Abbaye.	Signy, Thin-le-Moutier. / Rumigny, Bogny.	
			5e id.	Id. de Fumay. / Id. de Givet.	Fumay.	Fumay. / Givet.	
			6e id.	Id. de Rocroy. / Id. de Signy-le-Petit.	Rocroy.	Rocroy, Le Trembloy. / Signy-le-Petit.	
			7e id.	Id. de Carignan. / Id. de Mouzon. / Id. de Raucourt.	Carignan.	Carignan, Margut. / Mouzon. / Haucourt.	
			8e id.	Id. N. de Sedan. / Id. S. de Sedan.	Sedan.	Sedan. / Sedan, Francheval.	

2e BATAILLON.

CIRCONSCRIPTIONS DE RECRUTEMENT.	CHEFS-LIEUX.	CENTRES DE RÉUNION.	NUMÉROS	CIRCONSCRIPTIONS DE RECRUTEMENT.	CHEFS-LIEUX.	CENTRES D'EXERCICE.	CENTRES DE RÉUNION.
Arrondissements de Rethel et de Vouziers.	Rethel.	»	1re comp.	Canton d'Asfeld. / Id. de Château-Porcien.	Château-Porcien.	Boisy, Blanzy. / Château-Porcien, St-Fergeux	
			2e id.	Id. de Chaumont-Porcien / Id. de Novion-Porcien.	Novion-Porcien.	Chaumont-Porcien. / Novion-Porcien, Saulier.	
			3e id.	Id. de Juniville. / Id. de Rethel.	Rethel.	Juniville. / Rethel, Ambly.	
			4e id.	Id. d'Attigny. / Id. de Tourteron.	Attigny.	Attigny. / Tourteron.	Attigny.
			5e id.	Id. de Busancy. / Id. de Le Chesne.	Busancy.	Busancy. / Le Chesne.	
			6e id.	Id. de Granpré.	Grandpré.	Grandpré, Fléville.	Grandpré.
			7e id.	Id. de Machault. / Id. de Monthois.	Machault.	Machault. / Monthois.	
			8e id.	Id. de Vouziers.	Vouziers.	Vouziers.	Vouziers.

ARTILLERIE. — 2 BATTERIES.

CIRCONSCRIPTIONS DE RECRUTEMENT.	CHEFS-LIEUX.	CENTRES DE RÉUNION.	NUMÉROS	CIRCONSCRIPTIONS DE RECRUTEMENT.	CHEFS-LIEUX.	CENTRES D'EXERCICE.	CENTRES DE RÉUNION.
»	»	»	1re batterie.	Cantons de Charleville et Mézières.	Charleville.	Mézières.	Mézières.
			2e id.	Canton S. de Sedan.	Sedan.	Sedan.	Sedan.

DÉPARTEMENT DE LA MARNE. — 4 BATAILLONS, 1 BATTERIE.

CIRCONSCRIPTIONS DE RECRUTEMENT.	CHEFS-LIEUX.	CENTRES DE RÉUNION.	NUMÉROS des COMPAGNIES ou BATTERIES.	CIRCONSCRIPTIONS DE RECRUTEMENT.	CHEFS-LIEUX.	CENTRES D'EXERCICE.	CENTRES DE RÉUNION.	OBSERVATIONS.
			1er BATAILLON.					
Arrondissement de Châlons-sur-Marne, et les cantons d'Ay, Beine et Verzy de l'arrondissement de Reims.	Châlons.	»	1re compag.	1/2 E. du canton de Châlons	Châlons	Châlons	Châlons.	Les 1re et 2e compagnies peuvent être réunies à Juvigny.
			2e id.	1/2 O. id. de Châlons	Châlons	Juvigny, Châlons	Juvigny	
			3e id.	Canton d'Ecury-sur-Coole Id. de Marson	Vitry-la-Ville	Ecury, Thibie, Vitry-la-Ville. Marson		
			4e id.	Id. de Suippes	Suippes	Suippes, Bouy	Le camp de Châlons.	
			5e id.	Id. de Vertus	Vertus	Vertus	Vertus.	
			6e id.	Id. d'Ay	Ay	Ay, Mareuil	Mareuil.	
			7e id.	Id. de Beine	Beine	Beine, Bétheniville		
			8e id.	Id. de Verzy	Verzy	Verzy, Les Petites Loges.		
			2e BATAILLON.					
Arrondissement d'Epernay.	Epernay.	»	1re compag.	Canton d'Anglure. Id. de Fère-Champenoise	Anglure	Anglure. Fère-Champenoise, Faux-Fresnay.		Les 2e et 4e compagnies pourront être réunies à Epernay.
			2e id.	Id. d'Avize	Avize	Avize	Avize.	
			3e id.	Id. de Dormans	Dormans	Dormans, Festigny	Mareuil-le-Port.	
			4e id.	Id. d'Epernay	Epernay	Epernay	Epernay.	
			5e id.	Id. d'Esternay	Esternay	Retourneloup, La Forestière		
			6e id.	Id. de Montmirail	Montmirail	Montmirail, le Gault	Maclaunay.	
			7e id.	Id. de Montmort	Montmort	Montmort	Montmort.	
			8e id.	Id. de Sézanne	Sézanne	Sézanne	Sézanne.	
			3e BATAILLON.					
Arrondissement de Reims, moins les cantons d'Ay, Beine et Verzy.	Reims.	»	1re compag.	1/2 E. du canton de Bourgogne	Isles-sur-Suippes	Isles-sur-Suippe	Isles-sur-Suippes.	Les 1re et 2e à Bourgogne.
			2e id.	1/2 O. id. de Bourgogne	Loivre	Loivre	Loivre.	
			3e id.	Canton de Châtillon	Châtillon	Châtillon, La Neuville-aux-Larris		
			4e id.	Id. de Fismes	Fismes	Fismes, Jonchery-sur-Vesle	Jonchery.	
			5e id.	1er canton de Reims	Reims	Reims		Les 5e, 6e et 7e à Reims.
			6e id.	2e id. de Reims	Reims	Reims	Reims.	
			7e id.	3e id. de Reims	Reims	Reims		
			8e id.	Canton de Ville-en-Tardenois	Ville-en-Tardenois	Ville-en-Tardenois, Sarcy	Sarcy.	
			4e BATAILLON.					
Arrondissements de Ste-Menehould et Vitry-le-François.	Vitry-le-François.	»	1re compag.	Canton de Dommartin-sur-Yèvre	Dommartin	Dommartin, Auve et Givry-en-Argonne		
			2e id.	1/2 E. du canton de Ste-Menehould	Ste-Menehould	Ste-Menehould	Ste-Menehould.	
			3e id.	1/2 O. id. de Ste-Menehould	Ste-Menehould	Ste-Menehould, Somme-Bionne	Somme-Bionne.	
			4e id.	Canton de Ville-sur-Tourbe	Ville-sur-Tourbe	Ville-sur-Tourbe, Le Mesnil		
			5e id.	Id. de Heiltz-le-Maurupt	Heiltz-le-Maurupt	Heiltz, Vanault	Vanault.	
			6e id.	Id. de St-Remy-en-Bouzemont	St-Remy	St-Remy, Arrigny, Drosnay		
			7e id.	Id. de Sompuis Id. de Vitry-le-François	Vitry	Soudé, St-Ouen. Vitry.		
			8e id.	Id. de Thieblemont	Thieblemont	Thieblemont, Maurupt		
			ARTILLERIE. — 1 BATTERIE.					
1	1		1 batterie.	Canton de Vitry-le-François.	Vitry	Vitry	Vitry.	

[illegible]

TABLEAUX

Des circonscriptions de recrutement des bataillons, compagnies et batteries de la garde nationale mobile dans le 3e corps d'armée.

DÉPARTEMENTS.	BATAILLONS.	BATTERIES.
5e DIVISION MILITAIRE.		
Meurthe.	4 bataillons.	4 batteries.
Meuse.	3 id.	3 id.
Moselle.	4 id.	9 id.
Vosges.	4 id.	»
Totaux.	15 bataillons.	16 batteries.
6e DIVISION MILITAIRE.		
Bas-Rhin.	5 bataillons.	44 batteries } dont 4 comp^e de pontonniers
Haut-Rhin.	5 id.	5 id. — id.
Totaux.	40 bataillons.	49 batteries.
7e DIVISION MILITAIRE.		
Côte-d'Or	4 bataillons.	4 batterie.
Doubs.	3 id.	5 id.
Jura.	3 id.	4 id.
Haute-Marne.	3 id.	4 id.
Haute-Saône.	4 id.	»
Totaux.	17 bataillons.	8 batteries.
Totaux généraux.	42 bataillons.	43 batteries.

DÉPARTEMENT DE

CIRCONSCRIPTIONS DE RECRUTEMENT.	CHEFS-LIEUX.	CENTRES DE RÉUNION.	NUMÉROS des COMPAGNIES OU BATTERIES.	CIRCONSCRIPTIONS DE RECRUTEMENT.

1er BATAILLON.

CIRCONSCRIPTIONS DE RECRUTEMENT.	CHEFS-LIEUX.	CENTRES DE RÉUNION.	NUMÉROS	CIRCONSCRIPTIONS DE RECRUTEMENT.
Arrondissement de Château-Salins. Arrondissement de Sarrebourg.	Château-Sa-lins.	»	1re comp..	Canton d'Alberstroff
			2e id...	Id. de Château-Salins
			3e id...	Id. de Delme
			4e id...	Id. de Dieuze
				Id. de Vic
			5e id...	Id. de Fénétrange
				Id. de Phalsbourg
			6e id...	Id. de Lorquin
			7e id...	Id. de Réchicourt
			8e id...	Id. de Sarrebourg

2e BATAILLON.

CIRCONSCRIPTIONS DE RECRUTEMENT.	CHEFS-LIEUX.	CENTRES DE RÉUNION.	NUMÉROS	CIRCONSCRIPTIONS DE RECRUTEMENT.
Arrondissement de Lunéville et le canton d'Haroué de l'arrondissement de Nancy.	Lunéville.	»	1re compag.	1/2 canton de Baccarat
			2e id...	1/2 id. de de Baccarat
			3e id...	Canton de Blamont
			4e id...	Id. de Gerbéviller
				Id. de Bayon
			5e id...	Id. N. de Lunéville
			6e id...	1/2 canton S.-E. de Lunéville
			7e id...	1/2 id. de Lunéville
			8e id...	Canton d'Haroué

3e BATAILLON.

CIRCONSCRIPTIONS DE RECRUTEMENT.	CHEFS-LIEUX.	CENTRES DE RÉUNION.	NUMÉROS	CIRCONSCRIPTIONS DE RECRUTEMENT.
Arrondissement de Nancy (moins les cantons d'Haroué, de Nomény et de Pont-à-Mousson	Nancy.	»	1re compag.	1/2 canton E. de Nancy
			2e id...	1/2 id. E. de Nancy
			3e id...	Canton N. de Nancy
			4e id...	1/2 canton O. de Nancy
			5e id...	1/2 id. O. de Nancy
			6e id...	Canton de Saint-Nicolas
			7e id...	1/2 canton de Vézelise
			8e id...	1/2 id. de Vézelise

ET BATTERIES.			OBSERVATIONS.
CHEFS-LIEUX.	CENTRES D'EXERCICE.	CENTRES DE RÉUNION.	

LA MEURTHE. — 4 BATAILLONS, 4 BATTERIES.

CHEFS-LIEUX.	CENTRES D'EXERCICE.	CENTRES DE RÉUNION.	OBSERVATIONS.
Alberstroff.	Alberstroff.	Alberstroff.	
Château-Salins.	Château-Salins.	Château-Salins.	
Delme.	Delme.	Delme.	
Dieuze.	Dieuze. Vic, Bourdonnay.		
Fénétrange.	Fénétrange. Phalsbourg.		
Cirey.	Lorquin, Cirey.	Cirey.	
Réchicourt.	Réchicourt, Azoudange.	Azoudange.	
Sarrebourg.	Sarrebourg.	Sarrebourg.	
Badonviller.	Badonviller.	Badonviller.	
Baccarat.	Baccarat.	Baccarat.	Gerbéviller sera, par exception. le chef-lieu de la 4e compagnie.
Blamont.	Blamont.	Blamont.	
Gerbéviller	Gerbéviller. Bayon.		Les 5e, 6e et 7e comp. pourront être réunies à Lunéville.
Lunéville.	Lunéville.	Lunéville.	
Lunéville.	Lunéville.	Lunéville.	
Lunéville.	Lunéville.		
Haroué.	Haroué.	Haroué.	
Nancy.	Nancy.		Les 1re, 2e, 3e, 4e et 5e comp. pourront être réunies à Nancy.
Nancy.	Nancy.	Nancy.	
Nancy.	Nancy.		
Nancy.	Nancy.		
Nancy.	Nancy.		Les 7e et 8e compagnies pourront être réunies à Vézelise.
Saint-Nicolas.	Saint-Nicolas.	Saint-Nicolas.	
Vézelise	Vézelise	Vézelise.	
Vézelise	Vézelise		

Table header (spanning both pages): **BATAILLONS ET BATTERIES.** — **COMPAGNIES** … **OBSERVATIONS.**

4e BATAILLON.

Circonscriptions de recrutement	Chefs-lieux	Centres de réunion	Numéros des compagnies ou batteries	Circonscriptions de recrutement	Chefs-lieux	Centres d'exercice	Centres de réunion	Observations
Arrondissement de Toul et les cantons de Nomény et de Pont-à-Mousson de l'arrondissement de Nancy.	Toul.	»	1re compag.	Canton de Nomény	Nomény	Nomény	Nomény.	Les 2e et 3e compagnies pourront être réunies à Pont-à-Mousson.
			2e id.	1/2 canton de Pont-à-Mousson	Pont-à-Mousson	Pont-à-Mousson	Pont-à-Mousson.	
			3e id.	1/2 id. de Pont-à-Mousson	Pont-à-Mousson	Pont-à-Mousson		
			4e id.	1/2 N. id. de Colombey	Colombey	Colombey	Colombey.	
			5e id.	1/2 S. id. de Colombey	Colombey	Vandeléville	Vandeléville.	
			6e id.	Canton de Domèvre	Domèvre	Domèvre	Domèvre.	
			7e id.	Id. de Thiaucourt	Thiaucourt	Thiaucourt	Thiaucourt.	
			8e id.	Id. de Toul N. / Id. du Toul S.	Toul	Toul	Toul.	

ARTILLERIE. — 4 BATTERIES.

Circonscriptions de recrutement	Chefs-lieux	Centres de réunion	Numéros des compagnies ou batteries	Circonscriptions de recrutement	Chefs-lieux	Centres d'exercice	Centres de réunion	Observations
»	»	»	1re batterie	Canton de Vic	Vic	Marsal	Marsal.	Les 2e et 3e batteries pourront être réunies à Phalsbourg.
			2e id.	1/2 canton de Phalsbourg	Phal-bourg	Phalsbourg	Phalsbourg.	
			3e id.	1/2 id. de Phalsbourg	Phalsbourg	Phalsbourg		
			4e id.	Canton N. de Toul	Toul	Toul	Toul.	

DÉPARTEMENT DE LA MEUSE. — 3 BATAILLONS. — 3 BATTERIES.

1er BATAILLON.

Circonscriptions de recrutement	Chefs-lieux	Centres de réunion	Numéros des compagnies ou batteries	Circonscriptions de recrutement	Chefs-lieux	Centres d'exercice	Centres de réunion	Observations
Arrondissement de Bar-le-Duc.	Bar-le-Duc.	»	1re comp.	1/2 canton d'Ancerville	Ancerville	Ancerville	Ancerville.	Les 1re et 2e compagnies pourront être réunies à la Houpette. Les 3e et 4e à Bar-le-Duc.
			2e id.	1/2 id. d'Ancerville	Stainville	Stainville	Stainville.	
			3e id.	1/2 id. de Bar-le-Duc	Bar-le-Duc	Bar-le-Duc	Bar-le-Duc.	
			4e id.	1/2 id. de Bar-le-Duc	Bar-le-Duc	Bar-le-Duc		
			5e id.	Canton de Ligny-en-Barrois	Ligny	Ligny / Vavincourt.		
			6e id.	Id. de Moutiers-sur-Saulx	Moutiers-sur-Saulx	Moutiers-sur-Saulx	Moutiers-sur-Saulx.	
			7e id.	Id. de Revigny	Revigny	Revigny	Revigny.	
			8e id.	Id. de Triaucourt / Id. de Vaubecourt	Triaucourt	Triaucourt, Beauzé. / Vaubecourt.		

2e BATAILLON.

Circonscriptions de recrutement	Chefs-lieux	Centres de réunion	Numéros des compagnies ou batteries	Circonscriptions de recrutement	Chefs-lieux	Centres d'exercice	Centres de réunion	Observations
Arrondissement de Commercy.	Commercy.	»	1re comp.	Canton de Commercy	Commercy	Commercy, Saint-Aubin.		La moitié N. forme la 4e compagnie. La moitié S.-E. du canton forme la 8e.
			2e id.	Id. de Gondrecourt	Gondrecourt	Gondrecourt	Gondrecourt.	
			3e id.	Id. de Pierrefitte	Pierrefitte	Pierrefitte, Rupt.	Rupt. *	
			4e id.	1/2 canton de Saint-Mihiel	Saint-Mihiel	Saint-Mihiel, Rouvrois.	Rouvrois.	
			5e id.	1/2 id. de Saint-Mihiel	Saint-Mihiel	Saint-Mihiel, Apremont	Apremont.	
			6e id.	Canton de Vaucouleurs	Vaucouleurs	Vaucouleurs, Neuville	Neuville.	
			7e id.	Id. de Vigneulles	Vigneulles	Vigneulles	Vigneulles.	
			8e id.	Id. de Void	Void	Void, Moligny-le-Grand.		

BATAILLONS. — **COMPAGNIES ET BATTERIES.**

CIRCONSCRIPTIONS DE RECRUTEMENT.	CHEFS-LIEUX.	CENTRES DE RÉUNION.	NUMÉROS des COMPAGNIES OU BATTERIES.	CIRCONSCRIPTIONS DE RECRUTEMENT.	CHEFS-LIEUX.	CENTRES D'EXERCICE.	CENTRES DE RÉUNION.	OBSERVATIONS.
				3e BATAILLON.				
Arrondissement de Montmédy.	Montmédy.	»	1re compag.	Canton de Damvillers. / Id. de Dun-sur-Meuse.	Damvillers.	Damvillers. Dun-sur-Meuse		
			2e id.	Id. de Montfaucon	Montfaucon.	Montfaucon, Sivry-sur-Meuse.		
			3e id.	Id. de Montmédy. / Id. de Stenay.	Stenay.	Montmédy, Iré. Stenay.	Billy-sous-Mangiennes	Par exception, Stenay sera le chef-lieu de la 3e compagnie.
			4e id.	Id. de Spincourt	Spincourt.	Spincourt, Billy-sous-Mangiennes		
Arrondissement de Verdun.			5e id.	Id. de Charny. / Id. d'Etain.	Etain.	Charny. Etain, Abancourt.		Par exception, Etain sera le chef-lieu de la 5e compagnie.
			6e id.	Id. de Clermont-en-Argonne / Id. de Varenne-en-Argonne	Clermont.	Clermont. Varenne, Avocourt.		
			7e id.	Id. de Fresne-en-Woëvre	Fresne.	Fresne, Marcheville.	Marcheville.	
			8e id.	Id. de Souilly. / Id. de Verdun	Souilly.	Souilly, Récourt. Verdun.		
				ARTILLERIE. — 3 BATTERIES.				
»	»	»	1re batterie	Canton de Montmédy.	Montmédy.	Montmédy.	Montmédy.	Les 2e et 3e batteries pourront être réunies à Verdun.
			2e id.	Id. de Charny.	Charny.	Verdun.	Verdun.	
			3e id.	Id. de Verdun.	Verdun.	Verdun.	Verdun.	

DÉPARTEMENT DE LA MOSELLE. — 4 BATAILLONS, 9 BATTERIES.

CIRCONSCRIPTIONS DE RECRUTEMENT.	CHEFS-LIEUX.	CENTRES DE RÉUNION.	NUMÉROS des COMPAGNIES OU BATTERIES.	CIRCONSCRIPTIONS DE RECRUTEMENT.	CHEFS-LIEUX.	CENTRES D'EXERCICE.	CENTRES DE RÉUNION.	OBSERVATIONS.
				1er BATAILLON.				
Arrondissement de Briey.	Briey.	»	1re compag.	1/2 du canton d'Audun-le-Roman.	Aumetz.	Aumetz.	Aumetz.	Les 1re et 2e compag. pourront être réunies à Audun.
			2e id.	1/2 id. d'Audun-le-Roman.	Xivry-Circourt.	Xivry-Circourt.	Xivry-Circourt.	
			3e id.	Canton de Briey.	Briey.	Briey.	Briey.	
			4e id.	1/2 N. du canton de Conflans.	Conflans.	Conflans, Abbeville.	Abbeville	
			5e id.	1/2 S. id. de Conflans.	Conflans.	Conflans.	Conflans.	Les 7e et 8e compag. pourront être réunies à Haucourt.
			6e id.	Canton de Longuyon	Longuyon.	Longuyon.	Longuyon.	
			7e id.	1/2 N. du canton de Longwy	Longwy.	Longwy.	Longwy.	
			8e id.	1/2 S. id. de Longwy	Longwy.	Haucourt.	Haucourt.	
				2e BATAILLON.				
Arrondissement de Metz et les cantons de Grostenquin et Saint-Avold de l'arrondissement de Sarreguemines.	Metz.	»	1re compag.	Canton de Boulay.	Boulay.	Boulay.	Boulay.	
			2e id.	Id. de Faulquemont.	Faulquemont.	Faulquemont.	Faulquemont.	
			3e id.	Id. de Gorze / 1er canton de Metz.	Gorze.	Gorze. Metz.		
			4e id.	2e id. de Metz. / 3e id. de Metz.	Metz.	Metz. Metz.	Metz.	
			5e id.	Canton de Pange	Vigy.	Courcelles-Chaussy, Maiseroy. Vigy.		Vigy sera, par exception, le chef-lieu de la 5e compagnie.
			6e id.	Id. de Vigy. / Id. de Verny.	Verny.	Verny, Solgne.	Verny.	
			7e id.	Id. de Grostenquin.	Grostenquin.	Grostenquin.	Grostenquin.	
			8e id.	Id. de Saint-Avold.	Saint-Avold.	Saint-Avold.	Saint-Avold.	

BATAILLONS. — COMPAGNIES ET BATTERIES.

3e BATAILLON.

CIRCONSCRIPTIONS DE RECRUTEMENT.	CHEFS-LIEUX.	CENTRES DE RÉUNION.	NUMÉROS des COMPAGNIES OU BATTERIES.	CIRCONSCRIPTIONS DE RECRUTEMENT	CHEFS-LIEUX.	CENTRES D'EXERCICE.	CENTRES DE RÉUNION.	OBSERVATIONS.
Arrondissement de Sarreguemines moins les cantons de Grostenquin et Saint-Avold.	Sarreguemines.	»	1re compag.	Canton de Bitche. / Id. de Volmunster.	Bitche.	Bitche.		Les 2e et 3e compagnies pourront être réunies à Forbach.
			2e id.	1/2 canton de Forbach	Forbach.	Volmunster.	Forbach.	Les 4e et 5e compagnies à Rohrbach.
			3e id.	1/2 id. de Forbach	Forbach.	Forbach.		Les 7e et 8e compagnies à Sarreguemines.
			4e id.	1/2 id. de Rohrbach	Rorhbach.	Rorhbach.	Rorhbach.	
			5e id.	1/2 id. de Rohrbach	Rorhbach.	Rorhbach.		
			6e id.	Canton de Sarralbe.	Sarralbe.	Sarralbe.	Sarralbe.	
			7e id.	1/2 E. du canton de Sarreguemines	Sarreguemines.	Sarreguemines.	Sarreguemines.	
			8e id.	1/2 O. id. de Sarreguemines.	Sarreguemines.	Sarreguemines.		

4e BATAILLON.

CIRCONSCRIPTIONS DE RECRUTEMENT.	CHEFS-LIEUX.	CENTRES DE RÉUNION.	NUMÉROS des COMPAGNIES OU BATTERIES.	CIRCONSCRIPTIONS DE RECRUTEMENT	CHEFS-LIEUX.	CENTRES D'EXERCICE.	CENTRES DE RÉUNION.	OBSERVATIONS.
Arrondissement de Thionville.	Thionville.	»	1re compag.	1/2 E. du canton de Bouzonville.	Bouzonville.	Bouzonville.	Bouzonville.	Les 1re et 2e compagnies pourront être réunies à Bouzonville.
			2e id.	1/2 O. id. de Bouzonville.	Creutzwald.	Creutzwald.	Creutzwal.	Les 2e et 3e compagnies à Hettange.
			3e id.	1/2 E. id. de Cattenom.	Cattenom.	Cattenom.	Cattenom.	Les 6e et 7e compagnies à Reimeling.
			4e id.	1/2 O. id. de Cattenom.	Cattenom.	Hettange.	Hettange.	
			5e id.	Canton de Metzerwisse.	Metzerwisse.	Metzerwisse.	Metzerwisse.	
			6e id.	1/2 E. du canton de Sierk	Walderwisse.	Walderwisse.	Walderwisse.	
			7e id.	1/2 O. id. de Sierk.	Sierk.	Sierk.	Sierk.	
			8e id.	Canton de Thionville.	Thionville.	Thionville.	Thionville.	

ARTILLERIE. — 9 BATTERIES.

CIRCONSCRIPTIONS DE RECRUTEMENT.	CHEFS-LIEUX.	CENTRES DE RÉUNION.	NUMÉROS des COMPAGNIES OU BATTERIES.	CIRCONSCRIPTIONS DE RECRUTEMENT	CHEFS-LIEUX.	CENTRES D'EXERCICE.	CENTRES DE RÉUNION.	OBSERVATIONS.
»	»	»	1re batterie	Canton de Gorze.	Gorze.	Gorze.	Gorze.	Les 2e, 3e et 4e batteries pourront être réunies à Metz.
			2e id.	1er canton de Metz.	Metz.	Metz.		Les 6e et 7e batteries à Bitche.
			3e id.	2e id. de Metz.	Metz.	Metz.	Metz.	Les 8e et 9e batteries à Thionville.
			4e id.	3e id. de Metz.	Metz.	Metz.		
			5e id.	Canton de Pange.	Pange.	Pange.	Pange.	
			6e id.	Id. de Bitche.	Bitche.	Bitche.	Bitche.	
			7e id.	Id. de Volmunster.	Volmunster.	Bitche.	Bitche.	
			8e id.	Id. de Thionville.	Thionville.	Thionville.		
			9e id.	Id. de Thionville.	Thionville.	Thionville.	Thionville.	

CIRCONSCRIPTIONS DE RECRUTEMENT.	CHEFS-LIEUX.	CENTRES DE RÉUNION.	NUMÉROS des COMPAGNIES ou BATTERIES.	CIRCONSCRIPTIONS DE RECRUTEMENT.
DÉPARTEMENT DES				
1er BATAILLON.				
Arrondissement d'Epinal et le canton de Charmes de l'arrondissement de Mirecourt.	Épinal.	»	1re compag.	Canton de Bains
			2e id.	Id. de Bruyères.
			3e id.	Id. de Châtel.
			4e id.	Id. d'Epinal.
			5e id.	Id. de Rambervillers
			6e id.	1/2 du canton de Xertigny
			7e id.	1/2 du canton de Xertigny
			8e id.	Canton de Charmes.
2e BATAILLON.				
Arrondissement de Mirecourt, moins le canton de Charmes. Arrondissement de Neufchâteau.	Mirecourt.	»	1re compag.	Canton de Darney.
			2e id.	Id. de Dompaire / Id. de Vittel
			3e id.	Id. de Mirecourt
			4e id.	Id. de Monthureux
			5e id.	Id. de Bulgnéville.
			6e id.	Id. de Chatenois / Id. de Coussoy
			7e id.	Id. de Lamarche
			8e id.	Id. de Neufchâteau
3e BATAILLON.				
Arrondissement de Remiremont et les cantons de Corcieux et Gérardmer, de l'arrondissement de Saint-Dié.	Remiremont.	»	1re compag.	1/2 du canton E. de Plombières.
			2e id.	1/2 id. O. de Plombières.
			3e id.	1/2 id. E. de Remiremont.
			4e id.	1/2 id. O. de Remiremont.
			5e id.	Canton de Saulxures.
			6e id.	Id. du Thillot.
			7e id.	Id. de Corcieux.
			8e id.	Id. de Gérardmer.
4e BATAILLON				
Arrondissement de Saint-Dié, moins les cantons de Corcieux et de Gérardmer.	»	»	1re compag.	Canton de Brouvelieure. / Id. de Fraize.
			2e id.	Id. de Raon-l'Etape.
			3e id.	1/2 du canton N. de Saales.
			4e id.	1/2 id. S. de Saales.
			5e id.	1/2 id. E. de Saint-Dié.
			6e id.	1/2 id. O. de Saint-Dié.
			7e id.	Canton de Schirmeck.
			8e id.	Id. de Sénones.

ET BATTERIES.			OBSERVATIONS.
CHEFS-LIEUX.	CENTRES D'EXERCICE.	CENTRES DE RÉUNION.	
VOSGES. — 4 BATAILLONS.			
Bains	Bains	Bains.	
Bruyères.	Bruyères.	Bruyères.	
Châtel.	Châtel.	Châtel.	Les 1re, 6e et 7e comp pourront être réunies à La Chavelle.
Epinal.	Epinal.	Epinal.	
Rambervillers	Rambervillers	Rambervillers.	
Xertigny.	Xertigny.	Xertigny.	
Xertigny.	Xertigny.		
Charmes.	Charmes.	Charmes.	
Darney.	Darnay, Jésonville.	Jésonville.	
Dompaire	Dompaire. / Vittel, Maréville.		
Mirecourt	Mirecourt, Rouvres.	Rouvres.	
Monthureux	Monthureux	Monthureux.	
Bulgnéville.	Bulgnéville.	Bulguéville.	
Chatenois.	Chatenois. / Coussey, Martigny-les-Gerbouvaux.		
Lamarche	Lamarche, Ainvelle.		
Neufchâteau	Neufchâteau, Liffol.		
Plombières.	Plombières.	Plombières.	Les 1re, 2e, 3e et 4e comp pourront être réunies à Remiremont.
Plombières.	Plombières.	Plombières.	
Remiremont	Remiremont.	Remiremont.	
Remiremont	Remiremont.	Remiremont.	Les 5e et 6e à Saulxures.
Saulxures	Saulxures.	Saulxures.	
Le Thillot	Le Thillot, Ramonchamp.	Ramonchamp.	Les 7e et 8e sur la limite des deux cantons.
Corcieux.	Corcieux.	Corcieux.	
Gérardmer.	Gérardmer.	Gérardmer.	
Fraize.	Biffontaine. / Fraize.		Par exception, Fraize est le chef-lieu de la 1re compagnie.
Raon-l'Etape.	Raon-l'Etape, Celles.		
Saales	Saales.	Saales.	Les 3e et 4e c** pourront être réunies à Saales.
Saales.	Saales.	Saales.	
Saint-Dié.	Saint-Dié	Saint-Dié.	Les 5e et 6e à Saint-Dié.
Saint-Dié.	Saint-Dié	Saint-Dié.	
Schirmeck.	Schirmeck.	Schirmeck.	Les 3e, 4e et 8e à Chatas.
Sénones.	Sénones.	Sénoues.	

6e DIVISION MILITAIRE.

| BATAILLONS. | | | COMPAGNIES ET BATTERIES. | | | | | |
CIRCONSCRIPTIONS DE RECRUTEMENT.	CHEFS-LIEUX.	CENTRES DE RÉUNION.	NUMÉROS des COMPAGNIES ou BATTERIES.	CIRCONSCRIPTIONS DE RECRUTEMENT.	CHEFS-LIEUX.	CENTRES D'EXERCICE.	CENTRES DE RÉUNION.	OBSERVATIONS.
DÉPARTEMENT DU BAS-RHIN.					— 5 BATAILLONS. — 14 BATTERIES.			
1er BATAILLON								
Arrondissement de Saverne, moins les cantons de Hochfelden et Marmoutiers.	Saverne.	»	1re comp.	1/2 du canton de Bouxwiller	Bouxwiller	Bouxwiller	Bouxwiller.	Les 1re et 2e compagnies pourront être réunies à Bouxwiller.
			2e id.	1/2 id. de Bouxwiller	Bouxwiller	Bouxwiller		Les 3e et 4e à Drulingen.
			3e id.	1/2 id. de Drulingen	Drulingen	Drulingen	Drulingen.	Les 6e et 7e à Saar-Union.
			4e id.	1/2 id. de Drulingen	Drulingen	Drulingen		Les 1re, 2e et 8e à Imbsheim.
			5e id.	Canton de la Petite-Pierre	La Petite-Pierre	Petite-Pierre, Weiterswiller.		
			6e id.	1/2 id. de Saar-Union	Saar-Union	Saar-Union	Saar-Union.	
			7e id.	1/2 id. de Saar-Union	Saar-Union	Saar-Union		
			8e id.	Canton de Saverne	Saverne	Saverne	Saverne.	
2e BATAILLON								
Arrondissement de Schélestaldt.	Schélestaldt.	»	1re comp.	Canton de Barr	Barr	Barr	Barr.	Les 2e et 3e compagnies pourront être réunies à Benfeld.
			2e id.	1/2 du canton de Benfeld	Benfeld	Benfeld	Benfeld.	
			3e id.	1/2 id. de Benfeld	Benfeld	Benfeld	Benfeld.	
			4e id.	Canton d'Erstein	Erstein	Erstein	Erstein.	Par exception, Villé sera le chef-lieu de la 8e compagnie.
			5e id.	Id. de Marckolsheim	Marckolsheim	Marckolsheim, Sundhausen.	Sundhausen.	
			6e id.	Id. d'Obernai	Obernai	Obernai	Obernai.	
			7e id.	Id. de Rosheim	Rosheim	Rosheim, Grendelbruch.	Rosheim.	
			8e id.	Id. de Schélestaldt / Id. de Villé	Villé	Schelestaldt. / Villé, Steige.		
3e BATAILLON								
4 cantons de l'arrondiss. de Strasbourg et le canton de Hochfelden, de l'arrondiss. de Saverne.	Haguenau.	»	1re comp.	1/2 du canton de Hochfelden	Hochfelden	Hochfelden	Hochfelden.	Les 1re et 2e compagnies pourront être réunies à Hochfelden.
			2e id.	1/2 id. de Hochfelden	Hochfelden	Hochfelden	Hochfelden.	
			3e id.	1/3 id. de Bischwiller	Bischwiller	Roeschwoog		Les 3e, 4e et 5e à Drusenheim.
			4e id.	1/3 id. de Bischwiller	Bischwiller	Drusenheim	Drusenheim.	
			5e id.	1/3 id. de Bischwiller	Bischwiller	Bischwiller		Les 7e et 8e à Haguenau.
			6e id.	Canton de Brumath	Brumath	Brumath, Hœrdt.		
			7e id.	1/2 du canton de Haguenau	Haguenau	Haguenau	Haguenau.	
			8e id.	1/2 id. de Haguenau	Haguenau	Haguenau		

BATAILLONS.			COMPAGNIES	
CIRCONSCRIPTIONS DE RECRUTEMENT.	CHEFS-LIEUX.	CENTRES DE RÉUNION.	NUMÉROS des COMPAGNIES ou BATTERIES.	CIRCONSCRIPTIONS DE RECRUTEMENT.
			4e BATAILLON.	
8 cantons de l'arrondiss. de Strasbourg et le canton de Marmoutiers, de l'arrondiss. de Saverne.	Strasbourg.	»	1re comp.	Canton de Marmoutiers.
			2e id.	Id. de Geispolsheim Id. S. de Strasbourg.
			3e id.	1/2 du canton de Molsheim.
			4e id.	1/2 id. de Molsheim.
			5e id.	Canton de Schiltigheim. Id. E. de Strasbourg. Id. N. de Strasbourg. Id. O. de Strasbourg.
			6e id.	Id. de Truchtersheim.
			7e id.	1/2 du canton de Wasselonne.
			8e id.	1/2 id. de Wasselonne.
			5e BATAILLON	
Arrondissement de Wissembourg.	Wissembourg	»	1re comp.	Canton de Lauterbourg. Id. de Wissembourg.
			2e id.	1/2 du canton de Niederbronn.
			3e id.	1/2 id. de Niederbronn.
			4e id.	1/2 id. E. de Seltz.
			5e id.	1/2 id. O. de Seltz.
			6e id.	1/2 id. N. de Soultz-sous-Forêts.
			7e id.	1/2 id. S. de Soultz-sous-Forêts.
			8e id.	Canton de Woërth-sur-Sauer.
			ARTILLERIE.	
»		»	1re batter.	1/2 N. du canton de Schelestaldt.
			2e id.	1/2 S. id. de Schelestaldt.
			3e id.	Canton de Brumath.
			4e id.	1/2 E. du canton de Geispol-heim.
			5e id.	1/2 E. id. de Geispolsheim.
			6e id.	1/2 N. id. de Schiltigheim.
			7e id.	1/2 S. id. de Schiltigheim.
			8e id.	Canton E. de Strasbourg.
			9e id.	Id. N. de Strasbourg.
			10e id.	Id. O. de Strasbourg.
			11e id.	1/2 du canton S. de Strasbourg.
			12e id.	1/2 id. S. de Strasbourg.
			13e id.	Canton de Lauterbourg.
			14e id.	Id. de Wissembourg.

ET BATTERIES.			OBSERVATIONS.
CHEFS-LIEUX.	CENTRES D'EXERCICE.	CENTRES DE RÉUNION.	
Marmoutiers.	Marmoutiers.	Marmoutiers.	
Strasbourg.	Geispolsheim. Strasbourg.	Geispolsheim.	
Molsheim.	Molsheim.	Molsheim.	Les 3e et 4e compagnies pourront être réunies à Mutzig.
Molsheim.	Mutzig.	Mutzig.	
Strasbourg.	Schiltigheim. Strasbourg.	Strasbourg.	Les 7e et 8e compagnies à Wasselonne.
Truchtersheim.	Truchtersheim.	Truchtersheim.	
Wasselonne.	Wasselonne.	Wasselonne.	
Wasselonne.	Wasselonne.		
Wissembourg.	Lauterbourg. Wissembourg, Lembach.		Wissembourg sera, par exception, le chef-lieu de la 1re compagnie
Niederbronn	Niederbronn.	Niederbronn.	Les 2e et 3e compagnies pourront être réunies à Niederbronn.
Niederbronn	Niederbronn.		
Seltz.	Seltz.	Seltz.	Les 4e et 5e à Seltz.
Seltz.	Seltz.		
Soultz-sous-Forêts.	Soultz.	Soultz-sous-Forêts.	Les 6e et 7e à Soultz.
Soultz-sous-Forêts.	Soultz.		Les 2e, 3e et 8e à Reisshoffen.
Woërth.	Woërth.	Woërth.	

— 14 BATTERIES.

CHEFS-LIEUX.	CENTRES D'EXERCICE.	CENTRES DE RÉUNION.	OBSERVATIONS.
Schelestadt.	Schelestadt.	Schelestadt.	Les 1re et 2e batteries pourront être réunies à Schelestadt.
Schelestadt.	Schelestadt.		
Brumath.	Brumath.	Brumath.	Les 4e et 5e à Geispolsheim.
Geispolsheim.	Geispolsheim.	Geispolsheim.	
Geispolsheim.	Geispolsheim.		
Schiltigheim.	Schiltigheim.	Schiltigheim.	Les 4e, 6e, 7e, 8e, 9e, 10e, 11e et 12e à Strasbourg.
Schiltigheim.	Schiltigheim.		
Strasbourg.	Strasbourg.	Strasbourg	L'une de ces batteries prendra le titre de compagnie de pontonniers.
Lauterbourg.	Lauterbourg.	Lauterbourg.	Les communes de Nieder et Obersteinbach ne fourniront pas d'artilleurs.
Wissembourg.	Wissembourg.	Wissembourg.	

CIRCONSCRIPTIONS DE RECRUTEMENT.	CHEFS-LIEUX.	CENTRES DE RÉUNION.	NUMÉROS des COMPAGNIES ou BATTERIES.	CIRCONSCRIPTIONS DE RECRUTEMENT.
				DÉPARTEMENT DU HAUT-
				1er BATAILLLON.
Arrondissement de Belfort, moins les cantons de Cernay et Delle.	Belfort.	»	1re compag.	Canton de Belfort . . .
			2e id. . .	Id. de Dannemarie . . .
			3e id. . .	Id. de Fontaine . . .
			4e id. . .	Id. de Giromagny . . .
			5e id. . .	Id. de Massevaux . . .
			6e id. . .	Id. de Saint-Amarin . . .
			7e id. . .	1/2 du canton de Thann . . .
			8e id. . .	1/2 id. de Thann . . .
				2e BATAILLON.
Arrondissement Colmar (8 cantons).	Colmar.	»	1re compag.	Canton d'Andolsheim . . . / Id. de Neufbrisach . . .
			2e id. . .	1/2 du canton de Colmar . . .
			3e id. . .	1/2 id. de Colmar . . .
			4e id. . .	Canton de Kaysersberg . . .
			5e id. . .	Id. de Lapoutroie . . .
			6e id. . .	Id. de Ribeauvillé . . .
			7e id. . .	Id. de Sainte-Marie-aux-Mines . . .
			8e id. . .	Id. de Wintzenheim . . .
				3e BATAILLON
Arrondissement de Colmar (5 cantons) et le canton de Cernay, de l'arrondiss. de Belfort.	Colmar.		1re compag.	Canton de Cernay . . .
			2e id. . .	1/2 du canton de Munster . . .
			3e id. . .	1/2 id. de Munster . . .
			4e id. . .	Canton de Rouffach . . .
			5e id. . .	Id. d'Ensisheim . . .
			6e id. . .	Id. de Soultz . . .
			7e id. . .	1/2 du canton de Guebwiller . . .
			8e id. . .	1/2 id. de Guebwiller . . .
				4e BATAILLON.
Arrondissement de Mulhouse (4 cantons).	Mulho se.	»	1re compag.	1/2 du canton d'Habsheim . . .
			2e id. . .	1/2 id. d'Habsheim . . .
			3e id. . .	Canton de Landser . . .
			4e id. . .	1/2 du canton N. de Mulhouse . . .
			5e id. . .	1/2 id. N. de Mulhouse . . .
			6e id. . .	1/3 id. S. de Mulhouse . . .
			7e id. . .	1/3 id. S. de Mulhouse . . .
			8e id. . .	1/3 id. S. de Mulhouse . . .

CHEFS-LIEUX.	CENTRES D'EXERCICE.	CENTRES DE RÉUNION.	OBSERVATIONS.
			ET BATTERIES.
RHIN. — 5 BATAILLONS, 5 BATTERIES.			
Belfort.	Belfort.	Belfort.	
Dannemarie	Dannemarie	Dannemarie.	
Fontaine.	Fontaine.	Fontaine.	
Giromagny.	Giromagny.	Giromagny.	
Massevaux	Massevaux	Massevaux.	
Saint-Amarin	Saint-Amarin	Saint-Amarin.	Les 6e, 7e et 8e comp. pourront être réunies à Massevaux.
Thann.	Thann.	Thann.	
Thann.	Thann.		
Andolsheim	Andolsheim, Muntzenheim. Neufbrisach.		
Colmar.	Colmar.	Colmar.	Les 4e, 5e et 6e comp. pourront être réunies à Kaysersberg.
Colmar.	Colmar.		
Kaysersberg	Kaysersberg	Kaysersberg.	
Lapoutroie.	Lapoutroie.	Lapoutroie.	Les 2e, 3e et 8e à Colmar.
Ribeauvillé.	Ribeauvillé.	Ribeauvillé.	
Sainte-Marie.	Sainte-Marie.	Sainte-Marie.	
Wintzenheim.	Wintzenheim.	Wintzenheim.	
Cernay.	Cernay.	Cernay.	
Munster	Munster	Munster.	
Munster	Munster		
Rouffach.	Rouffach.	Rouffach.	Les 4e, 6e, 7e et 8e comp. pourront être réunies à Guebwiller.
Ensisheim	Ensisheim, Hirtfelden	Hirtfelden.	
Soultz	Soultz	Soultz.	
Guebwiller.	Guebwiller.	Guebwiller.	
Guebwiller.	Guebwiller.		
Habsheim	Habsheim	Ottmarsheim.	
Ottmarsheim.	Ottmarsheim.		
Landser	Landser	Landser.	Les 4e, 5e, 6e, 7e et 8e compagnies pourront être réunies à Mulhouse.
Mulhouse.	Mulhouse.		
Mulhouse.	Mulhouse.		
Mulhouse.	Mulhouse.	Mulhouse.	
Mulhouse.	Mulhouse.		
Mulhouse.	Mulhouse.		

5e BATAILLON.

CIRCONSCRIPTIONS DE RECRUTEMENT.	CHEFS-LIEUX.	CENTRES DE RÉUNION.	NUMÉROS des COMPAGNIES ou BATTERIES.	CIRCONSCRIPTIONS DE RECRUTEMENT.	CHEFS-LIEUX.	CENTRES D'EXERCICE.	CENTRES DE RÉUNION.	OBSERVATIONS.
Arrondissement de Mulhouse (4 cantons) et le canton de Delle de l'arrondissement de Belfort.	Altkirch.	»	1re comp.	1/2 du canton de Delle	Delle.	Delle.	Delle.	Les 1re et 2e compagnies pourront être réunies à Delle.
			2e id.	1/2 id. de Delle	Delle.	Delle.		
			3e id.	Canton d'Altkirch	Altkirch.	Altkirch.	Altkirch.	
			4e id.	Id. de Ferrette	Ferrette.	Ferrette.	Ferrette.	
			5e id.	1/2 canton d'Hirsingue	Hirsingue.	Hirsingue.	Hirsingue.	Les 5e et 6e à Hirsingue.
			6e id.	1/2 id. d'Hirsingue	Hirsingue.	Hirsingue.		
			7e id.	1/2 id. d'Huningue	Huningue.	Huningue.	Huningue.	Les 7e et 8e à Huningue.
			8e id.	1/2 id. d'Huningue	Huningue.	Huningue.		

ARTILLERIE. — **5 BATTERIES.**

CIRCONSCRIPTIONS DE RECRUTEMENT.	CHEFS-LIEUX.	CENTRES DE RÉUNION.	NUMÉROS des BATTERIES.	CIRCONSCRIPTIONS DE RECRUTEMENT.	CHEFS-LIEUX.	CENTRES D'EXERCICE.	CENTRES DE RÉUNION.	OBSERVATIONS.
,	»	»	1re batterie	Canton de Neufbrisach	Neufbrisach.	Neufbrisach.	Neufbrisach.	Cette batterie prendra le titre de compagnie de pontonniers.
			2e id.	Id. de Belfort	Belfort.	Belfort.	Belfort.	Les 2e, 3e, 4e et 5e batteries pourront être réunies à Belfort.
			3e id.	Id. de Belfort	Belfort.	Belfort.		
			4e id.	Id. de Belfort	Belfort.	Belfort.		
			5e id.	Id. de Belfort	Belfort.	Belfort.		

7e DIVISION

DÉPARTEMENT DE LA CÔTE-D'OR. — 4 BATAILLONS. — 1 BATTERIE.

MILITAIRE.

1er BATAILLON.

CIRCONSCRIPTIONS DE RECRUTEMENT.	CHEFS-LIEUX.	CENTRES DE RÉUNION.	NUMÉROS des COMPAGNIES.	CIRCONSCRIPTIONS DE RECRUTEMENT.	CHEFS-LIEUX.	CENTRES D'EXERCICE.	CENTRES DE RÉUNION.	OBSERVATIONS.
Arrondissement de Beaune, moins les cantons d'Arnay-le-Duc, Liernais et Pouilly-en-Auxois.	Beaune.	»	1re comp.	Canton N. de Beaune	Beaune.	Beaune.	Beaune.	Les 1re, 2e et 3e compagnies pourront être réunies à Beaune.
			2e id.	Id. 1/2 S. de Beaune	Beaune.	Beaune.		
			3e id.	Id. 1/2 S. de Beaune	Beaune.	Beaune.		
			4e id.	Canton de Bligny-sur-Ouche	Bligny.	Bligny.	Bligny.	
			5e id.	Id. de Nolay	Nolay.	Nolay.	Nolay.	
			6e id.	Id. de Nuits	Nuits.	Nuits.	Nuits.	
			7e id.	Id. de Saint-Jean-de-Losne	Saint-Jean-de-Losne.	Saint-Jean-de-Losne.	Saint-Jean-de-Losne.	
			8e id.	Id. de Seurre	Seurre.	Seurre.	Seurre.	

BATAILLONS. — COMPAGNIES

CIRCONSCRIPTIONS DE RECRUTEMENT.	CHEFS-LIEUX.	CENTRES DE RÉUNION.	NUMÉROS des COMPAGNIES ou BATTERIES.	CIRCONSCRIPTIONS DE RECRUTEMENT.
				2e BATAILLON.
Arrondissement de Châtillon et les cantons de Grancey-le-Château, Is-sur-Tille, Saint-Seine et Selongey de l'arrondissement de Dijon.	Châtillon.	»	1re compag.	Canton d'Aignay-le-Duc. Id. de Baigneux-les-Juifs
			2e id.	1/2 canton N. de Châtillon.
			3e id.	1/2 id. S. de Châtillon.
			4e id.	Canton de Laignes.
			5e id.	Id. de Montigny-sur-Aube. Id. de Recey-sur-Ource.
			6e id.	Id. de Fontaine-Française. Id. de Selongey
			7e id.	Id. de Grancey-le-Château. Id. d'Is-sur-Tille.
			8e id.	Id. de Saint-Seine-l'Abbaye.
				3e BATAILLON.
Arrondissement de Dijon moins cinq cantons.	Dijon.	»	1re compag.	Canton E. de Dijon.
			2e id.	Id. N. de Dijon.
			3e id.	Id. O. de Dijon.
			4e id.	Id. d'Auxonne. Id. de Genlis.
			5e id.	Id. de Gevrey.
			6e id.	Id. de Mirebeau.
			7e id.	Id. de Pontailler-sur Saône.
			8e id.	Id. de Sombernon.
				4e BATAILLON.
Arrondissement de Semur et les cantons d'Arnay-le-Duc, Liernais et Pouilly de l'arrondissement de Beaune.	Semur.	»	1re comp.	Canton d'Arnay-le-Duc.
			2e id.	Id. de Liernais.
			3e id.	1/2 canton E. de Pouilly.
			4e id.	1/2 id. O. de Pouilly.
			5e id.	Canton de Flavigny. Id. de Montbard. Id. de Précy-sur-Tille.
			6e id.	Id. de Saulieu.
			7e id.	Id. de Semur.
			8e id.	Id. de Vitteaux.
				ARTILLERIE.
»	»	»	1 batterie.	Canton d'Auxonne.

... ET BATTERIES. — ... OBSERVATIONS

CHEFS-LIEUX.	CENTRES D'EXERCICE.	CENTRES DE RÉUNION	OBSERVATIONS.
Baigneux.	Aignay-le-Duc. Baigneux, Fontaine-en-Duesmois.		Par exception, Baigneux sera le chef-lieu de la 1re compagnie.
Châtillon.	Châtillon.	Châtillon.	
Châtillon.	Châtillon, Buncey.	Buncey.	
Laignes.	Laignes, Fontaine-les-Sèches.		
Montigny.	Montigny, Brion. Recey, Bure.		
Fontaine-Française.	Fontaine-Française. Selongey.		
Is-sur-Tille.	Grancey. Is-sur-Tille, Villecomte.		Par exception, Is-sur-Tille sera le chef-lieu de la 7e compagnie.
Saint-Seine.	Saint-Seine, Lamargelle.	Lamargelle.	
Dijon.	Dijon, Varois.	Dijon.	Les 1re et 2e compagnies pourront être réunies à Dijon.
Dijon.	Dijon.		
Dijon.	Dijon, Velars.	Corcelles.	
Genlis.	Auxonne. Genlis.		Genlis sera, par exception, le chef-lieu de la 4e compagnie.
Gevrey.	Gevrey.	Gevrey	
Mirebeau.	Mirebeau.	Mirebeau.	
Pontailler.	Pontailler.	Pontailler.	
Sombernon.	Sombernon. Pont-de-Pany.	Sombernon.	
Arnay-le-Duc.	Arnay-le-Duc.	Arnay-le-Duc.	
Maupas.	Maupas, Brazey.	Brazey.	
Pouilly.	Pouilly, Vandenesse.	Vandenesse.	
Pouilly.	Pouilly, Chailly.	Chailly.	
Flavigny.	Flavigny, Gissey. Montbard, Pain. Précy, Dampierre.		
Précy-sur-Tille.	Saulieu, Saint-Didier, Lamotte-Ternant.		
Semur.	Semur, Epoisses.		
Vitteaux.	Vitteaux.	Vitteaux.	

— 1 BATTERIE.

Auxonne.	Auxonne.	Auxonne.	

DÉPARTEMENT DU DOUBS. — 3 BATAILLONS, 5 BATTERIES.

CIRCONSCRIPTIONS DE RECRUTEMENT.	CHEFS-LIEUX.	CENTRES DE RÉUNION.	NUMÉROS des COMPAGNIES ou BATTERIES.	CIRCONSCRIPTIONS DE RECRUTEMENT.
1er BATAILLON.				
Arrondissement de Besançon et les cantons de Beaume-les-Dames, Rougemont et Roulans de l'arrondissement de Beaume-les-Dames.	Besançon.	»	1re comp.	Canton de Beaume-les-Dames.
			2e id.	id. de Rougemont.
			3e id.	id. de Roulans. / id. N. de Besançon.
			4e id.	id. d'Amancey. / id. d'Audeux.
			5e id.	id. S. de Besançon. / id. de Boussières.
			6e id.	id. de Marchaux.
			7e id.	id. d'Ornans.
			8e id.	id. de Quingey.
2e BATAILLON.				
Arrondissement de Montbéliard et les cantons de Clerval et de l'Ile-sur-le-Doubs de l'arrondis. de Beaume-les-Dames.	Montbéliard.	»	1re comp.	Canton de Clerval.
			2e id.	id. de l'Ile-sur-le-Doubs.
			3e id.	id. d'Audincourt.
			4e id.	id. de Blamont. / id. de Pont-de-Roide.
			5e id.	id. de Maiche.
			6e id.	id. de Montbéliard.
			7e id.	id. de Le Russey.
			8e id.	id. de Saint-Hippolyte.
3e BATAILLON.				
Arrondissement de Pontarlier et les cantons de Pierrefontaine et Vercel de l'arrondis. de Beaume-les-Dames.	Pontarlier.	»	1re comp.	Canton de Pierrefontaine.
			2e id.	id. de Vercel.
			3e id.	id. de Levier.
			4e id.	id. de Montbenoit.
			5e id.	id. de Morteau.
			6e id.	id. de Mouthe.
			7e id.	1/2 N. du canton de Pontarlier.
			8e id.	1/2 S. du canton de Pontarlier.
ARTILLERIE.				
»	»	»	1re batterie	Canton d'Audeux.
			2e id.	1/2 canton N. de Besançon.
			3e id.	1/2 id. N. de Besançon.
			4e id.	1/2 id. S. de Besançon.
			5e id.	1/3 id. S. de Besançon.

CHEFS-LIEUX.	CENTRES D'EXERCICE.	CENTRES DE RÉUNION.	OBSERVATIONS.
Beaume-les-Dames.	Beaume-les-Dames.	Beaume-les-Dames.	
Rougemont.	Rougemont.	Rougemont.	
Roulans.	Roulans, Bouclans. / Besançon.		
Amancey.	Amancey.	Amancey.	Besançon sera, par exception, le chef-lieu de la 5e compagnie.
Besançon.	Audeux. / Besançon. / Boussières.		
Marchaux.	Marchaux, Bonnay.	Marchaux.	
Ornans.	Ornans.	Ornans.	
Quingey.	Quingey.	Quingey.	
Clerval.	Clerval, Glainans.	Glainans.	
L'Ile-sur-le-Doubs.	L'Ile-sur-le-Doubs.	L'Ile-sur-le-Doubs.	
Audincourt.	Audincourt.	Audincourt.	
Pont-de-Roide.	Blamont. / Pont-de-Roide.	Pont-de-Roide.	
Maiche.	Maiche.	Maiche.	
Montbéliard.	Montbéliard.	Montbéliard.	
Le Russey.	Le Russey.	Le Russey.	
Saint-Hippolyte.	Saint-Hippolyte, Les Plains		
Pierrefontaine.	Pierrefontaine, Orchamps.	Pierrefontaine.	
Vercel.	Vercel, Nods.		
Levier.	Levier.	Levier.	
Montbenoit.	Montbenoit, Bugny.	Bugny.	
Morteau.	Morteau.	Morteau.	
Mouthe.	Mouthe, Rochejean et Chaux-Neuve.		
Pontarlier.	Pontarlier.	Pontarlier.	Les 7e et 8e compag. pourront être réunies à Pontarlier.
Pontarlier.	Pontarlier.		
5 BATTERIES.			
Audeux.	Audeux.	Audeux.	
Besançon.	Besançon.	Besançon.	Les 2e, 3e, 4e et 5e batteries pourront être réunies à Besançon.
Besançon.	Besançon.		
Besançon.	Besançon.		
Besançon.	Besançon.		

BATAILLONS.			COMPAGNIES	
CIRCONSCRIPTIONS LE RECRUTEMENT.	CHEFS-LIEUX.	CENTRES DE RÉUNION.	NUMÉROS des COMPAGNIES ou BATTERIES.	CIRCONSCRIPTIONS DE RECRUTEMENT.

DÉPARTEMENT DU JURA.

1er BATAILLON.

CIRCONSCRIPTIONS LE RECRUTEMENT.	CHEFS-LIEUX.	CENTRES DE RÉUNION.	NUMÉROS	CIRCONSCRIPTIONS DE RECRUTEMENT.
Arrondissement de Dôle, moins le cant. de Chaumergy, les cantons d'Arbois, Salins et Villers-Farlay, de l'arr. de Poligny.	Dôle.	»	1re comp.	Canton de Chaussin.
			2e id.	Id. de Chemin.
			3e id.	Id. de Dampierre. / Id. de Rochefort.
			4e id.	Id. de Dôle.
			5e id.	Id. de Gendrey. / Id de Montmirey.
			6e id.	Id. de Montbarrey.
			7e id.	Id. d'Arbois.
			8e id.	Id. de Salins. / Id. de Villers-Farlay.

2e BATAILLON.

CIRCONSCRIPTIONS LE RECRUTEMENT.	CHEFS-LIEUX.	CENTRES DE RÉUNION.	NUMÉROS	CIRCONSCRIPTIONS DE RECRUTEMENT.
Arrondissement de Lons-le-Saulnier moins le cant. de Clairvaux et le canton de Chaumergy, de l'arrond. de Dôle.	Lons-le-Saulnier.	»	1re comp.	Canton d'Arinthod.
			2e id.	Id. de Beaufort.
			3e id.	Id. de Bletterans.
			4e id.	Id. de Conliège. / Id. d'Orgelet.
			5e id.	Id. de Lons-le-Saulnier.
			6e id.	Id. de Saint-Amour. / Id. de Saint-Julien.
			7e id.	Id. de Sellières. / Id. de Chaumergy.
			8e id.	Id. de Voiteur.

3e BATAILLON.

CIRCONSCRIPTIONS LE RECRUTEMENT.	CHEFS-LIEUX.	CENTRES DE RÉUNION.	NUMÉROS	CIRCONSCRIPTIONS DE RECRUTEMENT.
Arrondissement de St-Claude et les cant. de Clairvaux, de l'arr. de Lons-le-Saulr et de Champagnolle, Noseroy, les Planches et Poligny, de l'arr. de Poligny...	St-Claude.	»	1re comp.	Canton de Champagnolle.
			2e id.	Id. de Noseroy. / Id. de Les Planches.
			3e id.	1/2 id. de Poligny.
			4e id.	1/2 id. de Poligny.
			5e id.	Id. de Clairvaux. / Id. de Saint-Laurent.
			6e id.	Id. de Les Bouchoux. / Id. de St-Claude.
			7e id.	Id. de Moirans.
			8e id.	Id. de Morez.

ARTILLERIE.

CIRCONSCRIPTIONS LE RECRUTEMENT.	CHEFS-LIEUX.	CENTRES DE RÉUNION.	NUMÉROS	CIRCONSCRIPTIONS DE RECRUTEMENT.
.	.	»	1 batterie.	Canton de Salins.

ET BATTERIES.			OBSERVATIONS.
CHEFS-LIEUX.	CENTRES D'EXERCICE.	CENTRES DE RÉUNION.	

— 3 BATAILLONS. — 1 BATTERIE.

CHEFS-LIEUX.	CENTRES D'EXERCICE.	CENTRES DE RÉUNION.	OBSERVATIONS.
Chaussin.	Chaussin.	Chaussin.	
Chemin.	Chemin.	Chemin.	
Dampierre.	Dampierre. / Rochefort.		
Dôle.	Dôle.	Dôle.	
Montmirey.	Gendrey. / Montmirey.	Saligney.	Montmirey, sera, par exception, le chef-lieu de la 5e compagnie.
Montbarrey.	Montbarrey.	Montbarrey.	
Arbois.	Arbois.	Arbois.	
Salins.	Salins. / Villers-Farlay.		

CHEFS-LIEUX.	CENTRES D'EXERCICE.	CENTRES DE RÉUNION.	OBSERVATIONS.
Arinthod.	Arinthod, Chemilla.	Chemilla.	
Beaufort.	Beaufort.	Beaufort.	
Bletterans.	Bletterans.	Bletterans.	
Orgelet.	Conliège, Vevy. / Orgelet, Beffia.		Orgelot sera, par exception, le chef-lieu de la 4e compagnie.
Lons-le-Saulnier.	Lons-le-Saulnier.	Lons-le-Saulnier.	
St-Amour.	St-Amour, Loisia. / St-Julien.	Audelot.	
Sellières.	Sellières. / Chaumergy.	Sellières.	Les 7e et 8e compagnies pourront être réunies à Voiteur.
Voiteur.	Voiteur.	Voiteur.	

CHEFS-LIEUX.	CENTRES D'EXERCICE.	CENTRES DE RÉUNION.	OBSERVATIONS.
Champagnolle	Champagnolle, Ardon	Champagnolle.	
Noseroy.	Noseroy. / Les Planches.	Gillois.	Les 3e et 4e compagnies pourront être réunis à Poligny.
Poligny.	Poligny, Plasnes.		
Poligny	Poligny, Monthelier.	Poligny.	
Clairvaux.	Clairvaux, Doucier. / St-Laurent, Petites-Chiettes.		
St-Claude.	Les Bouchoux, Viry. / St-Claude, Sept-Moncel. / Ravilloles, Molinges.		
Moirans	Moirans, Etival, Jeurre.		
Morez.	Morez, Les Rousses	Môrez.	

— 1 BATTERIE.

CHEFS-LIEUX.	CENTRES D'EXERCICE.	CENTRES DE RÉUNION.	OBSERVATIONS.
Salins	Salins.	Salins	

DÉPARTEMENT DE LA HAUTE-MARNE. — 3 BATAILLONS. — 1 BATTERIE.

BATAILLONS.			COMPAGNIES ET BATTERIES.					OBSERVATIONS.
CIRCONSCRIPTIONS DE RECRUTEMENT.	CHEFS-LIEUX.	CENTRES DE RÉUNION.	NUMÉROS des COMPAGNIES ou BATTERIES.	CIRCONSCRIPTIONS DE RECRUTEMENT.	CHEFS-LIEUX.	CENTRES D'EXERCICE.	CENTRES DE RÉUNION.	
1er BATAILLON.								
Arrondissement de Chaumont, moins le canton de Saint-Blin.	Chaumont.	»	1re compag.	Canton d'Andelot.	Andelot.	Andelot.	Andelot.	
			2e id.	Id. d'Arc-en-Barrois.	Arc.	Arc.	Arc.	
			3e id.	Id. de Bourmont. Id. de Clefmont.	Bourmont.	Bourmont, Clefmont.		
			4e id.	Id. de Châteauvillain.	Châteauvillain.	Châteauvillain.	Châteauvillain.	
			5e id.	Id. de Chaumont.	Chaumont.	Chaumont.	Chaumont.	
			6e id.	Id. de Juzennecourt. Id. de Vignory.	Juzennecourt.	Juzennecourt, Vignory.		
			7e id.	1/2 du canton de Nogent-le-Roi.	Nogent.	Nogent.	Nogent.	Les 7e et 8e compagnies pourront être réunies à Nogent.
			8e id.	1/2 id. de Nogent-le-Roi.	Nogent.	Nogent.		
2e BATAILLON.								
Arrondissement de Langres.	Langres.	»	1re compag.	Canton d'Auberive.	Auberive.	Auberive, Chamergy.	Auberive.	
			2e id.	Id. de Bourbonne-les-Bains.	Bourbonne-les-Bains.	Bourbonne.	Bourbonne.	
			3e id.	Id. de Fayl-Billot.	Fayl-Billot.	Fayl-Billot.	Fayl-Billot.	
			4e id.	Id. de La Ferté-sous-Amance. Id. de Varennes.	La Ferté.	La Ferté. Varennes.	Champigny.	
			5e id.	Id. de Langres. Id. de Neuilly-l'Évêque.	Neuilly.	Langres. Neuilly.		
			6e id.	Id. de Longeau.	Longeau.	Longeau.	Longeau.	
			7e id.	Id. de Montigny-le-Roi.	Montigny.	Montigny.	Montigny.	
			8e id.	Id. de Pranthoy.	Pranthoy.	Pranthoy.	Pranthoy.	
3e BATAILLON.								
Arrondissement de Vassy et le canton de Saint-Blin, de l'arrondissement de Chaumont.	Vassy.	»	1re compag.	Canton de Saint-Blin.	Saint-Blin.	Saint-Blin.	Saint-Blin.	
			2e id.	Id. de Chevillon.	Chevillon.	Chevillon.	Chevillon.	
			3e id.	Id. de Doulaincourt. Id. de Doulevant.	Doulaincourt.	Doulaincourt. Doulevant.		
			4e id.	Id. de Joinville.	Joinville.	Joinville.	Joinville.	
			5e id.	Id. de Montiérender.	Montiérender.	Montiérender.	Montiérender.	Les 2e et 4e compagnies se réuniront à Chatonrupt.
			6e id.	Id. de Poissons.	Poissons.	Poissons, Sailly.	Sailly.	
			7e id.	Id. de Saint-Dizier.	Saint-Dizier.	Saint-Dizier.	Saint-Dizier.	
			8e id.	Id. de Vassy.	Vassy.	Vassy.	Vassy.	
ARTILLERIE. — 1 BATTERIE.								
			1 batterie.	Canton de Langres.	Langres.	Langres.	Langres.	

DÉPARTEMENT DE LA HAUTE-SAONE. — 4 BATAILLONS.

Header spanning columns: BATAILLONS. · COMPAGNIES ET BATTERIES.

CIRCONSCRIPTIONS DE RECRUTEMENT.	CHEFS-LIEUX.	CENTRES DE RÉUNION.	NUMÉROS des COMPAGNIES ou BATTERIES.	CIRCONSCRIPTIONS DE RECRUTEMENT.	CHEFS-LIEUX.	CENTRES D'EXERCICE.	CENTRES DE RÉUNION.	OBSERVATIONS.
1er BATAILLON.								
Arrondissement de Gray.	Gray.	»	1re compag.	Canton d'Autrey.	Autrey.	Autrey.	Autrey.	
			2e id.	Id. de Champlitte.	Champlitte.	Champlitte, Larret.		
			3e id.	Id. de Dampierre.	Dampierre.	Dampierre, Lavoncourt.	Membrey.	
			4e id.	Id. de Fresnes.	Fresnes.	Fresnes, Vaudey.	Vaudey.	
			5e id.	Id. de Gray.	Gray.	Gray.	Gray.	
			6e id.	Id. de Gy.	Gy.	Gy.	Gy.	
			7e id.	Id. de Marnay.	Marnay.	Marnay, Brussey.	Brussey.	
			8e id.	Id. de Pesmes.	Pesmes.	Pesmes.	Pesmes.	
2e BATAILLON.								
Arrondissement de Lure (5 cant.).	Lure.	»	1re compag.	Canton de Champagney.	Champagney.	Champagney.	Champagney.	
			2e id.	1/2 canton de Héricourt.	Héricourt.	Héricourt.	Héricourt.	Les 2e et 3e compagnies se réuniront à Héricourt.
			3e id.	1/2 id. de Héricourt.	Héricourt.	Héricourt.		
			4e id.	Canton de Lure.	Lure.	Lure.	Lure.	
			5e id.	1/2 canton de Melisey.	Melisey.	Ternuay.	Ternuay.	Les 5e et 6e à Ternuay.
			6e id.	1/2 id. de Melisey.	Melisey.	Melisey.	Melisey.	
			7e id.	1/2 id. de Villersexel.	Villersexel.	Villersexel.	Villersexel.	Les 7e et 8e à Saint-Forjeux.
			8e id.	1/2 id. de Villersexel.	Villersexel.	Saint-Forjeux.	Saint-Forjeux.	
3e BATAILLON.								
Arrondissement de Lure et les cantons d'Amance et de Jussey de l'arrondissement de Vesoul.	Saint-Loup.	»	1re compag.	Canton de Faucogney.	Faucogney.	Faucogney.	Faucogney.	
			2e id.	1/2 canton de Saint-Loup.	Saint-Loup.	Fontaine.	Fontaine.	Les 2e et 3e compagnies se réuniront à Saint-Loup.
			3e id.	1/2 id. de Saint-Loup.	Saint-Loup.	Saint-Loup.	Saint-Loup.	
			4e id.	Canton de Luxeuil.	Luxeuil.	Luxeuil.	Luxeuil.	
			5e id.	Id. de Saulx.	Saulx.	Saulx.	Saulx.	
			6e id.	Id. de Vauvilliers.	Vauvilliers.	Vauvilliers, Girefontaine.	Girefontaine.	
			7e id.	Id. d'Amance.	Amance.	Amance.	Amance.	
			8e id.	Id. de Jussey.	Jussey.	Jussey, Aisey.	Aisey.	
4e BATAILLON.								
Arrondissement de Vesoul, moins les cantons d'Amance et Jussey.	Vesoul.	»	1re compag.	Canton de Combeaufontaine.	Combeaufontaine.	Combeaufontaine.	Combeaufontaine.	
			2e id.	Id. de Montbozon.	Montbozon.	Montbozon, Petit-Montbozon	Petit-Montbozon.	
			3e id.	Id. de Noroy-le-Bourg.	Noroy.	Noroy.	Noroy.	
			4e id.	Id. de Port-sur-Saône.	Port-sur-Saône.	Port-sur-Saône.	Port-sur-Saône.	
			5e id.	Id. de Rioz.	Rioz.	Rioz. Scey-sur-Saône, Traves.		
				Id. de Scey-sur-Saône.	Vesoul.	Colombier.	Colombier.	
			6e id.	1/2 canton de Vesoul.	Vesoul.	Vesoul.	Vesoul.	Les 6e et 7e à Vesoul.
			7e id.	1/2 de Vesoul.				
			8e id.	Canton de Vitrey.	Vitrey.	Vitrey, Chauvirey-le-Châtel.	Chauvirey-le-Châtel.	

4ᵉ CORPS D'ARMÉE.

TABLEAUX des circonscriptions de recrutement des bataillons, compagnies et batteries de la garde nationale mobile dans le 4ᵉ corps d'armée.

DÉPARTEMENTS.	BATAILLONS.	BATTERIES.	COMPAGNIES DE PONTONNIERS.
8ᵉ DIVISION MILITAIRE.			
Ain	4 bataillons.		
Ardèche	3 id.		
Drôme	2 id.	1 batterie.	
Loire	4 id.		
Rhône	5 id.	2 batteries.	2 compagnies.
Saône-et-Loire	5 id.		
Totaux.	23 bataillons.	3 batteries.	2 compagnies.
9ᵉ DIVISION MILITAIRE.			
Alpes-Maritimes	2 bataillons.	2 batteries.	
Basses-Alpes	1 id.		
Bouches-du-Rhône	3 id.	2 id.	
Var	2 id.	1 batterie	
Vaucluse	2 id.		
Totaux.	10 bataillons.	3 batteries.	
10ᵉ DIVISION MILITAIRE.			
Aveyron	3 bataillons.		
Gard	3 id.		
Hérault	3 id.	1 batterie.	
Lozère	1 id.		
Totaux.	10 bataillons.	1 batterie.	
17ᵉ DIVISION MILITAIRE.			
Corse	2 bataillons.	1 batterie.	
20ᵉ DIVISION MILITAIRE.			
Cantal	2 bataillons.		
Haute-Loire	2 id.		
Puy-de-Dôme	5 id.		
Totaux.	9 bataillons.		
22ᵉ DIVISION MILITAIRE.			
Hautes-Alpes	1 bataillon.		
Haute-Savoie	3 id.		
Isère	4 id.	2 batteries.	
Savoie	2 id.	1 batterie.	
Totaux.	10 bataillons.	3 batteries.	
Totaux généraux	64 bataillons.	13 batteries.	2 compagnies.

8ᵉ DIVISION MILITAIRE.

BATAILLONS			COMPAGNIES		ET BATTERIES			OBSERVATIONS
CIRCONSCRIPTIONS DE RECRUTEMENT.	CHEFS-LIEUX.	CENTRES DE RÉUNION.	NUMÉROS des COMPAGNIES ou BATTERIES.	CIRCONSCRIPTIONS DE RECRUTEMENT.	CHEFS-LIEUX.	CENTRES D'EXERCICE.	CENTRES DE RÉUNION.	

DÉPARTEMENT DE L'AIN. — 4 BATAILLONS.

1ᵉʳ BATAILLON.

CIRCONSCRIPTIONS DE RECRUTEMENT.	CHEFS-LIEUX.	CENTRES DE RÉUNION.	N° COMP.	CIRCONSCRIPTIONS DE RECRUTEMENT.	CHEFS-LIEUX.	CENTRES D'EXERCICE.	CENTRES DE RÉUNION.	OBSERVATIONS.
Arrondissement de Belley.	Belley.	»	1ʳᵉ comp.	Canton d'Ambérieux / Id. de Saint-Rambert	Ambérieux.	Saint-Rambert.		
			2ᵉ id.	1/2 du canton de Belley (Nord)	Belley.	Belley.		
			3ᵉ id.	1/2 id. de Belley (Sud)	Belley.	Belley, Peyrieu.	Peyrieu.	
			4ᵉ id.	Canton de Champagne.	Champagne.	Champagne.		
			5ᵉ id.	Id. d'Hauteville / Id. de Virieu-le-Grand.	Hauteville.	Hauteville. Virieu-le-Grand.		
			6ᵉ id.	Id. de Lagnieu.	Lagnieu.	Lagnieu, Saint-Vulbas.		
			7ᵉ id.	Id. de Lhuis.	Lhuis.	Lhuis.	Lhuis.	
			8ᵉ id.	Id. de Seyssel.	Seyssel.	Seyssel, Anglefort.	Anglefort.	

2ᵉ BATAILLON.

CIRCONSCRIPTIONS DE RECRUTEMENT.	CHEFS-LIEUX.	CENTRES DE RÉUNION.	N° COMP.	CIRCONSCRIPTIONS DE RECRUTEMENT.	CHEFS-LIEUX.	CENTRES D'EXERCICE.	CENTRES DE RÉUNION.	OBSERVATIONS.
Arrondissement de Bourg, moins 3 cantons (Ceyseriat, Pont-d'Ain et Treffort.	Bourg.	»	1ʳᵉ comp.	Canton de Bagé-le-Châtel.	Bagé-le-Châtel.	Bagé-le-Châtel.	Bagé-le-Châtel.	
			2ᵉ id.	1/2 du canton de Bourg (Nord)	Bourg.	Bourg.	Bourg.	
			3ᵉ id.	1/2 id. de Bourg (Sud)	Bourg.	Bourg, Lent.	Lent.	
			4ᵉ id.	Canton de Coligny.	Coligny.	Coligny.	Coligny.	
			5ᵉ id.	Id. de Montrevel.	Montrevel.	Montrevel.	Montrevel.	
			6ᵉ id.	Id. de Pont-de-Vaux.	Pont-de-Vaux.	Pont-de-Vaux.	Pont-de-Vaux.	
			7ᵉ id.	Id. de Pont-de-Veyle.	Pont-de-Veyle.	Pont-de-Veyle.	Pont-de-Veyle.	
			8ᵉ id.	Id. de Saint-Trivier-de-Courtes.	St-Trivier-de-Courtes.	St-Trivier-de-C., Mantenay.	Mantenay.	

3ᵉ BATAILLON.

CIRCONSCRIPTIONS DE RECRUTEMENT.	CHEFS-LIEUX.	CENTRES DE RÉUNION.	N° COMP.	CIRCONSCRIPTIONS DE RECRUTEMENT.	CHEFS-LIEUX.	CENTRES D'EXERCICE.	CENTRES DE RÉUNION.	OBSERVATIONS.
3 cantons de l'arrondissement de Bourg, arrondissement de Gex, arrondissement de Nantua.	Nantua.	»	1ʳᵉ comp.	Canton de Ceyzeriat.	Ceyzeriat.	Ceyzeriat.	Ceyzeriat.	Par exception, Nantua est chef-lieu du 3ᵉ bataillon.
			2ᵉ id.	Id. de Pont-d'Ain	Pont-d'Ain.	Pont-d'Ain.	Pont-d'Ain.	
			3ᵉ id.	Id. de Treffort.	Treffort.	Treffort.	Treffort.	
			4ᵉ id.	Id. de Collonges. / Id. de Ferney.	Collonges.	Collonges, Farges. Ferney, Saint-Genis.		
			5ᵉ id.	Id. de Gex.	Gex.	Gex.	Gex.	
			6ᵉ id.	Id. de Brenod / Id. de Châtillon-de-Michaille.	Châtillon-de-Michaille.	Brenod. Châtillon-de-Michaille, Champfromier, Billiat.		Par exception, Châtillon-de-Michaille est le chef-lieu de la 6ᵉ comp.
			7ᵉ id.	Id. d'Isernore. / Id. de Poncin.	Poncin.	Isernore, Mornay. Poncin.		Par exception, Poncin est chef-lieu de la 7ᵉ comp.
			8ᵉ id.	Id. de Nantua. / Id. d'Oyonnax.	Nantua.	Nantua. Oyonnax.		

| BATAILLONS. | | | COMPAGNIES | |
CIRCONSCRIP-TIONS DE RECRUTEMENT.	CHEFS-LIEUX.	CENTRES DE RÉUNION.	NUMÉROS des COMPAGNIES ou BATTERIES.	CIRCONSCRIPTIONS DE RECRUTEMENT.
				4ᵉ BATAILLON.
Arrondissement de Trévoux.	Trévoux.	»	1ʳᵉ comp..	Canton de Chalamont.
			2ᵉ id..	1/2 canton de Châtillon-sur-Chalaronne (Nord).
			3ᵉ id..	1/2 canton de Châtillon-sur-Chalaronne (Sud).
			4ᵉ id..	Canton de Meximieux.
			5ᵉ id..	Id. de Montluel.
			6ᵉ id..	Id. de St-Trivier-sur-Moignans.
			7ᵉ id..	Id. de Thoissey.
			8ᵉ id..	Id. de Trévoux.

DÉPARTEMENT DE

| BATAILLONS. | | | COMPAGNIES | |
CIRCONSCRIP-TIONS DE RECRUTEMENT.	CHEFS-LIEUX.	CENTRES DE RÉUNION.	NUMÉROS des COMPAGNIES ou BATTERIES.	CIRCONSCRIPTIONS DE RECRUTEMENT.
				1ᵉʳ BATAILLON.
Arrondissement de Largentière.	Largentière.	»	1ʳᵉ comp..	Canton de Burzet
				Id. de Montpezat.
			2ᵉ id..	Id. de Coucouron.
				Id. de St-Etienne-de-Lugdarès.
			3ᵉ id..	Id. de Joyeuse.
				Id. de Valgorge
			4ᵉ id..	Id. de Largentière.
			5ᵉ id..	Id. de Thueyts.
			6ᵉ id..	Id. de Vallon.
			7ᵉ id..	1/2 canton des Vans (Nord).
			8ᵉ id..	1/2 id. des Vans (Sud).
				2ᵉ BATAILLON.
Arrondissement de Privas.	Privas.	»	1ʳᵉ comp..	Canton d'Antraigues.
				Id. de Saint-Pierreville.
			2ᵉ id..	Id. d'Aubenas.
			3ᵉ id..	Id. de Bourg-Saint-Andéol.
			4ᵉ id..	Id. de Chomerac.
				Id. de Rochemaure.
			5ᵉ id..	Id. de la Voulte.
			6ᵉ id..	Id. de Privas.
			7ᵉ id..	Id. de Villeneuve-de-Berg.
			8ᵉ id..	Id. de Viviers.

| ET BATTERIES. | | | OBSERVATIONS. |
CHEFS-LIEUX.	CENTRES D'EXERCICE.	CENTRES DE RÉUNION.	
Chalamont	Chalamont.	Chalamont.	
Châtillon-sur-Chala-ronne	Châtillon-sur-Chalaronne, Neuville.	Neuville.	
Châtillon-sur-Chala-ronne.	Châtillon-sur-Chalaronne.	Châtillon-sur-Chala-ronne.	
Meximieux.	Meximieux.	Meximieux.	
Montluel.	Montluel, Beynost.	Beynost.	
St-Trivier-s Moignans.	St-Trivier, Villeneuve, Am-bérieux.		
Thoissey.	Thoissey.	Thoissey.	
Trévoux	Trévoux, Civrieux.	Civrieux.	

L'ARDÈCHE. — 3 BATAILLONS.

| ET BATTERIES. | | | OBSERVATIONS. |
CHEFS-LIEUX.	CENTRES D'EXERCICE.	CENTRES DE RÉUNION.	
Burzet	Burzet.		
	Montpezot, Uzelades.		
Coucouron	Coucouron.		
	St-Etienne-de-Lugdarès, St-Laurent-les-Bains.		
Joyeuse	Joyeuse, Comps.		
	Valgorge, St-Melany.		
Largentière	Largentière.	Largentière.	
Thueyts	Thueyts, Mayres, Jaujac.		
Vallon	Vallon.	Vallon.	
Les Vans	Les Vans, Malarce.	Malarce.	
Les Vans.	Les Vans, Banne.	Banne.	
Antraigues.	Antraigues.		
	St-Pierreville.		
Aubenas	Aubenas, St-Privat.	Saint-Privat.	
Bourg-St-Andéol.	Bourg-St-Andéol, Bidon.		
Chomerac	Chomerac	Saint-Bauzile.	
	Rochemaure		
La Voulte	La Voulte, St-Laurent-du-Pape.	St-Laurent-du-Pape.	
Privas.	Privas	Privas.	
Villeneuve-de-Berg.	Villeneuve-de-Berg, Saint-Jean-le-Centenier.		
Viviers.	Viviers, Saint-Thomé	Saint-Thomé.	

The table's header reads across the two pages: **BATAILLONS** (columns 1–3) · **COMPAGNIES ET BATTERIES** (columns 4–8) · **OBSERVATIONS**.

CIRCONSCRIPTIONS DE RECRUTEMENT.	CHEFS-LIEUX.	CENTRES DE RÉUNION.	NUMÉROS des COMPAGNIES OU BATTERIES.	CIRCONSCRIPTIONS DE RECRUTEMENT.
				3e BATAILLON.
Arrondissement de Tournon.	Tournon.	»	1re comp.	Canton d'Annonay. / Id. de Serrières.
			2e id.	Id. du Cheylard. / Id. de Saint-Martin-de-Valamas.
			3e id.	Id. de Lamastre. / Id. de Saint-Agrève.
			4e id.	Id. de Saint-Félicien.
			5e id.	Id. de Saint-Peray.
			6e id.	Id. de Satillieu.
			7e id.	Id. de Tournon.
			8e id.	Id. de Vernoux.

DÉPARTEMENT DE LA DRÔME

CIRCONSCRIPTIONS DE RECRUTEMENT.	CHEFS-LIEUX.	CENTRES DE RÉUNION.	NUMÉROS des COMPAGNIES OU BATTERIES.	CIRCONSCRIPTIONS DE RECRUTEMENT.
				1er BATAILLON.
Arrondissement de Die, Arrondissement de Montélimart, Arrondissement de Nyons.	Die.	»	1re comp.	Canton de Bourdeaux. / Id. de Luc-en-Diois. / Id. de La Motte-Chalançon. / Id. de Saillans.
			2e id.	Id. de La Chapelle-en-Vercors. / Id. de Châtillon. / Id. de Die.
			3e id.	Id. N. de Crest. / Id. S. de Crest.
			4e id.	Id. de Dieu-le-Fit.
			5e id.	Id. de Marsanne. / Id. de Grignan. / Id. de Saint-Paul-Trois-Châteaux.
			6e id.	Id. de Montélimart. / Id. de Pierrelatte.
			7e id.	Id. de Buis-les-Baronnies. / Id. de Rémuzat. / Id. de Séderon.
			8e id.	Id. de Nyons.

Right-hand columns of the same spread (**COMPAGNIES ET BATTERIES**, continued):

CHEFS-LIEUX.	CENTRES D'EXERCICE.	CENTRES DE RÉUNION.	OBSERVATIONS.
Annonay.	Annonay, Villevocance. / Serrières.		
Le Cheylard.	Le Cheylard. / Saint-Martin, Arcens.		
Lamastre.	Lamastre, Saint-Agrève.		
Saint-Félicien.	Saint-Félicien.	Saint-Félicien.	
Saint-Peray.	Saint-Peray.	Saint-Peray.	
Satillien.	Satillien, La Louvèse.		
Tournon.	Tournon, Saint-Barthélemy-le-Plein, Vion.		
Vernoux.	Vernoux.	Vernoux.	

DRÔME. — 2 BATAILLONS. — 1 BATTERIE.

CHEFS-LIEUX.	CENTRES D'EXERCICE.	CENTRES DE RÉUNION.	OBSERVATIONS.
Bourdeaux.	Bourdeaux. / Luc-en-Diois, Baurières. / La Motte-Chalançon, Saint-Dizier, Saint-Nazaire-le-Désert / Saillans.		
Die.	La Chapelle-en-Vercors, St-Agnan-en-Vercors. / Châtillon, Glandage. / Die, Sainte-Croix.		Par exception, Die est le chef-lieu de la 2e compagnie.
Crest.	Crest, Plaudebaix. / Crest, Puy-Saint-Martin.		
Dieu-le-Fit.	Dieu-le-Fit, Châteauneuf-de-Mazenc, Monjoux. / Marsanne.		
Grignan.	Grignan, Touligan. / Saint-Paul-Trois-Châteaux, Suze-la-Rousse.		
Montélimart.	Montélimart, Espeluche. / Pierrelatte.		
Buis-les-Baronnies.	Buis-les-Baronnies, Saint-Jalles, Saint-Auban. / Rémuzat, Roussieux. / Séderon, Montauban, Montbrun.		
Nyons.	Nyons.	Nyons.	

Top header spans: **BATAILLONS.** (Circonscriptions de recrutement — Chefs-lieux — Centres de réunion) | **COMPAGNIES ET BATTERIES.** (Numéros des compagnies ou batteries — Circonscriptions de recrutement — Chefs-lieux — Centres d'exercice — Centres de réunion) | **OBSERVATIONS.**

CIRCONSCRIPTIONS DE RECRUTEMENT.	CHEFS-LIEUX.	CENTRES DE RÉUNION.	NUMÉROS des COMPAGNIES ou BATTERIES.	CIRCONSCRIPTIONS DE RECRUTEMENT.	CHEFS-LIEUX.	CENTRES D'EXERCICE.	CENTRES DE RÉUNION.	OBSERVATIONS.
				2e BATAILLON.				
Arrondissement de Valence.	Valence.	»	1re comp.	Canton de Bourg-de-Péage.	Bourg-de-Péage.	Bourg-de-Péage, Pizancou, La Bayanne.		Par exception, Valence est chef-lieu de la 4e compagnie.
			2e id.	Id. de Chabeuil.	Chabeuil.	Chabeuil, Le Chaffat.		
			3e id.	Id. du Grand-Serre.	Le Grand-Serre.	Le Grand-Serre, Moras.		
			4e id.	Id. de Loriol.	Valence.	Loriol.		
				Id. de Valence.		Valence, Etoile.		
			5e id.	Id. de Romans.	Romans.	Romans, Geyssans.		
			6e id.	Id. de Saint-Donat.	Saint-Donat.	Saint-Donat.		
				Id. de Tain.		Tain		
			7e id.	Id. de Saint-Jean-en-Royans.	Saint-Jean-en-Royans.	Saint-Jean-en-Royans, Saint-Martin-le-Colonel.		
			8e id.	Id. de Saint-Vallier.	Saint-Vallier.	Saint-Vallier, Saint-Romain, Châteauneuf-de-Galaure.		
				ARTILLERIE. — 1 BATTERIE.				
»	»	»	Batterie.	Canton de Valence.	Valence.	Valence.	Valence.	
				DÉPARTEMENT DE LA LOIRE. — 4 BATAILLONS.				
				1er BATAILLON.				
Arrondissement de Montbrison moins 1 canton (St-Galmier). 3 cantons de l'arrondissement de Roanne (Néronde, St-Germain-Laval et St-Just-en-Chevalet).	Montbrison.	»	1re comp.	Canton de Boen.	Boen.	Boen, Sainte-Foi.		
			2e id.	Id. de Feurs.	Feurs.	Feurs, Cottance.		
			3e id.	Id. de Montbrison.	Montbrison.	Montbrison, Champs.		
			4e id.	Id. de Noirétable.	Noirétable.	Noirétable.		
				Id. de Saint-Georges-en-Couzan.		Saint-Georges-en-Couzan.		
			5e id.	Id. de Saint-Bonnet-le-Château.	Saint-Bonnet-le-Château.	Saint-Bonnet-le-Château.		
				Id. de Saint-Jean-Soleymieux.		Saint-Jean-Soleymieux.		
			6e id.	Id. de Saint-Rambert.	Saint-Rambert.	St-Rambert, Sury-le-Comtal.		
			7e id.	Id. de Néronde.	Néronde.	Néronde.	Néronde.	
			8e id.	Id. de Saint-Germain-Laval.	Saint-Germain-Laval.	Saint-Germain-Laval.		
				Id. de Saint-Just-en-Chevalet.		Saint-Just-en-Chevalet.		
				2e BATAILLON.				
Arrondissement de Roanne, moins 3 cantons.	Roanne.	»	1re comp.	Canton de Belmont.	Belmont.	Belmont.	Belmont.	
			2e id.	Id. de Charlieu.	Charlieu.	Charlieu.	Charlieu.	
			3e id.	Id. de la Pacaudière.	La Pacaudière.	La Pacaudière.		
				Id. de Saint-Haon-le-Châtel.		Saint-Haon-le-Châtel.		
			4e id.	Id. de Perreux.	Perreux.	Perreux.	Perreux.	
			5e id.	1/2 canton de Roanne N.	Roanne.	Roanne, Mably.	Mably.	
			6e id.	1/2 id. de Roanne S.	Roanne.	Roanne, Lentigny.	Lentigny.	
			7e id.	1/2 id. de St-Symphorien-de-Lay E.	Saint-Symphorien-de-Lay.	Saint-Symphorien-de-Lay.	St-Symphorien-de-Lay.	
			8e id.	1/2 id. de St-Symphorien-de-Lay O.	Saint-Symphorien-de-Lay.	Saint-Symphorien-de-Lay, Vendrange.	Vendrange.	

BATAILLONS.			COMPAGNIES	
CIRCONSCRIPTIONS DE RECRUTEMENT.	CHEFS-LIEUX.	CENTRES DE RÉUNION.	NUMÉROS des COMPAGNIES ou BATTERIES.	CIRCONSCRIPTIONS DE RECRUTEMENT.
				3e BATAILLON.
Arrondissement de St-Etienne, moins 5 cantons (4 cantons de St-Etienne et St-Héaud).	St-Etienne.	»	1re comp.	Canton de Bourg-Argental / Id. de St-Genest-Malifaux.
			2e id.	1/2 canton du Chambon-Feugerolles.
			3e id.	1/2 id. du Chambon-Feugerolles.
			4e id.	Canton de Pélussin.
			5e id.	1/2 canton de Rive-de-Gier.
			6e id.	1/2 id. de Rive-de-Gier.
			7e id.	1/2 id. de St-Chamond (Nord).
			8e id.	1/2 id. de St-Chamond (Sud).
				4e BATAILLON.
1 canton de l'arrondissement de Montbrison. 5 cantons de l'arrondissement de St-Etienne.	St-Etienne.	»	1re comp.	1/2 canton de St-Galmier (Nord).
			2e id.	1/2 id. de St-Galmier (Sud).
			3e id.	2/3 canton N.-E. de St-Etienne.
			4e id.	1/3 canton N.-E. de St-Etienne. / Canton N.-O. de St-Etienne.
			5e id.	1/2 canton S.-E. de St-Etienne.
			6e id.	1/2 id. de St-Etienne.
			7e id.	Canton S.-O. de St-Etienne.
			8e id.	St-Héaud.

DÉPARTEMENT DU RHÔNE.

CIRCONSCRIPTIONS DE RECRUTEMENT.	CHEFS-LIEUX.	CENTRES DE RÉUNION.	NUMÉROS des COMPAGNIES ou BATTERIES.	CIRCONSCRIPTIONS DE RECRUTEMENT.
				1er BATAILLON.
7 cantons de l'arrondissement de Lyon.	Lyon.	»	1re comp.	Canton de l'Arbresle.
			2e id.	Id. de Condrieu.
			3e id.	Id. de Givors.
			4e id.	Id. de Mornant.
			5e id.	1/2 canton de St-Laurent-de-Chamousset.
			6e id.	1/2 id. de St-Laurent-de-Chamousset.
			7e id.	Canton de St-Symphorien-sur-Coise.
			8e id.	Id. de Vaugneray.
				2e BATAILLON.
2 cantons de l'arrondissement de Lyon. 3 arrondissements de Lyon (ville).	Lyon.	Limonest.	1re comp.	Canton de Limonest.
			2e id.	1/3 du 1er arrondissement de Lyon.
			3e id.	1/3 id. id.
			4e id.	1/3 id. id.
			5e id.	1/2 du 4e arrondissement de Lyon.
			6e id.	1/2 id. id.
			7e id.	5e arrondissement.. id.
			8e id.	Canton de Neuville.

ET BATTERIES.			OBSERVATIONS.
CHEFS-LIEUX.	CENTRES D'EXERCICE.	CENTRES DE RÉUNION.	OBSERVATIONS.
Bourg-Argental.	Bourg-Argental. / St-Genest-Malifaux.		
Le Chambon-Feugerolles.	Le Chambon-Feugerolles.	Le Chambon-Feugerolles.	Les 2e et 3e compagnies peuvent être réunis au Chambon-Feugerolles
Le Chambon-Feugerolles.	Le Chambon-Feugerolles.		
Pélussin.	Pélussin.	Pélussin.	Les 5e et 6e, à Rive-de-Gier.
Rive-de-Gier.	Rive-de-Gier.	Rive-de-Gier.	
Rive-de-Gier.	Rive-de-Gier.		
St-Chamond.	St-Chamond.	St-Chamond.	
St-Chamond.	St-Chamond, La Valla.	La Valla.	
St-Galmier.	St-Galmier, Chazelles-sur-Lyon.	Chazelles-sur-Lyon.	
St-Galmier.	St-Galmier.	St-Galmier.	
St-Etienne.	St-Etienne.	St-Etienne.	Les 3e, 4e, 5e, 6e et 7e, à St-Etienne.
St-Etienne.			
St-Etienne.			
St-Etienne.			
St-Etienne.			
St-Héaud.	St-Héaud.	St-Héaud.	

— 5 BATAILLONS. — 2 BATTERIES. — 2 COMPAGNIES DE PONTONNIERS.

CHEFS-LIEUX.	CENTRES D'EXERCICE.	CENTRES DE RÉUNION.	OBSERVATIONS.
L'Arbresle.	L'Arbresle.	L'Arbresle.	
Condrieu.	Condrieu.	Condrieu.	
Givors.	Givors.	Givors.	
Mornant.	Mornant.	Mornant.	Les 3e et 4e compagnies, à Mornant.
St-Laurent-de-Chamousset.	St Laurent-de-Chamousset.	St-Laurent-de-Chamousset.	Les 5e et 6e, à St-Laurent-de-Chamousset.
St-Laurent-de-Chamousset.	St-Laurent-de-Chamousset.		
St-Symphorien-sur-Coise.	St-Symphorien-sur-Coise.	St-Symphorien-sur-Coise.	
Vaugneray.	Vaugneray.	Vaugneray.	
Limonest.	Limonest.	Limonest.	Les 1re et 8e compagnies peuvent être réunies à Limonest.
Lyon.	Fort Montessuis.	Fort Montessuis.	Les 2e, 3e, 4e, 5e, 6e et 7e, au fort Montessuis.
Lyon.	Fort Montessuis.		
Lyon.	Fort Montessuis.		
Lyon.	Fort de Cuire.	Fort de Cuire.	
Lyon.	Fort de Cuire.		
Lyon.	Fort St-Irénée.	Fort St-Irénée.	
Neuville.	Neuville.	Neuville.	

| BATAILLONS. | | | COMPAGNIES | | ET BATTERIES. | | | OBSERVATIONS. |
CIRCONSCRIPTIONS DE RECRUTEMENT.	CHEFS-LIEUX.	CENTRES DE RÉUNION.	NUMÉROS des COMPAGNIES ou BATTERIES.	CIRCONSCRIPTIONS DE RECRUTEMENT.	CHEFS-LIEUX.	CENTRES D'EXERCICE.	CENTRES DE RÉUNION.	
3e BATAILLON.								
2 cantons de l'arrondissement de Lyon. 3 arrondissements de Lyon (ville).	Lyon.	Fort de La Motte.	1re comp.	1/3 du 2e arrondissement de Lyon.	Lyon.	Fort de la Motte.	Fort de la Motte.	Le bataillon au fort de la Motte.
			2e id.	1/3 id. id.	Lyon.	Fort de la Motte.		
			3e id.	1/3 id. id.	Lyon.	Fort de la Motte.		
			4e id.	1/2 du 3e arrondissement de Lyon.	Lyon.	Fort de Villeurbanne.	Fort de Villeurbanne.	
			5e id.	1/2 id. id.	Lyon.	Fort de Villeurbanne.		
			6e id.	6e arrondissement de Lyon.	Lyon.	Fort des Brotteaux.	Fort des Brotteaux.	
			7e id.	Canton de St-Genis-Laval.	St-Genis-Laval.	Fort de Ste-Foy.	Fort de Ste-Foy.	
			8e id.	Id. de Villeurbanne.	Villeurbanne.	Fort de Villeurbanne.	Fort de Villeurbanne.	
4e BATAILLON.								
Arrondissement de Villefranche moins 4 cantons (le Bois-d'Oingt, La Mure, Tarare et Thizy)	Villefranche.	»	1re comp.	Canton d'Anse.	Anse.	Anse.	Anse.	Les 4e et 5e compagnies, à Belleville. Les 7e et 8e, à Denicé.
			2e id.	1/2 canton de Beaujeu (Nord).	Beaujeu.	Beaujeu, Fleurie.	Fleurie.	
			3e id.	1/2 id. de Beaujeu (Sud).	Beaujeu.	Beaujeu.	Beaujeu.	
			4e id.	1/2 id. de Belleville (Nord).	Belleville.	Belleville.	Belleville.	
			5e id.	1/2 id. de Belleville (Sud).	Belleville.	St-Georges-de-Reneins.	Belleville.	
			6e id.	Canton de Monsol.	Monsol.	Monsol, St-Mamert.		
			7e id.	1/2 canton de Villefranche (Est).	Villefranche.	Villefranche.	Villefranche.	
			8e id.	1/2 id. de Villefranche (Ouest).	Villefranche.	Villefranche, Denicé.	Denicé.	
5e BATAILLON.								
4 cantons de l'arrondissement de Villefranche.	Tarare.	»	1re comp.	Canton du Bois-d'Oingt.	Le Bois-d'Oingt.	Le Bois-d'Oingt, St-Laurent-d'Oingt.	St-Laurent-d'Oingt.	Les 4e et 5e, à Tarare. Les 6e, 7e et 8e, à Thizy.
			2e id.	1/2 canton de La Mure (Nord).	La Mure.	La Mure, Grandris.	Grandris.	
			3e id.	1/2 id. de La Mure (Sud).	La Mure.	La Mure.	La Mure.	
			4e id.	1/2 id. de Tarare (Nord).	Tarare.	Tarare.	Tarare.	
			5e id.	1/2 id. de Tarare (Sud).	Tarare.	St-Forgeux.		
			6e id.	1/3 canton de Thizy.	Thizy.	Amplepuis.		
			7e id.	1/3 id. de Thizy.	Thizy.	Cours.	Thizy.	
			8e id.	1/3 id. de Thizy.	Thizy.	Thizy.		
ARTILLERIE.					**— 2 BATTERIES.**			
			1re batterie	3e arrondissement de Lyon.	Lyon.	Fort de la Motte.	Fort de la Motte.	
			2e id.	5e id.	Lyon.	Fort de Loyasse.	Fort de Loyasse.	
2 COMPAGNIES					**DE PONTONNIERS.**			
			1re comp.	3e arrondissement de Lyon. Canton de St-Genis-Laval.	Lyon.	Fort de la Vitriolerie.	Fort de la Vitriolerie.	
			2e id.	6e arrondissement de Lyon.	Lyon.	Fort de la Vitriolerie.		

BATAILLONS.			COMPAGNIES		ET BATTERIES.			OBSERVATIONS.
CIRCONSCRIPTIONS DE RECRUTEMENT.	CHEFS-LIEUX.	CENTRES DE RÉUNION.	NUMÉROS des COMPAGNIES ou BATTERIES.	CIRCONSCRIPTIONS DE RECRUTEMENT.	CHEFS-LIEUX.	CENTRES D'EXERCICE.	CENTRES DE RÉUNION.	OBSERVATIONS.

DÉPARTEMENT DE SAONE-ET-LOIRE. — 5 BATAILLONS.

1er BATAILLON.

Circonscriptions de recrutement	Chefs-lieux	Centres de réunion	Numéros	Circonscriptions de recrutement	Chefs-lieux	Centres d'exercice	Centres de réunion	Observations
Arrondissement d'Autun.	Autun.	»	1re comp.	2/3 canton d'Autun (Nord)	Autun.	Autun.	Autun.	
			2e id.	1/3 canton d'Autun (Sud)	Autun.	Autun.		
				Canton de Mesvres	Couches.	Mesvres, Uchon.		
			3e id.	Id. de Couches-les-Mines		Couches.	Couches.	
			4e id.	Id. du Creuzot	Le Creuzot.	LeCreuzot,St-Cernin-du-Bois	Le Creuzot.	
			5e id.	Id. de d'Epinac	Epinac.	Epinac.	Epinac.	
			6e id.	Id. de d'Issy-l'Evêque	Issy-l'Evêque.	Issy-l'Evêque.		
				Id. de de St-Léger-sous-Beuvray	Lucenay-l'Evêque.	St-Léger-sous Beuvray.		
			7e id.	Id. de Lucenay-l'Evêque		Lucenay, Cussy-en-Morvan.		
			8e id.	Id. de Montcenis	Montcenis.	Montcenis.	Montcenis.	

2e BATAILLON.

Circonscriptions de recrutement	Chefs-lieux	Centres de réunion	Numéros	Circonscriptions de recrutement	Chefs-lieux	Centres d'exercice	Centres de réunion	Observations
Arrondissement de Châlon-sur-Saône, moins 3 cantons (St-Germain-du-Plain, St Martin-en-Bresse et Verdun-sur-le-Doubs).	Châlon-sur-Saône.	»	1re comp.	Canton de Buxy	Buxy.	Buxy, Marcilly-lès-Buxy.		Les 3e et 4e compagnies, à Châlon-sur-Saône.
			2e id.	Id. de Chagny	Chagny.	Chagny.	Chagny.	
			3e id.	2/3 canton N. de Châlon-sur-Saône	Châlon-sur-Saône.	Châlon-sur-Saône.		
			4e id.	1/3 canton N. de Châlon sur Saône	Châlon-sur-Saône.	Châlon-sur-Saône.	Châlon-sur-Saône.	
				Canton S. de Châlon-sur-Saône				
			5e id.	Canton de Givry	Givry.	Givry, St-Denis-de-Vaux.		
			6e id.	Id. de Mont-St-Vincent	Mont-St-Vincent.	Mont-St-Vincent, Marigny.		
			7e id.	1/2 canton de Sennecey-le-Grand (Est)	Sennecey-le-Grand.	Sennecey-le-Grand.	Sennecey-le-Grand.	
			8e id.	1/2 id. de Sennecey-le-Grand (Ouest)	Sennecey-le-Grand.	Sennecey-le-Grand, Nanton.	Nanton.	

3e BATAILLON.

Circonscriptions de recrutement	Chefs-lieux	Centres de réunion	Numéros	Circonscriptions de recrutement	Chefs-lieux	Centres d'exercice	Centres de réunion	Observations
Arrondissement de Charolles.	Charolles.	»	1re comp.	Canton de Bourbon-Lancy	Bourbon-Lancy.	Bourbon-Lancy, Lesme.		
				Id. de Gueugnon		Gueugnon.		
			2e id.	Id. de Charolles	Charolles.	Charolles.	Charolles.	
			3e id.	Id. de Chauffailles	Chauffailles.	Chauffailles.		
				1/2 canton de Semur-en-Brionnois		Semur-en-Brionnois.		
			4e id.	Canton de la Clayette	La Clayette.	La Clayette	La Clayette.	
			5e id.	Id. de Digoin	Digoin.	Digoin.		
				Id. de Parey-le-Monial		Parey-le-Monial.		
			6e id.	Id. de La Guiche	La Guiche.	La Guiche.		
				Id. de St-Bonnet-de-Joux		St Bonnet-de-Joux.		
			7e id.	Id. de Marcigny	Marcigny.	Marcigny.		
				1/2 canton de Semur-en-Brionnois		Semur-en-Brionnois	Semur-en-Brionnois.	
			8e id.	Canton de Palinges	Palinges.	Palinges.		
				Id. de Toulon-sur-Arroux		Toulon-sur-Arroux, Perrecy-les-Forges	Perrecy-les-Forges.	

| BATAILLONS. | | | COMPAGNIES | | ET BATTERIES. | | | |
CIRCONSCRIPTION DE RECRUTEMENT.	CHEFS-LIEUX.	CENTRES DE RÉUNION.	NUMÉROS des COMPAGNIES OU BATTERIES.	CIRCONSCRIPTIONS DE RECRUTEMENT.	CHEFS-LIEUX.	CENTRES D'EXERCICE.	CENTRES DE RÉUNION.	OBSERVATIONS.
				4e BATAILLON.				
3 cantons de l'arrondissement de Châlon-sur-Saône. Arrondissement de Louhans.	Louhans.	»	1re comp.	Canton de St-Germain-du-Plain. Id. de St-Martin-en-Bresse.	St-Germain-du-Plain.	Saint-Germain-du-Plain. Saint-Martin-en-Bresse.	L'Abergement.	
			2e id.	Id. de Verdun-sur-le-Doubs.	Verdun-sur-le-Doubs.	Verdun-sur-le-Doubs, Sermesse.		
			3e id.	Id. de Beaurepaire.	Beaurepaire.	Beaurepaire.	Beaurepaire.	
			4e id.	Id. de Cuiseaux. Id. de Montpont.	Cuiseaux.	Cuiseaux. Montpont.		
			5e id.	Id. de Cuisery. Id. de Montret.	Cuisery.	Cuisery. Montret.		
			6e id.	Id. de Louhans.	Louhans.	Louhans.	Louhans.	
			7e id.	Id. de Pierre.	Pierre.	Pierre, La Chapelle-Saint-Sauveur.	La Chapelle-St-Sauveur.	
			8e id.	Id. de St-Germain-du-Bois.	St-Germain-du-Bois.	Saint-Germain-du-Bois.	St-Germain-du-Bois.	
				5e BATAILLON.				
Arrondissement de Mâcon.	Mâcon.	»	1re comp.	Canton de La Chapelle-de-Guinchay.	La Chapelle-de-Guinchay.	La Chapelle-de-Guinchay.	La Chapelle-de-Guinchay.	Les 4e et 5e compagnies peuvent être réunies à Mâcon.
			2e id.	Id. de Cluny.	Cluny.	Cluny, Massy.		
			3e id.	Id. de Lugny.	Lugny.	Lugny.	Lugny.	
			4e id.	Id. N. de Mâcon.	Mâcon.	Mâcon.	Mâcon.	
			5e id.	Id. S. de Mâcon.	Mâcon.	Mâcon.		
			6e id.	Id. de Matour. Id. de Tramayes.	Matour.	Matour. Tramayes.		
			7e id.	Id. de Saint-Gengoux-le-Royal.	St-Gengoux-le-Royal.	Saint-Gengoux-le-Royal, Cormatin.	Cormatin.	
			8e id.	Id. de Tournus.	Tournus.	Tournus, Ratenelle.		

9e DIVISION

DÉPARTEMENT DES ALPES-MARITIMES.—2 BATAILLONS.—2 BATTERIES.

CIRCONSCRIPTION DE RECRUTEMENT.	CHEFS-LIEUX.	CENTRES DE RÉUNION.	NUMÉROS des COMPAGNIES OU BATTERIES.	CIRCONSCRIPTIONS DE RECRUTEMENT.	CHEFS-LIEUX.	CENTRES D'EXERCICE.	CENTRES DE RÉUNION.	OBSERVATIONS.
				1er BATAILLON.				
Arrondissement de Grasse. Arrondissement de Puget-Théniers.	Grasse.	»	1re comp.	Canton d'Antibes. Id. de Cannes.	Antibes.	Antibes. Cannes.	Mougins.	
			2e id.	Id. du Bar. Id. de Coursegoules.	Le Bar.	Le Bar, Gréolières. Coursegoules.		
			3e id.	Id. de Grasse. Id. de Saint-Vallier.	Grasse.	Grasse, Saint-Vallier.		
			4e id.	Id. de Saint-Auban. Id. de Roquesterne.	St-Auban.	Saint-Auban, Gars. Roquesterne, Pierrefeu.		
			5e id.	Id. de Vence.	Vence.	Vence.	Vence.	
			6e id.	Id. de Guillaumes.	Guillaumes.	Guillaumes, Obères, Amen.		
			7e id.	Id. de Puget-Théniers. Id. de Villars.	Puget-Théniers.	Puget-Théniers. Villars, Thiéry.		
			8e id.	Id. de Saint-Etienne. Id. de Saint-Sauveur.	St-Sauveur.	Saint-Etienne, Blacia. Saint-Sauveur, Roubiou.		Par exception, St-Sauveur est le chef-lieu de la 8e compagnie.

BATAILLONS			COMPAGNIES	
CIRCONSCRIPTIONS DE RECRUTEMENT.	CHEFS-LIEUX.	CENTRES DE RÉUNION.	NUMÉROS des COMPAGNIES ou BATTERIES.	CIRCONSCRIPTIONS DE RECRUTEMENT.
				2e BATAILLON.
Arrondissement de Nice.	Nice.	»	1re comp.	Canton de Breil . . . .
				Id. de Sospel. . . . .
			2e id. . .	Id. de Contes. . . . .
				Id. de l'Escarène . . . .
			3e id. . .	Id. de Levens . . . .
				Id. d'Utelle. . . . .
			4e id. . .	Id. de Menton . . . .
			5e id. . .	1/3 canton E. de Nice. . . . .
				Canton de Villefranche. . . . .
			6e id. . .	2/3 canton E. de Nice. . . . .
			7e id. . .	Canton O. de Nice. . . . .
			8e id. . .	Id de St-Martin-Lantosque . . . .
				ARTILLERIE.
			1re batterie.	Canton d'Antibes. . . . .
				Id. de Cannes . . . .
			2e id.	Id. de Nice E. . . . .
				Id. de Nice O. . . . .

DÉPARTEMENT DES
BATAILLON.

			NUMÉROS des COMPAGNIES ou BATTERIES.	CIRCONSCRIPTIONS DE RECRUTEMENT.
Arrondissements de Barcelonnette, Casteliane, Digne, Forcalquier, Sisteron.	Digne.	»	1re comp.	Canton d'Allos. . . . .
				Id. de Barcelonnette . . . . . .
				Id. du Lauzet. . . . .
				Id. de St-Paul . . . .
			2e id.	Id. d'Annot. . . . .
				Id. de Castellanne . . . .
				Id. de Colmars. . . . .
				Id. d'Entrevaux. . . . .
				Id. de St-André-de-Méouilles. . .
				Id. de Senez. . . . .
			3e id.	Id. de Barrême. . . . .
				Id. des Mées. . . . .
				Id. de Mezel . . . .
			4e id.	Id. de Digne . . . .
				Id. de la Javie . . . .
				Id. de Seyne . . . .
				Id. de Moustiers . . . .
			5e id.	Id. de Riez. . . . .
				Id. de Valensole . . . .
			6e id.	Id. de Banon. . . . .
				Id. de Manosque . . . .
				Id. de Reillane . . . .

ET BATTERIES.

CHEFS-LIEUX.	CENTRES D'EXERCICE.	CENTRES DE RÉUNION.	OBSERVATIONS.
Breil.	Breil, Saorge, Sospel.		
Contes.	Contes.	L'Escarène.	
	L'Escarène.		
Levens.	Levens-St-Blaise.		
	Utelle.		
Menton.	Menton	Menton.	
Nice.	Villefranche, Nice.		Les 5e, 6e et 7e compagnies peuvent être réunies à Nice.
Nice.	Nice.	Nice.	
Nice.	Nice.		
St-Martin Lantosque.	St-Martin, Roquebillère. . .	Roquebillère.	

— 2 BATTERIES.

CHEFS-LIEUX.	CENTRES D'EXERCICE.	CENTRES DE RÉUNION.	OBSERVATIONS.
Antibes.	Fort-carré. Batterie de St-Pierre,		
Nice.	Nice.	Nice.	

BASSES-ALPES.— 1 BATAILLON.

CHEFS-LIEUX.	CENTRES D'EXERCICE.	CENTRES DE RÉUNION.	OBSERVATIONS.
Barcelonnette.	Allos. Barcelonnette. Le Lauzet, Ubaye. St-Paul, Larche.		Par exception Digne, chef-lieu du département est chef lieu du bataillon.
Castellanne.	Annot. Castellanne, La Garde, St-Julien. Colmars, Thorame-Haute. Entrevaux, Castellet. St-André, La Mure. Senez.		Barcelonnette est chef-lieu de la 1re compagnie. Castellanne est chef-lieu de la 2e compagnie.
Barrême.	Barrême, Tartonne. Les Mées, Entrevennes. Mezel, Majastre.		
Digne.	Digne, Thoard, La Javie, Prads. Seyne, Auzet, La Robine.		
Moustiers	Moustiers, La Palud. Riez, Montagnac. Valensole, Gréoulx.		
Banon.	Banon. Manosque. Reillane.		

| BATAILLONS. | | | COMPAGNIES | |
CIRCONSCRIPTIONS DE RECRUTEMENT.	CHEFS-LIEUX.	CENTRES DE RÉUNION.	NUMÉROS des COMPAGNIES OU BATTERIES.	CIRCONSCRIPTIONS DE RECRUTEMENT.
				BATAILLON.
Arrondissements de Barcelonnette, Castellanne, Digne, Forcalquier, Sisteron. (Suite).	Digne.	»	7e p.	Canton de Forcalquier. / Id. de Peyruis. / Id. de St-Etienne. / Id. de La Motte. / Id. de Noyers.
			8e id.	Id. de Sisteron. / Id. de Turriers. / Id. de Volonne.

DEPARTEMENT DES BOUCHES-

1er BATAILLON.

CIRCONSCRIPTIONS DE RECRUTEMENT.	CHEFS-LIEUX.	CENTRES DE RÉUNION.	NUMÉROS.	CIRCONSCRIPTIONS DE RECRUTEMENT.
Arrondissement d'Aix, moins 2 cantons (Istres et Martigues) 3 cantons de l'arrondissement de Marseille, (Aubagne, Roquevaire et canton N. extra de Marseille.	Aix.	»	1re comp.	Canton N. d'Aix. / Id. de Peyrolles.
			2e id.	Id. S. d'Aix. / Id. de Berre.
			3e id.	Id. de Gardanne. / Id. de Trets.
			4e id.	Id. de Lambesc. / Id. de Salon.
			5e id.	Id. d'Aubagne. / Id. de Roquevaire.
			6e id.	1/3 canton N. extra de Marseille.
			7e id.	1/3 canton N. extra de Marseille.
			8e id.	1/3 canton N. extra de Marseille.

2e BATAILLON.

CIRCONSCRIPTIONS DE RECRUTEMENT.	CHEFS-LIEUX.	CENTRES DE RÉUNION.	NUMÉROS.	CIRCONSCRIPTIONS DE RECRUTEMENT.
3 cantons de l'arrondissement d'Aix. Arrondissement d'Arles.	Arles.	»	1re comp.	Canton d'Istres.
			2e id.	Id. de Martigues.
			3e id.	Id. E. d'Arles.
			4e id.	Id. O. d'Arles. / Id. de Saintes-Maries.
			5e id.	Id. de Château-Renard.
			6e id.	Id. d'Eyguières. / Id. d'Orgon.
			7e id.	Id. de St-Remy.
			8e id.	Id. de Tarascon.

3e BATAILLON.

CIRCONSCRIPTIONS DE RECRUTEMENT.	CHEFS-LIEUX.	CENTRES DE RÉUNION.	NUMÉROS.	CIRCONSCRIPTIONS DE RECRUTEMENT.
Arrondissement de Marseille. moins 3 cantons	Marseille.	»	1re comp.	Canton de la Ciotat. / Id. centre extra de Marseille.
			2e id.	1/2 canton N. intra de Marseille.
			3e id.	1/2 id. N. intra id.
			4e id.	Canton centre intra id.
			5e id.	1/2 id. S. intra id.
			6e id.	1/2 id. S. intra id.
			7e id.	1/2 id. S. extra id.
			8e id.	1/2 id. S. extra id.

| ET BATTERIES. | | | OBSERVATIONS. |
CHEFS-LIEUX.	CENTRES D'EXERCICE.	CENTRES DE RÉUNION.	
(Suite.)			
Forcalquier.....	Forcalquier. / Peyruis. / St-Etienne. / La Motte.		
Sisteron......	Noyers, St-Vincent. / Sisteron, Authon. / Turriers, Bayons. / Volonne.		Par exception, Sisteron est chef-lieu de la 8e compagnie.

DU-RHÔNE. — 3 BATAILLONS, 2 BATTERIES.

CHEFS-LIEUX.	CENTRES D'EXERCICE.	CENTRES DE RÉUNION.	OBSERVATIONS.
Aix.......	Aix, St-Marc. / Peyrolles, Meyrargues.		
Aix.......	Aix. / Berre, Velaux.		
Gardanne......	Gardanne, Simiane. / Trets, La Grande-Pugére.		
Lambesc......	Lambesc, Rognes. / Salon, Grans.		
Aubagne......	Aubagne, Cujes. / Roquevaire, Peypin.		
Marseille......			
Marseille......	Marseille.	Marseille.	Les 6e, 7e et 8e compagnies peuvent être réunies à Marseille.
Marseille......			
Istres.......	Istres.	Istres.	
Martigues......	Martigues, Châteauneuf.		
Arles.......	Arles, Mas-Thibert, Saint-Martin.		
Arles.......	Arles, Ste-Cécile, Le Sombuc. / Saint s-Maries.		
Château-Renard...	Château-Renard.		
Eyguières.....	Eyguières, Lamanon, / Orgon, St-Andiol.		
St-Remy.......	St-Remy, Maussane....	St-Remy.	
Tarascon.......	Tarascon.	Tarascon.	
La Ciotat.......	La Ciotat. / Marseille.		
Marseille.......	Marseille.	Marseille.	Les 2e, 3e, 4e, 5e, 6e, 7e et 8e compagnies à Marseille.

BATAILLONS. — **COMPAGNIES**

CIRCONSCRIPTIONS DE RECRUTEMENT.	CHEFS-LIEUX.	CENTRES DE RÉUNION.	NUMÉROS des COMPAGNIES OU BATTERIES.	CIRCONSCRIPTIONS DE RECRUTEMENT.
				ARTILLERIE. —
			1re batterie.	Canton S. intra de Marseille......
			2e id...	Id. S. extra de Marseille.....

DÉPARTEMENT DU VAR.

1er BATAILLON.

CIRCONSCRIPTIONS DE RECRUTEMENT.	CHEFS-LIEUX.	CENTRES DE RÉUNION.	NUMÉROS des COMPAGNIES OU BATTERIES.	CIRCONSCRIPTIONS DE RECRUTEMENT.
4 cantons de l'arrondissement de Brignolles (Barjols, Cotignac, Rians et Tavernes). Arrondissement de Draguignan.	Draguignan.	»	1re comp.	Canton de Barjols........... Id. de Rians............
			2e id...	Id. de Cotignac........... Id. de Tavernes...........
			3e id...	Id. de Aups............. Id. de Salernes...........
			4e id...	Id. de Calas............ Id. de Fréjus............
			5e id...	Id. de Comps........... Id. de Fayence...........
			6e id...	Id. de Draguignan.........
			7e id...	Id. de Grimaud........... Id. de Saint-Tropez........
			8e id...	Id. de Lorgues........... Id. du Luc.............

2e BATAILLON

CIRCONSCRIPTIONS DE RECRUTEMENT.	CHEFS-LIEUX.	CENTRES DE RÉUNION.	NUMÉROS des COMPAGNIES OU BATTERIES.	CIRCONSCRIPTIONS DE RECRUTEMENT.
4 cantons de l'arrondissement de Brignolles (Besse, Brignolles, Roquebrussane et St-Maximin), Arrondissement de Toulon.	Toulon.	»	1re comp.	Canton de Besse........... Id. de Roquebrussanne......
			2e id...	Id. de Brignolles........... Id. de Saint-Maximin.......
			3e id...	Id. du Beausset........... Id. de Solliès-Pont........
			4e id...	Id. de Collobrières......... Id. de Cuers............
			5e id...	Id. d'Hyères............
			6e id...	Id. d'Ollioules...........
			7e id...	Id. E. de Toulon.........
			8e id...	Id. O. de Toulon.........
				ARTILLERIE. —
			Batterie...	Canton E. de Toulon......... Id. O. de Toulon..........

ET BATTERIES. — **OBSERVATIONS.**

CHEFS-LIEUX.	CENTRES D'EXERCICE.	CENTRES DE RÉUNION.	OBSERVATIONS.
2 BATTERIES.			
Marseille......	Fort St-Nicolas......	Fort St-Nicolas.	
Marseille......	Batterie du phare.....	Batterie du phare.	

— 2 BATAILLONS. — 1 BATTERIE.

CHEFS-LIEUX.	CENTRES D'EXERCICE.	CENTRES DE RÉUNION.	OBSERVATIONS.
Barjols........	Barjols, St-Christophe, Bruc. Rians, Ginasservie.		
Cotignac.......	Cotignac. Tavernes, Fox-Amphoux, Montmeyan.		
Aups.........	Aups, Bounas. Salernes.		
Callas........	Callas Fréjus, Le Pujet, L'Estérel.		
Comps........	Comps, Brenon. Fayence.		
Draguignan......	Draguignan, Ampus.		
Grimaud.......	Grimaud, St-Maxime. St-Tropez, Gassin.		
Lorgues.......	Lorgues. Le Luc.		
Besse........	Besse, Flassans. Roquebrussanne, Forcalqueiret.		
Brignolles......	Brignolles. S-Maximin, Ollières, Rougiers.		
Le Beausset.....	Le Beausset, Mounoi. Solliès-Pont.		Les 7e et 8e compagnies peuvent être réunies à Toulon.
Collobrières.....	Collobrières, Bornus. Cuers, Le Pujet. "		
Hyères........	Hyères..........	Hyères.	
Ollioules.......	Ollioules, Six-Fours.		
Toulon........	Toulon..........	Toulon.	
Toulon........	Toulon..........		

1 BATTERIE.

CHEFS-LIEUX.	CENTRES D'EXERCICE.	CENTRES DE RÉUNION.	OBSERVATIONS.
Toulon........	Toulon..........	Toulon.	

BATAILLONS.			COMPAGNIES		ET BATTERIES.			
CIRCONSCRIPTIONS DE RECRUTEMENT.	CHEFS-LIEUX.	CENTRES DE RÉUNION.	NUMÉROS des COMPAGNIES ou BATTERIES.	CIRCONSCRIPTIONS DE RECRUTEMENT.	CHEFS-LIEUX.	CENTRES D'EXERCICE.	CENTRES DE RÉUNION.	OBSERVATIONS.

DÉPARTEMENT DU VAUCLUSE. — 2 BATAILLONS.

1er BATAILLON.

CIRCONSCRIPTIONS DE RECRUTEMENT.	CHEFS-LIEUX.	CENTRES DE RÉUNION.	NUMÉROS des COMPAGNIES ou BATTERIES.	CIRCONSCRIPTIONS DE RECRUTEMENT.	CHEFS-LIEUX.	CENTRES D'EXERCICE.	CENTRES DE RÉUNION.	OBSERVATIONS.
Arrondissement d'Apt. Arrondissement d'Avignon.	Avignon.	»	1re comp..	Canton d'Apt	Apt	Apt, St-Saturnin-les-Apt, Rustrel.		Par exception, Avignon est chef-lieu du 4er bataillon.
			2e id..	Id. de Bonnieux. Id. de Gordes.	Bonnieux.	Bonnieux, Lacoste. Gordes, Murs.		
			3e id..	Id. de Cadenet. Id. de Pertuis.	Cadenet	Cadenet, Merindol. Pertuis, Grambois.		Les 4e et 5e compagnies peuvent être réunies à Avignon.
			4e id..	Id. N. d'Avignon	Avignon	Avignon	Avignon.	
			5e id..	Id. S. d'Avignon	Avignon	Avignon		
			6e id..	Id. de Bédarrides	Bédarrides.	Bédarrides.	Bédarrides.	
			7e id..	Id. de Cavaillon	Cavaillon.	Cavaillon.	Cavaillon.	
			8e id..	Id. de l'Isle	L'Isle.	L'Isle.	L'Isle.	

2e BATAILLON.

CIRCONSCRIPTIONS DE RECRUTEMENT.	CHEFS-LIEUX.	CENTRES DE RÉUNION.	NUMÉROS des COMPAGNIES ou BATTERIES.	CIRCONSCRIPTIONS DE RECRUTEMENT.	CHEFS-LIEUX.	CENTRES D'EXERCICE.	CENTRES DE RÉUNION.	OBSERVATIONS.
Arrondissement de Carpentras. Arrondissement d'Orange.	Carpentras.	»	1re comp..	Canton N. de Carpentras.	Carpentras.	Carpentras.	Carpentras.	Les 1re, 2e et 4e, à Carpentras.
			2e id..	Id. S. de Carpentras.	Carpentras.	Carpentras.		
			3e id..	Id. de Mormoiron. Id. de Sault.	Mormoiron.	Mormoiron, Villes. Sault.		
			4e id..	Id. de Pernes.	Pernes.	Pernes.	Pernes.	
			5e id..	Id. de Beaumes. Id. de Malaucène.	Beaumes.	Beaumes. Malaucène, St-Léger.		
			6e id..	Id. de Bollène.	Bollène.	Bollène, St-Blaise	St-Blaise.	
			7e id..	Id. E. d'Orange. Id. O. d'Orange.	Orange.	Camaret. Orange.		
			8e id..	Id. de Vaison. Id. de Valréas	Vaison.	Vaison, Rasteau. Valréas.		

10e DIVISION MILITAIRE.

DÉPARTEMENT DE L'AVEYRON. — 3 BATAILLONS.

1er BATAILLON.

CIRCONSCRIPTIONS DE RECRUTEMENT.	CHEFS-LIEUX.	CENTRES DE RÉUNION.	NUMÉROS des COMPAGNIES ou BATTERIES.	CIRCONSCRIPTIONS DE RECRUTEMENT.	CHEFS-LIEUX.	CENTRES D'EXERCICE.	CENTRES DE RÉUNION.	OBSERVATIONS.
Arrondissement d'Espalion. Arrondissement de Rodez, moins 5 cantons (Conques, Nancelle, Rignac, Le Salvetat et Sauveterre).	Rodez.	»	1re comp..	Canton d'Entraygues. Id. de St-Amans. Id. d'Espalion.	Entraygues.	Entraygues. St-Amans.		Par exception, le chef-lieu du bataillon est Rodez.
			2e id..	Id. de St-Chély. Id. de St-Geniez.	Espalion.	Espalion. St-Chély. St Geniez.		
			3e id..	Id. d'Estaing. Id. de La Guiole.	Estaing.	Estaing. La Guiole.		
			4e id..	Id. de Mur-de-Barrez. Id. de S e-Geneviève.	Mur-de-Barrez	Mur-de-Barrez. Ste Geneviève.		
			5e id..	Id. de Bozouls. Id. de Salars.	Bozouls.	Bozouls, Concourès. Salars.		
			6e id..	Id. de Cassagne-Begonhès. Id. de Requista.	Cassagne-Begonhès.	Cassagne, Salmiech, Pont-du-grand-Fuel. Requista.		
			7e id..	Id. de Marcillac.	Marcillac.	Marcillac.	Marcillac.	
			8e id..	Id. de Rodez.	Rodez.	Rodez, Luc.	Luc.	

BATAILLONS.			COMPAGNIES ET BATTERIES.					
Circonscriptions de recrutement.	Chefs-lieux.	Centres de réunion.	Numéros des compagnies ou batteries.	Circonscriptions de recrutement.	Chefs-lieux.	Centres d'exercice.	Centres de réunion.	Observations.
2e BATAILLON.								
Arrondissement de Milhau. Arrondissement de St-Affrique.	Milhau.	»	1re comp.	Canton de Campagnac. Id. de Laissac.	Campagnac.	Campagnac. Laissac.		Par exception, le chef-lieu de la 5e compagnie est St-Affrique.
			2e id.	Id. de Milhau. Id. de St-Beauzély.	Milhau.	Milhau. St-Beauzély, Peyrayrolles.		
			3e id.	Id. de Nant. Id. de Peyreleau.	Nant.	Nant, Frayssinet-Bas. Peyreleau.		
			4e id.	Id. de Salles-Curan. Id. de Séverac-le-Château. Id. de Vezins.	Salles-Curan.	Salles-Curan, Casteloau. Séverac-le-Château. Vézins.		
			5e id.	Id. de Belmont. Id. de St-Affrique.	St-Affrique.	Belmont. St-Affrique, Tiergues, le Cambon.		
			6e id.	Id. de Camarès. Id. de Cornus.	Camarès.	Camarès, Fayet. Cornus, St-Paul.		
			7e id.	Id. de St-Rome-de-Tarn.	St-Rome-de-Tarn.	St-Rome-de-Tarn, Le Truel.		
			8e id.	Id. de St-Sernin.	St-Sernin.	St-Sernin, St-Michel-de-Castor.		
3e BATAILLON.								
5 cantons de l'arrondissement de Rodez. Arrondissement de Villefranche.	Villefranche.	»	1re comp.	Canton de Cunques. Id. de Rignac.	Conques.	Conques. Rignac, Goutrens.		
			2e id.	Id. de Namelle. Id. de Salvetat. Id. de Sauveterre.	Namelle.	Namelle. La Salvetat. Sauveterre, Jonels.		
			3e id.	Id. d'Asprières. Id. de Villeneuve.	Asprières.	Asprières Naussac Villeneuve, Rinholes.		
			4e id.	Id. d'Aubin.	Aubin.	Aubin, Flagnac.	Flagnac.	
			5e id.	Id. de Montbazens.	Montbazens.	Montbazens, Vaureilles.	Vaureilles.	
			6e id.	Id. de Najac.	Najac.	Najac.	Najac.	
			7e id.	Id. de Rieupeyroux.	Rieupeyroux.	Rieupeyroux, La Capelle-Bleis.	La Capelle-Bleis.	
			8e id.	Id. de Villefranche.	Villefranche.	Villefranche, Savignac.	Savignac.	

DÉPARTEMENT DU GARD. — 3 BATAILLONS.

1er BATAILLON.

Circonscriptions de recrutement.	Chefs-lieux.	Centres de réunion.	Numéros des compagnies ou batteries.	Circonscriptions de recrutement.	Chefs-lieux.	Centres d'exercice.	Centres de réunion.	Observations.
Arrondissement d'Alais, moins 4 cantons (Barjac, Genolhac, La Grand-Combe et St-Ambroise). Arrondissement du Vigan.	Alais.	»	1re comp.	Canton E. d'Alais.	Alais.	Alais.	Alais.	La 1re et la 2e compagnies pourront être réunies à Alais.
			2e id.	Id. O. d'Alais	Alais.	Alais.		
			3e id.	Id. d'Anduze. Id. de St-Jean du-Gard.	Anduze.	Anduze. St-Jean-du-Gard.	Anduze.	
			4e id.	Id. de Ledignan. Id. de Vezenobres.	Ledignan.	Ledignan. Vezenobres, Buzet.		
			5e id.	Id. d'Alzon. Id. du Vigan.	Alzon.	Alzon. Le Vigan.		

| BATAILLONS | | | COMPAGNIES | |
Circonscriptions de recrutement.	Chefs-lieux.	Centres de réunion.	Numéros des compagnies ou batteries.	Circonscriptions de recrutement.
1er BATAILLON.				
Arrondissement d'Alais, moins 4 cantons (Barjac, Genolhac, La Grande-Combe et St-Ambroise) Arrondissement du Vigan. (Suite)	Alais.	»	6e comp.	Canton de Lasalle. Id. de Sumène. Id. de Quissac
			7e id.	Id. de Ste-Hippolyte. Id. de Sauve. Id. de St-André de Valborgues.
			8e id.	Id. de Trèves. Id. de Valleraugue.
2e BATAILLON.				
Arrondissement de Nismes.	Nismes.	»	1re comp.	Canton d'Aigues-Mortes. Id. de St-Gilles-les-Boucheries.
			2e id.	Id. d'Aramon. Id. de Marguerittes.
			3e id.	Id. de Beaucaire.
			4e id.	1er canton de Nismes.
			5e id.	2e id. de Nismes.
			6e id.	Canton de St-Mamert. 3e canton de Nismes.
			7e id.	Canton de Sommières.
			8e id.	Id. de Vauvert.
3e BATAILLON.				
4 cantons de l'arrondissement d'Alais, Arrondissement d'Uzès.	Uzès.	»	1re comp.	Canton de Barjac. Id. de St-Ambroix.
			2e id.	Id. de Genolhac.
			3e id.	Id. de la Grand-Combe.
			4e id.	Id. de Bagnols.
			5e id.	Id. de Lussan. Id. d'Uzès.
			6e id.	Id. de Pont-St-Esprit.
			7e id.	Id. de Remoulins. Id. de St-Chaptes.
			8e id.	Id. de Roquemaure. Id. de Villeneuve-les-Avignon.

| ET BATTERIES. | | | OBSERVATIONS. |
Chefs-lieux.	Centres d'exercice.	Centres de réunion.	
(Suite.)			
Lasalle.	Lasalle. Sumène.	Romans.	
Quissac.	Quissac. Ste-Hippolyte. Sauve.		
St-André de Valborgues.	St-André de Valborgues. Trèves. Valleraugue.		
Aigues-Mortes.	Aigues-Mortes. St-Gilles.		La 4e et la 6e compagnie peuvent être réunies à Nismes.
Aramon.	Aramon. Marguerittes.		
Beaucaire.	Beaucaire.	Beaucaire.	
Nismes.	Nismes.	Nismes.	
Nismes.	St-Mamert.		
Nismes.	Nismes.	Nismes.	
Sommières.	Sommières, Aigargues.	Aigargues.	
Vauvert.	Vauvert.	Vauvert.	
Barjac.	Barjac. St-Ambroix, St-Julien de Cassagne.		Par exception Uzès est chef-lieu de la 5e compagnie.
Genolhac.	Genolhac.	Genolhac.	
La Grand-Combe.	La Grand-Combe.	La Grand-Combe.	
Bagnols.	Bagnols.	Bagnols.	
Uzès.	Lussan, St-Marcel. Uzès, Montarem.		
Pont-St-Esprit.	Pont-St-Esprit, St-Laurent de Carnols.	St-Laurent de Carnols.	
Remoulins.	Remoulins. St-Chaptes.		
Roquemaure.	Roquemaure, St Geniès. Villeneuve-les-Avignon, Les Angles.		

BATAILLONS.			COMPAGNIES ET BATTERIES.					OBSERVATIONS.
CIRCONSCRIPTIONS DE RECRUTEMENT.	CHEFS-LIEUX.	CENTRES DE RÉUNION.	NUMÉROS des COMPAGNIES OU BATTERIES.	CIRCONSCRIPTIONS DE RECRUTEMENT.	CHEFS-LIEUX.	CENTRES D'EXERCICE.	CENTRES DE RÉUNION.	
DÉPARTEMENT DE L'HÉRAULT.					—3 BATAILLONS.—1 BATTERIE.			
1er BATAILLON.								
Arrondissement de Béziers, moins 6 cantons (Bédarrieux, Florenzac, Montagnac, Pézenas, Roujan et St-Gervais). Arrondissement de St-Pons.	Béziers.	»	1re comp.	Canton d'Agde.	Agde.	Agde.	Agde.	
			2e id.	1er canton de Béziers.	Béziers	Béziers.	Béziers.	
			3e id.	2e id. de Béziers.	Béziers.	Béziers, Maraussang.		
			4e id.	Canton de Capestang.	Capestang.	Capestang	Capestang.	
			5e id.	Id. de Murviel. Id. de Servian.	Murviel.	Murviel. Servian.		
			6e id.	Id. d'Olargues.	Olargues.	Olargues.	Olargues.	
			7e id.	Id. d'Olonzac. Id. de St-Chinion.	Olonzac.	Olonzac, Félines. St-Chinion, Villepassans.		
			8e id.	Id. de St-Pons. Id. de la Salvetat.	Saint-Pons.	St-Pons.. La Salvetat.		
2e BATAILLON.								
6 cantons de l'arrondissement de Béziers. Arrondissement de Lodève. 1 canton de l'arrondissement de Montpellier (Mèze).	Lodève.	»	1re comp.	Canton de Bédarrieux. Id. de St-Gervais.	Bédarrieux.	Bédarrieux. St Gervais.		
			2e id.	Id. de Florensac. Id. de Pézenas. Id. de Montagnac.	Florensac.	Florensac. Pézenas.		
			3e id.	Id. de Roujan.	Montagnac.	Montagnac, Cazouls-d'Hérault. Roujan.		
			4e id.	Id. du Caylar. Id. de Lunas.	Le Caylar	Le Caylar. St-Ginies. Lunas. Ceilhes.		
			5e id.	Id. de Clermont-l'Hérault.	Clermont-l'Hérault.	Clermont-l'Hérault.	Clermont-l'Hérault.	
			6e id.	Id. de Gignae.	Gignac.	Gignac, Vindemian.		
			7e id.	Id. de Lodève.	Lodève.	Lodève, La Vacquerie.		
			8e id.	Id. de Mèze.	Mèze.	Mèze, Poussan.	Poussan.	
3e BATAILLON.								
Arrondissement de Montpellier, moins 1 canton.	Montpellier.	»	1re comp.	Canton d'Aniane. Id. de Claret. Id. des Matelles.	Aniane.	Aniane. Claret. Les Matelles.		
			2e id.	Id. de Castries. Id. de Mauguio.	Castries.	Castries. Mauguio.	Castries.	
			3e id.	Id. de Cette.	Cette.	Cette.	Cette.	
			4e id.	Id. de Frontignan. 2e canton de Montpellier.	Frontignan.	Frontignan, Mireval. Montpellier.		
			5e id.	Canton de Gange. Id. de St-Martin-de-Londres.	Ganges.	Ganges. St-Martin-de-Londres.		
			6e id.	Id. de Lunel.	Lunel.	Lunel.	Lunel.	
			7e id.	1er canton de Montpellier.	Montpellier.	Montpellier.	Montpellier.	
			8e id.	3e id. de Montpellier.	Montpellier.	Montpellier, Pignan.	Pignan.	
ARTILLERIE.—					1 BATTERIE.			
			Batterie.	2e canton de Montpellier. 3e id. de Montpellier.	Montpellier.	Montpellier.	Montpellier.	

BATAILLONS.			COMPAGNIES	
CIRCONSCRIPTIONS DE RECRUTEMENT.	CHEFS-LIEUX.	CENTRES DE RÉUNION.	NUMÉROS des COMPAGNIES ou BATTERIES.	CIRCONSCRIPTIONS DE RECRUTEMENT.

DÉPARTEMENT DE LA BATAILLON.

CIRCONSCRIPTIONS DE RECRUTEMENT.	CHEFS-LIEUX.	CENTRES DE RÉUNION.	NUMÉROS	CIRCONSCRIPTIONS DE RECRUTEMENT.
Arrondissement de Florac, de Marvejols, de Mende.	Mende....	»	1re comp.	Canton de Barre.
				Id. de Pont de Montvert.
				Id. de St-Germain de Calberte.
				Id. de Florac.
			2e id.	Id. de Massegros.
				Id. de Meyrueis.
			3e id.	Id. de St-Enimie.
				Id. d'Aumont.
				Id. de Marvejols.
				Id. de Nasbinals.
			4e id.	Id. de La Canourgue.
				Id. de Chanac.
				Id. de St-Germain-du-Teil.
				Id. de Fournels.
			5e id.	Id. du Malzieu.
				Id. de St-Chély-d'Apcher.
				Id. de Servereite.
			6e id.	Id. de Blaymard.
				Id. de Villefort.
			7e id.	Id. de Châteauneuf.
				Id. de Grandrieu.
				Id. de Langogne.
				Id. de Mende.
			8e id.	Id. de St-Amans.

17e DIVISION

DÉPARTEMENT DE LA 1er BATAILLON.

CIRCONSCRIPTIONS DE RECRUTEMENT.	CHEFS-LIEUX.	CENTRES DE RÉUNION.	NUMÉROS	CIRCONSCRIPTIONS DE RECRUTEMENT.
Arrondissement d'Ajaccio, de Calvi, de Sartène.	Ajaccio....	»	1re comp.	Canton d'Ajaccio.
				Id. de Bastelica.
			2e id.	Id. de Santa-Maria-Siche.
			3e id.	Id. de Zicavo.
				Id. de Bocognano.
				Id. de Salice.
				Id. de Sari d'Orcino.
				Id. de Sarola Carcopino.

ET BATTERIES.			OBSERVATIONS.
CHEFS-LIEUX.	CENTRES D'EXERCICE.	CENTRES DE RÉUNION.	

LOZÈRE. — 1 BATAILLON.

CHEFS-LIEUX.	CENTRES D'EXERCICE.	CENTRES DE RÉUNION.	OBSERVATIONS.
Barre	Barre, Magistavol, Pompidou.		Par exception, le chef-lieu du bataillon est Mende; le chef-lieu de la 3e compagnie est Marvejols; le chef-lieu de la 5e compagnie est St-Chély-d'Apcher; et le chef-lieu de la 7e compagnie est Mende.
	Pont de Montvert, St-Maurice-Ventalon.		
	St-Germain de Calberte, Collet de Dize.		
Florac	Florac, Ispagnac, St-Laurent de Trèves.		
	Le Massegros.		
	Meyrueis, St-Pierre-Triples, Cabrillac.		
	St-Enimie.		
Marvejols	Aumont.		
	Marvejols.		
	Nasbinals.		
La Canourgue	La Canourgue, Chasou.		
	Chanac.		
	St-Germain du-Teil, Salses.		
	Fournels, La Chaldette.		
St-Chély d'Apcher	Malzieu.		
	St-Chély d'Apcher.		
	Servereite, Alban.		
Blaymard	Blaymard, St-Frejals.		
	Villefort, St-Jean-Chazorne.		
	Châteauneuf.		
Châteauneuf	Grandrieu.		
	Langogne, Les Fournets.		
Mende	Mende, Brenoux.		
	St-Amans, Estables, Rieutord.		

MILITAIRE.

CORSE. — 2 BATAILLONS. — 1 BATTERIE.

CHEFS-LIEUX.	CENTRES D'EXERCICE.	CENTRES DE RÉUNION.	OBSERVATIONS.
Ajaccio.	Ajaccio.	Ajaccio.	
Bastélica.	Bastelica, Cauro.		
	Santa-Maria-Siche, Pietrosella.		
	Zicavo, Cozzano.		
Bocognano	Bocognano, Tavera.		
	Salice-Scatrafugbiaccio.		
	Sari-d'Orcino, Calcatoggio.		
	Sarola Carcopino.		

BATAILLONS			COMPAGNIES	
CIRCONSCRIPTIONS DE RECRUTEMENT.	CHEFS-LIEUX.	CENTRES DE RÉUNION.	NUMÉROS des COMPAGNIES ou BATTERIES.	CIRCONSCRIPTIONS DE RECRUTEMENT.
				1er BATAILLON.
Arrondissements d'Ajaccio, de Calvi, de Sartène. (*Suite.*)	Ajaccio.	»	4e comp.	Canton d'Evisa. Id. de Piana. Id. de Soccia. Id. de Vico.
			5e id.	Id. de Belgodère. Id. de l'Isle-Rousse. Id. de Muro. Id. d'Olmi-Capella.
			6e id.	Id. de Calenzana. Id. de Calvi. Id. de Bonifacio. Id. de Levie.
			7e id.	Id. de Porto-Vecchio.
			8e id.	Id. de Sartène. Id. d'Olmeto. Id. de Petreto-Bicchisano. Id. de Santa-Lucia-di-Tallano. Id. de Serra-di-Scopamene.
				2e BATAILLON.
Arrondissements de Bastia, de Corte.	Bastia.	»	1re comp.	Canton de Bastia-Terranova. Id. de Bastia-Terra-Vecchia. Id. de Borgo. Id. de San-Martino-di-Lota.
			2e id.	Id. de Brando. Id. de Luri. Id. de Rogliano. Id. de Campile. Id. de Cervione.
			3e id.	Id. de Pero-Casavecchie. Id. de Porta. Id. de San-Nicolao. Id. de Vescovato.
			4e id.	Id. de Campitello. Id. de Lama. Id. de Murato. Id. de Nonza. Id. d'Oletta. Id. de St-Florent. Id. de San-Pietro.
			5e id.	Id. de Calacuccia. Id. de Castifao. Id. de Morosaglia. Id. d'Omessa.
			6e id.	Id. de Corte. Id. de Sermano. Id. de Serragio.

ET BATTERIES.			OBSERVATIONS.
CHEFS-LIEUX.	CENTRES D'EXERCICE.	CENTRES DE RÉUNION.	
(*Suite.*)			
Evisa.	Evisa, Partinello. Piana, Pero. Soccia. Vico.		
Belgodère.	Belgodère. Isle-Rousse. Muro, Algajola. Olmi-Capella.		
Calenzana.	Calenzana, Moncale, Galeria. Calvi.		
Bonifacio.	Bonifacio. Levie San-Gavino. Porto-Vecchio, Ste-Lucie, Sari.		
Olmeto.	Sartène, Grossa, Guincheto. Olmeto, Viggianello. Petreto-Bicchisano, Olivèse. Ste-Lucia-di-Tallano. Serra-di-Scopamene, Quenza.		
Bastia.	Bastia. Bastia. Borgo. San-Martino-di-Lota.		
Brando.	Brando. Luri. Rogliano.		
Compile.	Campile. Cervione. Pero-Casavecchie. Porta. San-Nicolao. Vescovato.		
Campitello.	Campitello. Lama. Murato. Nonza. Oletta. St-Florent. San-Pietro.		
Calacuccia.	Calacuccia, Albertacce. Castifao, Asco. Morosaglia. Omessa.		
Corte.	Corte. Sermano. Serragio, Vivario.		

| BATAILLONS. | | | COMPAGNIES | |
CIRCONSCRIP-TIONS DE RECRUTEMENT.	CHEFS-LIEUX.	CENTRES DE RÉUNION.	NUMÉROS des COMPAGNIES ou BATTERIES.	CIRCONSCRIPTIONS DE RECRUTEMENT.
Arrondisse-ments de Bastia, de Corte. (*Suite.*)	Bastia. (*Suite.*)	»	7e comp. .	Canton de Ghisoni. . . . .
				Id. de Piedicorte-di-Gaggio. . . . .
				Id. de Prunelli-di-Fiumorbo . . . .
				Id. de Vezzani. . . . .
			8e id. . .	Id. de Moita. . . . .
				Id. de Piedicroce . . . .
				Id. de Pietra. . . . .
				Id. de San-Lorenzo . . . .
				Id. de Valle-d'Alezani . . . . . .

ARTILLERIE.

			Batterie. . .	Canton de Bastia-Terranova . . . . . .
				Id. de Bastia-Terravecchia. . . . .

20e DIVISION

DÉPARTEMENT DU

1er BATAILLON.

CIRCONSCRIPTION DE RECRUTEMENT	CHEF-LIEU	CENTRE DE RÉUNION	N° DE COMPAGNIE	CIRCONSCRIPTION DE RECRUTEMENT
Arrondissement d'Aurillac, 2 cantons de l'arrondisse-ment de Mauriac (Pleaux et Salers).	Aurillac.	»	1re comp. .	Canton N. d'Aurillac. . . . .
			2e id. . .	Id. S. d'Aurillac. . . . .
			3e id. . .	Id. de La Roquebron. . . . .
				Id. de St-Cernin. . . . .
			4e id. . .	Id. de Maurs. . . . .
			5e id. . .	Id. de Montsalvy. . . . .
				Id. de Saint-Mamet . . . .
			6e id. . .	Id. de Vic-sur-Cère. . . . .
			7e id. . .	Id. de Pleaux. . . . .
			8e id. . .	Id. de Salers. . . . .

2e BATAILLON.

CIRCONSCRIPTION DE RECRUTEMENT	CHEF-LIEU	CENTRE DE RÉUNION	N° DE COMPAGNIE	CIRCONSCRIPTION DE RECRUTEMENT
Arrondissement de Mauriac, moins 2 cantons. Arrondissement de Murat. Arrondissement de St-Flour.	Saint-Flour. .	»	1re comp. .	Canton de Champs. . . . .
				Id. de Riom . . . .
			2e id. . .	Id. de Mauriac. . . . .
				Id. de Sagnes . . . .
			3e id. . .	Id. d'Allanche . . . .
				Id. de Marcenat . . . .
			4e id. . .	Id. de Murat. . . . .
			5e id. . .	Id. de Chaudes-Aigues. . . . . . .
				Id. de Pierrefort. . . . .
			6e id. . .	Id. de Massiac. . . . .
			7e id. . .	Id. de Ruines . . . .
			8e id. . .	Id. N. de Saint-Flour. . . . . . .
				Id. S. de Saint-Flour. . . . . . .

ET BATTERIES.

CHEFS-LIEUX.	CENTRES D'EXERCICE.	CENTRES DE RÉUNION.	OBSERVATIONS
Ghisoni.	Ghisoni, Lugo-di-Nazza. Piedicorte. Prunelli,Ventisari,Migliacciaro Vezzanui, Antisanti.		
Moita.	Moita, Tallonne. Piedicroce. Pietra. San-Lorenzo. Valle-d'Alezani.		

— 1 BATTERIE.

CHEFS-LIEUX.	CENTRES D'EXERCICE.	CENTRES DE RÉUNION.	OBSERVATIONS
Bastia	Bastia.	Bastia	

MILITAIRE.

CANTAL. — 2 BATAILLONS.

CHEFS-LIEUX.	CENTRES D'EXERCICE.	CENTRES DE RÉUNION.	OBSERVATIONS
Aurillac	Aurillac, Saint-Cirgues.		
Aurillac	Aurillac, Arpajon	Arpajon	
La Roquebron	La Roquebron, Nieudan. St-Cernin, Tournemire.		
Maurs.	Maurs, Quézac.		
Montsalvy	Montsalvy, La Feuillade. St-Mamet, Roumegoux.		
Vic-sur-Cère.	Vic-st-C., Thiézac, Badailhac.		
Pleaux.	Pleaux, Ally.	Ally.	
Salers.	Salers, Recusset.		
Champs	Champs. Riom.		
Mauriac	Mauriac, Méallet. Saignes.		Par exception, St-Flour est le chef-lieu du 2e bataillon.
Allanche.	Allanche, Vernols. Marcenat, Condat.		
Murat	Murat, Dienne.		
Chaudes-Aigues . . .	Chaudes-Aigues, Jabrun. Pierrefort, Bresons.		
Massiac	Massiac, Saint-Mary-Le-Plain.		
Ruines.	Ruines, Vedrines-St-Loup, Le Lair.		
Saint-Flour.	Saint-Flour, Coren. Saint-Flour, Les Ternes.		

BATAILLONS.			COMPAGNIES	
CIRCONSCRIPTIONS DE RECRUTEMENT.	CHEFS-LIEUX.	CENTRES DE RÉUNION.	NUMÉROS DES COMPAGNIES OU BATTERIES.	CIRCONSCRIPTIONS DE RECRUTEMENT.

DÉPARTEMENT DE LA

1er BATAILLON.

Arrondissement de Brioude. Arrondissement du Puy, moins 5 cantons (Craponne, Fay-le-Froid, Le Monastier, St-Julien, Chapteuil et Vorey).	Le Puy.	»	1re comp. .	Canton d'Auzon. Id. de Blesle. Id. de Brioude.
			2e id. .	Id. de La-Chaise-Dieu. Id. de Paulhaguet.
			3e id. .	Id. de Langeac. Id. de La-Voute-Chilhac. Id. de Pinols.
			4e id. .	Id. d'Allègre. Id. de Saint-Paulien.
			5e id. .	Id. de Cayres. Id. de Pradelles.
			6e id. .	Id. de Loudes. Id. de Saugues.
			7e id. .	Id. N.O. du Puy.
			8e id. .	Id. S.E. du Puy. Id. de Solignac-sur-Loire.

2e BATAILLON.

Arrondissement d'Issingeaux, 5 cantons de l'arrondissement du Puy.	Issingeaux.	»	1re comp. .	Canton de Craponne.
			2e id. .	Id. de Fay-le-Froid. Id. de Monastier.
			3e id. .	Id. de St-Julien-Chapteuil. Id. de Vorey.
			4e id. .	Id. de Bas.
			5e id. .	Id. de Monistrol-sur-Loire.
			6e id. .	Id. de Montfaucon. Id. de St-Didier-la-Seauve.
			7e id. .	Id. de Tence.
			8e id. .	Id. d'Issingeaux.

ET BATTERIES.			OBSERVATIONS.
CHEFS-LIEUX.	CENTRES D'EXERCICE.	CENTRES DE RÉUNION.	

HAUTE-LOIRE. — 2 BATAILLONS.

Brioude.	Auzon, Saint-Hilaire-sur-Auzon. Blesle. Brioude.		Par exception : Le chef-lieu du 1er bataillon est le Puy.
La Chaise-Dieu.	La Chaise-Dieu. Cistrière. Paulhaguet, Censac-Lavaux, Mazeyrat.		Le chef-lieu de la 1re compagnie est Brioude.
Langeac.	Langeac, Siaugues-St-Romain. La Voute-Chilhac, Saint-Ilpize. Pinols, Desges.		
Allègre.	Allègre. St-Paulien.		
Pradelles.	Cayres. Pradelles, St-Paul-de-Tartas, Rauret.		Le chef-lieu de la 5e compagnie est Pradelles.
Saugues.	Loudes, Rougeac. Saugues, Vazeilles près Saugues.		Le chef-lieu de la 6e compagnie est Saugues.
Le Puy	Le Puy.	Le Puy.	
Le Puy	Le Puy. Solignac-sur-Loire.		
Craponne.	Craponne.	Craponne.	Par exception : le chef-lieu de la 2e compagnie est Le Monastier.
Le Monastier.	Fay-le-Froid, Saint-Front. Le Monastier.		Le chef-lieu de la 3e compagnie est Vorey.
Vorey.	St-Julien-Chapteuil. Vorey.		
Bas.	Bas, Tiranges.	Tiranges.	
Monistrol-sur-Loire.	Monistrol-sur-Loire, Beauzac.		
Montfaucon.	Montfaucon, Granet. St-Didier-la-Seauve.		
Tence.	Tence.	Tence.	
Issingeaux.	Issingeaux.	Issingeaux.	

DÉPARTEMENT DU PUY-DE-DÔME. — 5 BATAILLONS.

BATAILLONS.			COMPAGNIES ET BATTERIES.					OBSERVATIONS.
Circonscriptions de recrutement.	Chefs-lieux.	Centres de réunion.	Numéros des compagnies ou batteries.	Circonscriptions de recrutement.	Chefs-lieux.	Centres d'exercice.	Centres de réunion.	
1er BATAILLON.								
Arrondissement d'Ambert. 2 cantons de l'arrondissement de Clermont (Billom et St-Dier).	Ambert.	»	1re comp.	Canton d'Ambert.	Ambert.	Ambert.	Ambert.	
			2e id.	Id. d'Arlanc.	Arlanc.	Arlanc.	Arlanc.	
			3e id.	Id. de Cunlhat. Id. d'Olliergues.	Cunlhat.	Cunlhat. Olliergues.		
			4e id.	Id. de St Amand-Roche-Savine. Id. de St-Germain-l'Herm.	St-Amand-Roche-Savine.	St-Amand-Roche-Savine. St-Germain-l'Herm.		
			5e id.	Id. de St-Anthème.	St-Anthème.	St-Anthème.	St-Anthème.	
			6e id.	Id. de Viverols.	Viverols.	Viverols.	Viverols.	
			7e id.	Id. de Billom.	Billom.	Billom.	Billom.	
			8e id.	Id. de St-Dier.	St-Dier.	St-Dier.	St-Dier.	
2e BATAILLON.								
Arrondissement de Clermont, moins 3 cantons (Billom, Saint-Dier et Vic-le-Comte).	Clermont.	»	1re comp.	Canton de Bourg-Lastic. Id. d'Herment.	Bourg-Lastic.	Bourg-Lastic, St-Julien. Herment.		Les 2e, 3e, 4e et 5e compagnies peuvent être réunies à Clermont.
			2e id.	Id. E. de Clermont.	Clermont.	Clermont.	Clermont.	
			3e id.	Id. N. de Clermont.	Clermont.	Clermont.		
			4e id.	Id. S. de Clermont.	Clermont.	Clermont.		
			5e id.	Id. S.-O. de Clermont.	Clermont.	Clermont.		
			6e id.	Id. de Pont-du-Château. Id. de Vertaizon.	Pont-du-Château.	Pont-du-Château.	Vertaizon.	
			7e id.	Id. de Rochefort.	Rochefort.	Rochefort, Olby, Laqueuille.		
			8e id.	Id. de St-Amand-de-Tallende. Id. de Veyre-Monton.	St-Amand-Tallende.	Saint-Amand-Tallende, Aydat. Veyre-Monton.		
3e BATAILLON.								
Arrondissement d'Issoire. 4 canton de l'arrondissement de Clermont (Vic-le-Comte).	Issoire.	»	1re comp.	Canton de Vic-le-Comte.	Vic-le-Comte.	Vic-le-Comte.	Vic-le-Comte.	Par exception, le chef-lieu de la 4e compagnie est Issoire.
			2e id.	Id. d'Ardes.	Ardes.	Ardes, Mazoires, Saint-Hérant.		
			3e id.	Id. de Besse.	Besse.	Besse, Compains.		
			4e id.	Id. de Champeix. Id. d'Issoire.	Issoire.	Champeix. Issoire.		
			5e id.	Id. de Jumeaux.	Jumeaux.	Jumeaux.	Jumeaux.	
			6e id.	Id. de Latour-d'Auvergne. Id. de Tauves.	Latour-d'Auvergne.	Latour-d'Auvergne, Saint-Donat. Tauves.		
			7e id.	Id. de St-Germain-Lembron.	St-Germain-Lembron.	St-Germain-Lembron.	St-Germain-Lembron.	
			8e id.	Id. de Souxillanges.	Sauxillanges.	Sauxillanges.	Sauxillanges.	

BATAILLONS.			COMPAGNIES ET BATTERIES.					OBSERVATIONS.
CIRCONSCRIPTIONS DE RECRUTEMENT.	CHEFS-LIEUX.	CENTRES DE RÉUNION.	NUMÉROS des COMPAGNIES OU BATTERIES.	CIRCONSCRIPTIONS DE RECRUTEMENT.	CHEFS-LIEUX.	CENTRES D'EXERCICE.	CENTRES DE RÉUNION.	
				4e BATAILLON.				
Arrondissement de Riom moins 3 cantons (Aigueperse, Ennezat et Randan.)	Riom.	»	1re comp.	Canton de Combronde	Combronde.	Combronde. / Menat, Pouzol.		q
			2e id.	Id. de Menat	Manzat.	Manzat, St-Georges-de-Mons		
			3e id.	Id. de Manzat	Montaigut.	Montaigut.	Montaigut.	
			4e id.	Id. de Montaigut	Pionsat.	Pionsat.	Pionsat.	
			5e id.	Id. de Pionsat	Pontaumur.	Pontaumur, Voingt.		
			6e id.	Id. de Pontaumur	Pontgibaud.	Pontgibaud, Bromond-la-Mothe.	Bromond-la-Mothe.	
			7e id.	Id. de Pontgibaud	Riom.	Riom.	Riom.	
				Id. E. de Riom.	St-Gervais.	St-Gervais, St-Priest-des-Champs.		
				Id. O. de Riom.				
			8e id.	Id. de St-Gervais				
				5e BATAILLON.				
3 cantons de l'arrondissement de Riom. Arrondissement de Thiers.	Thiers.	»	1re comp.	Canton d'Aigueperse	Aigueperse.	Aigueperse.	Aigueperse.	
			2e id.	Id. d'Ennezat	Ennezat.	Ennezat. / Randan.		
				Id. de Randan				
			3e id.	Id. de Châteldon	Châteldon.	Châteldon.	Châteldon.	
			4e id.	Id. de Courpière	Courpière.	Courpière, Aubusson.	Aubusson.	
			5e id.	Id. de Lesoux	Lesoux.	Lezoux, Culhat, St-Jean-d'Heurs.	Lezoux.	
			6e id.	Id. de Maringues	Maringues.	Maringues.	Maringues.	
			7e id.	Id. de St-Remy	St-Remy.	St-Remy.	St-Remy.	
			8e id.	Id. de Thiers	Thiers.	Thiers.	Thiers.	

22e DIVISION MILITAIRE.

DÉPARTEMENT DES HAUTES-ALPES. — 1 BATAILLON.

BATAILLONS.			COMPAGNIES ET BATTERIES.					OBSERVATIONS.
CIRCONSCRIPTIONS DE RECRUTEMENT.	CHEFS-LIEUX.	CENTRES DE RÉUNION.	NUMÉROS des COMPAGNIES OU BATTERIES.	CIRCONSCRIPTIONS DE RECRUTEMENT.	CHEFS-LIEUX.	CENTRES D'EXERCICE.	CENTRES DE RÉUNION.	
Arrondissements de Briançon, d'Embrun et de Gap.	Gap.	»	1re comp.	Canton d'Aiguilles	Aiguilles.	Aiguilles, Queyras, Obriès, Les Chalps / Guillestre, Montdauphin.		Par exception, le chef-lieu du bataillon est Gap.
				Id. de Guillestre				Le chef-lieu de la 2e compagnie est Briançon.
				Id. de l'Argentière	Briançon.	L'Argentière, Vallouise. / Briançon, Val-des-Près. / La Grave. / Le Monestier. / Chorges, Remollon.		Le chef-lieu de la 3e compagnie est Embrun.
			2e id.	Id. de Briançon				
				Id. de La Grave				
				Id. du Monestier				
				Id. de Chorges				
			3e id.	Id. d'Embrun	Embrun.	Embrun. / Orcières, Ponts-du-Fossé. / Savines, Réalon.		
				Id. d'Orcières				
				Id. de Savines				
				Id. d'Aspres-les-Veynes	Aspres-les-Veynes.	Aspres-les-Veynes, La Faurie. / St-Etienne-en-Dévoluy, Agnières. / St-Firmin, St-Maurice.		
			4e id.	Id. de St-Etienne-en-Dévoluy				
				Id. de St-Firmin				

COMPAGNIES

CIRCONSCRIPTIONS DE RECRUTEMENT.	CHEFS-LIEUX.	CENTRES DE RÉUNION.	NUMÉROS des COMPAGNIES OU BATTERIES.	CIRCONSCRIPTIONS DE RECRUTEMENT.
				... BATAILLON.
Arrondissements de Briançon, d'Embrun, de Gap. (Suite.)	Gap.	»	5e comp.	Canton de Barcillonnette.
				Id. de Bâtie-Neuve.
				Id. de Tollard.
				Id. de Veynes.
			6e id.	Id. de Gap.
				Id. de Larague.
				Id. d'Orpierre.
			7e id.	Id. de Ribiers.
				Id. de Rosans.
				Id. de Serres.
			8e id.	Id. de Saint-Bonnet.

DÉPARTEMENT DE LA

1er BATAILLON.

CIRCONSCRIPTIONS DE RECRUTEMENT.	CHEFS-LIEUX.	CENTRES DE RÉUNION.	NUMÉROS des COMPAGNIES OU BATTERIES.	CIRCONSCRIPTIONS DE RECRUTEMENT.
Arrondissement d'Annecy.	Annecy.	»	1re comp.	Canton d'Alby.
			2e id.	1/2 canton N. d'Annecy (Nord).
			3e id.	1/2 id. N. d'Annecy (Sud).
			4e id.	Canton S. d'Annecy.
			5e id.	Id. de Faverges.
			6e id.	Id. de Rumilly.
			7e id.	Id. de Thônes.
			8e id.	Id. de Thorens.

2e BATAILLON.

CIRCONSCRIPTIONS DE RECRUTEMENT.	CHEFS-LIEUX.	CENTRES DE RÉUNION.	NUMÉROS des COMPAGNIES OU BATTERIES.	CIRCONSCRIPTIONS DE RECRUTEMENT.
Arrondissement de Bonneville, 3 cantons de l'arrondissement de Thonon (Abondance, le Biot et Boëge)	Bonneville.	»	1re comp.	Canton de Bonneville.
			2e id.	Id. de Chamonix.
				Id. de Saint-Gervais.
			3e id.	Id. de Cluses.
			4e id.	Id. de la Roche.
			5e id.	Id. de Samoens.
				Id. de Taninges.
			6e id.	Id. de Saint-Jeoire.
				Id. de Boëge.
			7e id.	Id. de Sallenches.
			8e id.	Id. d'Abondance.
				Id. du Biot.

ET BATTERIES.

CHEFS-LIEUX	CENTRES D'EXERCICE.	CENTRES DE RÉUNION.	OBSERVATIONS.
(Suite).			
Barcillonnette	Barcillonnette.		
	Bâtie-Neuve, Avançon.		
	Tallard..		
	Veynes, Le Saix.		
Gap	Gap.	Gap.	
	Larague, Ventavon.		
	Orpierre.		
Larague	Bibiers, Antonave.		
	Rosans, Saint-André-de-Rosans.		
	Serres, Sigotier.		
Saint-Bonnet	St-Bonnet, La Mothe-St-Laurent.		

HAUTE-SAVOIE. — 3 BATAILLONS.

CHEFS-LIEUX	CENTRES D'EXERCICE.	CENTRES DE RÉUNION.	OBSERVATIONS.
Alby.	Alby.	Alby.	
Annecy	Annecy, Balme-de-Silligny.		
Annecy.	Annecy, Menton.		
Annecy	Annecy, St-Jorioz.		
Faverges.	Faverges.	Faverges.	
Rumilly	Rumilly, Versonnex.		
Thônes.	Thônes, St-Jean-de-Sixt.		
Thorens	Thorens.	Thorens.	

CHEFS-LIEUX	CENTRES D'EXERCICE.	CENTRES DE RÉUNION.	OBSERVATIONS.
Bonneville	Bonneville, Petit-Bornand.		
Saint-Gervais	Chamonix, Les Houches.		Par exception, le chef-lieu de la 2e compag. est Saint-Gervais.
	Saint-Gervais.		
Cluses	Cluses.	Cluses.	
La Roche	La Roche.	La Roche.	
Taninges	Samoens.		Le chef-lieu de la 5e comp est Taninges.
	Taninges.		
Saint-Jeoire	Saint-Jeoire.		
Sallenches	Sallenches, Megève.		
Le Biot	Abondance, Vacheresse.		Le chef-lieu de la 8e comp est Le Biot.
	Le Biot, Montriond.		

Circonscriptions de recrutement.	Chefs-lieux.	Centres de réunion.	Numéros des compagnies ou batteries.	Circonscriptions de recrutement.	Chefs-lieux.	Centres d'exercice.	Centres de réunion.	Observations.
				3e BATAILLON.				
Arrondissement de St-Julien, 3 cantons de l'arrondissement de Thonon, (Evian, Douvaine et Thonon.)	Thonon.	»	1re comp.	Canton d'Annemasse	Annemasse.	Annemasse.	Annemasse.	Par exception, le chef-lieu du 3e bataillon est Thonon.
			2e id.	Id. de Cruseilles Id. de Frangy	Cruseilles.	Cruseilles, Frangy,		
			3e id.	Id. de Reignier	Reignier.	Reignier.	Reignier.	
			4e id.	Id. de St-Julien	St-Julien.	St-Julien, Vallery.		
			5e id.	Id. de Seyssel	Seyssel.	Seyssel, Francleus.		
			6e id.	Id. de Douvaine	Douvaine.	Douvaine.	Douvaine.	
			7e id.	Id. d'Evian	Evian.	Evian, Thollon.	Thollon.	
			8e id.	Id. de Thonon	Thonon.	Thonon, Bellevaux.		

DÉPARTEMENT DE L'ISÈRE.

— 4 BATAILLONS. — 2 BATTERIES.

Circonscriptions de recrutement.	Chefs-lieux.	Centres de réunion.	Numéros des compagnies ou batteries.	Circonscriptions de recrutement.	Chefs-lieux.	Centres d'exercice.	Centres de réunion.	Observations.
				1er BATAILLON.				
Arrondissement de Grenoble moins 2 cantons (Sassenage, Villard de Lens)	Grenoble.	»	1re comp.	Canton d'Allevard. Id. de Goncelin. Id. de Bourg-d'Oisans	Allevard.	Allevard. Goncelin, Tencin.		Par exception, le chef-lieu de la 3e compagnie est Mens; le chef-lieu de la 4e compagnie est La Mure, et le chef-lieu de la 5e est Grenoble.
			2e id.	Id. de Valbonnais.	Bourg-d'Oisans.	Bourg d'Oisans, Oz, Le Freney, Venosc. Valbonnais, Le Perrier, La Valdens.		
			3e id.	Id. de Clelles. Id. de Mens. Id. de Monestier.	Mens.	Clelles. Mens, Cordéac. Monestier, St-Guillaume.		
			4e id.	Id. de Corps. Id. de La Mure.	La Mure.	Corps, La Salle. La Mure, Pierre-Châtel, Marcieu.		
			5e id.	Id. de Domène. Id. E. de Grenoble. Id. N. de Grenoble. Id. S. E. de Grenoble. Id. de St-Laurent-du-Pont	Grenoble.	Domène. Grenoble, St-Ismier. St-Égrève, Grenoble. Grenoble, Gières. St-Laurent-du-Pont, La Rochiru.		
			6e id.	Id. du Touvet.	St-Laurent-du-Pont.	Le Touvet, St-Bernard, Barraux.		
			7e id.	Id. de Vif. Id. de Vizilles.	Vif.	Vif. Vizilles.		
			8e id.	Id. de Voiron	Voiron.	Voiron, Voreppe.		
				2e BATAILLON.				
Arrondissement de La Tour-du-Pin,	La Tour-du-Pin	»	1re comp.	Canton de Bourgoin	Bourgoin.	Bourgoin, St-Chef.		
			2e id.	Id. de Cremieu.	Cremieu.	Crémieu, Amblérieu.		
			3e id.	Id. du Grand-Lemps	Le Grand-Lemps.	Le Grand-Lemps, Bizonnes.		
			4e id.	Id. de La Tour-du-Pin.	La Tour-du-Pin.	La Tour-du-Pin	La Tour-du-Pin.	
			5e id.	1/2 canton de Morestel (Nord).	Morestel.	Morestel, Bouvesse, Quirieu.		
			6e id.	1/2 canton de Morestel (Sud).	Morestel.	Morestel.	Morestel.	
			7e id.	Canton de Pont-de-Beauvoisin.	Pont-de-Beauvoisin.	Pont de Beauvoisin, Les Abrets.	Les Abrets.	
			8e id.	Id. de St-Geoire. Id. de Virieu.	St-Geoire.	St-Geoire. Virieu.		

Page 378 (left)

BATAILLONS.			COMPAGNIES	
CIRCONSCRIPTIONS DE RECRUTEMENT.	CHEFS-LIEUX.	CENTRES DE RÉUNION.	NUMÉROS des COMPAGNIES ou BATTERIES.	CIRCONSCRIPTIONS DE RECRUTEMENT.

3ᵉ BATAILLON.

CIRCONSCRIPTIONS DE RECRUTEMENT.	CHEFS-LIEUX.	CENTRES DE RÉUNION.	NUMÉROS des COMPAGNIES ou BATTERIES.	CIRCONSCRIPTIONS DE RECRUTEMENT.
2 cantons de l'arrondissement de Grenoble, Sassenage, Villard-de-Lans) Arrondissement de St-Marcellin. 2 cantons de l'arrondissement de Vienne (Beaurepaire et la Côte-St-André.	St-Marcellin.	»	1ʳᵉ comp..	Canton de Sassenage Id. de Villard-de-Lans..
			2ᵉ id...	Id. de Pont-en-Royans. Id. de Vinay.
			3ᵉ id...	Id. de Rives
			4ᵉ id...	Id. de Roybon..
			5ᵉ id...	Id. de St-Etienne de St-Geoirs. Id. de Tullin
			6ᵉ id...	Id. de Saint-Marcellin..
			7ᵉ id...	Id. de Beaurepaire..
			8ᵉ id...	Id. de La-Côte-Saint-André.

4ᵉ BATAILLON.

CIRCONSCRIPTIONS DE RECRUTEMENT.	CHEFS-LIEUX.	CENTRES DE RÉUNION.	NUMÉROS des COMPAGNIES ou BATTERIES.	CIRCONSCRIPTIONS DE RECRUTEMENT.
Arrondissement de Vienne moins 2 cantons.	Vienne.	»	1ʳᵉ compag.	Canton d'Heyrieux.
			2ᵉ id..	Id. de La Verpillière.
			3ᵉ id..	Id. de Meyzieux
			4ᵉ id..	Id. de Roussillon.
			5ᵉ id..	Id. de Saint-Jean-de-Bournay.
			6ᵉ id..	Id. de Saint-Symphorien.
			7ᵉ id..	Id. N. de Vienne.
			8ᵉ id..	Id. S. de Vienne.

ARTILLERIE. —

CIRCONSCRIPTIONS DE RECRUTEMENT.	CHEFS-LIEUX.	CENTRES DE RÉUNION.	NUMÉROS des COMPAGNIES ou BATTERIES.	CIRCONSCRIPTIONS DE RECRUTEMENT.
			1ʳᵉ batterie.	Id. N. de Grenoble.. Id. S.E. de Grenoble..
			2ᵉ id.	Id. E. de Grenoble.. Id. S.E de Grenoble..

Page 379 (right)

ET BATTERIES.			OBSERVATIONS.
CHEFS-LIEUX.	CENTRES D'EXERCICE.	CENTRES DE RÉUNION.	

3ᵉ BATAILLON (suite)

CHEFS-LIEUX.	CENTRES D'EXERCICE.	CENTRES DE RÉUNION.	OBSERVATIONS.
Sassenage..	Sassenage. Villard-de-Lans, Lans.		
Pont-en-Royans..	Pont-en-Royans, Beauvoir. Vinay.		
Rives.	Rives.	Rives.	
Roybon.	Roybon, Viriville.		
Saint-Etienne-de-Saint-Geoirs.	Saint-Etienne-de-Saint-Geoirs, Brezins.		
	Tullins.		
Saint-Marcellin..	Saint-Marcellin, Saint-Hilaire, Saint-Antoine.		
Beaurepaire..	Beaurepaire, Cour.		
La Côte-Saint-André.	La-Côte-Saint-André.	La Côte-St-André.	

4ᵉ BATAILLON (suite)

CHEFS-LIEUX.	CENTRES D'EXERCICE.	CENTRES DE RÉUNION.	OBSERVATIONS.
Heyrieux..	Heyrieux.	Heyrieux.	
La Verpillière..	La Verpillière, Colombier, Saint-Alban-de-Vaux.		
Meyzieux.	Meyzieux, Janneyrias.		
Roussillon.	Roussillon, Le Péage.	Le Péage.	
St-Jean-de-Bournay..	Saint-Jean-de-Bournay, Chatonnay.		
Saint-Symphorien..	Saint-Symphorien.	St-Symphorien.	
Vienne.	Vienne, Serpaize.	Serpaize.	
Vienne.	Vienne, Estrablin.		

2 BATTERIES.

CHEFS-LIEUX.	CENTRES D'EXERCICE.	CENTRES DE RÉUNION.	OBSERVATIONS.
Grenoble.	Grenoble.	Grenoble.	
Grenoble..			

DÉPARTEMENT DE LA SAVOIE. — 2 BATAILLONS. — 1 BATTERIE.

CIRCONSCRIPTIONS DE RECRUTEMENT.	CHEFS-LIEUX.	CENTRES DE RÉUNION.	NUMÉROS des COMPAGNIES ou BATTERIES.	CIRCONSCRIPTIONS DE RECRUTEMENT.	CHEFS-LIEUX.	CENTRES D'EXERCICE.	CENTRES DE RÉUNION.	OBSERVATIONS.
			1er BATAILLON.					
Arrondissement d'Albertville, 2 cantons de l'arrondissement de Chambéry (Chamoux et Saint-Pierre-d'Albigny), Arrondissements de Moutiers, de Saint-Jean-de-Maurienne).	Albertville.	»	1re compag.	Canton d'Albertville Id. d'Ugine.	Albertville.	Albertville, La Comba. Ugine, Flumet.		Par exception, le chef-lieu de la 3e compagnie est Saint-Pierre-d'Albigny. Le chef-lieu de la 5e compagnie est Bourg-St-Maurice. Le chef-lieu de la 6e compagnie est Moutiers. Le chef-lieu de la 7e compagnie est St-Jean-de-Maurienne. Le chef-lieu de la 8e compagnie est Modane.
			2e id.	Id. de Beaufort.	Beaufort.	Beaufort.	Beaufort.	
			3e id.	Id. de Grésy-sur-Isère. Id. de Saint-Pierre-d'Albigny.	St-Pierre-d'Albigny.	Grésy. St-Pierre-d'Albigny, St-Jean-de-la-Porte.		
			4e id.	Id. de Chamoux Id. d'Aiguebelle.	Chamoux.	Chamoux. Aiguebelle, Epierre.		
			5e id.	Id. d'Aime. Id. de Bourg-Saint-Maurice.	Bourg-St-Maurice.	Aime. Bourg, St-Maurice, Ste-Foy.		
			6e id.	Id. de Bozel. Id. de Moutiers.	Moutiers.	Bozel. Moutiers, N.-D.-de-Briançon. St-Jean-de-Belleville.		
			7e id.	Id. de la Chambre. Id. de Sain-Jean-de-Maurienne.	St-Jean-de-Maurienne.	La Chambre, St-Alban-des-Villards. St-Jean-de-Maurienne, St-Jean-d'Arves.		
			8e id.	Id. de Lanslebourg. Id. de Modane. Id. de Saint-Michel.	Modane.	Lanslebourg, Bessans, Bremans. Modane. Saint-Michel.		
			2e BATAILLON.					
Arrondissement de Chambéry, moins 2 cantons.	Chambéry.	»	1re comp.	Canton d'Aix-les-Bains.	Aix-les-Bains.	Aix-les-Bains, Montcel.		Le chef-lieu de la 8e compagnie est Pont-de-Beauvoisin.
			2e id.	Id. d'Albens Id. de Ruffieux.	Albens.	Albens. Ruffieux, Chanaz.		
			3e id.	Id. N. de Chambéry Id. S. de Chambéry.	Chambéry.	Chambéry, S.-Jean-d'Arvey. Chambéry.		
			4e id.	Id. du Chatelard.	Le Chatelard.	Le Chatelard.	Le Chatelard.	
			5e id.	Id. des Échelles Id. de Pont-de-Beauvoisin.	Pont-de-Beauvoisin.	Les Echelles, Saint-Pierre-d'Entremont. Pont-de-Beauv., La Bridoire.		
			6e id.	Id. de Montmélian Id. de La Rochette.	Montmélian.	Montmélian, La Rochette.		
			7e id.	Id. de La Motte-Servolex	La Motte-Servolex.	La Motte-Serv., Le Bourget.		
			8e id.	Id. de Saint-Genix. Id. de Yenne.	St-Genix.	St-Genix, Novalaise. Yenne, Jongieux, Meyrieux.		
			ARTILLERIE. — 1 BATTERIE.					
			Batterie.	Canton N. de Chambéry Id. S. de Chambéry	Chambéry.	Chambéry.	Chambéry.	

TABLEAUX

Des circonscriptions de recrutement des bataillons, compagnies et batteries de la garde nationale mobile dans le 5e corps d'armée.

DÉPARTEMENTS.	BATAILLONS.	BATTERIES.
15e DIVISION MILITAIRE.		
Deux-Sèvres.	3 bataillons.	
Loire-Inférieure..	5 id.	2 batteries.
Maine-et-Loire.	4 id.	
Vendée.	4 id.	
Totaux.	16 bataillons.	2 batteries.
16e DIVISION MILITAIRE.		
Côtes-du-Nord.	5 bataillons.	1 batterie.
Finistère.	5 id.	1 id.
Ille-et-Vilaine.	5 id.	3 id.
Manche..	5 id.	2 id.
Mayenne.	3 id.	
Morbihan..	5 id.	1 id.
Totaux	28 bataillons.	8 batteries.
18e DIVISION MILITAIRE.		
Indre-et-Loire.	2 bataillons.	
Loir-et-Cher.	2 id.	
Sarthe.	4 id.	
Vienne.	3 id.	
Totaux. . . .	11 bataillons.	
19e DIVISION MILITAIRE.		
Allier.	3 bataillons.	
Cher.	3 id.	1 batterie.
Indre..	2 id.	
Nièvre.	3 id.	
Totaux.	11 bataillons.	1 batterie.
21e DIVISION MILITAIRE.		
Corrèze..	2 bataillons.	
Creuse.	3 id.	
Haute-Vienne.	2 id.	
Totaux.	7 bataillons.	
Totaux généraux. . .	73 bataillons.	11 batteries.

15e DIVISION MILITAIRE.

DÉPARTEMENT DES DEUX-SÈVRES. — 3 BATAILLONS.

1er BATAILLON.

Circonscriptions de recrutement (Bataillon)	Chefs-lieux	Centres de réunion	N° des compagnies ou batteries	Circonscriptions de recrutement (Compagnie)	Chefs-lieux	Centres d'exercice	Centres de réunion	Observations
Arrondissement de Bressuire. Arrondissement de Parthenay, moins 3 cantons, (Mazières, Menigoute et Secondigny).	Bressuire.	»	1re comp.	Canton d'Argenton-Château.	Argenton-Château.	Argenton-Château, Cercay.	Bressuire.	Par exception, le chef-lieu de la 5e compagnie est Thouars.
			2e id.	Id. de Bressuire.	Bressuire.	Bressuire.	Bressuire.	
			3e id.	Id. de Cerisay.	Cerizay.	Cerizay.	Cerizay.	
			4e id.	Id. de Châtillon-sur-Sèvres.	Châtillon-sur-Sèvres.	Châtillon, Saint-Jouin sous-Châtillon.	St-Jouin s. Châtillon.	
			5e id.	Id. de Saint-Varent. Id. de Thouars.	Thouars.	Saint-Varent. Thouars, Missé.		
			6e id.	Id. d'Airvault. Id. de Saint-Loup.	Airvault.	Airvault. Saint-Loup.	Airvault.	
			7e id.	Id. de Moncoutant.	Moncoutant.	Moncoutant, Pugny.		
			8e id.	Id. de Parthenay. Id. de Thenezay.	Parthenay.	Parthenay, Vieumay. Thenezay, La Ferrière.		

2e BATAILLON.

Circonscriptions de recrutement (Bataillon)	Chefs-lieux	Centres de réunion	N° des compagnies ou batteries	Circonscriptions de recrutement (Compagnie)	Chefs-lieux	Centres d'exercice	Centres de réunion	Observations
Arrondissement de Melle. 3 cantons de l'arrondissement de Parthenay.	Melle.	»	1re comp.	Canton de Brioux.	Brioux.	Brioux, Villefollet.	Villefollet.	Par exception, le chef-lieu de la 3e compagnie est Melle.
			2e id.	Id. de Celles.	Celles.	Celles.	Celles.	
			3e id.	Id. de Chef Boulonne. Id. de Melle.	Melle.	Chef-Boutonne, Loubigné. Melle.		
			4e id.	Id. de Lezay.	Lezay.	Lezay.	Lezay.	
			5e id.	Id. de La Mothe Saint-Héraye.	La Mothe St-Héraye.	La Mothe St-Héraye.	La Mothe St-Héraye.	
			6e id.	Id. de Sauzé Vaussais.	Sauzé-Vaussais.	Sauzé-Vaussais.	Sauzé-Vaussais.	
			7e id.	Id. de Mazières. Id. de Secondigny.	Mazières.	Mazières. Secondigny.		
			8e id.	Id. de Menigoute.	Menigoute.	Menigoute, Vousseroux.	Vousseroux.	

3e BATAILLON.

Circonscriptions de recrutement (Bataillon)	Chefs-lieux	Centres de réunion	N° des compagnies ou batteries	Circonscriptions de recrutement (Compagnie)	Chefs-lieux	Centres d'exercice	Centres de réunion	Observations
Arrondissement de Niort.	Niort.	»	1re comp.	Canton de Beauvoir. Id. de Mauzé.	Beauvoir.	Beauvoir, Mauzé,		
			2e id.	Id. de Champdeniers. 1er canton de Saint-Maixent.	Champdeniers.	Champdeniers. Saint-Maixent.		
			3e id.	Canton de Coulonges.	Coulonges.	Coulonges, La Rampierre.	La Rampierre.	
			4e id.	Id. de Frontenay.	Frontenay.	Frontenay.	Frontenay.	
			5e id.	1er canton de Niort.	Niort.	Niort.	Niort.	
			6e id.	2/3 2e canton de Niort (Ouest).	Niort.	Niort.		
			7e id.	1/3 2e canton de Niort (Est). Canton de Prohecq	Niort.	Niort. Prohecq.	Aiffres.	
			8e id.	2e canton de Saint-Maixent.	Saint-Maixent.	Saint-Maixent.	Saint-Maixent.	

BATAILLONS.			COMPAGNIES	
CIRCONSCRIPTIONS DE RECRUTEMENT.	CHEFS-LIEUX.	CENTRES DE RÉUNION.	NUMÉROS des COMPAGNIES ou BATTERIES.	CIRCONSCRIPTIONS DE RECRUTEMENT.

DÉPARTEMENT DE LA LOIRE-

1er BATAILLON.

CIRCONSCRIPTIONS DE RECRUTEMENT.	CHEFS-LIEUX.	CENTRES DE RÉUNION.	NUMÉROS	CIRCONSCRIPTIONS DE RECRUTEMENT.
Arrondissement d'Ancenis, Arrondissement de Châteaubriant.	Ancenis.	»	1re compag.	Canton d'Ancenis.
			2e id.	Id. de Ligné.
				Id. de Riaillé.
			3e id.	Id. de St-Mars-la-Jaille.
				Id. de Varade.
			4e id.	Id. de Châteaubriant.
				Id. de Rougé.
			5e id.	Id. de Derval.
			6e id.	Id. de Moisdon.
				Id. de St Julien-de-Vouvantes.
			7e id.	Id. de de Nort.
			8e id.	Id. de Nozay.

2e BATAILLON.

CIRCONSCRIPTIONS DE RECRUTEMENT.	CHEFS-LIEUX.	CENTRES DE RÉUNION.	NUMÉROS	CIRCONSCRIPTIONS DE RECRUTEMENT.
8 cantons de l'arrondissement de Nantes.	Nantes	»	1re compag.	Canton d'Aigrefeuille.
			2e id.	Id. de Clisson.
			3e id.	Id. de Légé.
			4e id.	Id. de le Loroux.
			5e id.	Id. de Machecoul.
			6e id.	Id. de St-Philbert.
			7e id.	Id. de Vallet.
			8e id.	Id. de Verton.

3e BATAILLON.

CIRCONSCRIPTIONS DE RECRUTEMENT.	CHEFS-LIEUX.	CENTRES DE RÉUNION.	NUMÉROS	CIRCONSCRIPTIONS DE RECRUTEMENT.
9 cantons de l'arrondissement de Nantes.	Nantes.	»	1re compag.	Canton de Bouaye.
			2e id.	Id. de Carquefou.
				Id. de Chapelle-sur-Erdre.
			3e id.	1er canton de Nantes.
			4e id.	2e id. de Nantes.
			5e id.	3e id. de Nantes.
			6e id.	4e id. de Nantes.
			7e id.	5e id. de Nantes.
			8e id.	6e id. de Nantes.

ET BATTERIES.			OBSERVATIONS.
CHEFS-LIEUX.	CENTRES D'EXERCICE.	CENTRES DE RÉUNION.	

INFÉRIEURE.—5 BATAILLONS.—2 BATTERIES.

CHEFS-LIEUX.	CENTRES D'EXERCICE.	CENTRES DE RÉUNION.	OBSERVATIONS.
Ancenis.	Ancenis.	Ancenis.	
Ligné.	Ligné.		
	Riaillé.		
St-Mars-la-Jaille.	St-Mars-la-Jaille.		
	Varade.		
Châteaubriant.	Châteaubriant, St-Aubin-des-Chateaux.		
	Rougé		
Derval.	Derval, Luxenger.	Luxenger.	
Moisdon.	Moisdon.		
	St-Julien-de-Vouvantes.		
Nort.	Nort, Bren Avril.		
Nozay.	Nozay.	Nozay.	
Aigrefeuille.	Aigrefeuille, Haute-Faye.	Haute-Faye.	
Clisson.	Clisson.	Clisson.	
Légé.	Légé.	Légé.	
Le Loroux.	Le Loroux.	Le Loroux.	
Machecoul.	Machecoul, St-Même.	St-Même.	
St-Philbert.	St-Philbert.	St-Philbert.	
Vallet.	Vallet.	Vallet.	
Vertou.	Vertou.	Vertou.	
Bouaye.	Bouaye.	Bouaye.	
Carquefou.	Carquefou.	Chapelle-sur-Erdre.	
	Chapelle-sur-Erdre.		
Nantes.	Nantes.		Les 3e, 4e, 5e, 6e, 7e et 8e compagnies peuêtre réunies à Nantes.
Nantes.	Nantes.	Nantes.	
Nantes.	Nantes.		
Nantes.	Nantes.		
Nantes.	Nantes.		
Nantes.	Nantes.		

Colonnes sous **BATAILLONS.** : *Circonscriptions de recrutement — Chefs-lieux — Centres de réunion.*
Colonnes sous **COMPAGNIES ET BATTERIES.** : *Numéros des compagnies ou batteries — Circonscriptions de recrutement — Chefs-lieux — Centres d'exercice — Centres de réunion.*

CIRCONSCRIPTIONS DE RECRUTEMENT.	CHEFS-LIEUX.	CENTRES DE RÉUNION.	NUMÉROS des COMPAGNIES ou BATTERIES.	CIRCONSCRIPTIONS DE RECRUTEMENT.	CHEFS-LIEUX.	CENTRES D'EXERCICE.	CENTRES DE RÉUNION.	OBSERVATIONS.
			4e BATAILLON.					
Arrondissement de Paimbœuf, 3 cantons de l'arrondissement de St-Nazaire (Blain, Saint-Étienne de Montluc et Savenay).	Paimbœuf.	*	1re compag.	Canton de Bourgneuf.	Bourgneuf.	Bourgneuf, Noyeux.	Noyeux.	
			2e id.	Id. de Paimbœuf. Id. de Saint-Père en Retz.	Paimbœuf.	Paimbœuf. Saint-Père-en-Retz.	Saint-Père-en-Retz.	
			3e id.	Id. du Pellerin.	Le Pellerin.	Le Pellerin, Lourmaux.	Lourmaux.	
			4e id.	Id. de Portnic.	Portnic.	Portnic. Le Clion.	Le Clion.	
			5e id.	Id. de Blain.	Blain.	Blain, Fay.		
			6e id.	Id. de Saint-Étienne-de-Montluc.	S.-Etienne-de-Montluc.	Saint-Étienne-de-Montluc.	S.-Etienne-de-Montluc.	
			7e id.	1/2 canton de Savenay.	Savenay.	Savenay, La Moire.	La Moire.	
			8e id.	1/2 id. de Savenay.				
			5e BATAILLON.					
Arrondissement de St-Nazaire moins 3 cantons.	St-Nazaire.	*	1re compag.	Canton du Croisic. 1/2 canton de Guérande.	Le Croisic.	Le Croisic. Guérande.	Guérande.	
			2e id.	Canton de Guémené.	Guémené.	Guémené, Conquereuil.		
			3e id.	1/2 canton de Guérande.	Guérande.	Guérande.	Guérande.	
			4e id.	Id. d'Herbignac.	Herbignac.	Herbignac, Saint-Lyphard.	Saint-Lyphard.	
			5e id.	Id. de Pontchâteau.	Pontchâteau.	Pontchâteau, Besné.	Besné.	
			6e id.	Id. de Saint-Gildas-des-Bois.	S.-Gildas-des-Bois.	S.-Gildas-des-Bois, Bran.		
			7e id.	Id. de Saint-Nazaire.	Saint-Nazaire.	Saint-Nazaire.	Saint-Nazaire.	
			8e id.	Id. de Saint-Nicolas-de-Redon.	S.-Nicolas-de-Redon.	S.-Nicolas-de-Redon, Plessé.		
			ARTILLERIE. — 2 BATTERIES.					
			1re batterie.	1er canton de Nantes. 4e id. de Nantes. 5e id. de Nantes.	Nantes.	Nantes.	Nantes.	
			2e id.	6e id. de Nantes.	Nantes.	Nantes.		

DÉPARTEMENT DE MAINE-ET-LOIRE. — 4 BATAILLONS.

CIRCONSCRIPTIONS DE RECRUTEMENT.	CHEFS-LIEUX.	CENTRES DE RÉUNION.	NUMÉROS des COMPAGNIES ou BATTERIES.	CIRCONSCRIPTIONS DE RECRUTEMENT.	CHEFS-LIEUX.	CENTRES D'EXERCICE.	CENTRES DE RÉUNION.	OBSERVATIONS.
			1er BATAILLON.					
Arrondissement d'Angers, moins 3 cantons (Brollay, Le Louroux et S.-Georges). 1 canton de l'arr. de Cholet (Chemillé).	Angers.		1re compag.	Canton N. E. d'Angers.	Angers.	Angers, Le Jaunet.	Le Jaunet.	Les 1re et 8e compagnies peuvent être réunies au Jaunet.
			2e id.	Id. N. O. d'Angers.	Angers.	Angers, Avrille.	Avrille.	
			3e id.	Id. S. E. d'Angers.	Angers.	Angers, Le Jaunet.	Le Jaunet.	
			4e id.	Id. de Chalonnes.	Chalonnes.	Chalonnes, Le Paty.	Le Paty.	
			5e id.	Id. des Ponts-de-Cé.	Les Ponts-de-Cé.	Les Ponts-de-Cé, S.-Saturnin.	Saint-Saturnin.	
			6e id.	1/2 canton de Thouarcé E.	Thouarcé.	Thouarcé, Saulgé.	Saulgé.	
			7e id.	1/2 id. de Thouarcé O.	Thouarcé.	Thouarcé, Le Champ.	Le Champ.	
			8e id.	Canton de Chemillé.	Chemillé.	Chemillé, Chapelle-Rousselin.	Chapelle-Rousselin.	

BATAILLONS. — **COMPAGNIES**

CIRCONSCRIPTIONS DE RECRUTEMENT.	CHEFS-LIEUX.	CENTRES DE RÉUNION.	NUMÉROS des COMPAGNIES ou BATTERIES.	CIRCONSCRIPTIONS DE RECRUTEMENT.
			2e BATAILLON.	
Arrondissement de Baugé, moins 1 canton (Durtbal). Arrondissement de Saumur.	Saumur.	»	1re comp..	Canton de Baugé. Id. de Seiches.
			2e id..	Id. de Beaufort.
			3e id..	Id. de Longué. Id. de Noyant.
			4e id..	Id. de Doué. Id. de Montreuil.
			5e id..	Id. de Gennes.
			6e id..	Id. N. E de Saumur. Id. N. O. de Saumur.
			7e id..	Id. S. de Saumur.
			8e id..	Id. de Vihiers.
			3e BATAILLON.	
Arrondissement de Cholet, moins le canton de Chemillé.	Cholet.	»	1re comp..	1/2 canton de Beaupréau E.
			2e id..	1/2 id. de Beaupréau O.
			3e id..	Canton de Champtoceaux.
			4e id..	1/2 canton de Cholet E.
			5e id..	1/2 id. de Cholet O.
			6e id..	Canton de Montfaucon.
			7e id..	Id. de Montrevault.
			8e id..	Id. de Saint-Florent-le-Vieil.
			4e BATAILLON.	
3 cantons de l'arrondiss. d'Angers, 1 canton de l'arrondiss. de Baugé. Arrondissement de Segré.	Segré.	»	1re comp..	Canton de Briollay. Id. de Durtbal.
			2e id..	Id. de Louroux-Béconnais.
			3e id..	Id. de Saint-Georges.
			4e id..	Id. de Candé.
			5e id..	Id. de Châteauneuf.
			6e id..	Id. du Lion-d'Angers.
			7e id..	Id. de Pouancé.
			8e id..	Id. de Segré.

ET BATTERIES. — **OBSERVATIONS.**

CHEFS-LIEUX.	CENTRES D'EXERCICE.	CENTRES DE RÉUNION.	OBSERVATIONS.
Baugé .	Baugé. Seiches, Suette.		Par exception, le chef-lieu du 2e bataillon est Saumur.
Beaufort .	Beaufort.	Beaufort.	
Longué.	Longué, Le Loroux. Noyant.		
Doué.	Doué, Saint-Georges. Montreuil.		
Gennes.	Gennes, Louerre.	Louerre.	
Saumur	Saumur, Allormes. Saint-Clément-des-Levées.		
Saumur	Saumur, Varrains	Varrains.	
Vihiers.	Vihiers, Cerqueux, Cartrèche		
Beaupréau	Beaupréau, Jubeaudière	Jubeaudière.	
Beaupréau	Beaupréau.	Beaupréau.	
Champtoceaux	Champtoceaux, S.-Laurent-des-Autels.	S.-Laurent-des-Autels.	
Cholet	Cholet, Tout-le-Monde.	Tout-le-Monde.	
Cholet	Cholet.	Cholet.	
Montfaucon	Montfaucon, Les Quéreaux.	Les Quéreaux.	
Montrevault	Montrevault, Pt-Montrevault.		
Saint-Florent	Saint-Florent, Montjean.		
Briollay	Briollay. Durtbal, La Roche.		
Le Louroux	Le Louroux, Bécon.		
Saint-Georges	Saint-Georges, Saint-Germain-des-Prés.		
Candé	Candé, Loiré.		
Châteauneuf	Châteauneuf, Champigné		
Le Lion-d'Angers	Le Lion-d'Angers, La Ferrière	La Ferrière.	
Pouancé	Pouancé, Verzonnes	Verzonnes.	
Segré	Segré.	Segré.	

DÉPARTEMENT DE LA VENDÉE. — 4 BATAILLONS.

	BATAILLONS			COMPAGNIES	ET BATTERIES.			
CIRCONSCRIPTIONS DE RECRUTEMENT.	CHEFS-LIEUX.	CENTRES DE RÉUNION.	NUMÉROS des COMPAGNIES ou BATTERIES.	CIRCONSCRIPTIONS DE RECRUTEMENT.	CHEFS-LIEUX.	CENTRES D'EXERCICE.	CENTRES DE RÉUNION.	OBSERVATIONS.
1er BATAILLON.								
Arrondissement de Fontenay-le-Comte, moins 3 cantons (Chaillé-les-Marais, Luçon, Ste-Hermine).	Fontenay-le-Comte.	»	1re compag.	1/2 canton de la Châtaigneraie E.	La Châtaigneraie.	La Châtaigneraie.	La Châtaigneraie.	
			2e id.	1/2 id. de la Châtaigneraie O.	La Châtaigneraie.	La Chât.igneraie, Mouilleron-en-Pareds.	Mouilleron-en-Pareds.	
			3e id.	Canton de Fontenay-le-Comte.	Fontenay-le-Comte.	Fontenay-le-Comte.	Fontenay-le-Comte.	
			4e id.	Id. de l'Hermenault.	L'hermenault.	L'Hermenault.	L'Hermenault.	
			5e id.	Id. de Maillezais.	Maillezais.	Maillezais.	Maillezais.	
			6e id.	1/2 canton de Pouzanges N.	Pouzanges.	Pouzanges, La Flocellière.	La Flocellière.	
			7e id.	1/2 id. de Pouzanges S.	Pouzanges.	Pouzanges, Réaumur.	Réaumur.	
			8e id.	Canton de Saint-Hilaire-des-Loges.	S.-Hilaire-des-Loges.	Saint-Hilaire-des-Loges.	S.-Hilaire-des-Loges.	
2e BATAILLON.								
3 cant. de l'arr. de Fontenay-le-Comte, 3 cantons de l'arr. de Napoléon-Vendée (Chantonnay, Mareuil et Nap.-Vendée), 1 canton de l'arr. des Sables (Moutiers-les-Maufaits).	Napoléon-Vendée.	»	1re compag.	Canton de Chaillé-les-Marais.	Chaillé-les-Marais.	Chaillé-les-Marais.	Chaillé-les-Marais.	Par exception, le chef-lieu du 2e bataillon est Napoléon-Vendée.
			2e id.	Id. de Luçon.	Luçon.	Luçon, S.-Michel-en-l'Herm.		
			3e id.	Id. de Sainte-Hermine.	Sainte-Hermine.	S.-Hermine, S.-Martin-l'Arts.		
			4e id.	Id. de Chantonnay.	Chantonnay.	Chantonnay, Puybelliard.		
			5e id.	Id. de Mareuil.	Mareuil.	Mareuil.	Marcuil.	
			6e id.	1/2 canton de Napoléon-Vendée E.	Napoléon-Vendée.	Napoléon-Vendée, Saint-Florent-des-Bois.		
			7e id.	1/2 id. de Napoléon-Vendée O.	Napoléon-Vendée.	Napoléon-Vendée.	Napoléon-Vendée.	
			8e id.	Canton de Moutiers-les-Maufaits.	Moutiers-les-Maufaits.	Moutiers-les-Maufaits, La Jonchère.		
3e BATAILLON.								
Arrondissement de Napol.-Vendée, moins 3 cantons.	Napoléon-Vendée.	»	1re compag.	Canton des Essarts.	Les Essarts.	Les Essarts, La Merlatière.		
			2e id.	1/2 canton des Herbiers N.	Les Herbiers.	Les Herbiers.	Les Herbiers.	
			3e id.	1/2 id. des Herbiers S.	Les Herbiers.	Les Herbiers.		
			4e id.	Canton de Montaigu.	Montaigu.	Montaigu.	Montaigu.	
			5e id.	Id. de Mortagne-sur-Sèvres.	Mortagne-sur-Sevres.	Mortagne-sur-Sèvres, La Verrie.	La Verrie.	
			6e id.	Id. de Poiré-sous-Napoléon.	Poiré-sous-Napoléon.	Poiré-sous-Napoléon, Belleville.		
			7e id.	Id. de Rocheservière.	Rocheservière.	Rocheservière, S.-Sauveur.	Saint-Sauveur.	
			8e id.	Id. de Saint-Fulgent.	Saint-Fulgent.	S.-Fulgent, La Rabatelière.	La Rabatelière.	
4e BATAILLON.								
Arrondissement des Sables-d'Olonne, moins 4 canton.	Les Sables-d'Olonne.	»	1re compag.	Canton de Beauvoir.	Beauvoir.	Beauvoir.	Beauvoir.	Par exception, le chef-lieu de la 3e compagnie est Saint-Jean-de-Monts.
			2e id.	Id. de Challans.	Challans.	Challans, La Garnache.	La Garnache.	
			3e id.	Id. de l'Isle-Dieu.	S.-Jean-de-Monts.	L'Ile-Dieu.		
				Id. de Saint-Jean-de-Monts.		S.-Jean-de-Monts, Soullans.		
			4e id.	Id. de la Mothe-Achard.	La Mothe-Achard.	La Mothe-Achard, Sainte-Flaive-des-Loups.	Ste-Flaive-des-Loups.	
			5e id.	Id. de Noirmoutiers.	Noirmoutiers.	Noirmoutiers.	Noirmoutiers.	
				Id. de Palluau.	Palluau.	Palluau.		
			6e id.	Id. de Saint-Gilles-sur-Vie.		Saint-Gilles-sur-Vie, L'Aiguillon-sur-Vie.		
			7e id.	Id. des Sables-d'Olonne.	Les Sables-d'Olonne.	Les Sables-d'Olonne.	Les Sables-d'Olonne.	
			8e id.	Id. de Talmont.	Talmont.	Talmont, Avrillé.	Avrillé.	

16e DIVISION MILITAIRE.

DÉPARTEMENT DES CÔTES-DU-NORD. — 5 BATAILLONS, 1 BATTERIE.

BATAILLONS			COMPAGNIES		COMPAGNIES ET BATTERIES			OBSERVATIONS.
CIRCONSCRIPTIONS DE RECRUTEMENT.	CHEFS-LIEUX.	CENTRES DE RÉUNION.	NUMÉROS des COMPAGNIES ou BATTERIES.	CIRCONSCRIPTIONS DE RECRUTEMENT.	CHEFS-LIEUX.	CENTRES D'EXERCICE.	CENTRES DE RÉUNION.	
1er BATAILLON.								
Arrondissement de Dinan.	Dinan.	»	1re comp.	Canton de Broons	Broons.	Broons.	Broons.	Les 2e et 3e compagnies peuvent être réunies à Dinan.
			2e id.	Id. E. de Dinan.	Dinan.	Dinan.	Dinan.	
			3e id.	Id. O. de Dinan.	Dinan.	Dinan.		
			4e id.	Id. d'Evran.	Evran.	Evran.		
				Id. de St-Jouan-de-l'Isle.		St-Jouan-de-l'Isle.		
			5e id.	Id. de Jugon.	Jugon.	Jugon. Langouëdre.		
				Id. de Plélan-le-Petit.		Plélan-le-Petit.		
			6e id.	Id. de Matignon.	Matignon.	Matignon.	Matignon.	
			7e id.	Id. de Plancoët.	Plancoët.	Plancoët, Pluduno.	Pluduno.	
			8e id.	Id. de Ploubalay.	Ploubalay.	Ploubalay.	Ploubalay.	
2e BATAILLON.								
Arrondissement de Guingamp et un canton de l'arrondissement de Saint-Brieuc (Paimpol).	Guingamp.	»	1re compag.	Canton de Bégard.	Bégard.	Bégard.	Bégard.	Les 4e et 7e compagnies peuvent être réunies à Brélidy.
			2e id.	Id. de Belle-Isle-en-Terre.	Belle-Isle-en-Terre.	Belle-Isle-en-Terre.	Belle-Isle-en-Terre.	
			3e id.	Id. de Bourbriac.	Bourbriac.	Bourbriac. St-Nicolas-de-Pelem, Laurivain.		
				Id. de St-Nicolas-du-Pelem				
			4e id.	Id. de Callac.	Callac.	Callac, Calanhel.		
			5e id.	Id. de Guingamp.	Guingamp.	Guingamp, Plouazat.		
				Id. de Plouazat.				
			6e id.	Id. de Maël-Carhaix.	Maël-Carhaix.	Maël-Carhaix Rostrenen.		
				Id. de Rostrenen.				
			7e id.	Id. de Pontrieux.	Pontrieux.	Pontrieux.	Pontrieux.	
			8e id.	Id. de Paimpol.	Paimpol.	Paimpol.	Paimpol.	
3e BATAILLON.								
Arrondissement de Lannion.	Lannion.	»	1re compag.	Canton de Lannion.	Lannion.	Lannion.	Lannion.	Les 1re et 3e compagnies peuvent être réunies à Lannion, les 2e et 8e à Tréguier, les 4e, 5e et 6e à Plouaret, les 7e et 8e à la Roche-Derrien.
			2e id.	Id. de Lézardrieux.	Lézardrieux.	Lézardrieux.	Lézardrieux.	
			3e id.	Id. de Perros-Guirée.	Perros-Guirée.	Perros-Guirée.	Perros-Guirée.	
			4e id.	Id. de Plestin.	Plestin.	Plestin.	Plestin.	
			5e id.	1/2 canton de Plouaret.	Plouaret.	Plouaret.		
			6e id.	1/2 canton de Plouaret.	Plouaret.	Plouaret.	Plouaret.	
			7e id.	Canton de la Roche-Derrien.	La Roche-Derrien.	La Roche-Derrien.	La Roche-Derrien.	
			8e id.	Id. de Tréguier.	Tréguier.	Tréguier.	Tréguier.	

BATAILLONS.			COMPAGNIES.	
CIRCONSCRIPTIONS DE RECRUTEMENT.	CHEFS-LIEUX.	CENTRES DE RÉUNION.	NUMÉROS des COMPAGNIES OU BATTERIES.	CIRCONSCRIPTIONS DE RECRUTEMENT.

4e BATAILLON.

Arrondissement de Loudéac et 2 cantons de l'arrondissement de Saint-Brieuc (Moncontour et Plœuc).	Loudéac.	»	1re compag.	Canton de Colinée.
			2e id.	Id. de Corlay.
				Id. de Gouarec.
			3e id.	Id. de la Chèze.
				Id. de Loudéac.
			4e id.	Id. de Merdrignac.
				Id. de Mûr.
			5e id.	Id. d'Uzel.
			6e id.	Id. de Plouguenast.
			7e id.	Id. de Moncontour.
			8e id.	Id. de Plœuc.

5e BATAILLON.

Arrondissement de Saint-Brieuc, moins 3 cantons.	Saint-Brieuc.	»	1re compag.	Canton de Châtelaudren.
			2e id.	Id. d'Etables.
				Id. de Plouha.
			3e id.	Id. de Lanvollon.
			4e id.	Id. de Lamballe.
			5e id.	Id. de Pléneuf.
			6e id.	Id. de Quintin.
			7e id.	Id. N. de Saint-Brieuc.
			8e id.	Id. S. de Saint-Brieuc.

ARTILLERIE. —

»	»	»	Batterie.	Canton N. de Saint-Brieuc.
				Id. S. de Saint-Brieuc.

DÉPARTEMENT DU FINISTÈRE.

1er BATAILLON.

6 cantons de l'arrondissement de Brest.	Brest.	»	1re compag.	1/2 4er canton de Brest.
			2e id.	1/2 1er id. de Brest.
			3e id.	1/2 2e id. de Brest.
			4e id.	1/2 2e id. de Brest.
			5e id.	3e id. de Brest.
			6e id.	Canton de l'île d'Ouessant.
				Id. de Saint-Renan.
			7e id.	1/2 canton de Ploudalmezeau E.
			8e id.	1/2 id. de Ploudalmezeau O.

ET BATTERIES.	CHEFS-LIEUX.	CENTRES D'EXERCICE.	CENTRES DE RÉUNION.	OBSERVATIONS.
	Colinée.	Colinée.	Colinée.	
	Corlay.	Corlay. Gouarec.		
	Loudéac.	La Chèze, Plémet. Loudéac.		Par exception, le chef-lieu de la 3e compagnie est Loudéac, et le chef-lieu de la 5e Uzel.
	Merdrignac.	Merdrignac, Saint-Nicolas.	Saint-Nicolas.	
	Uzel.	Mûr. Uzel.		
	Plouguenast.	Plouguenast, Le Pontgamp.	Le Pontgamp.	
	Moncontour.	Moncontour.	Moncontour.	
	Plœuc.	Plœuc, L'Hermitage.	L'Hermitage.	
	Châtelaudren.	Châtelaudren.	Châtelaudren.	
	Etables.	Etables, Plouha.	Plouha.	Les 2e et 3e compagnies à Lanvollon.
	Lanvollon.	Lanvollon.	Lanvollon.	Les 7e et 8e à Saint-Brieuc.
	Lamballe.	Lamballe.	Lamballe.	
	Pléneuf.	Pléneuf.	Pléneuf.	
	Quintin.	Quintin.	Quintin.	
	Saint-Brieuc.	Saint-Brieuc.		
	Saint-Brieuc.	Saint-Brieuc.	Saint-Brieuc.	

1 BATTERIE.

ET BATTERIES.	CHEFS-LIEUX.	CENTRES D'EXERCICE.	CENTRES DE RÉUNION.	OBSERVATIONS.
	Saint-Brieuc.	Saint-Brieuc.	Saint-Brieuc.	

—5 BATAILLONS, 1 BATTERIE.

ET BATTERIES.	CHEFS-LIEUX.	CENTRES D'EXERCICE.	CENTRES DE RÉUNION.	OBSERVATIONS.
	Brest.	Brest.	Brest.	Les 1re, 2e, 3, 4e et 5e compagnies peuvent être réunies à Brest.
	Saint-Renan.	Ouessant, île Molène. Saint-Renan, Locmaria.		Par exception, le chef-lieu de la 6e compagnie est Saint-Renan.
	Ploudalmezeau.	Ploudalmezeau.	Ploudalmezeau.	
	Ploudalmezeau.	Ploudalmezeau, Plourin.	Plourin.	

| BATAILLONS. | | | COMPAGNIES | |
Circonscriptions de recrutement.	Chefs-lieux.	Centres de réunion.	Numéros des compagnies ou batteries.	Circonscriptions de recrutement.
				2e BATAILLON.
6 cantons de l'arrondissement de Brest.	Brest.	»	1re comp..	1/2 du canton de Daoulas.
			2e id. . .	1/2 id. de Daoulas.
			3e id. . .	1/2 id. de Landerneau E.
			4e id. . .	1/2 id. de Landerneau O.
			5e id. . .	Canton de Lannilis.
			6e id. . .	1/2 du canton de Lesneven.
			7e id. . .	1/2 id. de Lesneven.
			8e id. . .	Canton de Plabennec.
				3e BATAILLON.
Arrondissement de Châteaulin, arrondissement de Quimperlé.	Châteaulin.	»	1re compag.	Canton de Carhaix. Id. de Huelgoat.
			2e id. . .	Id. de Châteaulin.
			3e id. . .	Id. de Châteauneuf.
			4e id. . .	Id. de Crozon. Id. du Faou.
			5e id. . .	Id. de Pleyben.
			6e id. . .	Id. d'Arzano. Id. de Quimperlé.
			7e id. . .	Id. de Bannalec. Id. de Scaër.
			8e id. . .	Id. de Pont-Aven.
				4e BATAILLON.
Arrondissement de Morlaix.	Morlaix.	»	1re comp..	Canton de Landiviziau.
			2e id. . .	Id. de Lanmeur. Id. de Plouigneau.
			3e id. . .	Id. de Morlaix.
			4e id. . .	Id. de Plouescat.
			5e id. . .	Id. de Plouzevédé.
			6e id. . .	Id. de St Pol-de-Léon.
			7e id. . .	Id. de Taulé.
			8e id. . .	Id. de St-Thégonnec. Id. de Sizun.

| ET BATTERIES. | | | OBSERVATIONS. |
Chefs-lieux.	Centres d'exercice.	Centres de réunion.	
Daoulas.	Daoulas, Hanvec.	Daoulas.	Les 1re et 2e compagnies peuvent être réunies à Daoulas.
Daoulas.	Daoulas.		
Landerneau.	Lanterneau.	Ploudiry.	
Landerneau.	Ploudiry.		
Landerneau.	Landerneau, St-Divy.	St-Divy.	
Lannilis.	Lannilis, Kergoniou.		
Lesneven.	Lesneven.	Lesneven.	Les 6e et 7e à Lesneven.
Lesneven.	Lesneven.		
Plabennec.	Plabennec, Bourg-Blanc, Le Drennec.		
Carhaix.	Carhaix, Cleden-Poher. Huelgoat, Treusquilly, Coatmocun.		
Châteaulin.	Châteaulin, Plomodiern.		
Châteauneuf.	Châteauneuf, Laz, Landeleau.		
Crozon.	Crozon, Argol. Le Faou.		
Pleyben.	Pleben, Monach-ly, Lamedern.		
Quimperlé.	Arzano. Quimperlé.		Par exception, le chef-lieu de la 6e compagnie est Quimperlé.
Bannalec.	Bannalec, Kernevel. Scaër, St-Thurien.		
Pont-Aven.	Pont-Aven.		
Landiviziau.	Landiviziau.	Landiviziau.	
Lanmeur.	Lanmeur. Plouigneau, Botsorhel.		
Morlaix.	Morlaix.	Morlaix.	
Plouescat.	Plouescat.	Plouescat	
Plouzevédé.	Plouzevédé.	Plouzevédé.	
St-Pol-de-Léon.	St-Pol-de-Léon.	St-Pol-de-Léon.	
Taulé.	Taulé.	Taulé.	
St-Thégonnec.	Saint-Thégonnec, Pleyber-Christ. Sizun.		

BATAILLONS.			COMPAGNIES	
CIRCONSCRIPTIONS DE RECRUTEMENT.	CHEFS-LIEUX.	CENTRES DE RÉUNION.	NUMÉROS des COMPAGNIES OU BATTERIES.	CIRCONSCRIPTIONS DE RECRUTEMENT.

5e BATAILLON.

CIRCONSCRIPTIONS DE RECRUTEMENT.	CHEFS-LIEUX.	CENTRES DE RÉUNION.	NUMÉROS	CIRCONSCRIPTIONS DE RECRUTEMENT.
Arrondissement de Quimper.	Quimper.	»	1re comp.	Canton de Briec.
			2e id.	Id. de Rosporden.
			3e id.	Id. de Concarneau.
			4e id.	Id. de Douarnenez.
			5e id.	Id. de Plougastel-Saint-Germain.
			6e id.	Id. de Pont-Croix.
			7e id.	Id. de Pont-l'Abbé.
			8e id.	Id. de Quimper.

ARTILLERIE.—

»	»	»	Batterie	3e canton de Brest.
				Canton de Saint-Renan.

DÉPARTEMENT D'ILLE-

4er BATAILLON.

Arrondissement de Fougères, 1 canton de l'arrondissement de Saint-Malo (Pleine-Fougère).	Fougères.	»	1re comp.	Canton d'Antrain.
			2e id.	Id. N. de Fougères.
			3e id.	Id. S. de Fougères.
			4e id.	Id. de Louvigné-du-Désert.
			5e id.	Id. de Saint-Aubin-du-Cormier.
			6e id.	Id. de Saint-Brice-en-Cogles.
			7e id.	1/2 canton de Pleine-Fougères.
			8e id.	1/2 id. de Pleine-Fougères.

2e BATAILLON.

Arrondissement du Montfort. Arrondissement de Redon, (moins 3 cantons Bain, Le Sel et Guichen).	Monfort.	»	1re comp.	Canton de Bécherel.
			2e id.	Id. de Montauban.
			3e id.	Id. de Montfort.
			4e id.	Id. de Plélan.
			5e id.	Id. de Saint-Méen.
			6e id.	Id. de Fougeray.
			7e id.	Id. de Maure. Id. de Pipriac.
			8e id.	Id. de Redon.

ET BATTERIES.			OBSERVATIONS.
CHEFS-LIEUX.	CENTRES D'EXERCICE.	CENTRES DE RÉUNION.	

CHEFS-LIEUX.	CENTRES D'EXERCICE.	CENTRES DE RÉUNION.	OBSERVATIONS.
Briec.	Briec.		
Concarneau.	Concarneau.	Concarneau.	
Douarnenez.	Douarnenez.	Douarnenez.	
Fouesnant.	Fouesnant.	Fouesnant.	
Plougastel-St-Germain	Plougastel-Saint-Germain, Pouldreuzic.		
Pont-Croix.	Pont-Croix, Goulien, Ile-de-Sein.		
Pont-l'Abbé.	Pont-l'Abbé, Plomeur.		
Quimper.	Quimper.	Quimper.	

1 BATTERIE.

CHEFS-LIEUX.	CENTRES D'EXERCICE.	CENTRES DE RÉUNION.	OBSERVATIONS.
Brest.	Fronts-de-Mer-de-Brest. Batterie de l'anse de Bertheaume.	Brest.	

ET-VILAINE. — 5 BATAILLONS, — 3 BATTERIES.

CHEFS-LIEUX.	CENTRES D'EXERCICE.	CENTRES DE RÉUNION.	OBSERVATIONS.
Antrain.	Antrain, Bazouges-la-Pérouze	Bazouges-la-Pérouze.	Les 2e et 3e compagnies peuvent être réunies à Fougères.
Fougères.	Fougères.	Fougères.	
Fougères.	Fougères.		
Louvigné-du-Désert.	Louvigné-du-Désert, Mellé.	Mellé.	Les 7e et 8e compagnies à Pleine-Fougères.
S.-Aubin-du-Cormier.	Saint-Aubin-du-Cormier.	S.-Aubin-du-Cormier.	
S.-Brice-en-Cogles.	Saint-Brice-en-Cogles.	S.-Brice-en-Cogles.	
Pleine-Fougères.	Pleine-Fougères, S.-Georges-de-Grehaignes.	Pleine-Fougères.	
Pleine-Fougères.	Pleine-Fougères.		
Bécherel.	Bécherel, Irodouer.	Irodouer.	Les 1re et 2e compagnies pourront être réunies à Irodouer.
Montauban.	Montauban.	Montauban.	
Montfort.	Montfort.	Montfort.	
Plélan.	Plélan, Treffendel.	Treffendel.	
S.-Méen.	Saint-Méen, Muel.		
Fougeray.	Fougeray.	Fougeray.	
Maure.	Maure. Pipriac, Guipry.		
Redon.	Redon, Renac.	Renac.	

BATAILLONS			COMPAGNIES	
CIRCONSCRIPTIONS DE RECRUTEMENT.	CHEFS-LIEUX.	CENTRES DE RÉUNION.	NUMÉROS des COMPAGNIES ou BATTERIES.	CIRCONSCRIPTIONS DE RECRUTEMENT.
			3e BATAILLON.	
3 cantons de l'arrondissement de Redon. Arrondissement de Vitré.	Vitré.	»	1re compag.	Canton de Bain. / Id. du Sel.
			2e id.	Id. de Guichen.
			3e id.	Id. d'Argentré.
			4e id.	Id. de Châteaubourg
			5e id.	Id. de la Guerche
			6e id.	Id. de Rétiers.
			7e id.	Id. E. de Vitré.
			8e id.	Id. O. de Vitré.
			4e BATAILLON.	
Arrondissement de Rennes.	Rennes.	»	1re compag.	Canton de Châteaugiron. / Id. S. E. de Rennes
			2e id.	Id. de Hédé.
			3e id.	Id. de Janzé.
			4e id.	Id. de Liffré.
			5e id.	Id. de Mordelles. / Id. S. O. de Rennes.
			6e id.	Id. N. E. de Rennes.
			7e id.	Id. N. O. de Rennes.
			8e id.	Id. de St-Aubin-d'Aubigné.
			5e BATAILLON.	
Arrondissement de Saint-Malo, moins 1 canton.	Saint-Malo.	»	1re compag.	Canton de Cancale.
			2e id.	Id. de Châteauneuf.
			3e id.	Id. de Combourg.
			4e id.	Id. de Dol.
			5e id.	Id. de Pleurtuit.
			6e id.	Id. de St-Malo.
			7e id.	Id. de St-Servan.
			8e id.	Id. de Tinteniac.
			ARTILLERIE. —	
			1re batterie.	Canton N. E. de Rennes. / Id. N. O. de Rennes.
			2e id.	Id. S. E. de Rennes / Id. S. O. de Rennes.
			3e id.	Id. de Cancale. / Id. de St-Malo. / Id. de St-Servan.

ET BATTERIES.			OBSERVATIONS.
CHEFS-LIEUX.	CENTRES D'EXERCICE.	CENTRES DE RÉUNION.	
Bain.	Bain. / Le Sel.		
Guichen.	Guichen.	Guichen.	
Argentré.	Argentré.	Argentré.	
Châteaubourg	Châteaubourg, Domagné.	Domagné.	
La Guerche.	La Guerche, Visseiche, Ranée.		
Rhétiers.	Rhétiers.	Rhétiers.	
Vitré.	Vitré, Châtillon.		
Vitré.	Vitré, Landavran.	Landavran.	
Châteaugiron.	Châteaugiron. / Rennes		
Hédé.	Hédé, Bazouges-sous-Hédé.	Bazouges-sous-Hédé.	
Janzé.	Janzé.	Janzé.	
Liffré.	Liffré, La Bouessière.		
Mordelles.	Mordelles Rennes, Bruz.		
Rennes.	Rennes, Montgermont.	Montgermont.	
Rennes.	Rennes, Pacé.	Pacé.	
St-Aubin-d'Aubigné	St-Aubin-d'Aubigné, Sens.		
Cancale.	Cancale, St-Meloir-des-Ondes	St-Meloir-des-Ondes.	Les 4e, 5e, 6e et 7e comp à St-Servan.
Châteauneuf.	Châteauneuf, Miniac-Morvan	Miniac-Morvan.	
Combourg.	Combourg, Meillac.	Meillac.	
Dol.	Dol.	Dol.	
Pleurtuit.	Pleurtuit.	Pleurtuit.	
St-Malo.	St-Malo.	St-Malo.	
St-Servan.	St-Servan.	St-Servan.	
Tinteniac.	Tinteniac, St-Domineux.	St-Domineux.	
3 BATTERIES.			
Rennes.	Rennes.	Rennes.	Les 1re et 2e batteries à Rennes.
Rennes.	Rennes.		
St-Malo.	Fort de la Varde. / St-Malo. / Batterie de la cité.	St-Malo.	Par exception, le chef-lieu de la 3e batterie est St-Malo.

BATAILLONS.				COMPAGNIES
CIRCONSCRIPTIONS DE RECRUTEMENT.	CHEFS-LIEUX.	CENTRES DE RÉUNION.	NUMÉROS des COMPAGNIES ou BATTERIES.	CIRCONSCRIPTIONS DE RECRUTEMENT.

DÉPARTEMENT DE LA MANCHE.

1er BATAILLON.

CIRCONSCRIPTIONS DE RECRUTEMENT.	CHEFS-LIEUX.	CENTRES DE RÉUNION.	NUMÉROS	CIRCONSCRIPTIONS DE RECRUTEMENT.
Arrondissement d'Avranches.	Avranches.	»	1re comp.	Canton d'Avranches
			2e id.	Id. de Brécey
			3e id.	Id. de Ducey
			4e id.	Id. de Granville Id. de Sartilly
			5e id.	Id. de la Haie-Pesnel
			6e id.	Id. de Pontorson
			7e id.	Id. de St-James
			8e id.	Id. de Villedieu

2e BATAILLON

CIRCONSCRIPTIONS DE RECRUTEMENT.	CHEFS-LIEUX.	CENTRES DE RÉUNION.	NUMÉROS	CIRCONSCRIPTIONS DE RECRUTEMENT.
Arrondissement de Cherbourg. Arrondissement de Valognes, moins 3 cantons (Montebourg, Ste-Mère-Eglise et St-Sauveur-le-Vicomte).	Cherbourg.	»	1re comp.	Canton de Beaumont Id. des Pieux
			2e id.	Id. de Cherbourg
			3e id.	Id. d'Octeville
			4e id.	Id. de Saint-Pierre-l'Eglise
			5e id.	Id. de Barneville
			6e id.	Id. de Briquebec
			7e id.	Id. de Quettehou
			8e id.	Id. de Valognes

3e BATAILLON.

CIRCONSCRIPTIONS DE RECRUTEMENT.	CHEFS-LIEUX.	CENTRES DE RÉUNION.	NUMÉROS	CIRCONSCRIPTIONS DE RECRUTEMENT.
Arrondissement de Coutances.	Coutances.	»	1re comp.	Canton de Bréhal Id. de Cerizy-la-Salle
			2e id.	Id. de Gavray
			3e id.	Id. de Coutances Id. de St-Malo-de-la-Lande
			4e id.	Id. de la Haye-du-Puits
			5e id.	Id. de Lessay
			6e id.	Id. de Montmartin-sur-Mer
			7e id.	Id. de Periers
			8e id.	Id. de St-Sauveur-Lendelin

ET BATTERIES.			OBSERVATIONS.
CHEFS-LIEUX.	CENTRES D'EXERCICE.	CENTRES DE RÉUNION.	

— 5 BATAILLONS. — 2 BATTERIES.

CHEFS-LIEUX.	CENTRES D'EXERCICE.	CENTRES DE RÉUNION.	OBSERVATIONS.
Avranches	Avranches	Avranches.	
Brécey.	Brécey.	Brécey.	
Ducey.	Ducey.	Ducey.	
Granville.	Granville, Sortilly.		
La Haie-Pesnel.	La Haie-Pesnel	La Haie-Pesnel.	
Pontorson.	Pontorson.	Pontorson.	
St-James.	St-James.	St-James.	
Villedieu.	Villedieu.	Villedieu.	
Beaumont	Beaumont, Brauville. Les Pieux.		
Cherbourg.	Cherbourg, Equeurdreville.	Equeurdreville.	Les 2e et 3e compagnies à Equeurdreville.
Octeville.	Octeville.		
St-Pierre-l'Eglise.	St-Pierre-l'Eglise.	St-Pierre-l'Eglise.	
Barneville.	Barneville	Barneville.	
Briquebec.	Briquebec.	Briquebec.	
Quettehou.	Quettehou.	Quettehou.	
Valognes.	Valognes.	Valognes.	
Bréhal.	Bréhal.	Bréhal.	
Cerizy-la-Salle.	Cerizy-la-Salle. Gavray.		
Coutances.	Coutances. St-Malo-de-la-Lande	Gralot.	
La Haye-du-Puits.	La Haye-du-Puits, Prétot.		
Lessay.	Les-ay, Le Bisson.	Le Bisson.	
Montmartin-sur-Mer.	Montmartin-sur-Mer.	Montmartin-sur-Mer.	
Periers.	Periers, Corges.		
St-Sauveur-Lendelin.	St-Sauveur-Lendelin.	St-Sauveur-Lendelin.	

BATAILLONS.			COMPAGNIES	
CIRCONSCRIPTIONS DE RECRUTEMENT.	CHEFS-LIEUX.	CENTRES DE RÉUNION.	NUMÉROS des COMPAGNIES ou BATTERIES.	CIRCONSCRIPTIONS DE RECRUTEMENT.
				4e BATAILLON.
Arrondissement de Mortain, 2 cantons de l'arrondissement de Saint-Lô (Percy et Tessy-sur-Vire).	Mortain.	»	1re compag.	Canton de Barenton.
			2e id.	Id. d'Isigny. 1/3 canton de Saint-Hilaire-du-Harcourt.
			3e id.	Canton de Juvigny. Id. de Saint-Pois.
			4e id.	Id. de Mortain.
			5e id.	2/3 canton de Saint-Hilaire-du-Harcourt.
			6e id.	Canton de Sourdeval-la-Barre.
			7e id.	Id. du Teilleul.
			8e id.	Id. de Percy. Id. de Tessy-sur-Vire.
				5e BATAILLON.
Arrondissement de Saint-Lô, moins 2 cantons. 3 cantons de l'arrondissement de Valognes.	Saint-Lô.	»	1re comp.	Canton de Canisy. Id. de Marigny.
			2e id.	Id. de Carentan.
			3e id.	Id. de Saint-Clair.
			4e id.	Id. de Saint-Lô.
			5e id.	Id. de Saint-Jean-de-Daye.
			6e id.	Id. de Torigni.
			7e id.	Id. de Montbourg.
			8e id.	Id. de Sainte-Mère-Eglise. Id. de Saint-Sauveur-le-Vicomte.
				ARTILLERIE. —
»	»	»	1re batterie	Canton de Granville.
			2e id.	Id. de Cherbourg. Id. d'Octeville.

DÉPARTEMENT DE

CIRCONSCRIPTIONS DE RECRUTEMENT.	CHEFS-LIEUX.	CENTRES DE RÉUNION.	NUMÉROS des COMPAGNIES ou BATTERIES.	CIRCONSCRIPTIONS DE RECRUTEMENT.
				1er BATAILLON.
Arrondissement de Châteaugontier, 4 cantons de l'arrondissement de Laval (Évron, Meslay, Montsurs et Ste-Suzanne).	Châteaugontier.	»	1re comp.	Canton de Bierné. Id. de Grez-en-Bouère.
			2e id.	Id. de Châteaugontier.
			3e id.	Id. de Cossé-le-Vivien.
			4e id.	Id. de Craon.
			5e id.	Id. de Saint-Aignan-sur-Roë.
			6e id.	Id. d'Évron.
			7e id.	Id. de Meslay.
			8e id.	Id. de Montsurs. Id. de Sainte-Suzanne.

ET BATTERIES.			
CHEFS-LIEUX.	CENTRES D'EXERCICE.	CENTRES DE RÉUNION.	OBSERVATIONS.
Barenton.	Barenton.	Barenton.	
Isigny.	Isigny. Saint-Hilaire-du-Harcourt.	Isigny.	Les 2e et 5e compagnies peuvent être réunies au hameau du Petit-Résus.
Jurigny.	Juvigny. Saint-Pois.		
Mortain.	Mortain.	Mortain.	
St-Hilaire-du-Harcourt	Saint-Hilaire-du-Harcourt.	St-Hilaire-du-Harcourt	
Sourdeval-la-Barre.	Sourdeval-la-Barre.	Sourdeval-la-Barre.	
Le Teilleul.	Le Teilleul, Sainte-Anne.	Sainte-Anne.	
Percy.	Tessy-sur-Vire, Percy.		
Canisy.	Canisy. Marigny.		
Carentan.	Carentan, Saint-Euy.		Par exception, le chef-lieu de la 3e compagnie est Saint-Lô.
Saint-Lô.	Saint-Clair. Saint-Lô.	La Luzerne.	
Saint-Jean-de-Daye.	Saint-Jean-de-Daye.	Saint-Jean-de-Daye.	
Torigni.	Torigni.	Torigni.	
Montbourg.	Montbourg.	Montbourg.	
Sainte-Mère-Eglise.	Sainte-Mère-Eglise.	Sainte-Mère-Eglise.	
St-Sauveur-le-Vicomte	Saint-Sauveur-le-Vicomte.	St-Sauveur-le-Vicomte	

2 BATTERIES.

CHEFS-LIEUX.	CENTRES D'EXERCICE.	CENTRES DE RÉUNION.	OBSERVATIONS.
Granville.	Fort de la Pointe-Gauthier.	Granville.	
Cherbourg.	Fronts de mer de Cherbourg. Fort du Hommet.	Cherbourg.	

LA MAYENNE. — 3 BATAILLONS.

CHEFS-LIEUX.	CENTRES D'EXERCICE.	CENTRES DE RÉUNION.	OBSERVATIONS.
Bierné.	Bierné. Grez-en-Bouère, Ruillé.		
Châteaugontier.	Châteaugontier, Loigné.		
Cossé-le-Vivien.	Cossé-le-Vivien, Méral.		
Craon.	Craon.	Craon.	
St-Aignan-sur-Roë.	Saint-Aignan-sur-Roë.	Saint-Aignan-sur-Roë.	
Évron.	Évron, Assé-le-Béranger.		
Meslay.	Meslay, Chemeré.		
Montsurs.	Montsurs. Sainte-Suzanne.		

BATAILLONS.			COMPAGNIES		ET BATTERIES.			OBSERVATIONS.
CIRCONSCRIPTIONS DE RECRUTEMENT.	CHEFS-LIEUX.	CENTRES DE RÉUNION.	NUMÉROS des COMPAGNIES ou BATTERIES.	CIRCONSCRIPTIONS DE RECRUTEMENT.	CHEFS-LIEUX.	CENTRES D'EXERCICE.	CENTRES DE RÉUNION.	
2e BATAILLON.								
Arrondissement de Laval, moins 4 cantons, 3 cantons de l'arrondissement de Mayenne (Ernée, Gorron et Landivy).	Laval.	»	1re compag.	Canton d'Argentré.	Argentré.	Argentré.	Argentré.	
			2e id.	Id. de Chailland.	Chailland.	Chailland, St-Hilaire-des-Landes.		
			3e id.	Id. E. de Laval.	Laval.	Laval, L'Huisserie.	L'Huisserie.	
			4e id.	Id. O. de Laval.	Laval.	Laval.	Laval.	
			5e id.	Id. de Loiron.	Loiron.	Loiron, Ollivet.		
			6e id.	Id. d'Ernée.	Ernée.	Ernée.	Ernée.	
			7e id.	Id. de Gorron.	Gorron.	Gorron.	Gorron.	
			8e id.	Id. de Landivy.	Landivy.	Landivy, Fougerolles-de-Mayenne.	Fougerolles-de-Mayenne.	
3e BATAILLON.								
Arrondissement de Mayenne, moins 3 cantons.	Mayenne.	»	1re compag.	Canton d'Ambrières.	Ambrières.	Ambrières.	Ambrières.	
			2e id.	Id. de Bais.	Bais.	Bais.	Bais.	
			3e id.	Id. de Couptrain.	Couptrain.	Couptrain.	Couptrain.	
			4e id.	Id. de Horps.	Horps.	Horps.	Horps.	
			5e id.	Id. de Lassay.	Lassay.	Lassay.	Lassay.	
			6e id.	Id. E. de Mayenne.	Mayenne.	Mayenne, Moulay.	Moulay.	Les 6e et 7e compagnies peuvent être réunies à Moulay.
			7e id.	Id. O de Mayenne.	Mayenne.	Mayenne, Fontaine-Daniel.	Fontaine-Daniel.	
			8e id.	Id. de Prez-en-Pail. / Id. de Villaine-la-Juhel.	Prez-en-Pail.	Prez-en-Pail. / Villaines-la-Juhel.		

DÉPARTEMENT DU MORBIHAN. — 5 BATAILLONS, 1 BATTERIE.

BATAILLONS.			COMPAGNIES		ET BATTERIES.			OBSERVATIONS.
1er BATAILLON.								
Arrondissement de Lorient, moins 5 cantons (Auray, Hennebont, Le Palais, Pluviguer et Quiberon).	Lorient.	»	1re compag.	Canton de Belz.	Belz.	Belz.	Belz.	Les 2e, 3e et 4e compagnies peuvent être réunies à Lorient. — Les mêmes compagnies et la 6e peuvent être réunies à Queven.
			2e id.	1er canton de Lorient.	Lorient.	Lorient.	Lorient.	
			3e id.	1/2 du 2e canton de Lorient.	Lorient.	Lorient.		
			4e id.	1/2 id. de Lorient.	Lorient.	Lorient.		
			5e id.	Canton de Plouay.	Plouay.	Plouay, Lacunel.	Lacunel.	
			6e id.	Id. de Pont-Scorff.	Pont-Scorff.	Pont-Scorff.	Pont-Scorff.	
			7e id.	1/2 canton de Port-Louis.	Port-Louis.	Port-Louis, Merlevenez.	Merlevenez.	
			8e id.	1/2 id. de Port-Louis.	Port-Louis.	Port-Louis.		
2e BATAILLON.								
5 cantons de l'arrondiss. de Lorient, 3 cantons de l'arrondiss. de Vannes (Grandchamp, Sarzeau et Vannes O).	Lorient.	»	1re compag.	Canton d'Auray.	Auray.	Auray.	Auray.	
			2e id.	Id. d'Hennebont.	Hennebont.	Hennebont, Languidic.	Languidic.	
			3e id.	Id. du Palais (Belle-Isle).	Le Palais.	Le Palais.	Le Palais.	
			4e id.	Id. de Pluviguer.	Pluviguer.	Pluviguer.	Pluviguer.	
			5e id.	Id. de Quiberon.	Quiberon.	Quiberon, Fort Penthièvre.	Fort Penthièvre.	
			6e id.	Id. de Grandchamp.	Grandchamp.	Grandchamp, Locmaria.	Locmaria.	
			7e id.	Id. de Sarzeau.	Sarzeau.	Sarzeau.	Sarreau.	
			8e id.	Id. de Vannes O.	Vannes.	Arradon.	Arradon.	

BATAILLONS.			COMPAGNIES ET BATTERIES.					OBSERVATIONS.
CIRCONSCRIPTIONS DE RECRUTEMENT.	CHEFS-LIEUX.	CENTRES DE RÉUNION.	NUMÉROS des COMPAGNIES ou BATTERIES.	CIRCONSCRIPTIONS DE RECRUTEMENT.	CHEFS-LIEUX.	CENTRES D'EXERCICE.	CENTRES DE RÉUNION.	
			3e BATAILLON.					
Arrondissement de Napoléonville.	Napoléonville.	»	1re compag.	Canton de Baud	Baud.	Baud, Saint-Nicolas.		
			2e id.	Id. de Cléguerec	Cléguerec.	Cléguerec, Neulliac.	Cléguerec.	
			3e id.	Id. de Faouet	Le Faouet	Le Faouet, Guiscriff.		
			4e id.	Id. de Gourin	Gourin.	Gourin, Crondal.		
			5e id.	Id. de Guemené	Guemené.	Guemené, Ploërdut.	Ploërdut.	
			6e id.	Id. de Locminé	Locminé	Locminé, Moréac.	Moréac.	
			7e id.	1/2 canton de Napoléonville E.	Napoléonville.	Napoléonville, Noyal-Pontivy	Noyal-Pontivy.	
			8e id.	1/2 id. de Napoléonville O.	Napoléonville.	Napoléonville, Querne.		
			4e BATAILLON.					
Arrondissement de Ploërmel.	Ploërmel.	»	1re compag.	Canton de Guer	Guer.	Guer.	Guer.	
			2e id.	Id. de Josselin	Josselin.	Josselin	Josselin.	
			3e id.	Id. de Malestroit	Malestroit	Malestroit, Caro, Sérent.		
			4e id.	Id. de Mauron	Mauron.	Mauron	Mauron.	
			5e id.	Id. de Ploërmel	Ploërmel.	Ploërmel, Campenéac.		
			6e id.	Id. de Rohan	Rohan.	Rohan, Pleugriffet.	Pleugriffet.	
			7e id.	Id. de Saint-Jean-Brevelay	Saint-Jean-Brevelay.	Saint-Jean Brevelay.	Saint-Jean-Brevelay.	
			8e id.	Id. de Trinité-Porhoët	Trinité-Porhoët	Trinité-Porhoët.	Trinité-Porhoët.	
			5e BATAILLON.					
Arrondissement de Vannes, moins 3 cantons.	Vannes.	»	1re compag.	Canton d'Allaire	Allaire.	Allaire.	Allaire.	
			2e id.	Id. d'Elven	Elven.	Elven.	Elven.	
			3e id.	Id. de Gacilly	Gacilly.	Gacilly	Gacilly.	
			4e id.	Id. de Muzillac	Muzillac	Muzillac.	Muzillac.	
			5e id.	Id. de Questembert	Questembert	Questembert, Carnély, Molac.		
			6e id.	Id. de Roche-Bernard	Roche-Bernard.	Roche-Bernard, Nivillac.		
			7e id.	Id. de Rochefort	Rochefort.	Rochefort, Saint-Gravé.	Saint-Gravé.	
			8e id.	Id. E. de Vannes	Vannes.	Vannes, Theix.	Theix.	
			ARTILLERIE.			**— 1 BATTERIE.**		
»	»	»	Batterie.	1er Canton de Lorient Canton de Port-Louis. Id. du Palais (Belle-Isle) Id. de Quiberon.	Lorient.	Lorient. Citadelle de Port-Louis. Le Palais. Fort Penthièvre.		

18e DIVISION MILITAIRE.

DÉPARTEMENT D'INDRE-ET-LOIRE. — 2 BATAILLONS.

Colonnes de gauche — BATAILLONS / COMPAGNIES :

CIRCONSCRIPTIONS DE RECRUTEMENT.	CHEFS-LIEUX.	CENTRES DE RÉUNION.	NUMÉROS des COMPAGNIES OU BATTERIES.	CIRCONSCRIPTIONS DE RECRUTEMENT.
			1er BATAILLON.	
Arrondissement de Chinon. Arrondissement de Loches.	Chinon.	»	1re comp.	Canton d'Azay-le-Rideau. Id. de Langeais.
			2e id.	Id. de Bourgueil.
			3e id.	Id. de Chinon. Id de l'Ile-Bouchard.
			4e id.	Id. de Sainte-Maure.
			5e id.	Id. de Richelieu.
			6e id.	Id. de La Haye. Id. de Pressigny.
			7e id.	Id. de Preuilly. Id. de Ligueil. 1/2 canton de Loches N.
			8e id.	1/2 id de Loches S. Canton de Montrésor.
			2e BATAILLON.	
Arrondissement de Tours.	Tours.	.	1re comp.	Canton d'Amboise.
			2e id.	Id. de Bleré.
			3e id.	Id. de Château-la-Vallière. Id. de Neuvy-le-Roi.
			4e id.	Id. de Château-Renault.
			5e id.	Id. de Montbazon.
			6e id.	Id. de Neuillé. Id. de Vouvray.
			7e id.	Id. centre de Tours. Id. N. de Tours.
			8e id.	Id. S. de Tours.

Colonnes de droite — COMPAGNIES ET BATTERIES / OBSERVATIONS :

CHEFS-LIEUX.	CENTRES D'EXERCICE.	CENTRES DE RÉUNION.	OBSERVATIONS.
Azay-le-Rideau	Azay-le-Rideau, Saché, Cheillé. Langeais, Les Essarts, La Brosse.		
Bourgueil	Bourgueil.	Bourgueil.	
Chinon	Chinon, Beaumont-en-Verron.	Beaumont-en-Verron.	
Ile-Bouchard	Ile-Bouchard. Ste-Maure, Marcilly.		
Richelieu	Richelieu, Champigny, Braslou.		
La Haye	La Haye, Marcé. Pressigny, La Celle-Guenand. Preuilly.		
Ligueil	Ligueil, La Chapelle-Blanche. Loches, Chambourg.		
Loches	Loches, S.-Jean sur-Indre. Montrésor, Coulange.		
Amboise	Amboise, Pacé.	Pacé.	
Bleré	Bleré, Athée, Luzillé.		
Château-la-Vallière	Chât.-la-Vallière, Courcelles. Neuvy-le-Roi, S.-Paterne.		
Château-Renault	Château-Renault, Saint-Laurent.		
Montbazon	Montbazon, Monts.		
Neuillé	Neuillé. Vouvray, Chançay.		
Tours	Tours, Fondettes.	Fondettes.	
Tours	Tours, Saint-Avertin, Saint-Genouph.		

BATAILLONS.			COMPAGNIES	
CIRCONSCRIPTIONS DE RECRUTEMENT.	CHEFS-LIEUX.	CENTRES DE RÉUNION.	NUMÉROS des COMPAGNIES OU BATTERIES.	CIRCONSCRIPTIONS DE RECRUTEMENT.

DÉPARTEMENT DE LOIR-

1er BATAILLON.

CIRCONSCRIPTIONS DE RECRUTEMENT.	CHEFS-LIEUX.	CENTRES DE RÉUNION.	NUMÉROS des COMPAGNIES OU BATTERIES.	CIRCONSCRIPTIONS DE RECRUTEMENT.
Arrondissement de Blois, moins 4 cantons (Herbault, Marchenoir, Mer et Ouzouer-le-Marché). Arrondissement de Romorantin.	Blois.	»	1re compag.	Canton E. de Blois. Id. de Bracieux.
			2e id.	Id. O. de Blois.
			3e id.	Id. de Contres.
			4e id.	Id. de Montrichard.
			5e id.	Id. de Saint-Aignan.
			6e id.	Id. de La Mothe-Beuvron. Id. de Salbris.
			7e id.	Id. de Menneton-sur-Cher. Id. de Selles-sur-Cher.
			8e id.	Id. de Meune-sur-Beuvron. Id. de Romorantin.

2e BATAILLON

CIRCONSCRIPTIONS DE RECRUTEMENT.	CHEFS-LIEUX.	CENTRES DE RÉUNION.	NUMÉROS des COMPAGNIES OU BATTERIES.	CIRCONSCRIPTIONS DE RECRUTEMENT.
4 cantons de l'arrondissement de Blois. Arrondissement de Vendôme.	Vendôme.	»	1re compag.	Canton d'Herbault.
			2e id.	Id. de Marchenoir.
			3e id.	Id. de Mer.
			4e id.	Id. d'Ouzouer-le-Marché.
			5e id.	Id. de Droué. Id. de Morée.
			6e id.	Id. de Mondoubleau. Id. de Savigny.
			7e id.	Id. de Montoire. Id. de Saint-Amand.
			8e id.	Id. de Selonnes. Id. de Vendôme.

DÉPARTEMENT DE

1er BATAILLON.

CIRCONSCRIPTIONS DE RECRUTEMENT.	CHEFS-LIEUX.	CENTRES DE RÉUNION.	NUMÉROS des COMPAGNIES OU BATTERIES.	CIRCONSCRIPTIONS DE RECRUTEMENT.
Arrondissement de La Flèche, 4 canton de l'arrondissement du Mans (Loué).	La Flèche.	»	1re compag.	Canton de Brulon.
			2e id.	Id. de La Flèche.
			3e id.	Id. de Lude.
			4e id.	Id. de Malicorne.
			5e id.	Id. de Mayet.
			6e id.	Id. de Pontvallain.
			7e id.	Id. de Sablé.
			8e id.	Id. de Loué.

ET BATTERIES.			OBSERVATIONS.
CHEFS-LIEUX.	CENTRES D'EXERCICE.	CENTRES DE RÉUNION.	

ET-CHER. — 2 BATAILLONS.

CHEFS-LIEUX.	CENTRES D'EXERCICE.	CENTRES DE RÉUNION.	OBSERVATIONS.
Blois,	Blois.		
Blois,	Bracieux, Crouy.	Blois.	
Contres.	Contres, Chitenay.		
Montrichard	Montrichard, Pontlevoy.		
Saint-Aignan	St-Aignan, St-Romain.	Noyers.	Par exception, le chef-lieu de la 8e compagnie est Romorantin.
La Motte-Beuvron	La Mothe-Beuvron, Caumont-s-Thoronne, Nouan, Vouzon, Salbris, Pierrefitte, Marcilly, Theillay.		
Menneton-sur-Cher.	Menneton-sur-Cher. Selles-sur-Cher, Rougeon.		
Romorantin.	Meung-s-Beuvron, Montrieux. Romorantin, Veilleins.		
Herbault.	Herbault, La Chapelle-Vendômoise, Santenay.		
Marchenoir.	Marchenoir.	Marchenoir.	
Mer.	Mer, La Chapelle.		
Ouzouer-le-Marché.	Ouzouer-le-M., La Colombe. Droué.		Par exception, le chef-lieu de la 5e compagnie est Morée, et le chef-lieu de la 8e est Vendôme.
Morée.	Morée, Pezou.		
Mondoubleau.	Mondoubleau, Saint-Agil. Savigny, Cellé.		
Montoire.	Montoire, Ternay. Saint Amand. Selonnes.		
Vendôme.	Vendôme, Villiers.		

LA SARTHE. — 4 BATAILLONS.

CHEFS-LIEUX.	CENTRES D'EXERCICE.	CENTRES DE RÉUNION.	OBSERVATIONS.
Brulon.	Brulon, Chantenay.	Chantenay.	
La Flèche.	La Flèche, Bazouges-sur-Loir.		
Le Lude.	Le Lude, La Chapelle-aux-Houx.		
Malicorne.	Malicorne.	Malicorne.	
Mayet.	Mayet, Verneil-le-Chétif.	Verneil-le-Chétif.	
Pontvallain.	Pontvallain, Mansigné.	Mansigné.	
Sablé.	Sablé.	Sablé.	
Loué.	Loué, Tassillé, Joué.		

BATAILLONS.			COMPAGNIES ET BATTERIES.					OBSERVATIONS.
CIRCONSCRIPTIONS DE RECRUTEMENT.	CHEFS-LIEUX.	CENTRES DE RÉUNION.	NUMÉROS des COMPAGNIES ou BATTERIES.	CIRCONSCRIPTIONS DE RECRUTEMENT.	CHEFS-LIEUX.	CENTRES D'EXERCICE.	CENTRES DE RÉUNION.	
			2e BATAILLON.					
Arrondissement de Mamers, moins 3 cantons (Ferté-Bernard, Montmirail et Tuffé).	Mamers.	»	1re compag.	Canton de Beaumont-sur-Sarthe.	Beaumont-sur-Sarthe.	Beaumont-sur-Sarthe.	Beaumont-sur-Sarthe.	Les 5e et 6e compagnies peuvent être réunies à Mamers,
			2e id.	Id. de Bonnétable.	Bonnétable.	Bonnétable, Terrehaut.	Terrehaut.	
			3e id.	Id. de Fresnay.	Fresnay.	Fresnay.	Fresnay.	
			4e id.	Id. de la Fresnaye.	La Fresnaye.	La Fresnaye.	La Fresnaye.	
			5e id.	1/2 canton de Mamers (Est).	Mamers.	Mamers.	Mamers.	
			6e id.	1/2 id. de Mamers (Ouest).	Mamers.	Mamers.	Mamers.	
			7e id.	Canton de Marolles-les-Braux.	Marolles-les-Braux.	Marolles-les-Braux.	Marolles-les-Braux.	
			8e id.	Id. de Saint-Pater.	Saint-Pater.	Saint-Pater, Oisseaux.	Oisseaux.	
			3e BATAILLON.					
Arrondissement du Mans, moins 3 cantons (Ecommoy, Loué et Montfort).	Le Mans.	»	1re compag.	Canton de Ballon.	Ballon.	Ballon.	Ballon.	Les 4e, 5e et 6e compagnies peuvent être réunies au Mans.
			2e id.	Id. de Conlie.	Conlie.	Conlie.	Conlie.	
			3e id.	1/2 1er canton du Mans (Est).	Le Mans.	Le Mans, Changé.	Changé	
			4e id.	1/2 1er canton du Mans (Ouest).	Le Mans.	Le Mans.		
			5e id.	2e canton du Mans.	Le Mans.	Le Mans.	Le Mans.	
			6e id.	3e canton du Mans.	Le Mans.	Le Mans.		
			7e id.	Canton de Sillé-le-Guillaume.	Sillé-le-Guillaume.	Sillé-le-Guillaume.	Sillé-le-Guillaume.	
			8e id.	Id. de Suze.	Suze.	Suze.	Suze.	
			4e BATAILLON.					
3 cantons de l'arrondissement de Mamers, 2 cantons de l'arrondissement du Mans, arrondissement de Saint-Calais.	Saint-Calais.	»	1re comp.	Canton de la Ferté-Bernard.	La Ferté-Bernard.	La Ferté-Bernard.	La Ferté-Bernard.	
			2e id.	Id. de Montmirail.	Montmirail.	Montmirail. Tuffé.		
				Id. de Tuffé.				
			3e id.	Id. d'Ecommoy.	Ecommoy.	Ecommoy.	Ecommoy.	
			4e id.	Id. de Montfort.	Montfort.	Montfort.	Montfort.	
			5e id.	Id. de Bouloire.	Bouloire.	Bouloire. Vibraye.		
				Id. de Vibraye.				
			6e id.	Id. de Château-du-Loir.	Château-du-Loir.	Château-du-Loir, Luceau.	Luceau.	
			7e id.	Id. de la Chartre.	La Chartre.	La Chartre. Ruillé. Le Grand-Lucé.		
				Id. du Grand-Lucé.				
			8e id.	Id. de Saint-Calais.	Saint-Calais.	Saint-Calais, Sainte-Cérotte.	Sainte-Cérotte.	

27

BATAILLONS.			COMPAGNIES	
CIRCONSCRIPTIONS DE RECRUTEMENT.	CHEFS-LIEUX.	CENTRES DE RÉUNION.	NUMÉROS des COMPAGNIES ou BATTERIES.	CIRCONSCRIPTIONS DE RECRUTEMENT.

DÉPARTEMENT DE LA

1er BATAILLON.

CIRCONSCRIPTIONS DE RECRUTEMENT.	CHEFS-LIEUX.	CENTRES DE RÉUNION.	NUMÉROS	CIRCONSCRIPTIONS DE RECRUTEMENT.
Arrondissement de Châtellerault, arrondissement de Loudun.	Châtellerault.	»	1re comp.	Canton de Châtellerault..
			2e id.	Id. de Dangé.
				Id. de Ligné-sur-Usseau..
			3e id.	Id. de Lencloître.
			4e id.	Id. de Pleumartin..
				Id. de Vouneuil-sur-Vienne..
			5e id.	Id. de Loudun.
			6e id.	Id. de Moncontour.
			7e id.	Id. de Monts-sur-Guesne.
			8e id.	Id. de Trois-Moutiers..

2e BATAILLON.

CIRCONSCRIPTIONS DE RECRUTEMENT.	CHEFS-LIEUX.	CENTRES DE RÉUNION.	NUMÉROS	CIRCONSCRIPTIONS DE RECRUTEMENT.
Arrondissement de Civray, arrondissement de Montmorillon.	Civray.	»	1re comp.	Canton d'Availles.
				Id. de Charroux..
			2e id.	Id. de Civray.
			3e id.	Id. de Couhé
			4e id.	Id. de Gençay..
			5e id.	Id. de Chauvigny.
				Id. de Saint-Savin.
			6e id.	Id. d'Isle-Jourdain.
			7e id.	Id. de Lussac-les-Châteaux.
			8e id.	Id. de Montmorillon..
				Id. de Trimouille.

3e BATAILLON.

CIRCONSCRIPTIONS DE RECRUTEMENT.	CHEFS-LIEUX.	CENTRES DE RÉUNION.	NUMÉROS	CIRCONSCRIPTIONS DE RECRUTEMENT.
Arrondissement de Poitiers.	Poitiers.	»	1re comp.	Canton de Lusignan..
			2e id.	Id. de Mirebeau..
			3e id.	Id. de Neuville.
			4e id.	Id. N. de Poitiers.
			5e id.	Id. S. de Poitiers..
			6e id.	Id. de Saint-Georges.
				Id. de Saint-Julien.
			7e id.	Id. de Villedieu.
				Id. de Vivonne.
			8e id.	Id. de Vouillé.

ET BATTERIES.			OBSERVATIONS.
CHEFS-LIEUX.	CENTRES D'EXERCICE.	CENTRES DE RÉUNION.	

VIENNE. — 3 BATAILLONS.

CHEFS-LIEUX.	CENTRES D'EXERCICE.	CENTRES DE RÉUNION.	OBSERVATIONS.
Châtellerault.	Châtellerault.	Châtellerault.	
Dangé.	Dangé.		
	Ligné-sur-Usseau.		
Lencloître.	Lencloître.	Lencloître.	
Pleumartin.	Pleumartin, La Roche-Posay		
	Vouneuil-sur-Vienne.		
Loudun.	Loudun, Les Basses.		
Moncontour.	Moncontour, Messais.	Messais.	
Monts-sur-Guesne.	Monts-sur-Guesne, Saint-Vincent.		
Trois-Moutiers.	Trois-Moutiers.	Trois-Moutiers.	
Availles.	Availles, Mauprevoir.		
	Charroux.		
Civray.	Civray.	Civray.	
Couhé.	Couhé.	Couhé.	
Gençay.	Gençay, Airoux.	Airoux.	
Chauvigny.	Chauvigny, Pleix.		
	Saint-Savin, La Bussière.		
Isle-Jourdain.	Isle-Jourdain.	Isle-Jourdain.	
Lussac-les-Châteaux.	Lussac-les-Châteaux, Verrières.		
Montmorillon.	Montmorillon, Saulgé.		
	Trimouille.		
Lusignan.	Lusignan.	Lusignan.	Les 4e et 5e compagnies peuvent être réunies à Poitiers.
Mirebeau.	Mirebeau, Cuhon.	Cuhon.	
Neuville.	Neuville.	Neuville.	
Poitiers.	Poitiers.	Poitiers.	
Poitiers.	Poitiers.		
Saint-Georges.	Saint-Georges..		
	Saint-Julien.		
Villedieu.	Villedieu, Nieuil.		
	Vivonne.		
Vouillé.	Vouillé, Latillé.		

19e DIVISION

BATAILLONS.			COMPAGNIES	
CIRCONSCRIPTIONS DE RECRUTEMENT.	CHEFS-LIEUX.	CENTRES DE RÉUNION.	NUMÉROS des COMPAGNIES OU BATTERIES.	CIRCONSCRIPTIONS DE RECRUTEMENT.

DÉPARTEMENT DE

1er BATAILLON.

CIRCONSCRIPTIONS DE RECRUTEMENT.	CHEFS-LIEUX.	CENTRES DE RÉUNION.	NUMÉROS des COMPAGNIES OU BATTERIES.	CIRCONSCRIPTIONS DE RECRUTEMENT.
Arrondissement de Gannat, arrondissement de la Palisse, moins 2 cantons (Donjon et Jaligny).	Gannat.	»	1re comp.	Canton de Chantelle.
			2e id.	Id. d'Ebreuil. / Id. de Gannat.
			3e id.	Id. d'Escurolles.
			4e id.	Id. de Saint-Pourçain.
			5e id.	Id. de Cusset.
			6e id.	Id. de la Palisse.
			7e id.	Id. de Mayet-de-Montagne.
			8e id.	Id. de Varennes-sur-Allier.

2e BATAILLON.

CIRCONSCRIPTIONS DE RECRUTEMENT.	CHEFS-LIEUX.	CENTRES DE RÉUNION.	NUMÉROS des COMPAGNIES OU BATTERIES.	CIRCONSCRIPTIONS DE RECRUTEMENT.
Arrondissement de Montluçon.	Montluçon.	»	1re comp.	Canton de Cérilly.
			2e id.	Id. de Commentry.
			3e id.	Id. de Hérisson.
			4e id.	Id. de Huriel.
			5e id.	Id. de Marcillat.
			6e id.	Id. E. de Montluçon.
			7e id.	Id. O. de Montluçon.
			8e id.	Id. de Montmarault.

3e BATAILLON.

CIRCONSCRIPTIONS DE RECRUTEMENT.	CHEFS-LIEUX.	CENTRES DE RÉUNION.	NUMÉROS des COMPAGNIES OU BATTERIES.	CIRCONSCRIPTIONS DE RECRUTEMENT.
2 cantons de l'arrondissement de la Palisse, arrondissement de Moulins.	Moulins.	»	1re comp.	Canton de Donjon. / Id. de Saligny.
			2e id.	Id. de Bourbon-l'Archambault.
			3e id.	Id. de Chevagnes. / Id. de Dompierre.
			4e id.	Id. de Lurcy-Lévy.
			5e id.	Id. de Montet.
			6e id.	Id. E. de Moulins. / Id. de Neuilly-le-Réal.
			7e id.	Id. O. de Moulins.
			8e id.	Id. de Souvigny.

MILITAIRE.

ET BATTERIES			OBSERVATIONS.
CHEFS-LIEUX.	CENTRES D'EXERCICE.	CENTRES DE RÉUNION.	

L'ALLIER. — 3 BATAILLONS.

CHEFS-LIEUX.	CENTRES D'EXERCICE.	CENTRES DE RÉUNION.	OBSERVATIONS.
Chantelle.	Chantelle, Monestier.	Monestier.	Par exception, le chef-lieu de la 2e compagnie est Gannat.
Gannat.	Ebreuil, Bellenave. / Gannat.		
Escurolles.	Escurolles, Saint-Pont.		
Saint-Pourçain.	Saint-Pourçain.	Saint-Pourçain.	
Cusset.	Cusset, Busset.		
La Palisse.	La Palisse, Breuil.	Breuil.	
Mayet-de-Montagne.	Mayet-de-Montagne.	Mayet-de-Montagne.	
Varennes-sur-Allier.	Varennes-sur-Allier, Langy.	Langy.	

CHEFS-LIEUX.	CENTRES D'EXERCICE.	CENTRES DE RÉUNION.	OBSERVATIONS.
Cérilly.	Cérilly, Tronçais		
Commentry.	Commentry.	Commentry.	
Hérisson.	Hérisson, Maillet, Venas.		
Huriel.	Huriel, Archignat, Courçais.		
Marcillat.	Marcillat, Arpheuilles.	Arpheuilles.	
Montluçon.	Montluçon, Saint-Angel.	Saint-Angel.	
Montluçon.	Montluçon, Quinssaines.		
Montmarault.	Montmarault, Villefranche.		

CHEFS-LIEUX.	CENTRES D'EXERCICE.	CENTRES DE RÉUNION.	OBSERVATIONS.
Donjon.	Donjon, Saint-Didier-en-Donjon. / Jaligny, Sorbier.		
Bourbon-l'Archambault.	Bourbon-l'Archambault, Ygrande.		
Chevagnes.	Chevagnes, Carnat. / Dompierre, Pierrefitte.		
Lurcy-Lévy.	Lurcy-Lévy, Mezangy.		
Montet.	Montet, Meillard,		
Moulins.	Moulins, Touln. / Neuilly-le-Réal, Gouise.		
Moulins.	Moulins, Montilly.	Montilly.	
Souvigny.	Souvigny.	Souvigny.	

BATAILLONS			COMPAGNIES	
CIRCONSCRIPTIONS DE RECRUTEMENT.	CHEFS-LIEUX.	CENTRES DE RÉUNION.	NUMÉROS des COMPAGNIES ou BATTERIES.	CIRCONSCRIPTIONS DE RECRUTEMENT.

DÉPARTEMENT DU CHER.

1er BATAILLON.

Arrondissement de Bourges, moins 2 cantons (Aix et Baugy).	Bourges.	»	1re compag	Canton de Bourges..........
			2e id. . .	Id. de Charost...........
			3e id. . .	Id. de Graçay...........
				Id. de Lury.............
			4e id. . .	Id. de Levet............
			5e id. . .	Id. de Mehun-sur-Yèvre.....
			6e id. . .	id. de St-Martin-d'Auxigny.....
			7e id. . .	1/2 du canton de Vierzon N........
			8e id. . .	1/2 id. de Vierzon S.......

2e BATAILLON.

Arrondissement de Saint-Amand.	St-Amand.	»	1re compag.	Canton de Charenton.........
				Id. de Sancoins....
			2e id. . .	Id. de Châteaumeillant.......
			3e id. . .	Id. de Saulzais-le-Potier.....
				Id. de Châteauneuf..........
			4e id. . .	Id. du Châtelet...........
				Id. de Lignières.........
			5e id. . .	id. de Dun-le-Roi.......
			6e id. . .	Id. de la Guerche........
			7e id. . .	Id. de Nérondes........
			8e id. . .	Id. de St-Amand........

3e BATAILLON.

2 cantons de l'arrondissement de Bourges. Arrondissement de Sancerre.	Sancerre.	»	1re compag.	Canton d'Aix-d'Angillon........
			2e id. . .	Id. de Baugy...........
			3e id. . .	Id d'Argent...........
				Id. de Vailly...........
				Id. d'Aubigny...........
			4e id. . .	Id. de Chapelle-d'Angillon......
			5e id. . .	Id. d'Henrichemont........
			6e id. . .	Id. de Leré............
				1/3 du canton de Sancerre N....
			7e id. . .	Canton de Sancergues.........
			8e id. . .	2/3 du canton de Sancerre S.....

ARTILLERIE.

»	»	»	1 Batterie. .	Canton de Bourges..........

ET BATTERIES.			OBSERVATIONS.
CHEFS-LIEUX.	CENTRES D'EXERCICE.	CENTRES DE RÉUNION.	

— 3 BATAILLONS. — 1 BATTERIE.

CHEFS-LIEUX.	CENTRES D'EXERCICE.	CENTRES DE RÉUNION.	OBSERVATIONS.
Bourges........	Bourges..........	Bourges.	
Charost.........	Charost, Mareuil, Saint-Florent.		
Graçay.........	Graçay.		
	Lury.		
Levet..........	Levet, St-Just.		
Mehun-sur-Yèvre...	Mehun-sur-Yèvre......	Mehun-sur-Yèvre.	
St-Martin-d'Auxigny.	St-Martin-d'Auxigny....	St-Martin-d'Auxigny.	
Vierzon.........	Vierzon, Neuvy-sur-Baranjou.		
Vierzon.........	Vierzon..........	Vierzon.	
Charenton........	Charenton, Vernais. Sancoins, Jouy.		
Châteaumeillant....	Châteaumeillant, St-Maur, St-Saturnin. Saulzais-le-Potier.		
Châteauneuf......	Châteauneuf........	Châteauneuf.	
Le Châtelet......	Le Châtelet, Lignières.		
Dun-le-Roi......	Dun-le-Roi, Bussy.		
La Guerche......	La Guerche........	La Guerche.	
Nérondes........	Nérondes, Flavigny.		
St-Amand	St-Amand........	St-Amand.	
Aix-d'Angillon	Aix-d'Angillon.......	Aix-d'Angillon.	Par exception, le chef-lieu de la 3e compagnie est Vailly.
Baugy.........	Baugy, Avord.......	Avord.	
Vailly.........	Argent, Clémont. Vailly.		
Aubigny.......	Aubigny, Ménétréol. Chapelle-d'Angillon, Prély-le-Ché if.		
Henrichemont	Henrichemont, Neuilly-en-Sancerre.		
Leré.........	Leré. Sancerre.		
Sancergues......	Sancergues, Lugny, Champagne.		
Sancerre.......	Sancerre, St-Bouise.	St-Bouise.	

— 1 BATTERIE.

CHEFS-LIEUX.	CENTRES D'EXERCICE.	CENTRES DE RÉUNION.	OBSERVATIONS.
Bourges........	Bourges..........	Bourges.	

BATAILLONS.			COMPAGNIES	
CIRCONSCRIPTIONS DE RECRUTEMENT.	CHEFS-LIEUX.	CENTRES DE RÉUNION.	NUMÉROS des COMPAGNIES ou BATTERIES.	CIRCONSCRIPTIONS DE RECRUTEMENT.

DÉPARTEMENT DE

1er BATAILLON.

CIRCONSCRIPTIONS DE RECRUTEMENT.	CHEFS-LIEUX.	CENTRES DE RÉUNION.	NUMÉROS	CIRCONSCRIPTIONS DE RECRUTEMENT.
Arrondissement de Châteauroux, moins 2 cantons (Ardentes et Argenton) Arrondissement d'Issoudun.	Châteauroux.	»	1re comp..	Canton de Buzançais.
			2e id...	Id. de Châteauroux.
			3e id..	Id. de Châtillou.
			4e id..	Id. d'Ecueillé.
				Id. de Levroux.
			5e id..	Id. de Valençay.
			6e id..	Id. N. d'Issoudun.
			7e id..	Id. S. d'Issoudun.
			8e id..	Id. de St-Christophe.
				Id. de Vatan.

2e BATAILLON.

CIRCONSCRIPTIONS DE RECRUTEMENT.	CHEFS-LIEUX.	CENTRES DE RÉUNION.	NUMÉROS	CIRCONSCRIPTIONS DE RECRUTEMENT.
2 cantons de l'arrondissement de Châteauroux. Arrondissement de La Châtre. Arrondissement de Le Blanc.	La Châtre.	»	1re comp..	Canton d'Ardentes.
				Id. d'Argenton.
			2e id..	Id. d'Aigurande.
				Id. de Ste-Sévère.
			3e id..	Id. d'Eguzon.
				Id. Neuvy St-Sépulcre.
			4e id..	Id. de La Châtre.
			5e id..	Id. de Belabre.
				Id. de St-Gaultier.
			6e id..	Id. de Le Blanc.
			7e id..	Id. de Mezières-en-Brenne.
				Id. de Tournon.
			8e id..	Id. de St-Benoît-du-Sault.

DÉPARTEMENT DE LA

1er BATAILLON.

CIRCONSCRIPTIONS DE RECRUTEMENT.	CHEFS-LIEUX.	CENTRES DE RÉUNION.	NUMÉROS	CIRCONSCRIPTIONS DE RECRUTEMENT.
Arrondissement de Château-Chinon. 3 cantons de l'arrondissement de Clamecy (Corbigny, Lormes et Tannay).	Château-Chinon.	»	1re comp..	Canton de Château-Chinon.
			2e id..	Id. de Châtillon.
			3e id..	Id. de Luzy.
			4e id..	Id. de Montsauche.
			5e id..	Id. de Moulins-Engilbert.
			6e id..	Id. de Corbigny.
			7e id..	Id. de Lormes.
			8e id..	Id. de Tannay.

ET BATTERIES.			OBSERVATIONS.
CHEFS-LIEUX.	CENTRES D'EXERCICE.	CENTRES DE RÉUNION.	

L'INDRE. — 2 BATAILLONS.

CHEFS-LIEUX.	CENTRES D'EXERCICE.	CENTRES DE RÉUNION.	OBSERVATIONS.
Buzançais.	Buzançais, Claise, Villedieu.		
Châteauroux.	Châteauroux, La Leuf.		
Châtillon.	Châtillon, Semblançay.	Semblançay.	
Ecueillé.	Ecueillé, Pellevoisin.		
	Levroux, Chêne Vert.		
Valençay.	Valençay, Les Beaux-Frères.	Les Beaux-Frères.	
Issoudun.	Issoudun, St-Lizaigne, St-Aoustrille.		
Issoudun.	Issoudun, Meunet.		
St-Christophe.	St-Christophe.		
	Vatan, Meunet-sur-Vatan.		

CHEFS-LIEUX.	CENTRES D'EXERCICE.	CENTRES DE RÉUNION.	OBSERVATIONS.
Ardentes.	Ardentes, La Roche.		
	Argenton, La Bourdin.		
Aigurande.	Aigurande, Le Charay.		
	Ste-Sévère.		
Eguzon.	Eguzon, Cuzion.		
	Neuvy-St-Sépulcre, Les Loges-de-Bonavois.		
La Châtre.	La Châtre, Thevet, St-Julien, Corlay.		
Belabre.	Belabre, Chaîais, Château-Guillaume.		
	St-Gaultier, Rivarennes, Achet.		
Le Blanc.	Le Blanc, Ruffec, La Coudraie.		
Mezières-en-Brenne.	Mezières-en-Brenne, Azay-le-Ferron.		
	Tournon, Luray, Lureuil.		
St-Benoît-du-Sault.	St-Benoît, Parnac, Chaillac.		

NIÈVRE. — 3 BATAILLONS.

CHEFS-LIEUX.	CENTRES D'EXERCICE.	CENTRES DE RÉUNION.	OBSERVATIONS.
Château-Chinon.	Château-Chinon, Arleuf, Chatin.		
Châtillon.	Châtillon, Biches.		
Luzy.	Luzy, Sémelay.		
Montsauche.	Montsauche.	Montsauche.	
Moulins-Engilbert.	Moulins-Engilbert, Vandenesse, Onlay.		
Corbigny.	Corbigny, Cervon.	Cervon.	
Lormes.	Lormes, St-Martin-du-Puits.	St-Martin-du-Puits.	
Tannay.	Tannay, Cuzi.	Cuzi.	

BATAILLONS. — COMPAGNIES ET BATTERIES.

2e BATAILLON.

CIRCONSCRIPTION DE RECRUTEMENT.	CHEFS-LIEUX.	CENTRES DE RÉUNION.	NUMÉROS des COMPAGNIES OU BATTERIES.	CIRCONSCRIPTIONS DE RECRUTEMENT.	CHEFS-LIEUX.	CENTRES D'EXERCICE.	CENTRES DE RÉUNION.	OBSERVATIONS.
2 cantons de l'arrondiss. de Clamecy (Clamecy et Varzy). Arrondissement de Cosne.	Cosne.	»	1re comp.	Canton de Clamecy	Clamecy	Clamecy	Clamecy.	
			2e id.	Id. de Varzy	Varzy	Varzy, La Chapelle-St-André.	La Chapelle-St-André.	
			3e id.	Id. de la Charité	La Charité	La Charité, Les Bretins	Les Bretins.	
			4e id.	Id. de Cosne	Cosne	Cosne, Myenne	Myenne.	
			5e id.	Id. de Donzy	Donzy	Donzy, Ste-Colombe		
			6e id.	Id. de Pouilly	Pouilly	Pouilly	Pouilly	
			7e id.	Id. de Premery	Premery	Premery, Giri	Giri	
			8e id.	Id. de Saint-Amand	Saint-Amand	Saint-Amand	Saint-Amand.	

3e BATAILLON.

CIRCONSCRIPTION DE RECRUTEMENT.	CHEFS-LIEUX.	CENTRES DE RÉUNION.	NUMÉROS des COMPAGNIES OU BATTERIES.	CIRCONSCRIPTIONS DE RECRUTEMENT.	CHEFS-LIEUX.	CENTRES D'EXERCICE.	CENTRES DE RÉUNION.	OBSERVATIONS.
4 canton de l'arrondiss. de Clamecy (Brinon). Arrondissement de Nevers.	Nevers.	»	1re compag.	Canton de Brinon	Brinon	Brinon, Moraches	Moraches.	Par exception, le chef-lieu de la 3e compagnie est Saint-Pierre-les-Moutiers.
			2e id.	Id. de Decize Id. de Fours	Decize	Decize, Beard. Fours.		
			3e id.	Id. de Dornes Id. de Saint-Pierre-le-Moutiers	St-Pierre-le-Moutiers	Dornes, Lucenay-les-Aix. St-Pierre-le-M., Azy-le-Vif.		
			4e id.	Id. de Nevers	Nevers	Nevers	Nevers.	
			5e id.	1/2 canton de Pougues-les-Eaux E.	Pougues-les Eaux	Guérigny	Guérigny.	
			6e id.	1/2 id. de Pougues-les-Eaux O.	Pougues-les-Eaux	Poug.-les-E., Fourchambault	Pougues-les-Eaux.	
			7e id.	Canton de Saint-Bénin-d'Azy	Saint Bénin-d'Azy	St-Bénin-d'Azy, Ville-Langy.		
			8e id.	Id. de Saint-Saulge	Saint-Saulge	Saint-Saulge	Saint-Saulge	

21e DIVISION MILITAIRE.

DÉPARTEMENT DE LA CORRÈZE. — 2 BATAILLONS.

1er BATAILLON.

CIRCONSCRIPTION DE RECRUTEMENT.	CHEFS-LIEUX.	CENTRES DE RÉUNION.	NUMÉROS des COMPAGNIES OU BATTERIES.	CIRCONSCRIPTIONS DE RECRUTEMENT.	CHEFS-LIEUX.	CENTRES D'EXERCICE.	CENTRES DE RÉUNION.	OBSERVATIONS.
Arrondissement de Brives. 4 cantons de l'arrondissement de Tulle (Argentat, Sielhat, Treignac et Uzerche).	Brives	»	1re compag.	Canton de d'Ayen Id. de Larche	Ayen. Larche.			
			2e id.	Id. de Beaulieu Id. de Beynat	Beaulieu. Beynat.			
			3e id.	Id. de Brives	Brives	Brives, Noailles.		
			4e id.	Id. de Donzenac Id. de Vigeois	Donzenac	Donzenac, Ste-Féréole. Vigeois, Lornac.		
			5e id.	Id. de Juillac Id. de Lubersac	Juillac	Juillac. Lubersac, Pompadour, La Chapelle.		
			6e id.	Id. de Meyssac	Meyssac	Meyssac	Meyssac.	
			7e id.	Id. d'Argentat	Argentat	Argentat, Saint-Chamand.	Saint-Chamand.	
			8e id.	Id. de Seilhac Id. de Treignac Id. d'Uzerche	Seilhac	Seilhac, Chamboulive. Treignac, Saint-Hilaire-les-Courbes. Uzerche, Salons.		

BATAILLONS.			COMPAGNIES ET BATTERIES.	
CIRCONSCRIPTIONS DE RECRUTEMENT.	CHEFS-LIEUX.	CENTRES DE RÉUNION.	NUMÉROS des COMPAGNIES OU BATTERIES.	CIRCONSCRIPTIONS DE RECRUTEMENT.
				2e BATAILLON.
Arrondissement de Tulle, moins 4 cantons. Arrondissement d'Ussel.	Tulle.	»	1re compag.	Canton de Corrèze.
				Id. S. de Tulle.
			2e id.	Id. d'Egletons.
				Id. de Lapleau.
				Id. de la Roche-Canillac.
			3e id.	Id. de Mercœur.
				Id. de Saint-Privat.
			4e id.	Id. N. de Tulle.
			5e id.	Id. de Bort.
				Id. de Neuvie.
			6e id.	Id. de Bugeat.
				Id. de Sornac.
			7e id.	Id. d'Eygurande.
				Id. d'Ussel.
			8e id.	Id. de Meymac.

DÉPARTEMENT DE LA [CREUSE]

CIRCONSCRIPTIONS DE RECRUTEMENT.	CHEFS-LIEUX.	CENTRES DE RÉUNION.	NUMÉROS des COMPAGNIES OU BATTERIES.	CIRCONSCRIPTIONS DE RECRUTEMENT.
				1er BATAILLON.
Arrondissement d'Aubusson, moins 1 canton (Saint Sulpice-les-Champs).	Aubusson.	»	1re compag.	Canton d'Aubusson.
			2e id.	Id. d'Auzances.
			3e id.	Id. de Bellegarde.
			4e id.	Id. de Chénérailles.
			5e id.	Id. de la Courtine.
			6e id.	Id. de Crocq.
			7e id.	Id. d'Evaux.
			8e id.	Id. de Felletin.
				Id. de Gentioux.
				2e BATAILLON.
4 canton de l'arrondiss. d'Aubusson. Arrondissement de Bourganeuf. Arrondissement de Boussac. 1 canton de l'arr. de Guéret (Ahun).	Bourganeuf.	»	1re compag.	Canton de Saint Sulpice-les-Champs
			2e id.	Id. de Bénévent-l'Abbaye.
			3e id.	Id. de Bourganeuf.
			4e id.	Id. de Pontarion.
				Id. de Royère.
			5e id.	Id. de Boussac.
			6e id.	Id. de Chambon.
				Id. de Jarnages.
			7e id.	Id. de Chatelus.
			8e id.	Id. d'Ahun.

CHEFS-LIEUX.	CENTRES D'EXERCICE.	CENTRES DE RÉUNION.	OBSERVATIONS.
Corrèze.	Corrèze, Saint-Augustin.		
	Tulle, Ste-Fortunade, Chanac.		
	Egletons.		
Egletons.	Lapleau.		
	La Roche-Canillac, Marcillac, La Croisille.		Par exception, le chef-lieu de la 3e compagnie est à Saint-Privat.
Saint-Privat.	Mercœur, Sexcles, Reygades.		
	Saint-Privat, Servières.		
Tulle.	Tulle, Favars.		
Bort.	Bort, Saint-Bonnet.		
	Neuvie.		
Bugeat.	Bugeat, Murat, Toy-Viam.		Par exception, le chef-lieu de la 7e compagnie est à Ussel.
	Sornac, Millevaches.		
Ussel.	Eygurande.		
	Ussel.		
Meymac.	Meymac, Moussac.		

CREUSE. — 3 BATAILLONS.

CHEFS-LIEUX.	CENTRES D'EXERCICE.	CENTRES DE RÉUNION.	OBSERVATIONS.
Aubusson.	Aubusson.	Aubusson.	
Auzances.	Auzances.	Auzances.	
Bellegarde.	Bellegarde.	Bellegarde.	
Chénérailles	Chénérailles, Peyrat-la-Nonière.	Peyrat-la-Nonière.	
La Courtine	La Courtine, Saint-Aradoux-de-Chirouse, Le Trucq.		
Crocq.	Crocq, Villeneuve.		
Evaux	Evaux, Reterre.	Reterre.	
Felletin.	Felletin, Vallières.		
	Gentioux.		

CHEFS-LIEUX.	CENTRES D'EXERCICE.	CENTRES DE RÉUNION.	OBSERVATIONS.
St-Sulpice-les-Champs	Saint-Sulpice-les-Champs.	St-Sulpice-les-Champs.	
Bénévent-l'Abbaye.	Bénév.-l'Abbaye, Mourioux.	Mourioux.	
Bourganeuf.	Bourganeuf, Montboucher.		
Pontarion	Pontarion; Royère, St-Martin-Château.		
Boussac.	Boussac, La Vaufranche.		
Chambon.	Chambon, Lussat, Lépaud. Jarnages, Parsac.		
Chatelus.	Chatelus, Genouillac.	Genouillac.	
Ahun.	Ahun, Saint-Hilaire.	Saint-Hilaire.	

BATAILLONS.			COMPAGNIES	
CIRCONSCRIPTIONS DE RECRUTEMENT.	CHEFS-LIEUX.	CENTRES DE RÉUNION.	NUMÉROS des COMPAGNIES ou BATTERIES.	CIRCONSCRIPTIONS DE RECRUTEMENT.
				3e BATAILLON.
Arrondissement de Guéret, moins 1 canton.	Guéret.	»	1re compag.	1/2 canton de Bonnat N.
			2e id...	1/2 id. de Bonnat S.
			3e id...	Canton de Dun.
			4e id...	Id. du Grand-Bourg.
			5e id...	Id. de Guéret.
			6e id...	Id. de Saint-Vaury.
			7e id...	1/2 canton de la Souterraine N.
			8e id...	1/2 id. de la Souterraine S.

DÉPARTEMENT DE LA

				1er BATAILLON.
Arrondissement de Bellac. Arrondissement de Rochechouart. 2 cantons de l'arrondissement de Saint-Yrieix (Chalus et St-Yrieix).	Bellac.	»	1re compag.	Canton de Bellac. Id. de Mézières.
			2e id...	Id. de Bessines.
			3e id...	Id. de Châteauponsac. Id. de Nantiat.
			4e id.	Id. du Dorat. Id. de Magnac-Laval.
			5e id...	Id. de Saint-Sulpice-les-Feuilles.
			6e id...	Id. d'Oradour-sur-Vayres. Id. de Rochechouart. Id. de Saint-Mathieu.
			7e id...	Id. de Saint Junien. Id. de Saint-Laurent-sur-Gorre.
			8e id...	Id. de Chalus. Id. de Saint-Yrieix.
				2e BATAILLON.
Arrondissement de Limoges. 2 cantons de l'arrondissement de St-Yrieix (Nexon et St-Germain-les-Belles).	Limoges.	»	1re compag.	Canton d'Aixe-sur-Vienne. Id. de Nieul.
			2e id...	Id. d'Ambazac. Id. de Laurière.
			3e id...	Id. de Châteauneuf. Id. d'Eymoutiers.
			4e id...	1/2 canton N. de Limoges.
			5e id...	1/2 id. N. de Limoges.
			6e id...	Canton S. de Limoges.
			7e id...	Id. de Pierre-Buffière. Id. de Saint-Léonard.
			8e id...	Id. de Nexon. Id. de Saint-Germain-les-Belles.

ET BATTERIES.			OBSERVATIONS.
CHEFS-LIEUX.	CENTRES D'EXERCICE.	CENTRES DE RÉUNION.	
Bonnat.	Bonnat, Linard.	Linard.	
Bonnat.	Bonnat.	Bonnat.	Les 1re et 2e compagnies peuvent être réunies à Linard.
Dun.	Dun, Lafat.		
Le Grand-Bourg.	Le Gd-Bourg, Chamborant.		
Guéret.	Guéret, Ajain.		
Saint-Vaury.	St-Vaury, Soumande.	Saint-Vaury.	Les 7e et 8e à Saint-Aignan-de-Versillat.
La Souterraine.	La Souterraine, St-Aignan-de-Versillat	St-Aignan-de-Versillat	
La Souterraine.	La Souterraine.	La Souterraine.	

HAUTE-VIENNE. — 2 BATAILLONS.

CHEFS-LIEUX.	CENTRES D'EXERCICE.	CENTRES DE RÉUNION.	OBSERVATIONS.
Bellac	Bellac.		
	Mézières, Saint-Barbant.		
Bessines	Bessines.	Bessines.	
Châteauponsac	Châteauponsac.		
	Nantiat.		Par exception, le chef-lieu de la 6e compagnie est Rochechouart.
Le Dorat	Le Dorat, Azat-le-Riz.		
	Magnac, Laval-Dampierre.		
St-Sulpice-les-Feuilles	St-Sulpice les F., Cromac.	Cromac.	
	Oradour.		
Rochechouart	Rochechouart, Videix.		Par exception, le chef-lieu de la 8e est Saint-Yrieix.
	Saint-Mathieu, La Chapelle-Montbrandeix.		
Saint-Junien	Saint-Junien, Bertagne.		
	St-Laurent-s-Gorre, Cognac.		
Saint-Yrieix	Chalus, Les Cars, Bussière-Galant.		
	Saint-Yrieix, Le Chalard.		
Aixe-sur-Vienne	Aixe-sur-Vienne, Beynac.		
	Nieul.		
Ambazac	Ambazac, St-Laurent-les-Églises.		
	Laurière, Saint-Léger.		
Châteauneuf	Châteauneuf, Su-sac.		
	Eymoutiers, Neuilh, Augne.		Les 4e, 5e et 6e compagnies peuvent être réunies à Limoges.
Limoges	Limoges.		
Limoges	Limoges.	Limoges.	
Limoges	Limoges, Saint-Just.		
Pierre-Buffière	Pierre Buffière, Boisseuil.		
	Saint-Léonard, Le Châtenet.		
Nexon	Nexon, Janailhac.		
	Saint Germain-les-Belles, Magnac, Bourg.		

OBSERVATION.		
[illegible]	[illegible]	VENDÉE.
[illegible]	[illegible]	[illegible]
[illegible]	Sablons.	[illegible]
[illegible]	Cironac.	[illegible]
[illegible]	Limoges.	[illegible]
[illegible]	[illegible]	[illegible]

6ᵉ CORPS D'ARMÉE.

TABLEAUX des circonscriptions de recrutement des bataillons, compagnies et batteries de la garde nationale mobile dans le 6ᵉ corps d'armée.

DÉPARTEMENTS.	BATAILLONS.	BATTERIES.	COMPAGNIES DE PONTONNIERS.
11ᵉ DIVISION MILITAIRE.			
Ariége.	2 bataillons.		
Aude.	2 id.		
Pyrénées-Orientales.	1 id.	2 batteries.	
Totaux. .	5 bataillons.	2 batteries.	
12ᵉ DIVISION MILITAIRE.			
Lot.	2 bataillons.		
Haute-Garonne. . .	3 id.	1 batterie.	1 compagnie.
Tarn.	3 id.		
Tarn-et-Garonne. .	2 id.		
Totaux. .	10 bataillons.	1 batterie.	1 compagnie.
13ᵉ DIVISION MILITAIRE.			
Basses-Pyrénées. . .	3 bataillons. . . .	2 batteries.	
Gers.	2 id.		
Hautes-Pyrénées. . .	2 id.		
Landes.	2 id.		
Totaux. .	9 bataillons.	2 batteries.	
14ᵉ DIVISION MILITAIRE.			
Charente.	3 bataillons.		
Charente-Inférieure.	3 id.	3 batteries.	
Dordogne.	3 id.		
Gironde.	4 id.	1 batterie.	
Lot-et-Garonne. . .	2 id.		
Totaux. .	15 bataillons.	4 batteries.	
Totaux généraux	39 bataillons.	9 batteries.	1 compagnie.

BATAILLONS.			COMPAGNIES	
CIRCONSCRIPTIONS DE RECRUTEMENT.	CHEFS-LIEUX.	CENTRES DE RÉUNION.	NUMÉROS des COMPAGNIES OU BATTERIES.	CIRCONSCRIPTIONS DE RECRUTEMENT.
DÉPARTEMENT DE — 1ᵉʳ BATAILLON.				
Arrondissement de Foix, 3 cantons de l'arrondissement de St-Girons. (Castillon, Massat et Oust.)	Foix.	»	1ʳᵉ comp..	Canton d'Ax. Id. de Quérigut.
			2ᵉ id..	Id. de Bastide-de-Sérou. Id. de Foix.
			3ᵉ id..	Id. des Cabanes. Id. de Vic-Dessos.
			4ᵉ id..	Id. de Lavelannet.
			5ᵉ id..	Id. de Tarascon.
			6ᵉ id..	Id. de Castillon.
			7ᵉ id..	Id. de Massat.
			8ᵉ id..	Id. d'Oust.
2ᵉ BATAILLON.				
Arrondissement de Pamiers. 3 cantons de l'arrondissement de St-Girons. (Sainte-Croix, Saint-Girons et Saint-Lizier.	Pamiers.	»	1ʳᵉ comp..	Canton du Fossat. Id. du Mas-d'Azil.
			2ᵉ id..	Id. de Mirepoix.
			3ᵉ id..	Id. de Pamiers.
			4ᵉ id..	Id. de Saverdun.
			5ᵉ id..	Id. de Varilhes.
			6ᵉ id..	Id. de Sainte-Croix.
			7ᵉ id..	Id. de Saint-Girons.
			8ᵉ id..	Id. de Saint-Lizier.
DÉPARTEMENT DE — 1ᵉʳ BATAILLON.				
Arrondissement de Carcassonne, moins 5 cantons (Capendu, Lagrasse, Montonnet, Peyriac, Minervois et Tuchan). Arrondissement de Castelnaudary. Arrondissement de Limoux.	Carcassonne.	»	1ʳᵉ comp..	Canton d'Alzonne. Id. de Montréal.
			2ᵉ id..	Id. E. de Carcassonne. Id. O. de Carcassonne. Id. de Conques.
			3ᵉ id..	Id. du Mas-Cabardès. Id. de Saissac. Id. de Belpech.
			4ᵉ id..	Id. de Fanjeaux. Id. de Salles-sur-l'Hers.
			5ᵉ id..	Id. N. de Castelnaudary. Id. S. de Castelnaudary. Id. d'Alaigue.
			6ᵉ id..	Id. de Chalabre. Id. de Limoux.
			7ᵉ id..	Id. d'Axat. Id. de Belcaire.
			8ᵉ id..	Id. de Couiza. Id. de Quillan. Id. de Saint-Hilaire.

ET BATTERIES.			OBSERVATIONS.
CHEFS-LIEUX.	CENTRES D'EXERCICE.	CENTRES DE RÉUNION.	
L'ARIÉGE. — 2 BATAILLONS.			
Ax.	Ax, Mereus. Quérigut.		Par exception, le chef-lieu de la 2ᵉ compagnie est Foix.
Foix.	Bastide de Sérou. Foix, St-Pierre, Montgaillard		
Les Cabanes.	Les Cabanes, Luzenac. Vic-Dessos.		
Lavelannet.	Lavelannet, Villeneuve-d'Olmes		
Tarascon.	Tarascon, Saurat.		
Castillon.	Castillon, Sentein.		
Massat.	Massat.	Massat.	
Oust.	Oust.		
Le Fossat.	Le Fossat, Stᵉ-Suzanne. Le Mas-d'Azil, Campagne.		
Mirepoix.	Mirepoix, St-Quintin.		
Pamiers.	Pamiers, St-Arnier.		
Saverdun.	Saverdun, St-Jean-de-Crieu.	St-Jean-de-Crieu.	
Varilhes.	Varilhes.	Varilhes.	
Sainte-Croix.	Sainte-Croix.	Sainte-Croix.	
St-Girons.	St-Girons, Rimont.		
St-Lizier.	St-Lizier.	St-Lizier.	
L'AUDE. — 2 BATAILLONS.			
Alzonne.	Alzonne. Montréal, Arzens.		
Carcassonne.	Carcassonne.	Carcassonne.	
Conques.	Conques. Le Mas-Cabardès. Saissac.		
Belpech.	Belpech. Fanjeaux. Salles-sur-l'Hers.		
Castelnaudary.	Castelnaudary. St-Papoul, Guibusque. Alaigue.		Par exception, le chef-lieu de la 6ᵉ compagnie est Limoux.
Limoux.	Chalabre. Limoux.		
Axat.	Axat, Roquefort-de-Sault. Belcaire, Espézel.		
Couiza.	Couiza, Serres, Rennes-les-Bains. Quillan. Saint-Hilaire.		

BATAILLONS.			COMPAGNIES	
CIRCONSCRIP-TIONS DE RECRUTEMENT.	CHEFS-LIEUX.	CENTRES DE RÉUNION.	NUMÉROS des COMPAGNIES OU BATTERIES.	CIRCONSCRIPTIONS DE RECRUTEMENT.

2ᵉ BATAILLON.

CIRCONSCRIP-TIONS DE RECRUTEMENT.	CHEFS-LIEUX.	CENTRES DE RÉUNION.	NUMÉROS des COMPAGNIES OU BATTERIES.	CIRCONSCRIPTIONS DE RECRUTEMENT.
5 cantons de l'arrondissement de Carcassonne. Arrondissement de Narbonne.	Narbonne.	»	1ʳᵉ comp. .	Canton de Capendu. . . . . Id. de Lagrasse. . . . .
			2ᵉ id. . .	Id. de Monthonnet. . . . .
			3ᵉ id. . .	Id. de Tuchan. . . . . Id. de Peyriac-Minervois.. . . . . .
			4ᵉ id. . .	Id. de Coursan. . . . .
			5ᵉ id. . .	Id. de Durban.. . . . . Id. de Lésignan. . . . .
			6ᵉ id. . .	Id. de Ginestas. . . . .
			7ᵉ id. . .	Id. de Narbonne.. . . . .
			8ᵉ id. . .	Id. de Sigean. . . . .

DÉPARTEMENT DES PYRÉNÉES-

BATAILLON.

CIRCONSCRIP-TIONS DE RECRUTEMENT.	CHEFS-LIEUX.	CENTRES DE RÉUNION.	NUMÉROS des COMPAGNIES OU BATTERIES.	CIRCONSCRIPTIONS DE RECRUTEMENT.
Arrondissements de Céret, de Perpignan et de Prades.	Perpignan.	»	1ʳᵉ comp. .	Canton d'Argelès-sur-Mer.. . . . . . .
			2ᵉ id. . .	Id. de Céret.. . . . . Id. d'Arles-sur-Tech.. . . . . . . Id. de Prats-de-Mollo. . . . . Id. de La Tour-de-France. . . . . .
			3ᵉ id. . .	Id. de Saint-Paul-de-Fenouillet. . .
			4ᵉ id. . .	Id. de Millas. . . . . Id. N. de Perpignan.. . . . .
			5ᵉ id. . .	Id. S. de Perpignan.. . . . . . . Id. de Thuir.. . . . .
			6ᵉ id. . .	Id. de Rivesaltes. . . . .
			7ᵉ id. . .	Id. de Montlouis.. . . . . Id. d'Olette. . . . . Id. de Saillagouse. . . . .
			8ᵉ id. . .	Id. de Prades. . . . . Id. de Sournia. . . . . Id. de Vinça. . . . .

ARTILLERIE.

CIRCONSCRIP-TIONS DE RECRUTEMENT.	CHEFS-LIEUX.	CENTRES DE RÉUNION.	NUMÉROS des COMPAGNIES OU BATTERIES.	CIRCONSCRIPTIONS DE RECRUTEMENT.
			1ʳᵉ batter..	Canton d'Argelès-sur-Mer.. . . . . . . Id. S. de Perpignan.. . . . .
			2ᵉ id. . .	Id. N. de Perpignan., ... Id. S. de Perpignan.. . . . .

ET BATTERIES.			OBSERVATIONS.
CHEFS-LIEUX.	CENTRES D'EXERCICE.	CENTRES DE RÉUNION.	

CHEFS-LIEUX.	CENTRES D'EXERCICE.	CENTRES DE RÉUNION.	OBSERVATIONS.
Capendu.	Capendu. Lagrasse, Rieux-en-Val.		
Monthonnet	Monthonnet, La Roque-de-Fa.		
Peyriac-Minervois. .	Tuchan, Montgaillard. Peyriac-Minervois, Caunes.		
Coursan..	Coursan, Gruissan.		
Lesignan.	Durban, Fonjoncouse. Lésignan, Conilhac.		Par exception, le chef-lieu de la 5ᵉ compagnie est Lésignan.
Ginestas.	Ginestas.	Ginestas.	
Narbonne.	Narbonne, Névian.	Névian.	
Sigean.	Sigean, La Palme.		

ORIENTALES. — 1 BATAILLON, 2 BATTERIES.

CHEFS-LIEUX.	CENTRES D'EXERCICE.	CENTRES DE RÉUNION.	OBSERVATIONS.
Céret.	Argelès-sur-Mer, Collioure, Laroque. Céret.		Par exception, le chef-lieu du bataillon est Perpignan, et le chef-lieu de la 1ʳᵉ compagnie est Céret.
Arles-sur-Tech.. . .	Arles-sur-Tech. Prats-de-Mollo, Le Tech.		
La Tour-de-France. .	La Tour-de-France. Saint-Paul-de-Fenouillet, Maury, Caudiès.		
Millas..	Millas. Perpignan.		
Perpignan..	Perpignan, Villeneuve. Thuir, Trouillas.		
Rivesaltes.	Rivesaltes, Salus.		
Mont-Louis..	Montlouis, Fortniguères. Olette. Saillagouse, La Tour-de-Carol.		
Prades.	Prades. Sournia. Vinça, Glorianes.		

— 2 BATTERIES.

CHEFS-LIEUX.	CENTRES D'EXERCICE.	CENTRES DE RÉUNION.	OBSERVATIONS.
Argelès-sur-Mer.. . .	Port-Vendres. Perpignan.		
Perpignan..	Perpignan.	Perpignan.	

12ᵉ DIVISION

DÉPARTEMENT DU

BATAILLONS.			COMPAGNIES	
CIRCONSCRIPTIONS DE RECRUTEMENT.	CHEFS-LIEUX.	CENTRES DE RÉUNION.	NUMÉROS des COMPAGNIES ou BATTERIES.	CIRCONSCRIPTIONS DE RECRUTEMENT.

1er BATAILLON.

CIRCONSCRIPTIONS DE RECRUTEMENT.	CHEFS-LIEUX.	CENTRES DE RÉUNION.	NUMÉROS	CIRCONSCRIPTIONS DE RECRUTEMENT.
Arrondissement de Cahors, 4 cantons de l'arrondissement de Gourdon (Gourdon-Salviat, La Bastide-Murat et St-Germain).	Cahors.	»	1re comp.	Canton N. de Cahors Id. S. de Cahors
			2e id.	Id. de Castelnau Id. de Montcuq
			3e id.	Id. de Catus Id. de Cazals
			4e id.	Id. de Lalbenque Id. de Limogne
			5e id.	Id. de Lauzès Id. de St-Géry
			6e id.	Id. de Luzech Id. de Puy-l'Evêque
			7e id.	Id. de Gourdon Id. de Salviac
			8e id.	Id. de la Bastide-Murat Id. de St-Germain

2e BATAILLON.

CIRCONSCRIPTIONS DE RECRUTEMENT.	CHEFS-LIEUX.	CENTRES DE RÉUNION.	NUMÉROS	CIRCONSCRIPTIONS DE RECRUTEMENT.
Arrondissement de Figeac, 5 cantons de l'arrondissement de Gourdon (Gramat, Martel, Payrac, Souillac et Vayrac).	Figeac.	»	1re comp.	Canton de Bretenoux Id. de St-Céré
			2e id.	Id. de Cajare
			3e id.	Id. de Livernon Id. E. de Figeac Id. O. de Figeac
			4e id.	Id. de la Capelle-Marival
			5e id.	Id. de la Tronquière
			6e id.	Id. de Gramat
			7e id.	Id. de Martel Id. de Vayrac
			8e id.	Id. de Payrac Id. de Souillac

MILITAIRE.

LOT. — 2 BATAILLONS.

ET BATTERIES			OBSERVATIONS.
CHEFS-LIEUX.	CENTRES D'EXERCICE.	CENTRES DE RÉUNION.	

CHEFS-LIEUX.	CENTRES D'EXERCICE.	CENTRES DE RÉUNION.	OBSERVATIONS.
Cahors.	Cahors.	Cahors.	
Castelnau.	Castelnau. Montcuq, Belmontet.		
Catus.	Catus, Nuzéjouls. Cazals.		
Lalbenque.	Lalbenque. Limogne.		
Lauzès.	Lauzès, Lentillac. St-Géry, Les Masseries.		
Luzech.	Luzech, Garrigou. Puy-l'Evêque, Vire.		
Gourdon.	Gourdon. Salviac, Degagnac.		
La Bastide-Murat.	La Bastide-Murat. St-Germain.		
St-Céré.	Bretenoux, Estaals. St-Céré, La Gineste.		Par exception, le chef-lieu de la 1re compagnie est St-Céré.
Cajare.	Cajare, Gaillac, Cadrieu, St-Chels. Livernon, Assier.		
Figeac.	Figeac, Lunan, Vissac.		
La Capelle-Marival.	La Capelle-Marival, Rudelle.		
La Tronquière.	La Tronquière, Souseyrac.		
Gramat.	Gramat, Rinhac.		
Martel.	Martel, Cuzance. Vayrac.		
Payrac.	Payrac. Souillac, Lenzac, La Chapelle-Auzac.		

DÉPARTEMENT DE LA HAUTE-GARONNE. — 3 BATAILLONS. — 1 BATTERIE. — 1 COMPAGNIE DE PONTONNIERS.

BATAILLONS.			COMPAGNIES ET BATTERIES.					OBSERVATIONS.
CIRCONSCRIPTION DE RECRUTEMENT.	CHEFS-LIEUX.	CENTRES DE RÉUNION.	NUMÉROS des COMPAGNIES OU BATTERIES.	CIRCONSCRIPTIONS DE RECRUTEMENT.	CHEFS-LIEUX.	CENTRES D'EXERCICE.	CENTRES DE RÉUNION.	
1er BATAILLON.								
Arrondissement de Muret. Arrondissement de Villefranche.	Muret.	»	1re comp..	Canton d'Auterive.	Auterive.	Auterive.	Montesquieu-Volvestre	
			2e id...	Id. de Cintegabelle. Id. de Carbonne.	Carbonne.	Cintegabelle, Caujac. Carbonne, Capens.		
			3e id...	Id. de Rieumes. Id. de Cazères. Id. de Fousseret.	Cazères.	Rieumes. Cazères. Fousseret.		
			4e id...	Id. de Montesquieu-Volvestre. Id de Rieux.	Montesquieu-Volvestre	Montesquieu-Volvestre. Rieux.		
			5e id...	Id. de Muret. Id. de St-Lys.	Muret.	Muret. St-Lys.		
			6e id...	Id. de Caraman. Id. de Revel.	Caraman.	Caraman. Revel, St-Félix.		
			7e id...	Id. de Lanta. Id. de Montgiscard.	Lanta.	Lanta. Montgiscard.		Par exception, le chef-lieu de la 8e compagnie est Villefranche.
			8e id...	Id. de Nailloux. Id. de Villefranche.	Villefranche	Nailloux. Villefranche.		
2e BATAILLON.								
Arrondissement de St-Gaudens.	St-Gaudens.	»	1re comp..	Canton d'Aspet.	Aspet.	Aspet.	Saint-Eliz.	
			2e id...	Id. d'Aurignac. Id. de St-Martory	Aurillac	Aurignac. St-Martory.		
			3e id...	Id. de Bagnères-de-Luchon	Bagnères-de-Luchon..	Bagnères-de-Luchon, Mayrègne, Cazaux.		
			4e id...	Id. de Boulogne. IJ. de l'Isle-en-Dodon. Id. de Montréjeau.	Boulogne.	Boulogne L'Isle-en-Dodon.		
			5e id...	Id. de St-Bertrand.	Montréjeau.	Montréjeau, St-Blancard. St-Bertrand , Labroquère, Sauveterre.		
			6e id...	Id. de St-Béat.	Saint-Béat	St-Béat, Fos.		
			7e id...	Id. de St-Gaudens	St-Gaudens.	St-Gaudens	St-Gaudens.	
			8e id...	Id. de Saliès.	Saliès	Saliès, Mane.	Mane.	
3e BATAILLON.								
Arrondissement de Toulouse.	Toulouse.	»	1re comp..	Canton de Cadours. Id. de Grenade.	Grenade	Cadours. Grenade, Launac		Par exception, le chef-lieu de la 1re compagnie est Grenade.
			2e id...	Id. de Castanet. Id. S. de Toulouse	Toulouse.	Castanet. Toulouse, Montaudran.		Par exception, le chef-lieu des 2e et 4e compagnies est Toulouse.
			3e id...	Id. de Fronton. Id. de Villemur	Fronton	Fronton, Bouloc. Villemur.		
			4e id...	Id. de Leguevin. Id. O. de Toulouse.	Toulouse.	Leguevin. Toulouse, St-Martin-du-Touch.		
			5e id...	Id. de Montastruc Id. de Verfeil.	Montastruc.	Montastruc. Verfeil.		
			6e id...	1/2 du centre de Toulouse.	Toulouse.	Toulouse, Loubers	Loubers.	Les 6e et 7e compagnies peuvent être réunies à Toulouse.
			7e id...	1/2 id. de Toulouse.	Toulouse.	Toulouse.	Toulouse.	
			8e id...	Canton N. de Toulouse.	Toulouse.	Toulouse.	Toulouse.	

BATAILLONS.			COMPAGNIES	
CIRCONSCRIPTIONS DE RECRUTEMENT.	CHEFS-LIEUX.	CENTRES DE RÉUNION.	NUMÉROS des COMPAGNIES OU BATTERIES.	CIRCONSCRIPTIONS DE RECRUTEMENT.

ARTILLERIE.—

			Batterie..	Canton centre de Toulouse.
				Canton N. de Toulouse.
				Canton S. de Toulouse.

1 COMPAGNIE DE

			Compagnie..	Canton N. de Toulouse.
				Canton O. de Toulouse.
				Canton S. de Toulouse.

DÉPARTEMENT DU

1er BATAILLON.

Arrondissement d'Albi, 2 cantons de l'arrondissement de Gaillac (Cordes et Vaour).	Albi.	»	1re comp..	Canton d'Alban.
				Id. de Villefranche.
			2e id...	1/2 canton d'Albi (Nord)
			3e id...	1/2 id. d'Albi (Sud).
			4e id...	Canton de Monestiès.
			5e id...	Id. de Pampelonne
				Id. de Valderies.
			6e id...	Id. de Réalmont.
			7e id...	Id. de Valence
			8e id...	Id. de Cordes.
				Id. de Vaour.

2e BATAILLON.

Arrondissement de Castres.	Castres.	»	1re comp..	Canton d'Anglès.
				Id. de Brassac
			2e id...	Id. de Castres
			3e id...	Id. de Dourgne.
			4e id...	Id. de Labruguière.
				Id. de Roquecourbe.
			5e id...	Id. de Lacaune.
				Id. de Murat.
				Id. de Lautrec.
			6e id...	Id. de Vielmur
				Id. de Mazamet.
			7e id...	Id. de St-Amans-la-Bastide
			8e id...	Id. de Montredon.
				Id. de Vabre.

ET BATTERIES.

CHEFS-LIEUX.	CENTRES D'EXERCICE.	CENTRES DE RÉUNION.	OBSERVATIONS.

1 BATTERIE.

CHEFS-LIEUX.	CENTRES D'EXERCICE.	CENTRES DE RÉUNION.	OBSERVATIONS.
Toulouse.	Toulouse.	Toulouse.	

PONTONNIERS.

CHEFS-LIEUX.	CENTRES D'EXERCICE.	CENTRES DE RÉUNION.	OBSERVATIONS.
Toulouse.	Toulouse.	Toulouse.	

TARN.—3 BATAILLONS.

CHEFS-LIEUX.	CENTRES D'EXERCICE.	CENTRES DE RÉUNION.	OBSERVATIONS.
Alban	Alban, St-Salvi-de-Burq.		
	Villefranche.		
Albi	Albi. St-Sernin.	St-Sernin.	
Albi	Albi.	Albi.	
Monestiès.	Monestiès, Le Ségur.		
Pampelonne.	Pampelonne.		
	Valderiès.		
Réalmont.	Réalmont, Ronel, Lombers.		
Valence.	Valence, Saint-Michel-Labadié.		
Cordes	Cordes, Passens.		
	Vaour.		
Brassac.	Anglès.		Par exception, le chef-lieu de la 4re compagnie est Brassac.
	Brassac.		
Castres.	Castres.	Castres.	
Dourgne.	Dourgne, Sorrèze.		
Labruguière..	Labruguière.		
	Roquecourbe.		
Lacaune.	Lacaune, Gijounet.		
	Murat.		
Lautrec.	Lautrec.	St-Pierre-Despertens.	
	Vielmur.		
	Mazamet, St-Baudille.		
Mazamet.	St-Amans-la-Bastide, Lacabarède.		
Montredon.	Montredon, Montcougoul.		
	Vabre, Le Masnau.		

BATAILLONS. (Circonscriptions de recrutement, chefs-lieux, centres de réunion) — **COMPAGNIES ET BATTERIES.**

3e BATAILLON.

CIRCONSCRIPTIONS DE RECRUTEMENT.	CHEFS-LIEUX.	CENTRES DE RÉUNION.	NUMÉROS des COMPAGNIES ou BATTERIES.	CIRCONSCRIPTIONS DE RECRUTEMENT.
Arrondissement de Gaillac, moins 2 cantons. Arrondissement de Lavaur.	Gaillac.	»	1re comp.	Canton de Cadalen.
				Id. de Lisle.
			2e id.	Id. de Castelnau-de-Montmirail.
			3e id.	Id. de Gaillac.
				Id. de Rabastens.
			4e id.	Id. de Salvagnac.
				Id. de Cuq-Toulza.
			5e id.	Id. de Saint-Paul.
			6e id.	Id. de Graulhet.
			7e id.	Id. de Lavaur.
			8e id.	Id. de Puylaurens.

CHEFS-LIEUX.	CENTRES D'EXERCICE.	CENTRES DE RÉUNION.	OBSERVATIONS.
Cadalen.	Cadalen.		
	Lisle.		
Castelnau-de-Montmiral.	Castelnau, Lespinasse, Le Verdier.		
Gaillac.	Gaillac, Senouillac.		
Rabastens.	Rabastens.		
	Salvagnac, Le Cayré.		
Cuq-Toulza.	Cuq-Toulza.		
	Saint-Paul.		
Graulhet.	Graulhet, Saint-Projet.	Saint-Projet.	
Lavaur.	Lavaur, St-Cirgues, Paulin.		
Puylaurens.	Puylaurens.	Puylaurens.	

DÉPARTEMENT DE TARN-ET-GARONNE. — 2 BATAILLONS.

1er BATAILLON.

CIRCONSCRIPTIONS DE RECRUTEMENT.	CHEFS-LIEUX.	CENTRES DE RÉUNION.	NUMÉROS des COMPAGNIES ou BATTERIES.	CIRCONSCRIPTIONS DE RECRUTEMENT.
Arrondissement de Montauban.	Montauban.	»	1re comp.	Canton de Caussade.
			2e id.	Id. de Caylux.
				Id. de La Française.
			3e id.	Id. O. de Montauban.
				Id. de Molières.
			4e id.	Id. de Montpezat.
				Id. de Monclar.
			5e id.	Id. de Villebrumier.
			6e id.	Id. E. de Montauban.
			7e id.	Id. de Négrepelisse.
			8e id.	Id. de Saint-Antonin.

CHEFS-LIEUX.	CENTRES D'EXERCICE.	CENTRES DE RÉUNION.	OBSERVATIONS.
Caussade.	Caussade.	Caussade.	Par exception, le chef-lieu de la 3e compagnie est Montauban.
Caylux.	Caylux, La Capelle, Livron.	La Capelle.	
Montauban.	La Française.	Villemade.	
	Montauban.		
Molières.	Molières.		
	Montpezat, Lapenche.		
Monclar.	Monclar.		
	Villebrumier, Marnhiac.		
Montauban.	Montauban.	Montauban.	
Négrepelisse.	Négrepelisse, Montricoux.		
Saint-Antonin.	Saint-Antonin, Verfeil.		

2e BATAILLON.

CIRCONSCRIPTIONS DE RECRUTEMENT.	CHEFS-LIEUX.	CENTRES DE RÉUNION.	NUMÉROS des COMPAGNIES ou BATTERIES.	CIRCONSCRIPTIONS DE RECRUTEMENT.
Arrondissement de Moissac. Arrondissement de Castelsarrazin.	Moissac.	»	1re comp.	Canton d'Auvillars.
			2e id.	Id. de Bourg-de-Visa.
				Id. de Valence-d'Agen.
			3e id.	Id. de Lauzerte.
				Id. de Mantaigu.
			4e id.	Id. de Moissac.
				Id. de Castelsarrazin.
			5e id.	Id. de Montech.
			6e id.	Id. de Beaumont.
			7e id.	Id. de Grisolles.
				Id. de Verdun.
			8e id.	Id. de Lavit.
				Id. de Saint-Nicolas.

CHEFS-LIEUX.	CENTRES D'EXERCICE.	CENTRES DE RÉUNION.	OBSERVATIONS.
Auvillars.	Auvillars.	Auvillars.	Par exception, le chef-lieu de la 2e compagnie est Valence-d'Agen.
Valence-d'Agen.	Bourg-de-Visa.		
	Valence-d'Agen, Lalande.		
Lauzerte.	Lauzerte.		
	Montaigu.		
Moissac.	Moissac.	Moissac.	
Castelsarrazin.	Castelsarrazin, La Bastide-du-Temple.		
	Montech.		
Beaumont.	Beaumont.	Beaumont.	
Grisolles.	Grisolles, Fabas.		Le chef-lieu de la 8e compagnie est Saint-Nicolas.
	Verdun, Mas-Grenier.		
Saint-Nicolas.	Lavit, Balignac.		
	St-Nicolas, Castelmayran.		

13e DIVISION

BATAILLONS.			COMPAGNIES	
CIRCONSCRIPTIONS DE RECRUTEMENT.	CHEFS-LIEUX.	CENTRES DE RÉUNION.	NUMÉROS des COMPAGNIES OU BATTERIES.	CIRCONSCRIPTIONS DE RECRUTEMENT.

DÉPARTEMENT DES BASSES-

1er BATAILLON.

CIRCONSCRIPTIONS DE RECRUTEMENT.	CHEFS-LIEUX.	CENTRES DE RÉUNION.	NUMÉROS.	CIRCONSCRIPTIONS DE RECRUTEMENT.
Arrondissement de Bayonne. Arrondissement d'Orthez.	Bayonne.	»	1re comp.	Canton N.-E. de Bayonne. Id. N.-O. de Bayonne.
			2e id.	Id. de Bidache. Id. de la Bastide-Clairence.
			3e id.	Id. d'Espelette. Id. d'Hasparren.
			4e id.	Id. de Saint-Jean-de-Luz. Id. d'Ustaritz.
			5e id.	Id. d'Arthez. Id. d'Arzacq.
			6e id.	Id. de Lagor. Id. d'Orthez.
			7e id.	Id. de Navarrenx. Id. de Salies.
			8e id.	Id. de Salies. Id. de Sauveterre.

2e BATAILLON.

CIRCONSCRIPTIONS DE RECRUTEMENT.	CHEFS-LIEUX.	CENTRES DE RÉUNION.	NUMÉROS.	CIRCONSCRIPTIONS DE RECRUTEMENT.
Arrondissement de Mauléon. Arrondissement d'Oloron, moins 4 cantons (Lasseube, Monein, Oloron E. et Oloron O.).	Mauléon.	»	1re comp.	Canton Mauléon.
			2e id.	Id. de Saint-Etienne-de-Baigorry.
			3e id.	Id. de Saint-Jean-Pied-de-Port.
			4e id.	Id. de Saint-Palais.
			5e id.	Id. de Tardets.
			6e id.	Id. de Tholdy.
			7e id.	Id. d'Accous. Id. d'Aramitz.
			8e id.	Id. d'Arudy. Id. de Laruns.

3e BATAILLON.

CIRCONSCRIPTIONS DE RECRUTEMENT.	CHEFS-LIEUX.	CENTRES DE RÉUNION.	NUMÉROS.	CIRCONSCRIPTIONS DE RECRUTEMENT.
4 cantons de l'arrondissement d'Oloron. Arrondissement de Pau.	Pau.	»	1re comp.	Canton de Lasseube. Id. de Monein.
			2e id.	Id. E. d'Oloron.
			3e id.	Id. O. d'Oloron.
			4e id.	Id. de Garlin. Id. de Lembeye. Id. de Thèze.

ET BATTERIES.

CHEFS-LIEUX.	CENTRES D'EXERCICE.	CENTRES DE RÉUNION.	OBSERVATIONS.

PYRÉNÉES. — 3 BATAILLONS. — 2 BATTERIES.

CHEFS-LIEUX.	CENTRES D'EXERCICE.	CENTRES DE RÉUNION.	OBSERVATIONS.
Bayonne.	Bayonne, La Honce. L'Anglet.		
Bidache.	Bidache. La Bastide-Clairence.		
Espelette.	Espelette, Ainhoué. Hasparren, Boulac.		
Saint-Jean-de-Luz.	Saint-Jean-de-Luz. Ustaritz.		
Arthez.	Arthez, Urdex. Arzacq.		
Orthez.	Lagor, Sauvelade. Orthez.		Par exception, le chef-lieu de la 6e compagnie est Orthez.
Navarrenx.	Navarrenx.	Navarrenx.	
Salies.	Salies. Sauveterre.		
Mauléon.	Mauléon.	Mauléon.	
Saint-Etienne-de-Baigorry.	Saint-Etienne-de-Baigorry. Aldudes, Ossès.		
St-Jean-Pied-de-Port.	St-Jean-Pied-de-Port, Lacarre, Lecumberry.		
Saint-Palais.	St-Palais, Etcherry, Uhart, Masparraute.		
Tardets.	Tardets, Licq.		
Tholdy.	Tholdy, Larcevaux.		
Accous.	Accous, Bidous, Urdos. Aramitz, Lourdiots.		
Arudy.	Arudy. Laruns, Gabas.		
Lasseube.	Lasseube. Monein.		
Oloron.	Oloron, Herrère.	Herrère.	
Oloron.	Oloron.	Oloron.	
Garlin.	Garlin, Castelpugon. Lambeye. Thèze.		

BATAILLONS.			COMPAGNIES	
CIRCONSCRIPTIONS DE RECRUTEMENT.	CHEFS-LIEUX.	CENTRES DE RÉUNION.	NUMÉROS des COMPAGNIES ou BATTERIES.	CIRCONSCRIPTIONS DE RECRUTEMENT.
				3e BATAILLON.
4 cantons de l'arrondissement d'Oloron. Arrondissement de Pau. (Suite.)	Pau.	»	5e id..	Canton de Lescar. Id. E. de Pau.
			6e id..	Id. de Montaner. Id. de Morlaas. Id. de Pontacq.
			7e id..	Id. E. de Nay. Id. O. de Nay.
			8e id..	Id. O. de Pau.
				ARTILLERIE. —
»	»	»	1re batterie	Canton N.-E. de Bayonne. Id. N.-O. de Bayonne.
			2e id..	Id. N.-O. de Bayonne. Id. de Saint-Jean-de-Luz.
				DÉPARTEMENT DU
				1er BATAILLON
Arrondissements d'Auch, de Lectoure, de Lombez.	Auch.	»	1re comp..	Canton N. d'Auch. Id. S. d'Auch.
			2e id..	Id. de Gimont. Id. de Saramon.
			3e id..	Id. de Jegun. Id. de Vic-Fezensac.
			4e id..	Id. de Fleurance. Id. de Mauvezin.
			5e id..	Id. de Lectoure.
			6e id..	Id. de Miradoux. Id. de Saint-Clar.
			7e id..	Id. de Cologne. Id. de L'Isle-en-Jourdain.
			8e id..	Id. de Lombez. Id. de Samatan.
				2e BATAILLON.
Arrondissement de Condom, de Mirande.	Condom.	»	1re comp..	Canton de Cazaubon. Id. d'Eauze.
			2e id..	Id. de Condom.
			3e id..	Id. de Montréal. Id. de Valence.
			4e id..	Id. de Nogaro.
			5e id..	Id. d'Aignan. Id. de Riscle.
			6e id..	Id. de Marciac. Id. de Miélan.
			7e id..	Id. de Masseube. Id. de Mirande.
			8e id..	Id. de Montesquiou. Id. de Plaisance.

ET BATTERIES.			
CHEFS-LIEUX.	CENTRES D'EXERCICE.	CENTRES DE RÉUNION.	OBSERVATIONS.
(Suite.)			
Lescar........	Lescar. Pau.		
Morlaas.......	Montaner, Vieille-Pinte. Morlaas. Pontacq.		Par exception, le chef-lieu de la 6e compagnie est Morlaas.
Nay.........	Nay. Saint-Paul.		
Pau.........	Pau...........	Pau.	
— 2 BATTERIES.			
Bayonne.......	Bayonne..........	Bayonne.	
Bayonne.......	Bayonne. Fort Socoa.		
GERS. — 2 BATAILLONS.			
Auch.........	Auch, Nougaroulet. Lasseran.		
Gimont.......	Gimont, Cabusac. Saramon, Semezies.		
Jegun........	Jegun. Vic-Fezensac, Caillavet.		
Fleurance.....	Fleurance, Montestruc. Mauvezin.		
Lectoure......	Lectoure, Castera.....	Castera.	
Miradoux......	Miradoux. Saint-Clar.		
Cologne.......	Cologne. L'Isle-en-Jourdain, Clermont		
Lombez.......	Lombez, Simorre. Samatan, Bezeril.		
Cazaubon.....	Cazaubon, Larée. Eauze, Ramouzens.		
Condom......	Condom...........	Condom.	
Montréal.....	Montréal. Valence.		
Nogaro.......	Nagaro, Magnan.		
Aignan.......	Aignan. Riscle, Saint-Mont.		
Marciac......	Marciac. Miélan.		
Mirande......	Masseube, Panassac. Mirande, Saint-Médard.		Par exception, le chef-lieu de la 7e compagnie est Mirande.
Montesquiou...	Montesquiou, Bassoues. Plaisance, Goux.		

BATAILLONS.			COMPAGNIES	
CIRCONSCRIPTIONS DE RECRUTEMENT.	CHEFS-LIEUX.	CENTRES DE RÉUNION.	NUMÉROS des COMPAGNIES OU BATTERIES.	CIRCONSCRIPTIONS DE RECRUTEMENT.

DÉPARTEMENT DES HAUTES-

1er BATAILLON.

CIRCONSCRIPTIONS DE RECRUTEMENT.	CHEFS-LIEUX.	CENTRES DE RÉUNION.	NUMÉROS	CIRCONSCRIPTIONS DE RECRUTEMENT.
Arrondissement d'Argelès. Arrondissement de Tarbes, moins 3 cantons (Galan, Tournay et Trie).	Tarbes.	»	1re comp.	Canton d'Argelès. Id. d'Aucun.
			2e id.	Id. de Lourdes. Id. de St-Pé.
			3e id.	Id. de Luz.
			4e id.	Id. de Castelnau-Rivière-Basse. Id. de Maubourguet.
			5e id.	Id. d'Ossun.
			6e id.	Id. de Pouyastruc. Canton N. de Tarbes.
			7e id.	Id. de Rabastens. Id. de Vic.
			8e id.	Canton S. de Tarbes.

2e BATAILLON.

Arrondissement de Bagnères, 3 cantons de l'arrondissement de Tarbes.	Bagnères.	»	1re comp.	Canton d'Arréau. Id. de Bordères. Id. de Vieille-Aure.
			2e id.	Id. de Bagnères. Id. de Campan.
			3e id.	Id. de Castelnau-Magnoac.
			4e id.	Id. de Labarthe.
			5e id.	Id. de Lannemezan.
			6e id.	Id. de Mauléon-Barousse.
			7e id.	Id. de Nestier. Id. de Galan.
			8e id.	Id. de Tournay. Id. de Trie.

DÉPARTEMENT DES

1er BATAILLON.

Arrondissement de Dax. Arrondissement de St-Sever, moins 4 cantons (Aire, St-Sever, Tartas E. et Tartas O.).	Dax.	»	1re comp.	Canton de Castets.
			2e id.	Id. de Dax.
			3e id.	Id. de Montfort. Id. de Pouillon.
			4e id.	Id. de Peyrehorade.
			5e id.	Id. de St-Martin-de-Seignour.
			6e id.	Id. de St-Vincent-de-Tyrosse.
			7e id.	Id. de Soustons. Id. d'Amou. Id. de Mugron.
			8e id.	Id. de Geaune. Id. de Hagetman.

ET BATTERIES.			OBSERVATIONS.
CHEFS-LIEUX.	CENTRES D'EXERCICE.	CENTRES DE RÉUNION.	

PYRÉNÉES. — 2 BATAILLONS.

CHEFS-LIEUX.	CENTRES D'EXERCICE.	CENTRES DE RÉUNION.	OBSERVATIONS.
Argelès.	Argelès, Cauterets. Aucun, Ferrières.		Par exception, le chef-lieu du 1er bataillon est Tarbes.
Lourdes	Lourdes, Juncalas. St-Pé.		
Luz.	Luz, Gèdre.		
Maubourguet.	Castelnau-Rivière-Basse. Maubourguet.		Le chef-lieu de la 4e compagnie est Maubourguet.
Ossun	Ossun, Séron.		
Tarbes.	Pouyastruc. Tarbes.		Le chef-lieu de la 6e compagnie est Tarbes.
Rabastens.	Rabastens. Vic.	Sarriac.	
Tarbes.	Tarbes.	Tarbes.	
Arréau.	Arréau. Bordères, Avajan. Vieille-Aure, Aragnouet.		
Bagnères.	Bagnères. Campan.		
Castelnau-Magnoac.	Castelnau-Magnoac.	Castelnau-Magnoac.	
Labarthe.	Labarthe, Lomné.		
Lannemezan.	Lannemezan, Bourg.		
Mauléon-Barousse.	Mauléon-Barousse.	Mauléon-Barousse.	
Nestier.	Nestier.	Nestier.	
	Galan.		
Trie.	Tournay. Trie.		Par exception, le chef-lieu de la 8e compagnie est Trie.

LANDES. — 2 BATAILLONS.

CHEFS-LIEUX.	CENTRES D'EXERCICE.	CENTRES DE RÉUNION.	OBSERVATIONS.
Castets.	Castets, St-Giron.		
Dax.	Dax, Thenon.		
Montfort.	Montfort.		
Peyrehorade	Pouillon, Misson. Peyrehorade, Orthevieille.	Orthevieille.	
St-Martin-de-Seignour	St-Martin-de-Seignour.	St-Martin-de-Seignour	
St-Vincent-de-Tyrosse	St-Vincent-de-Tyrosse, Les Cantons.		
	Soustons.		
Amou	Amou. Mugron.		
Geaune.	Geaune. Hagetman, La Crabe.		

BATAILLONS.			COMPAGNIES	
CIRCONSCRIP- TIONS DE RECRUTEMENT.	CHEFS-LIEUX.	CENTRES DE RÉUNION.	NUMÉROS des COMPAGNIES OU BATTERIES.	CIRCONSCRIPTIONS DE RECRUTEMENT.
				2e BATAILLON.
Arrondissement de Mont-de-Marsan 4 cantons de l'arrondissement de St-Sever.	Mont-de-Marsan.	»	1re comp.	Canton d'Arjuzaox . . . . Id. de Sabres. . . . .
			2e id.	Id. de Gabarret. . . . . Id. de Roquefort . . . .
			3e id.	Id. de Grenade. . . . . Id. de Villeneuve. . . . .
			4e id.	Id. de Labrit. . . . . Id. de Mont-de-Marsan. . . . . . .
			5e id.	Id. de Mimizan. . . . . Id. de Parentis-en-Born. . . . . . .
			6e id.	Id. de Pissos. . . . . Id. de Sore. . . . .
			7e id.	Id. d'Aire . . . . Id. de St-Sever. . . . .
			8e id.	Canton E. de Tartas. . . . . Canton O. de Tartas. . . . .

14e DIVISION

DÉPARTEMENT DE LA

				1er BATAILLON.
Arrondissement d'Angoulême.	Angoulême.	»	1re comp.	1er canton d'Angoulême. . . . .
			2e id.	1/2 2e canton d'Angoulême. . . . . . .
			3e id.	1/2 2e canton d'Angoulême. . . . . . .
			4e id.	Canton de Blanzac . . . . Id. de Villebois-la-Valette . . . .
			5e id.	Id. de Hiersac . . . . Id. de St-Amand-de-Boixe. . . . .
			6e id.	Id. de La Rochefoucault. . . . .
			7e id.	Id. de Montbron . . . . . .
			8e id.	Id. de Rouillac. . . . .
				2e BATAILLON.
Arrondissement de Barbezieux. Arrondissement de Cognac.	Barbezieux.	»	1re comp.	Canton d'Aubeterre. . . . . Id. de Chalais. . . . .
			2e id.	Id. de Baigues. . . . . Id. de Brossac. . . . .
			3e id.	Id. de Barbezieux . . . .
			4e id.	Id. de Montmoreau. . . . .
			5e id.	Id. de Châteauneuf. . . . .
			6e id.	Id. de Cognac. . . . .
			7e id.	Id. de Jarnac. . . . .
			8e id.	Id. de Segonzac. . . . .

ET BATTERIES.			OBSERVATIONS.
CHEFS-LIEUX.	CENTRES D'EXERCICE.	CENTRES DE RÉUNION.	
Sabres	Arjuzeaux, Laharie. Sabres, Labouheyre.		Par exception, le chef-lieu de la 1re compa-gnie est Sabres.
Gabarret	Gabarret St-Jouannet. Roquefort, Bourridt.		
Grenade	Grenade, Bordères. Villeneuve.		
Mont-de-Marsan. . . .	Labrit, Brocas, Mont-de-Marsan, Lamolère.		Par exception, le chef-lieu de la 4e compa-gnie est Mont-de-Mar-san, et le chef-lieu de la 7e est St-Sever.
Mimizan	Mimizan, Brias, Pontens, Parentis-en-Born.		
Sore	Pissos, Moustey. Sore, Luxcey.		
St-Sever	Aire. St-Sever, Ste-Eulalie.		Le chef-lieu de la 6e com-pagnie est Sore.
Tartas	Tartas, Gouts. Tartas, Rion.		

MILITAIRE.

CHARENTE. — 3 BATAILLONS.

Angoulême.	Angoulême, Isle-d'Espagnac	Isle-d'Espagnac.	Les 2e et 3e compagnies peuvent être réunies à La Couronne.
Angoulême.	Angoulême	Angoulême.	
Angoulême.	Angoulême, La Couronne. .	La Couronne.	
Blanzac.	Blanzac. Villebois-la-Valette, Villars.		
Hiersac.	Hiersac. St-Amand-de-Boixe.		
La Rochefoucault. . .	La Rochefoucault, Rivières.	Rivières.	
Montbron.	Montbron, Marthon.		
Rouillac	Rouillac	Rouillac.	
Aubeterre	Aubeterre . . . . Chalais.	Bellon.	
Baigues.	Baigues. Brossac.		
Barbezieux.	Barbezieux.	Barbezieux.	
Montmoreau , , . . .	Montmoreau, St-Laurent-de-Montmoreau	St-Laurent-de-Mont-moreau.	
Châteauneuf	Châteauneuf	Châteauneuf.	
Cognac.	Cognac.	Cognac.	
Jarnac.	Jarnac, Bassac.	Bassac.	
Segonzac.	Segonzac.	Segonzac.	

BATAILLONS.			COMPAGNIES ET BATTERIES.					OBSERVATIONS.
Circonscriptions de recrutement.	Chefs-lieux.	Centres de réunion.	Numéros des compagnies ou batteries.	Circonscriptions de recrutement.	Chefs-lieux.	Centres d'exercice.	Centres de réunion.	
3e BATAILLON.								
Arrondissement de Confolens. Arrondissement de Ruffec.	Confolens.	»	1re comp..	Canton de Chabanais.	Chabanais	Chabanais, Etagnat.		
			2e id...	Id. de Champagne-Mouton. Canton N. de Confolens	Champagne-Mouton	Champagne-Mouton. Confolens, Hiesse.		
			3e id...	Canton S. de Confolens	Confolens	Confolens, Lesterps	Lesterps.	
			4e id...	Id. de Montembœuf.	Montembœuf	Montembœuf.	Montembœuf.	
			5e id...	Id. de St-Claud.	St-Claud	St-Claud, Nieuil	Nieuil.	
			6e id...	Id. d'Aigre.	Aigre	Aigre	Aigre.	
			7e id...	Id. de Mansle.	Mansle	Mansle, St-Front.		
			8e id...	Id. de Ruffec. Id. de Villefagnan.	Ruffec	Ruffec, Nanteuil. Villefagnan.		

DÉPARTEMENT DE LA CHARENTE-INFÉRIEURE. — 3 BATAILLONS. — 3 BATTERIES.

Circonscriptions de recrutement.	Chefs-lieux.	Centres de réunion.	Numéros des compagnies ou batteries.	Circonscriptions de recrutement.	Chefs-lieux.	Centres d'exercice.	Centres de réunion.	Observations.
4er BATAILLON.								
Arrondissement de Jonzac, 2 cant. de l'arr. de Marennes (La Tremblade et Royan). 4 cant. de l'arr. de Saintes (Cozes, Gémozac, Pons et Saujon).	Jonzac.	»	1re comp..	Canton d'Archiac.	Archiac.	Archiac, Brie, Jarnac.		
			2e id...	Id. de St-Genis.	Jonzac.	Jonzac, Ozillac. St-Genis, Loriguac.		
			3e id...	Id. de Mirambeau. Id. de Montendre.	Mirambeau.	Mirambeau. Montendre, Vallet.		
			4e id...	Id. de Montguyon. Id. de Montlieu.	Montguyon.	Montguyon, Fouilloux. Montlieu.		
			5e id...	Id. de La Tremblade. Id. de Royan.	La Tremblade.	La Tremblade. Royan.		
			6e id...	Id. de Cozes. Id. de Gémozac.	Cozes.	Cozes, Chenac. Gémozac, Cravans.		
			7e id...	Id. de Pons.	Pons.	Pons, Perignac.		
			8e id...	Id. de Saujon.	Saujon.	Saujon, St-Romain.	St-Romain.	
2e BATAILLON.								
Arrondissement de La Rochelle. Arrondissement de Marennes, moins 2 cantons. Arrondissement de Rochefort.	La Rochelle.	»	1re comp..	Canton d'Ars. Id. de St-Martin-de-Ré.	Ars.	Ars. St-Martin-de-Ré.		
			2e id...	Id. de Courcon.	Courcon.	Courcon, Ferrières.	Ferrières.	
			3e id...	Id. de la Jarrie. Id. de Marans.	La Jarrie.	La Jarrie. Marans.		
			4e id...	Canton E. de La Rochelle. Id. O. de La Rochelle.	La Rochelle.	La Rochelle.	La Rochelle.	
			5e id...	Canton du Château. Id. de Marennes. Id. de St-Agnant. Id. de St-Pierre. Id. d'Aigrefeuille.	Marennes.	Le Château. Marennes, St-Sornin. St-Agnant. St-Pierre, St-Georges. Aigrefeuille.		Par exception, le chef-lieu de la 5e compagnie est Marennes, et le chef-lieu de la 6e est Rochefort.
			6e id...	Canton N. de Rochefort. Id. S. de Rochefort.	Rochefort.	Rochefort. Vergereux.		
			7e id...	Canton de Surgères	Surgères.	Surgères.	Surgères.	
			8e id...	Id. de Tonnay-Charente.	Tonnay-Charente.	Tonnay-Charente, Lussant.	Lussant.	

BATAILLONS.			COMPAGNIES ET BATTERIES.					OBSERVATIONS.
CIRCONSCRIPTIONS DE RECRUTEMENT.	CHEFS-LIEUX.	CENTRES DE RÉUNION.	NUMÉROS des COMPAGNIES OU BATTERIES.	CIRCONSCRIPTIONS DE RECRUTEMENT.	CHEFS-LIEUX.	CENTRES D'EXERCICE.	CENTRES DE RÉUNION	

3e BATAILLON.

Circonscriptions de recrutement	Chefs-lieux	Centres de réunion	N°	Circonscriptions de recrutement	Chefs-lieux	Centres d'exercice	Centres de réunion	Observations
Arrondissement de Saintes, moins 4 cantons. Arrondissement de Saint-Jean-d'Angély.	Saintes.	»	1re comp.	Canton de Burie. Id. N. de Saintes.	Burie.	Burie.		
			2e id.	Id. S. de Saintes.	Saintes.	Saintes.	Saintes.	
			3e id.	Id. de Saint-Porchaire.	Saint-Porchaire.	St-Porchaire, Pout-l'Abbé.		
			4e id.	Id. d'Aulnay.	Aulnay.	Aulnay, Néré.		
			5e id.	Id. de Lonlay. Id. de Tonnay-Boutonne.	Lonlay.	Lonlay. Tonnay-Boutonne.		
			6e id.	Id. de Matha.	Matha.	Matha, Haimps.	Haimps.	
			7e id.	Id. de Saint-Hilaire. Id. de Saint-Savinien.	Saint-Hilaire.	Saint-Hilaire. Saint-Savinien.		
			8e id.	Id. de Saint-Jean-d'Angély.	Saint-Jean-d'Angély	Saint-Jean-d'Angély.	Saint-Jean-d'Angély	

ARTILLERIE. — 3 BATTERIES.

Circonscriptions de recrutement	Chefs-lieux	Centres de réunion	N°	Circonscriptions de recrutement	Chefs-lieux	Centres d'exercice	Centres de réunion	Observations
»	»	»	1re batterie.	Canton du Château. Id. de Saint-Pierre.	Le Château.	Le Château. Fort des Saumonards.		
			2e id.	Id. de Saint-Agnant. Id. N. de Rochefort. Id. S. de Rochefort. Id. d'Ars.	Rochefort.	Batterie du Pierrot. Rochefort.	Rochefort.	Par exception, le chef-lieu de la 2e batterie est Rochefort.
			3e id.	Id. E. de la Rochelle. Id. O. de la Rochelle. Id. de Saint-Martin-de-Ré.	La Rochelle.	La Rochelle. Saint-Martin-de-Ré.		

DÉPARTEMENT DE LA DORDOGNE. — 3 BATAILLONS.

1er BATAILLON.

Circonscriptions de recrutement	Chefs-lieux	Centres de réunion	N°	Circonscriptions de recrutement	Chefs-lieux	Centres d'exercice	Centres de réunion	Observations
Arrondissement de Bergerac, moins 6 cantons. (Eymet, La Force, Sigoulès, Vélines, Villamblard et Villefranche-de-Longchapt.) Arrondissement de Sarlat.	Bergerac.	»	1re comp.	Canton de Beaumont. Id. de Cadouin. Id. de Montpazier.	Beaumont.	Beaumont. Cadouin. Montpazier.		
			2e id.	Id. de Bergerac. Id. d'Issigeac.	Bergerac.	Bergerac. Issigeac.		
			3e id.	Id. de Lalinde. Id. de Saint-Alvère.	Lalinde.	Lalinde. Saint-Alvère.		
			4e id.	Id. de Belvès. Id. de Sarlat.	Sarlat	Belvès. Sarlat, Marcillac.		Par exception, le chef-lieu de la 4e compagnie est Sarlat.
			5e id.	Id. de Bugne. Id. de Saint-Cyprien.	Bugne.	Bugne, Manourie. Saint-Cyprien.		
			6e id.	Id. de Carlux. Id. de Salignac. Id. de Domme.	Carlux. Domme.	Carlux. Salignac. Domme, Dagland.		
			7e id.	Id. de Villefranche-de-Belvès.		Villefranche-de-Belvès, La Trappe.		
			8e id.	Id. de Montignac. Id. de Terrasson.	Montignac.	Montignac, Foulac. Terrasson, Saint-Lazare.		

BATAILLONS			COMPAGNIES ET BATTERIES.					OBSERVATIONS.
Circonscriptions de recrutement.	Chefs-lieux.	Centres de réunion.	Numéros des compagnies ou batteries.	Circonscriptions de recrutement.	Chefs-lieux.	Centres d'exercice.	Centres de réunion.	
2e BATAILLON.								
Arrondissement de Bergerac, moins 6 cantons. Arrondissement de Nontron, moins 4 cantons (Jumillac, Saint-Pardoux, La Nouaille et Thiviers). Arrondissement de Ribérac.	Ribérac.	»	1re comp.	Canton d'Eymet. Id. de Sigoulès.	Eymet.	Eymet, Fonroque. Sigoulès, Gageac.		Par exception, le chef-lieu du 2e bataillon est Ribérac, et le chef-lieu de la 4e compagnie est Nontron.
			2e id.	Id. de La Force. Id. de Villamblard.	La Force.	La Force, Saint-Georges-Blancaneix. Villamblard, Montagnac-Lacrempse.		
			3e id.	Id. de Vélines. Id. de Villefranche-de-Longchapt.	Vélines.	Vélines. Villefranche-de-Longchapt, Carsac.	Montascau.	
			4e id.	Id. de Bussières-Badil. Id. de Nontron.	Nontron.	Bussières-Badil. Nontron, Saint-Martin-le-Pin, Auginiac.		
			5e id.	Id. de Champagnac-de-Belair. Id. de Mareuil.	Champagnac-de-Belair	Champagnac-de-Belair. Mareuil, Vieux-Mareuil.		
			6e id.	Id. de Montpont. Id. de Mussidan. Id. de Neuvic.	Montpont.	Montpont, Montignac-sur-Vauclaire. Mussidan. Neuvic, Beauronne.		
			7e id.	Id. de Montagrier. Id. de Vertrillac.	Montagrier.	Montagrier, Brassac. Vertrillac.		
			8e id.	Id. de Ribérac. Id. de Saint-Aulaye.	Ribérac.	Ribérac. Saint-Aulaye, Léparon.		
3e BATAILLON.								
4 cantons de l'arrondissement de Nontron. Arrondissement de Périgueux.	Périgueux.	»	1re comp.	Canton de Jumillac-le-Grand. Id. de Saint-Pardoux-la-Rivière.	Jumillac-le-Grand.	Jumillac-le-Grand, Saint-Priest. Saint-Pardoux-la-Rivière, Saint-Saud.		Les 5e, 6e et compagnies peuvent être réunies à Périgueux.
			2e id.	Id. de La Nouaille. Id. de Thiviers.	La Nouaille.	La Nouaille, Dussac, Paysac. Thiviers.		
			3e id.	Id. de Brantôme. Id. de Savignac-les-Eglises.	Brantôme.	Brantôme, Valeuil. Savignac-les-Eglises.		
			4e id.	Id. d'Excideuil. Id. d'Hautefort.	Excideuil.	Excideuil, Anthiac. Hautefort.		
			5e id.	1/2 canton de Périgueux.	Périgueux.	Périgueux.	Périgueux.	
			6e id.	1/2 canton de Périgueux.	Périgueux.	Périgueux.		
			7e id.	Canton de Saint-Astier. Id. de Vergt.	Saint-Astier.	Saint-Astier, Saint-Léon, Beaulieu. Vergt.		
			8e id.	Id. de Saint-Pierre-de-Chignac. Id. de Thenon.	St-Pierre-de-Chignac.	Saint-Pierre-de-Chignac, Atur. Thenon, Ajat.		

DÉPARTEMENT DE LA GIRONDE. — 4 BATAILLONS. — 1 BATTERIE.

CIRCONSCRIPTIONS DE RECRUTEMENT.	CHEFS-LIEUX.	CENTRES DE RÉUNION.	NUMÉROS des COMPAGNIES ou BATTERIES.	CIRCONSCRIPTIONS DE RECRUTEMENT.	CHEFS-LIEUX.	CENTRES D'EXERCICE.	CENTRES DE RÉUNION.	OBSERVATIONS.
				1er BATAILLON.				
Arrondissement de Bazas. 5 cantons de l'arrondissement de Bordeaux (Bélin. Labrède, Cadillac, Créon et Pondensac). 2 cantons de l'arrondiss. de la Réole (La Réole et St-Macaire).	Bazas.	»	1re comp.	Canton d'Auros. Id. de Langon. Id. de Bazas.	Auros.	Auros. Langon, Sauternes.		
			2e id.	Id. de Captieux. Id. de Grignols.	Bazas.	Bazas. Captieux, Giscos. Grignols.		
			3e id.	Id. de Saint-Symphorien. Id. de Villandraut.	Saint-Symphorien.	St Symphorien, Tuzan. Villandraut, Bréchac.		
			4e id.	Id. de Bélin. Id. de Labrède.	Bélin.	Bélin, Le Barp, Salles. Labrède.		
			5e id.	Id. de Cadillac.	Cadillac.	Cadillac.	Cadillac.	
			6e id.	Id. de Créon.	Créon.	Créon, Sadirac.	Sadirac.	
			7e id.	Id. de Podensac.	Podensac.	Podensac, Illats.	Illats.	
			8e id.	Id. de La Réole. Id. de Saint-Macaire.	La Réole.	La Réole. Saint-Macaire.		
				2e BATAILLON.				
Arrondissement de Blaye. 4 cantons de l'arrondiss. de Bordeaux (Blanquefort, Carbonblanc, Castelnau et Saint-André-de-Cubzac) Arrondissement de Lesparre.	Blaye.	»	1re comp.	Canton de Blaye. Id. de Saint-Savin.	Blaye.	Blaye. St-Savin, Cavignac, Saugon.		
			2e id.	Id. de Bourg-sur-Gironde. Id. de Saint-André-de-Cubzac.	Bourg-sur-Gironde.	Bourg-sur-Gironde. Saint-André-de-Cubzac.	Prignac.	
			3e id.	Id. de Saint-Ciers-la-Lande.	Saint-Ciers-la-Lande.	Saint-Ciers-la-Lande, Saint-Aubin.	Saint-Aubin.	
			4e id.	Id. de Blanquefort. Id. de Castelnau-de-Médoc.	Blanquefort.	Blanquefort. Castelnau-de-Médoc, Saumos, Arcins.		
			5e id.	Id. de Carbonblanc.	Carbonblanc.	Carbonblanc. St-Vincent.		
			6e id.	2/3 du canton de Lesparre (Sud).	Lesparre.	Lesparre, St-Trélody.	Saint-Trélody.	
			7e id.	1/3 id. de Lesparre (Nord). Canton de Saint-Vivien.	Lesparre.	Lesparre. St-Vivien, Talais.		
			8e id.	Id. de Pauillac. Id. de Saint-Laurent-de-Médoc.	Pauillac.	Pauillac. Saint-Laurent-de-Médoc, Hourtin.		

BATAILLONS.			COMPAGNIES ET BATTERIES.					OBSERVATIONS.
CIRCONSCRIPTIONS DE RECRUTEMENT.	CHEFS-LIEUX.	CENTRES DE RÉUNION.	NUMÉROS des COMPAGNIES ou BATTERIES.	CIRCONSCRIPTIONS DE RECRUTEMENT.	CHEFS-LIEUX.	CENTRES D'EXERCICE.	CENTRES DE RÉUNION.	
3e BATAILLON.								
Arrondissement de Bordeaux, moins 0 cantons.	Bordeaux.	»	1re comp.	Canton d'Audenge Id. de La Teste	Audenge.	Audenge, Andernos. La Teste, Gujan.		Les 2e, 3e, 4e, 5e, 6e et 7e compagnies peuvent être réunies à Bordeaux.
			2e id.	1er canton de Bordeaux.	Bordeaux.	Bordeaux.	Bordeaux.	
			3e id.	2e id. de Bordeaux.	Bordeaux.	Bordeaux.		
			4e id.	3e id. de Bordeaux.	Bordeaux.	Bordeaux.		
			5e id.	4e id. de Bordeaux.	Bordeaux.	Bordeaux.		
			6e id.	5e id. de Bordeaux.	Bordeaux.	Bordeaux.		
			7e id.	6e id. de Bordeaux.	Bordeaux.	Bordeaux.		
			8e id.	Canton de Pessac.	Pessac.	Pessac, Cestas, Illac		
4e BATAILLON.								
Arrondissement de Libourne. Arrondissement de La Réole, moins 2 cantons.	Libourne.	»	1re comp.	Canton de Branne Id. de Castillon.	Castillon.	Branne. Castillon.		Par exception, le chef-lieu de la 1re compagnie est Castillon.
			2e id.	Id. de Coutras.	Coutras.	Coutras, Les Peintures.	Les Peintures.	
			3e id.	Id. de Fronsac.	Fronsac.	Fronsac, Villegouge	Villegouge.	
			4e id.	Id. de Guîtres Id. de Lussac.	Guîtres.	Guîtres. Lussac.		
			5e id.	Id. de Libourne	Libourne.	Libourne.	Libourne.	
			6e id.	Id. de Pujols. Id. de Sainte-Foy	Pujols.	Pujols. Sainte-Foy.		
			7e id.	Id. de Monségur Id. de Pellegrue	Monségur.	Monségur Pellegrue	Saint-Ferme.	
			8e id.	Id. de Sauveterre. Id. de Targon	Sauveterre.	Sauveterre. Targon.	Daubèze.	
ARTILLERIE. — 1 BATTERIE.								
			Batterie.	Canton de Blaye. Id. de Bourg-sur-Gironde. Id. de Saint-Savin.	Blaye.	Citadelle de Blaye	Citadelle de Blaye.	

BATAILLONS.			COMPAGNIES	
CIRCONSCRIPTIONS DE RECRUTEMENT.	CHEFS-LIEUX.	CENTRES DE RÉUNION.	NUMÉROS des COMPAGNIES ou BATTERIES.	CIRCONSCRIPTIONS DE RECRUTEMENT.

DÉPARTEMENT DE LOT-

1er BATAILLON.

Arrondissement d'Agen. Arrondissement de Villeneuve.	Agen.	•	1re comp.	1er canton d'Agen. 2e id. d'Agen.
			2e id.	Canton d'Astaffort. Id. de La Plume. Id. de Puymirol.
			3e id.	Id. de Beauville. Id. de La Roque.
			4e id.	Id. de Port Ste-Marie. Id. de Prayssas.
			5e id.	Id. de Caucon. Id. de Castillonnès. Id. de Monclar.
			6e id.	Id. de Fumel. Id. de Penne. Id. de Tournon.
			7e id.	Id. de Montflanquin. Id. de Villéréal.
			8e id.	Id. de Ste-Livrade. Id. de Villeneuve.

2e BATAILLON.

Arrondissement de Marmande. Arrondissement de Nérac.	Marmande.	•	1re comp.	Canton de Bouglon. Id. de Mas-d'Agenois. Id. de Tonneins.
			2e id.	Id. de Castelmoron. Id. de Seyches.
			3e id.	Id. de Duras.
			4e id.	Id. de Lauzun.
			5e id.	Id. de Marmande. Id. de Meilhan.
			6e id.	Id. de Casteljaloux. Id. de Damazan. Id. de Houeillès.
			7e id.	Id. de Francescas. Id. de Nérac.
			8e id.	Id. de Lavardac. Id. de Mezin.

ET BATTERIES.			OBSERVATIONS.
CHEFS-LIEUX.	CENTRES D'EXERCICE.	CENTRES DE RÉUNION.	

ET-GARONNE. — 2 BATAILLONS.

CHEFS-LIEUX.	CENTRES D'EXERCICE.	CENTRES DE RÉUNION.	OBSERVATIONS.
Agen.	Agen.	Agen.	
Astaffort.	Astaffort. La Plume, Pleichac. Puymirol.		
Beauville.	Beauville. La Roque.	Narpech.	
Port Ste-Marie.	Port Ste-Marie. Prayssas.		
Caucon.	Caucon. Castillonnès. Monclar, Gondon.		
Fumel.	Fumel, Cuzorn. Penne. Tournon.		
Montflanquin.	Montflanquin. Villéréal.		
Villeneuve.	Ste-Livrade. Villeneuve.		Par exception, le chef- de la 8e compagnie est Villeneuve.
Tonneins.	Bouglon. Mas-d'Agenois. Tonneins.		Par exception, le chef-lieu de la 1re compagnie est Tonneins, Le chef-lieu de la 2e comp est Seyches, Et le chef-lieu de la 7e comp. est Nérac.
Seyches.	Castelmoron, Sermet. Seyches, Escassefort.		
Duras.	Duras, Ste-Foi.	Ste-Foi.	
Lauzun.	Lauzun, St-Laurent.	St-Laurent.	
Marmande.	Marmande, Longueville. Meilhan, Tarsac.		
Casteljaloux.	Casteljaloux. Damazan. Houeillès.		
Nérac.	Francescas, Nomdaic. Nérac, Cahouac.		
Lavardac.	Lavardac, Vianne. Mézin, Pondensan.		

TABLE ALPHABÉTIQUE

PARIS. — IMPRIMERIE DE J. DUMAINE, RUE CHRISTINE, 2.